本书由北京第二外国语学院出版基金资助出版　　特此鸣谢

GERMANY

A STUDY OF THE GERMAN
INTERNATIONAL CRISIS
MANAGEMENT AND PRACTICE

国际危机管理与实践研究

邹露　著

社会科学文献出版社
SOCIAL SCIENCES ACADEMIC PRESS (CHINA)

前　言

　　自 2001 年"9·11"事件发生以来，重大国际危机接连爆发。与冷战时期不同，在新的国际形势下，国际危机的形式和范围、危机管理的主体等均发生了较大变化。德国作为欧盟的"领头羊"和最大经济体，近年来在欧盟和国际舞台上的地位不断提升，在接连爆发的欧债危机、乌克兰危机、难民危机等国际危机中，肩负着维护欧洲一体化发展成果和德国自身发展的双重责任，在国际危机管理领域发挥着越来越重要的作用，逐渐承担起大国责任。

　　与这几场国际危机相伴而生的是英国脱欧等一系列"黑天鹅事件"，逆全球化、民粹主义浪潮趁势崛起，单边主义加强，保护主义抬头，大国博弈加剧，跨大西洋联盟裂痕进一步扩大。作为欧洲的"稳定锚"，依托何种危机管理机制、如何有效应对国际危机，对德国、整个欧洲甚至国际社会具有深远的影响和意义。因此，本书从德国视角出发，从理论与实践层面对国际危机管理这一课题进行探索，具有一定的现实意义。

　　本书参考借鉴了国内外相关领域的大量文献，从中得到了许多启发，在此基础上，通过德国参与国际危机管理的实践案例，探索德国国际危机管理的理念与机制。国际危机包括政治－安全和经济等方面，由于经济领域的研究已经日臻成熟，而政治－安全领域的研究近年来才逐渐得到德国政府和各界的重视，因此，本书选取德国国际政治－安全领域的危机管理为研究对象，不涉及经济领域。

　　本书旨在通过对德国国际危机管理理念与机制的探索，解释以下问题：

　　（1）德国国际危机管理理念是什么？

（2）德国国际危机管理的考量因素有哪些？

（3）德国国际危机管理机制由哪些部分组成？

（4）德国国际危机管理理念与机制的可行性与局限性体现在哪？

（5）德国国际危机管理经验对我国有什么借鉴意义？

由于以往国际和国内学术界对该课题的关注度较低，现有研究成果中缺乏可直接参考借鉴的理论，因此本书借用角色理论、文明力量理论，结合德国始终无法脱离的框架——欧盟的危机管理机制，作为德国国际危机管理研究的理论基础。此外，德国政府官方文件、报告等文献资料，如《"民事危机预防、解决冲突与巩固和平"行动计划（2004）》及每两年一次的执行情况报告、《2016德国安全政策和联邦国防军的未来白皮书》，为系统研究德国国际危机管理理念提供了政策依据。

基于德国危机管理机制特点，本书尝试在方法论上有所突破，探索德国国际危机管理机制研究的方法论基础，即以德国国际危机管理理念与组织机构这两大支柱为分析基础，结合最新德国国际危机管理案例，深入探索德国国际危机管理理念和机制，最后提出德国国际危机管理理念值得我国借鉴的七个方面，以及德国国际危机管理理念与机制对我国在国际危机管理方面的六点启示。

本书在梳理危机管理相关文献的基础上得出，德国国际危机管理理念与其他国家有所不同，其最大的特点是注重融入国际和区域组织，其特点还包括：强调危机预防；民事危机管理手段优先于军事手段；国际组织的显性地位和德国的隐性地位；强调各行为体之间的协调与合作；以广义的安全理念为基础。

本书提出了德国国际危机管理的双重政治问题，即德国与国际组织的隐性与显性关系之间的矛盾，以及德国国际危机管理中欧盟内部的协调问题。一方面，德国国际危机管理始终在欧盟、联合国、欧洲安全与合作组织（以下简称"欧安组织"）、北大西洋公约组织（以下简称"北约"）等国际组织框架下行动，在国际组织的显性地位下，德国倾向于维持自身的隐性特征。然而，从德国的民族特性及其目前在国际危机管理中的表现来看，未来德国国际危机管理会更多地呈现显性特征。另一方面，"冲突预防的悖论"是对欧盟内部矛盾的概括：越早干预，成功的概率越大，干预的成本就越低，但团结各方政治意愿的难度也就越大。有鉴于此，在德国国际危机管理机制研究中，应当科学、合理地将国际层面和国家层面的要素有机结合起来。

本书选取乌克兰危机和难民危机这两场最新的国际危机作为案例分析对象，从危机起因探析、管理经过分析和效果评价三个方面入手，深入分析德国在两场国际危机管理中的表现及其国际危机管理理念与机制的作用，并对两场危机案例进行对比分析与评价。基于德国的国家角色特征，本书从德国的安全战略、外交战略、决策者、欧盟的危机管理机制和国际组织相关政策法规等层面进行分析与比较。

本书结合德国理念和实践特点，得出"德国国际危机管理机制"的主要组成部分：（1）法律基础（《联合国宪章》及国际法、欧盟法律法规、《德意志联邦共和国基本法》）；（2）组织机构（包括内政部、外交部、国防部等下属危机管理和协调机构）和工具系统（危机管理信息系统、监测与预警系统、演习系统、培训系统、事后救助系统）；（3）危机管理原则和手段；（4）决策机制；（5）三段式实施机制；（6）国际组织框架（包括联合国、欧盟、欧安组织、欧洲委员会、北约的国际危机管理职能及德国在其中的贡献）。

在研究过程中发现，当前德国国际危机管理理念与机制具有一定的先进性，同时也存在一定的局限性。首先，德国政府倾向于不轻易动用武力或至多有限地使用武力，主要是为了避免冲突升级而造成更大的人道主义灾难。然而，乌克兰危机和难民危机管理收效甚微，表明危机爆发后较难充分发挥民事危机管理手段的优势，由此得出，在德国国际危机管理机制中，危机预防比危机治理更重要，危机发生后则要尽可能避免危机升级。其次，德国政府在国际危机管理中对德国价值观和欧洲价值观给予的重视程度过高，没有充分考虑种种现实因素，结果对难民危机的管理给德国甚至整个欧洲社会各方面带来巨大冲击，暴露了欧洲一体化的缺陷和南北差异等问题，更是引发了英国脱欧和德国暴恐袭击事件频发等连带效应。再次，依靠国际组织和相关国家的合作应对危机虽然可行，但德国还无法充分协调各国之间的利益，因此在危机管理过程中很难达成一致，容易错过危机管理的最佳时机。这两场危机对欧洲的安全与稳定造成负面影响，与德国维护世界和欧洲的和平、安全与稳定的目标背道而驰。

在上述研究基础上，本书得出以下观点。

第一，德国高度重视国际政治－安全危机及其管理。

第二，德国认识到必须与世界上所有重要国家和国际组织合作才能有效管理国际危机，并在实践中力图与世界上重要国家及国际组织合作。

第三，德国在国际政治－安全危机管理中注重民事危机预防，倾向于不轻易动用武力或至多有限地使用武力，主要是为了避免冲突升级而造成更大的人道主义灾难。

第四，德国国际危机管理始终离不开欧盟框架，欧洲一体化的发展为德国参与国际政治－安全危机管理提供了动力，同时也形成一定的制约。

我在攻读博士学位期间发现德国国际危机管理这一课题的研究价值，由于德国尚未形成较为系统的国际危机管理机制，因此本研究视角具有一定的开拓性，同时研究结论有一定的开放性。由于可参考的研究成果较少，德国政府就此发布的官方文件不多，并且这几场危机的影响还在持续，因此本研究使用的方法有一定探索性，加上研究水平有限，该课题的研究深度和广度还有待进一步拓展。只希望能够抛砖引玉，期待更多专家、学者投入其中，共同为国际危机管理的德国视角研究增砖添瓦，以期为中国和国际社会在国际危机管理方面提供参考和借鉴。

本书得以完成并出版，离不开诸多的关心与支持。在此，我要感谢我最敬爱的父母多年如一日的关怀与鼓励，感谢爱人的包容与支持，感谢导师刘立群教授和殷桐生教授、指导老师顾俊礼研究员、崔洪建研究员、孙恪勤研究员、李永辉教授等业界专家、学者的悉心指导和帮助，同时感谢所有陪伴、支持过我的朋友。最后，感谢北京第二外国语学院为本书提供出版资助支持。

目 录

导　论

一　德国国际危机管理的研究价值

危机和危机管理问题自古以来就存在，从中国古代的朝代更迭到西方国家入侵中国，从种族之争到世界大战，历史上重大时刻无不伴随着危机出现，并带来严重后果。在当今时代，危机的含义已经超越了传统的冲突观，从军事、安全、政治、外交、经济、文化、宗教等领域，到跨国犯罪、恐怖主义、自然灾害、核安全等事件，涵盖面更广。

冷战前后国际危机管理研究侧重点有重大差异。冷战前，国际危机管理主要涉及政治、军事、安全等传统安全领域，国际危机管理的行为体主要是美苏两大阵营，国际危机管理目标是避免冲突升级为战争，特别要避免新的世界大战爆发，其根源是霸权争夺。"冷战结束后，在世界政治多极化和经济全球化进程中，霸权主义和强权政治以及世界贫富分化的加剧导致了边缘群体对现有国际秩序的反抗和破坏，其主要表现形式是各种民族分裂主义、宗教极端主义与国际恐怖主义行为。"①

自 2001 年"9·11"事件发生以来，国际危机呈现更多新的特性，国际社会更加重视国际危机管理这一课题。在新的时代背景下，国际危机除了原有特点，如爆发力强、时间紧迫、不可复制、结果难预测外，也呈现危机常态化、行为体多元化、行为体之间互动复杂化、持续时间更长、影响范围更广、危机管理难度更大、危机管理的动机和目标多元化等新特点。

---

① 赵绪生：《后冷战时期的国际危机与危机管理》，《现代国际关系》2003 年第 1 期，第 25 页。

通过梳理国内外国际危机管理领域的学术研究成果不难发现，国际危机管理的研究对象主要分为非国家行为体和国家行为体。各种国际组织是多边危机管理的重要载体，例如联合国、欧盟、北约。西方学术界对国际危机管理的定位主要集中在联合国国际危机管理行动方面，联合国为多边参与危机管理提供了一个沟通、协商的场合，而且为解决危机所要采取的重大举措提供了法律上的程序。欧洲学者主要以欧盟危机管理为研究对象，侧重共同安全与防务政策框架下欧盟的民事和军事危机管理行动。国家作为国际组织成员往往在国际组织框架范围内行动，因此以国家为行为主体的国际危机管理机制或理论研究论著较少，除了美国之外，我国学术界对其他国家的国际危机管理领域关注度并不高。然而，以个别国家（主要是美国）为研究对象的危机管理理论研究虽然有其价值，但对其他国家不具有普遍意义。

而近年来国际危机愈演愈烈，这要求国际危机管理研究逐步深入世界主要国家中，以便为世界各国共同应对国际危机提供理论依据和实践指导。近年来几场重大国际危机的爆发对国际社会的稳定与发展产生巨大影响，逆全球化浪潮、民粹主义兴起、单边主义、贸易保护主义相伴而生。乌克兰危机、难民危机等接踵而至的国际危机，严重影响到德国的稳定及欧洲一体化的发展，德国作为欧盟核心国家之一，在国际舞台上的地位不断上升，当下的国际和国内环境迫使德国登上国际危机管理的舞台；德国身为经济实力不断增强、在欧盟地位不断提高的欧盟"领头羊"，国际社会必然要求其在国际危机管理中承担更多责任。于是，德国国际危机管理研究成为一项亟待解决的课题。

德国外交一贯强调"合力"与融入国际组织，避免提及单边主义和国家利益，在国际事务上始终置身于欧盟、联合国等国际组织背后，避免在重大国际问题上强调国家角色。以危机管理者的身份进入国际危机管理领域、在国际危机管理事务中承担大国责任，也是近几年随着经济实力稳固和政治地位逐渐得到国际认同才出现的转变。随着国际危机的接连爆发和不断升级，德国政府开始重视国际危机管理这一课题，并在"回顾2014"项目报告中对危机管理这一主题进行了阐述。因此，本书选取德国国际危机管理作为研究对象，顺应了新的时代背景下国际形势的发展变化及政府管理的实际需求，具有一定的实践指导意义。

随着"一带一路"倡议的开展和中国国际地位的不断提升，国际社会要求我国在国际危机管理等国际事务中承担更多责任，因而中国也面临发展和完善国际危机管理机制的需要。近年来中德两国关系密切，并且在处理国际事务中均秉持和平理念，德国国际危机管理理念与中国有相似之处，在这个意义上，德国国际危机管理研究对中国及国际社会的危机管理机制发展和完善具有一定的参考价值和借鉴意义，在国际层面具有重要的应用价值。

由于以往国际危机管理领域的学术研究更多地将经济危机作为研究对象，而政治－安全领域的危机较之更难界定，因而现有研究成果很少，德国国际危机管理研究具有很大的发展空间。本书将国际政治－安全领域的德国国际危机管理确定为研究对象，是国际危机管理领域的学术发展需要，也是德国自身发展的需要。

由于当前德国国际危机管理机制与理念仍在不断调整和变化，且缺乏直接的理论基础，现有方法论较难直接参考借鉴，因此本课题研究难度较大。为此，本书首先通过多学科理论综合研究来奠定理论基础，其次，本书试图在方法论上有所创新，以现有政府文件为政策基础，以管理机构和工具为实施基础，构成德国国际危机管理研究方法论的两个支柱。

本书中的德国国际危机管理研究涵盖德国国际危机管理理念、机制和案例分析三大板块。其中，德国国际危机管理理念基于上文所述的"政策基础"，德国国际危机管理机制主要以"机构和工具"为基础，具体包括德国国际危机管理法律基础、组织机构、原则和手段、国际组织框架等方面。

近期发生且影响仍在持续的乌克兰危机与难民危机是当前德国面临的最重要也是最棘手的问题，德国在危机管理中扮演不同的角色，在乌克兰危机中德国作为第三方参与，在难民危机中德国则是当事方。因此本书选取这两场危机为案例，通过多角度分析，剖析德国国际危机管理理念，进一步探索德国国际危机管理机制。由于两场危机仍在持续，因此本书的结论仅限于研究进行时的危机形势。

综上所述，本书的意义在于从政治－安全领域的国际危机管理视角，为国内学术界引入德国国际危机管理理念与机制，为我国和国际社会国际危机管理机制的完善提供一定的参考依据。

二　国内外研究现状述评

（一）国外研究现状述评

目前国内外学术文献中，国际危机管理方面的研究成果虽然丰富，但关于德国国际危机管理研究的参考文献却不多，为了从较为全面的视角去研究这一课题，本书通过系统梳理现有德文和英文的国际危机管理相关文献、政府报告等，尽可能全面地呈现相关度较高的参考文献，为本书提供参考依据。

1. 国外研究发展阶段

国外学术界对国际危机管理的研究早于我国，国际危机管理概念首次应用在政治领域的直接导因是 1962 年的美苏古巴导弹危机。一般可将国际危机管理研究分为三个阶段，即冷战时期、冷战结束到 21 世纪初，以及 "9·11" 事件后至今。[①]

冷战时期，国外学术界关于危机管理的研究集中在美苏关系上，目的是防止美苏关系升级为核冲突。冷战结束后，随着美苏对峙的巨大核战威胁消失，国外学者对国际危机管理的研究热情也随之减退。这是由于以往国际危机管理理论的研究动机是预防战争的发生，而苏联解体意味着最大的战争威胁已经消失，因此研究的必要性和动力就略显不足。

（1）冷战时期

国外学术界对冷战时期的国际危机管理进行了较为广泛和深刻的研究，但在一定程度上存在局限性，即大部分理论将 "预防战争爆发" 作为国际危机管理的主要或最终目标，无法跟上后来的国际形势发展及国际危机特点的变化。

例如理查德·内德·勒博（Richard Ned Lebow）的《在战争与和平之间：国际危机的性质》（1981）（*Between Peace and War：The Nature of International Crisis*）符合当时的时代特点，但无法适应新时期新形势下的国际危机

---

① 杨海峰：《中欧国际危机管理互动研究》，上海人民出版社，2016，第 5 页。

管理类型。书中将危机管理与边缘政策（在即将发动战争的情况下使对方屈服的政策）联系在一起，认为危机管理对边缘政策危机的结果有重要影响。研究结果显示，仅凭危机管理技巧很难改善危机管理结果。良好的危机管理受到潜在的政治条件的影响，要求有相对开放的决策制定环境、团结的政治精英以及政策制定者对避免战争爆发的承诺。要达到这些条件，一纸命令绝对不够，还需要政治体系和文化的机构保障。①

（2）冷战结束至 21 世纪初

冷战结束至 21 世纪初，是危机管理理论的扩展期。原先危机管理研究对美苏和战争恐惧的动力不复存在，学者们对地区冲突和危机研究的学术焦点也发生了转移，由"危机管理"转向更为宽泛的"冲突管理"和"使用武力"问题。从如何实施干涉，特别是从如何确保武力威胁和使用武力成功的视角，而不是传统危机管理的视角来进行研究，这反映了美国和西方对地区危机的态度和管理模式发生了较大变化。②

（3）"9·11"事件后至今

自 2001 年"9·11"事件爆发以来，国际危机呈现多发之势，其原因多种多样。

第一，一国内政问题很有可能引发政治危机甚至国际安全危机，例如 2010 年"阿拉伯之春"引发的"茉莉花革命"、"埃及革命"及 2011 年叙利亚内战严重影响了中东地区及其周边国家的稳定与和平，并进一步成为世界和平的重要阻碍，为多年后爆发的欧洲难民危机埋下了巨大隐患。

第二，大国地缘战略博弈也是国际危机的一个诱因。例如 2013 年 11 月爆发的乌克兰危机，随着俄罗斯吞并克里米亚升级到难以控制的局面。

第三，制约世界和平发展的因素除传统安全问题之外，非传统安全问题凸显。乌克兰危机仍悬而未决，欧洲又接连发生 ISIS 恐怖袭击事件，埃博拉病毒肆虐，在希腊等国家债务危机正严重拖垮国家经济的当下，难民潮又席卷欧洲各国。

---

① Richard Ned Lebow, *Between Peace and War: The Nature of International Crisis* (Baltimore: Johns Hopkins University Press, 1981), p. 335.

② 杨海峰：《中欧国际危机管理互动研究》，上海人民出版社，2016，第 6 页。

第四，经济危机呈现影响更广、持续时间更长、管理难度更大的新特点。自 2008 年世界经济巨大震荡以来，世界经济危机不断扩大、升级，并引发了欧债危机，直至今日欧洲依然没有完全走出欧债危机的阴影。

正是由于这一时期的国际危机呈现更多复杂因素，危机管理的研究重点也发生相应变化。该时期危机管理理论发展进入转型期。这一时期与德国相关的为数不多的英文文献中，主要是以欧盟为国际危机管理的行为主体，德国大多数情况下只作为案例中的一部分。

例如马克·霍本（Marc Houben）在《国际危机管理——欧洲国家的方法》（2004）（*International Crisis Management—The Approach of European State*）一书中以欧盟为研究对象，对欧盟在国际危机管理中遇到的"冲突预防悖论"所描述的双重政治问题进行了分析。对丹麦、挪威、保加利亚、英国、法国、西班牙、德国和意大利等欧盟国家的军队指挥结构等分别进行了介绍，并对其危机管理的特点进行了解释。其中，对德国的研究重点在于，首先认为德国国际危机管理的最重要问题在于其外交政策总是被历史问题束缚，其"连续性"和"正常化"外交政策引发的争议将在下文理论基础中阐述。此外，对德国军队指挥结构进行了详细论述。

在理查德·H. 蒂莉（Richard H. Tilly）和保罗·J. J. 韦尔芬斯（Paul J. J. Welfens）主编的《经济全球化、国际组织和危机管理：当代和历史视角下相互依存世界中主要组织的扩大、影响和演变》（2000）（*Economic Globalization, International Organizations and Crisis Management: Contemporary and Historical Perspectives on Growth, Impact and Evolution of Major Organizations in an Interdependent World*）一书中，对经济全球化背景下，主要国际经济组织的影响、演变和遇到的危机进行了总结与分析。

再如危机管理学者乌列尔·罗森塔尔（Uriel Rosenthal）在《西欧洪水响应和危机管理比较分析》（1998）（*Flood Response and Crisis Management in Western Europe—A Comparative Analysis*）一书中以 1993～1995 年西欧洪水灾害为例，将法国、比利时、荷兰、德国的洪水灾害管理实践进行对比，最后从预警、疏散、组织机构、损失补偿技巧、培训等方面总结出洪灾管理理论。

进入 21 世纪以来，随着经济实力和国际地位的上升，德国逐渐以大国的姿态出现在欧盟和国际舞台上，在国际危机管理中承担起重要责任。然而，由于德国参与国际政治－安全危机管理起步时间较晚，此前未受到国外学术界重视，再加上政治和安全危机具有多样性、复杂性和不确定性，因此国外学术界对德国国际危机管理很少做专门性研究，相关的学术研究成果相对较少。从上文可以看出，现有英文文献中，针对"国际危机管理"的研究成果较为丰富，然而涉及德国的研究较少，更缺乏针对德国的国际危机管理进行的专门研究。在研究领域方面，针对战争与冲突、经济等领域的研究成果较多，在政治和安全领域的研究成果较为匮乏。

由此可见，本书以"德国"的国际危机管理机制为研究对象，将研究范围确定在"政治－安全"领域，在一定程度上对研究西方国际危机管理做了进一步扩展和细化，具有一定的研究价值。

2. 德国研究现状和基本理论述评

继"9·11"事件爆发之后，欧债危机、叙利亚内战、乌克兰危机、难民危机、恐怖主义袭击事件等接踵而至，这些国际危机越来越关系到德国及欧盟的整体利益，国际社会希望德国在国际危机管理方面承担更多责任。在这一背景下，德国政府开始清楚地认识到国际危机管理的重要性，对这一课题的研究需求应因势而生。在此之前德国政府在许多国际事务中表现较为被动，学术界对该课题也并未给予足够重视，导致当前德国的国际危机管理研究不够系统，应对国际危机时缺乏理论指导。

德国国际危机管理的研究现状可以总结为如下三点。

第一，经济领域较为成熟。德国在欧债危机中经过数年的磨炼和经验积累，已经有较为成熟的危机应对策略和体系，因此德国在国际经济危机领域的研究成果较为丰富。德国在该领域危机管理的研究成果较多侧重于应用层面，常采用实证研究的方法，以经济危机、企业危机、媒体危机为剖析对象。例如于尔根·雅各布斯（Jürgen Jacobs）、约翰内斯·里格勒尔（Johannes Riegler）、赫尔曼·舒尔特－马特勒（Hermann Schulte-Mattler）和京特·魏因里希（Günter Weinrich）主编的《预警指标和危机预警》（2012）（*Frühwarnindikatoren und Krisenfrühaufklärung*）是一部以 2008~2009 年金融市场危机为契机的研究著作，将实证研究和理论研究相结合，对银行体系和企业风险管理中的风险早期识别和风险管理方法进行研究，在当时有填补研究空缺的意义。菲利普·亚历山大·明希（Philipp Alexander Münch）的《全球金融危机的制度伦理——基于困境结构的分析》（2015）（*Die Ord-nungsethik der Globalen Finanzkrise—Eine Analyse anhand von Dilemmastruk-turen*），法尔克·伊林（Falk Illing）的《金融危机中的德国——德国经济政策年表2007~2012》（2013）（*Deutschland in der Finanzkrise—Chronologie der Deutschen Wirtschaftspolitik 2007 – 2012*）等以金融危机、欧元危机为题的文献较为丰富。此外，安斯加尔·蒂森（Ansgar Thießen）的《危机管理手册（第二版）》（2014）（*Handbuch Krisenmanagement 2. Auflage*）是一本媒体危机、企业危机管理方面的危机管理学术论文集；托比亚斯·诺尔廷（Tobias Nolting）和安斯加尔·蒂森（Ansgar Thießen）合著的《媒体社会中的危机管理——危机沟通的潜力和前景》（2008）（*Krisenmanagement in der Medieng-esellschaft—Potenziale und Perspektiven der Krisenkommunikation*）是关于媒体沟通层面的危机管理的论文集；米夏埃尔·诺伊鲍尔（Michael Neubauer）的《项目中的危机管理——行动，如果问题升级》（1999，2002，2010）（*Krisenmanagementin Projekten—Handeln, Wenn Probleme Eskalieren*）结合作者多年来的项目管理经验，通过案例分析，对企业项目危机管理的具体管理方法和措施，以及相关心理学分析、法律基础等做了总结和阐释。一些理论研究文献如尤斯图斯·拉姆（Justus Ramm）的《危机管理理论与实践：重新评估危机公关任务领域模型和实践之间的差异》（2009）（*Krisenmanagement in Theorie und Praxis：Eine Aufarbeitung des Aufgabenfeldes Krisen-PR zur Dis-krepanz zwischen Modell und Praxis*）也是对企业经济危机管理的研究。

第二，在研究对象方面，由于德国以往在联合国、欧盟等国际组织框架下具有隐性特点，在理念和行动上都强调国际组织框架和规则，弱化本国地位，因此以德国为主体在国际危机管理理论和实践研究中都不太受重视。较之而言，德国许多学术著作的国际危机管理研究对象是欧盟，如亚历山大·西德施拉克（Alexander Siedschlag）和弗朗茨·埃德（Franz Eder）所著《欧盟危机管理中的行为体与相互作用》（2006）（*Akteure und Zusammenspiel im*

EU-Krisenmanagement），克劳迪娅·马约尔（Claudia Major）的《欧盟民事危机管理——共同安全与防务政策的现状与选择》（2012）（*Ziviles Krisenmanagement in der Europäischen Union—Stand und Optionen zur Weiterentwicklung der Gemeinsamen Sicherheits und Verteidigungspolitik*）。尼尔斯·朗格（Niels Lange）、托马斯·O. 许格林（Thomas O. Hüglin）、托马斯·耶格尔（Thomas Jäger）合著的《孤立的伙伴——危机条件下决策进程的比较分析（欧盟和加拿大）》（2005）（*Isolierte Partner—Eine vergleichende Analyse von Entscheidungsprozessen unter Krisenbedingungen. Europäische Union und kanadischer Bundesstaat*）一书对欧洲一体化进程中出现的欧盟国家相互孤立的问题如何产生、发展和应当如何克服由此引发的冲突进行了研究。重点研究对象是欧洲的多层次体系，加拿大作为一个比较对象，其分离主义倾向和与魁北克宪法的争议表明，即便是超过130年的联邦体系依然无法保障一体化成果。

联合国也是德文危机管理研究文献的一个重要研究对象。例如奥地利军官、军事关系分析员瓦尔特·费希汀格（Walter Feichtinger）对国际危机管理的理论研究是从联合国视角出发，在与赫尔曼·米克勒（Hermann Mückler）等联合主编的文集《危机管理的道路和歧途：从阿富汗到南苏丹》（2014）（*Wege und Irrwege des Krisenmanagements：Von Afghanistan bis Südsudan*）中，主要以联合国的国际危机与冲突管理机构（das Internationale Krisen-und Konfliktmanagement，缩写IKKM）为研究对象，通过阿富汗、非洲、西巴尔干等冲突案例，对联合国以及欧盟等在国际危机中的行动进行分析，由此得出（国际组织，主要是联合国意义下的）国际危机的内涵与特点。瓦尔特·费希汀格在他的文章《在需求与现实之间：国际危机管理评述》（*Zwischen Anspruch und Wirklichkeit：Internationales Krisenmanagement-eine Bestandsaufnahme*）中，就对IKKM的观点进行了总结，本书将会对此进行详细介绍。

第三，德国有联邦公民保护和灾害救助局专门从事灾害救助工作和灾害管理的协调工作，灾害应对机制较为成熟，因此有学者托马斯·N. 普福尔（Thomas N. Pfohl）在其博士论文《德国灾害管理——治理分析》（2013）（*Katastrophenmanagement in Deutschland—Eine Governance-Analyse*）中从联邦和州层面对德国灾害危机管理机制进行了详细论述，包括联邦公民保护和灾害救助局、内政部保护委员会、联邦国防军、联邦教育与研究部等在灾害管理中的作用，作为灾害管理支柱的基础设施系统，包括灾害管理信息和通信系统，如 GMLZ 和 deNIS 等，以及联邦公民预警系统等、消防队等管理工具。此外，还有德国灾害管理机制的相关研究文献如《公民保护中的国家危机管理》（2008）（*Nationales Krisenmanagement im Bevölkerungsschutz*）中出现的一些文章，包括杜波依斯·勒内（René Du Bois）的《国家灾害管理中联邦的角色》（*Die Rolle des Bundes im nationalen Katastrophenmanagemen*）和沃尔夫冈·伦嫩贝格（Wolfgang Renneberg）的《核技术与辐射事件危机管理——联邦环境和辐射保护部的角色》（*Krisenmanagement bei kerntechnischen und radiologischen Ereignissen—die Rolle des Bundesministeriums für Umwelt und Strahlenschutz*）。

由此可见，在德国学术界，国际危机管理研究对象侧重国际和区域组织，研究领域多为经济、军事等方面，研究类型多为应用型研究，案例研究主要以国际冲突和战争为对象，例如科索沃战争、阿富汗战争，也涉及灾害治理方面，旨在直接为决策者提供参考依据。同时也可以得出，现有德国研究文献中缺乏与"德国国际危机管理"和"国际危机管理机制"相关的研究，"政治–安全"领域与经济领域相比成果较少，这凸显了本课题的研究价值，为"德国国际危机管理"研究提供一个新的视角。

然而，在缺乏相关度较高的理论基础上进行本课题研究，具有相当大的难度，在理论和实践分析中总会遇到缺乏理论依据的情况，这是研究中不得不攻克的一大难题。因此，本书尝试通过梳理现阶段德国危机管理的政府文件和有一定相关度的学术研究成果，从中发掘可以作为理论或理念参考依据的信息。

（1）政府文件

1）《危机管理工具书——从民事危机管理到建设和平：原则、行为体、手段》（2013）（*Toolbox Krisenmanagement—Von der zivilen Krisenpräve-ntion bis zum Peacebuilding：Prinzipien，Akteure，Instrumente*）。

这本手册以图文结合的方式，通过大量流程图全面且详尽地介绍了德国民事危机管理的具体原则、行为主体和管理手段，为德国国际危机管理理论研究提供了框架和依据，是本书重要的参考文献。

2）《"民事危机预防、冲突解决与巩固和平"行动计划》（2004）（*Aktionsplan "Zivile Krisenprävention, Konfliktlösung und Friedenskonsolidierung"*）。①

2004 年 5 月 12 日，德国前红绿联盟政府批准了一项名为《"民事危机预防、冲突解决与巩固和平"行动计划》的政治战略文件，对民事危机预防、冲突解决与巩固和平方面的部际民事措施与行动方针进行了描述，认为和平政策和危机预防不仅是外交、安全和发展政策的职责，也是政府行动的部际任务。这是德国在国际危机管理研究方面较为完整的理论基础参考文件，包含理论和行动策略两方面。

该行动计划至今仍是联邦政府危机预防政策的参考框架，此后每两年联邦议院会提交一个该行动计划的"执行情况报告"（目前提交的有 2006年、2008 年、2010 年和 2014 年的报告，2012 年和 2014 年合为一次报告）。这几份执行情况报告对德国国际危机预防理念的研究有一定的参考价值。

3）《2016 德国安全政策和联邦国防军的未来白皮书》（*Weissbuch 2016 zur deutschen Sicherheitspolitikund Zukunft der Bundeswehr*）从德国的角色、价值、利益层面分析其安全政策，对最新国际秩序和安全政策进行总结，可作为研究德国危机管理政策基础的参考文件。②

4）联邦公民保护和灾害救助局的官方文件《公民保护——国际合作》（2014）（*Bevölkerungsschutz—Internationale Zusammenarbeit*）以民事保护为出发点，对德国在危机管理方面与法国、伊拉克等的双边合作以及国际参与进行了详细阐述，并介绍了德国危机管理方面的组织机构职责。

5）联邦内政部官方文件《德国危机管理体系》（*System des Krisenman-*

---

① Die Bundesregierung, *Aktionsplan "Zivile Krisenprävention, Konfliktlösung und Friedenskonsolidierung"* (Regierungsdokument, 2004), https://www.auswaertiges-amt.de/blob/217534/34f381909cf904 43fa3e91 e951cda89d/aktionsplan-de-data.pdf.

② BMVg, *Weißbuch 2016 zur Sicherheitspolitik und zur Zukunft der Bundeswehr* (Regierungsdokument, 2016), https://www.bmvg.de/resource/blob/13708/015be272f8c0098f1537a491676bfc31/weiss-buch2016-barrierefrei-data.pdf.

agements in Deutschland) 对德国国内危机管理的法律基础、联邦和各州职责进行了详细介绍。

6) 《回顾 2014——外交政策的进一步思考——危机·秩序·欧洲》(*Review 2014—Außenpolitik Weiter Denken—Krise · Ordnung · Europa*)。

《回顾 2014——外交政策的进一步思考——危机·秩序·欧洲》源于 2014 年 2 月至 2015 年 2 月德国外长弗兰克 - 瓦尔特·施泰因迈尔（Frank-Walter Steinmeier）牵头在德国国内进行的一次全民讨论。该项目以非学术讨论的形式展开，回顾和反思了德国以往的外交政策，找出其缺陷和不足，提出改进建议，并重点谈到当前国际形势下，德国在危机管理中的外交政策表现。除了外交官、高校学者、智库工作人员之外，也征求普通民众对于德国外交政策的看法，同时对民众展开一定的知识普及。

2015 年德国外交政策年终总结报告明确地列出德国外交目前的三项优先任务，特别强调了当前国际危机背景下，提高德国危机管理能力的重要性。危机是全球化的副产品，可以通过平衡、外交斡旋和预防措施使危机得以缓解，德国外交部会在危机管理结构体系内加强危机预警和相关预案工作，更好地预知危机并使相应的外交手段更加多样化。[①] 这在一定程度上预示着，德国开始将国际危机管理研究提上日程。

7) 《危机管理——全球紧急状况中的"安全体系结构"》(*Krisenmanagement—"Sicherheitsarchitektur" im globalen Ausnahmezustand*)（Dokumentation des 12. IMI-Kongresse）。

这本手册是 2009 年在图宾根召开的第 12 届军事信息大会会议内容的集合。大会中左派的讨论重点是经济和金融危机的后果，但这一主题对战争和和平的影响却是次要的。正因为如此，"危机管理——全球紧急状况中的'安全体系结构'"成为这次会议也是这本手册的主题。该手册从政治、经济、军事方面入手，涵盖具体问题分析，例如国际危机管理中地缘政策的演变、全球治理、危机管理研究与教学的军事化等。

---

① Auswärtiges Amt, *Review 2014—Außenpolitik Weiter Denken—Krise · Ordnung · Europa*（Broschüre der Bundesregierung，2015），https://www. auswaertiges-amt. de/blueprint/servlet/blob/269656/d26e1e50cd 5acb847b4b9eb4a757e438/review 2014-abschlussbericht-data. pdf. S. 5.

（2）学术文献

1）瓦尔特·费希汀格（Walter Feichtinger）、赫尔曼·米克勒（Hermann Mückler）、格拉尔德·海因茨尔（Gerald Hainzl）、普雷德拉格·尤雷科维奇（Predrag Jurekovic）主编的《危机管理的道路和歧途——从阿富汗到南苏丹》（2014）（*Wege und Irrwege des Krisenmanagements—Von Afghanistan bis Südsudan*）。

这是一本论文集，从中可以看到最新的国际危机管理理论，其中几篇文章对国际危机管理概念、战略指导思想进行了详细阐述，如《在需求与现实之间：国际危机管理评述》（*Zwischen Anspruch und Wirklichkeit：Internationales Krisenmanagement-eine Bestandsaufnahme*）和《综合方法作为互联政策的战略指导思想以应对脆弱局势》（*Der Umfassende Ansatz als Strategischer Leitgedanke für eine Vernetzte Politik zur Bewältigung von Fragilen Situationen*），其他文章围绕危机管理话题展开各角度研究，包括对非洲、阿富汗地区、太平洋战争等的危机管理进行分析，对冲突和冲突管理概念进行剖析，也有专门的实证研究。

2）托马斯·N. 普福尔（Thomas N. Pfohl）的《德国灾害管理——治理分析》（2013）（*Katastrophenmanagement in Deutschland—Eine Governance Analyse*）主要研究德国灾难管理方面的机制和措施等问题。

3）卡斯滕·吉尔施（Carsten Giersch）的《国际冲突中的风险态度》（2009）（*Risikoeinstellungen in internationalen Konflikten*）。

政治决策中风险最大的部分往往是介于和平与战争之间的主题。在有关战争与和平的决策中，行为体的风险意识起着举足轻重的作用。此文通过分析影响冲突行为主体风险意识的因素，来了解风险偏好（Risikofreude）和风险规避（Risikoscheu）观念产生和作用的模式和机制，为有效管理国际冲突提供理论依据。风险意识分析主要从社会认知学角度出发，包括决策者的文化、性格特征、动机、信念和认知局限性，群体的风险性行为和官僚主义因素等。文中还对政治–意识形态和宗教–激进主义的理念进行了区分，具有一定的指导意义。

4）《综合方法：国际危机管理中的综合方法》（*Comprehensive Approach：Umfassende Ansätze im Internationalen Krisenmanagement*）。

"Comprehensive Approach" 是国际危机管理的一种视角，以跨国组织联合国、欧盟和北约为研究对象，分析了这三个组织中"Comprehensive Approach"的使用情况。由于德国是欧盟核心国家之一，所以涉及欧盟层面国际危机管理的理论著述中，多少会涉及德国的参与，其中亚历山大·西德施拉克（Alexander Siedschlag）和弗朗茨·艾德（Franz Eder）所著《欧盟危机管理行为体与合作》（2006）（*Akteure und Zusammenspiel im EU-Krisenmanagement*）对欧盟危机管理的组织机构进行了详细介绍。

5）马克·霍本（Marc Houben）的《国际危机管理——欧洲国家的方法》（2004）（*International Crisis Management—The Approach of European States*）中有一个章节从外交政策角度分析了德国的国际危机管理行为。

从上述文献梳理中可以看出，德国政府文件为其国际危机管理提供了理念、方法、原则方面的依据和外交、安全层面的分析视角；学术文献所提供的信息涉及宏观概念、综合方法、具体行为和案例、灾害管理等，看似庞杂，却也能从中发掘一些值得参考的内容。综上所述，现有西方研究文献中，直接涉及德国政治–安全领域国际危机管理的研究成果较少，本书所要探索的德国国际危机管理机制是一块研究空白。这一方面体现了本课题的研究价值，另一方面说明本课题在研究过程中所能参考的学术文献有限，研究难度较大。正因为如此，探索适合的方法论基础成为研究的目标之一，本书试图将信息量较大的德国的危机管理政策文件作为方法论支柱之一，从中延伸出的理念和政策，将为全书分析奠定基础。

（二）国内研究现状述评

国内学术界对国际危机管理的研究起步较晚，大致经历了三个阶段。

第一阶段是 20 世纪 80 年代末至 90 年代后期的起步阶段。潘光教授主编的《当代国际危机研究》（1989）成为国内最早研究和探讨国际危机案例的著作之一。胡平博士是较早系统研究国际危机管理的学者。他编著的《国际冲突分析与危机管理研究》（1993）一书，侧重于对国外危机管理基本概念、原则与方法、危机理论、分析模型等问题进行引介和评述，成为国内危机管理研究的重要奠基之作。

第二阶段是 21 世纪第一个十年的大发展期。20 世纪末 21 世纪初，中国经历几次重大的国家安全危机，引发社会各界对危机问题的普遍关注。如

1999 年的"炸馆事件"、2001 年的中美撞机事件、2002 年以来的朝核危机和 2003 年的"非典"危机，激发了国内学者对研究整体国家安全危机的浓厚兴趣。《应对危机：美国国家安全决策机制》于 2001 年出版。2003 年《国际危机管理概论》在对当代危机管理理论进行认真探讨的同时，重点介绍了一些主要国家的危机管理机构，并选择典型案例进行了全面深入的分析。薛澜等合著的《危机管理：转型期中国面临的挑战》，比较系统地反映了"9·11"事件后全球危机形态的变迁，从不同角度勾勒了现代危机管理体系的基本框架。2004 年杨洁勉研究员在《后冷战时期的中美关系——危机管理的理论和实践》中，在后冷战时期中美双方有关的五次"双边危机"和六次"多边危机"实力研究的基础上，提出了国际危机管理的"环境—机制互动论"。丁邦泉教授 2004 年主编的《国际危机管理》则提出了中国视角下的国际危机管理理论，对国际危机的过程与特征、产生的动因与功能、历史演变及前景、国际危机管理基本理论、国际危机决策和控制等问题进行了深入探讨。刘长敏主编的《危机应对的全球视角》（2004）是一本从全球视角论述危机管理理论和实践的学术专著。重点研究非战争状态下一些国家与国际组织的危机管理机制，结合 SARS 危机的教训，侧重选择政府和国家组织处理自然生态灾害危机的案例进行剖析和比较分析，书中引入了国内外著名学者在相关问题上的研究成果。2007 年的《对抗·博弈·合作：中美安全危机管理案例分析》，成为中美双方共同撰写的有关危机管理理论和案例研究的首部著作，开拓了中美危机管理研究的新领域。此外，赵子聿、贤峰礼在《国家安全危机决策》中重点研究了国家安全危机管理中的危机决策。郑伟在《国际危机管理与信息沟通》（2009）中针对古巴导弹危机就国际危机管理中的信息沟通问题做了深入剖析。还有一些学者对美国的危机管理展开了分析。

第三阶段是 2010 年以来的探索期。这时，中国国内外安全环境中的不确定、不稳定因素明显增多。2011 年南海争端持续发酵，2012 年爆发"钓鱼岛事件"，2010 年突尼斯发生"茉莉花革命"之后，"阿拉伯之春"席卷整个西亚、北非，引发埃及、利比亚、叙利亚、也门、巴林等国动荡，另外，美国加快重返亚太步伐，促使国内危机管理研究的理论与实务不断融合。这一阶段的主要研究成果包括《国际危机管理的内涵及特点探究》（张昊，2014），分析了中西方对危机管理的定义，将当下关于国际危机管理的定义分为三个层次——国际体系、国家、个人，并总结了国际危机管理的特点——主体多样化、目标多元化、方式多重化；《中欧国际危机管理互动研究》（杨海峰，2016），对中西方国际危机管理的研究现状做了较为全面的总结。

在我国的学术研究成果中，除了潘光、胡平、杨洁勉等教授的经典论著之外，有助于研究德国国际危机管理的著述还包括《国外大城市危机管理模式研究》（赵成根，2006）、《德国外交战略（1989－2009）》（武正弯，2010）、《文明力量理论与德国默克尔政府外交政策》（于芳，2014）。

此外，以欧盟为主体的危机管理研究成果也对本书具有一定参考价值，如《论欧盟干预国际危机的选择性》（严双伍、黄亮，2009）对冷战后欧盟危机管理的角色转变进行了总结。冷战结束后，国际关系特别是世界大国关系趋向缓和，国际安全威胁呈现多元化特点。欧洲不再是全面军事对抗的场所，也不再是战略和政治上的"冻土区"，一些国际危机尤其是发生在欧洲境内的危机使欧盟的安全和利益受到威胁。欧盟虽是一个全球行为体，但在安全领域，其关注的重点是欧洲地区的安全与稳定，因此，欧盟参与国际事务经历了从防御和威慑角色向危机管理和干预角色的转变。欧盟干预国际危机的选择标准在于是否威胁到其关键的安全利益、是否在地缘上接近欧盟以及是否关系到其冷战后的价值观目标。①

此外，还有下列中译本和学术论文可以参考，如：《危机管理》（中译本）（罗伯特·希斯，2001）、《全球冲突——国际危机的国内根源》（约翰·W.伯顿，1991）、《"国际危机管理"是科学还是艺术：一项概念史的考察》（王俊生、何兰兰，2009）对国际危机管理概念进行了解析；《国际危机机理分析》（刘卿，2002）采用结构分析的方法，从静态的角度剖析国际危机这个概念，内容涉及国际危机的定义、模式、分类、构成要素及其特点。

可以看出，国内研究现状与国外研究现状相似，都缺乏以"德国"为对

---

① 严双伍、黄亮：《论欧盟干预国际危机的选择性》，《长江论坛》2009年第1期，第83页。

象的国际危机管理研究成果，且针对"美国"危机管理的研究成果较多。不同之处在于，国内研究文献侧重宏观层面的引介和研究，例如危机管理的基本概念、原则与方法，或在全球视角下进行危机管理研究。此外，在实证研究方面，国外与国内则各自侧重于与本国或本地区相关度较高的危机案例。

综上所述，通过梳理中西方现有研究成果可知，"政治－安全"领域的德国国际危机管理是一个较新的课题，德国国际危机管理机制是指导危机管理实践的框架和依据，但是关于此课题的研究成果很少，这一方面是由于德国担负国际危机管理重任的时间较晚，此前政府对此重视程度不够，对已有政策的落实力度不够，另一方面是由于学术研究难度较大，这进一步证明了本书课题的学术价值。

三　研究对象和总体框架

本书以德国国际危机管理理论与实践为主要研究对象，涵盖国际危机管理组织机构和工具系统、原则和手段、决策机制、实施机制，以及国际组织框架、国际和国内法律基础等部分，概括出德国国际危机管理理念，分析了其结构性矛盾，这些要素共同构成了德国国际危机管理机制的总体框架。

本书的主要目标在于，通过系统梳理德国国际危机管理相关中、德、英文献和德国政府官方文件，探索德国国际危机管理的理论基础，向国内引入德国国际危机管理理念，并分析其主要特征；通过对乌克兰危机、难民危机案例的对比分析，论证德国国际危机管理理念和机制的可行性与局限性，进而得出德国国际危机管理机制的主要特征，并试图研究该机制的整体框架，以期为实践提供指导依据。本书研究的德国国际危机管理机制包括德国国际危机管理的法律基础、组织机构、原则和手段、决策机制、实施机制以及国际组织框架的作用六个部分。

导论部分是文献综述。对国内外国际危机管理相关理论进行梳理和述评，重点对德国和中国的研究理论和相关文献进行述评，为本书提供理论和政策依据。

第一章介绍奠定德国国际危机管理研究的理论基础。首先对德国国际危机管理的几个相关概念进行界定，接着分别对德国国际危机管理相关理论进行梳理，如角色理论、文明力量理论和欧盟危机管理理论及模式，为本书奠定理论基础。

第二章在前文理论基础之上提出研究问题，对德国政府危机管理相关的纲领性文件、工作报告、政策文件及相关研究论著进行梳理、解读和分析，对德国国际危机管理理念、战略基础和当前存在的问题进行深入剖析。

第三章深入探索德国国际危机管理机制。在上文的理论基础之上，结合两大方法论支柱——机构基础和政策基础，探索德国国际危机管理的法律基础、原则与手段、决策机制、三段式实施机制，结合德国国际危机管理的国际组织框架，提炼出德国国际危机管理机制的整体框架。

第四章选取乌克兰危机和难民危机作为案例，对两场危机管理实践进行纵向分析和横向对比。之所以选取这两个案例，是因为乌克兰危机和难民危机是德国近年来参与度较高、承担责任较大的国际危机，对德国、整个欧洲甚至国际社会影响深远，并且影响一直持续至今。通过这两场危机，可以看出德国最新的国际危机管理理念及其机制的结构和运作方式。

第五章是本书的结论部分。提出德国国际危机管理理念与机制中存在的主要矛盾和问题，并对此进行分析和评价。最后，提出德国国际危机管理理念与机制对我国的借鉴意义，并对德国国际危机管理的发展前景进行展望。

四　创新点及研究难点

（一）创新点

本书试图在以下几方面有所创新。

第一，以往国内外学术界对德国国际危机管理研究的关注度不够，德国国际危机管理研究存在空缺，本书是国际危机管理研究的创新视角，研究结果对中国和国际社会的危机管理机制完善与发展具有一定参考价值，对指导国际危机管理实践具有一定借鉴意义。

国内外学术界在国际政治－安全领域的危机管理研究中很少以德国为研究对象，主要有以下原因。首先，在国际危机管理领域，过去德国作为国际组织成员较少被视作危机管理的主体，随着近几年国家实力的提升和国际危机的推动，才逐渐作为危机管理行为主体承担更多责任，因而在应用研究方面缺乏实践基础。其次，战后德国以低调的姿态出现在国际舞台上，坚持克制文化，避免对外造成过于强调本国政治意愿或利益的形象，而国际政治－安全危机必然涉及国家的政治意愿和利益，也不可避免地要提及德国作为危机管理主体的地位，这与德国在危机管理方面更希望突出国际组织和欧盟的显性地位，并将本国置于隐性地位的意愿相悖，因而以往学术界对该研究领域关注度较低。此外，由于系统的国际危机管理理论很难形成，而且本书要求具备政治学理论、国际关系理论、管理学理论及扎实的外语基础，跨学科研究难度较大，因而现有研究成果较少。

第二，本书提出德国国际危机管理理念的五大特点：（1）注重融入国际和区域组织；（2）注重危机预防；（3）民事危机管理手段优先于军事手段；（4）国际组织的显性地位和德国的隐性地位；（5）强调各行为体之间的协调与合作，以提高危机应对能力。

第三，本书提出德国在国际危机管理中的"显性"和"隐性"概念："显性"指德国近几年在国际舞台上地位有所提高，并承担更多国际责任的状态；"隐性"指德国长期以来在国际和区域组织框架下采取行动，在政策和行动上力求与国际与区域组织保持一致，尽量不以国家为主体参与国际危机管理，刻意弱化国家利益的倾向。此外，本书辩证分析了近年来德国"显性"和"隐性"特征的变化。

第四，本书将德国国际危机管理的问题归纳为"双重政治问题"，一是"显性"和"隐性"身份的矛盾，二是组织内部（这里特指欧盟）危机管理协调中的矛盾。

第五，本书对德国国际危机管理机制进行了辩证评价，在肯定其积极意义的同时，指出其不足之处。

一方面，德国进行国际危机管理的意愿与其能力并不匹配。主要体现为：（1）德国的危机管理理念以危机预防为重点，然而实际管理中常常错过预防的最佳时机；（2）德国希望将危机预防、冲突解决及巩固和平视为一个整体的意愿，然而在实际操作中，危机管控和危机后治理阶段往往无法与危机预防形成统一整体；（3）德国在危机善后阶段希望通过民主、人权、法治国家等方式巩固和平的意愿常常因为脱离当地实际情况而无法推行；（4）德国国际危机管理机制侧重各部门协调、注重民事手段运用，实际上民事危机管理手段常常面临无法有效制止武力威胁和冲突的窘境；（5）为了摆脱历史过错而努力呈现"隐性"国际危机管理地位的需要与由民族特性决定的成为世界政治大国即呈现"显性"地位的倾向之间的矛盾；（6）承担重要的国际危机管理责任，参与共建国际秩序的意愿与欧盟、北约、联合国、欧安组织等国际组织框架下相对受限的危机管理能力不匹配。

另一方面，德国国际危机管理机制显示出局限性。首先，德国政府倾向于不轻易动用武力或至多有限地使用武力，主要是为了避免冲突升级而造成更大的人道主义灾难。然而，乌克兰危机和难民危机管理收效甚微的结果表明，危机爆发后较难充分发挥民事危机管理手段的优势，这表明对德国国际危机管理机制而言，危机预防比危机治理更重要，危机发生后则要尽可能避免危机升级。其次，德国政府在国际危机管理中对德国价值观和欧洲价值观过于坚持，没有充分考虑种种现实因素，结果对难民危机的管理给德国甚至整个欧洲社会各方面带来巨大冲击，反映出欧洲一体化的缺陷和南北差异等问题，更是引发了英国脱欧和德国暴恐袭击事件频发等连带效应。再次，依靠国际组织和相关国家的合作应对危机虽然可行，但德国还无法充分协调各国之间的利益，因此在危机管理过程中很难达成一致，容易错过危机管理的最佳时机。

（二）研究难点

在政治－安全领域的德国国际危机管理研究成果较少，除了德国在该领域承担重要国际责任起步较晚之外，也有研究难度较大的因素，本书将研究的难点归纳如下。

第一，理论研究难度大。国际危机通常被认为是突发事件，事件之间相互独立，关联性和规律性较弱，加上危机管理行为体、领域等因素复杂，对研究者的知识面有较高要求，因而难以形成普遍适用的理论，更没有现成理论研究成果可以直接套用或引用。在实证研究方面，由于德国参与国际危机管理起步较晚，在政治－安全领域可参考的实践案例较少，在此基础上进行理论研究其难度可想而知。本书将从各研究领域中探索适用于德国实际情况的理论观点，搭建研究分析的理论框架。此外，试图从方法论上寻找突破，但该方法论是否成熟，还要在实践中检验。

第二，可参考文献少。"9·11"事件是西方国际危机管理理论发展的转折点，国际安全因素由传统向非传统转变，因而危机管理理论需要根据新时期的国际危机特点进一步发展。然而，此后一段时间的国际危机具有个性化特点，并且主要以美国、阿富汗、伊朗等危机发生国为研究对象，至于德国这个从欧债危机开始才逐步登上国际危机管理舞台的国家，学术界并未给予较多关注，因而国内外针对德国的国际危机管理可参考文献屈指可数。

第三，内部资料难获得。要深入研究国际危机管理，必然会涉及相关国政府、决策者和国际组织的内部谈判、决策过程，官方发表的一些言论和文件虽然也有参考价值，但无法反映危机管理的全貌，因此研究的精确性在一定程度上会被削弱。

第四，跨学科研究，学术能力要求高。首先，由于国际危机管理涉及较多方面，研究者至少需要有扎实的英语和德语语言功底，以便阅读以目标国语言发表的官方文件和未经翻译的原始文献。其次，研究者至少要对目标国的国家战略、外交政策和历史文化等方面有深入了解。再次，需要有一定的国际政治、国际关系和管理学理论基础，具有对国际问题的分析和判断能力。如果其中一项知识或技能有所欠缺，势必影响研究的深度和广度。

第五，德国国际危机管理的性质决定了本书研究具有一定难度。德国政府长期坚持欧盟和国际社会共同利益至上，强调维护世界和平与稳定的重要性，强调国际秩序，坚持维护欧洲一体化发展成果，长期以来刻意弱化本国利益和国家地位，对国际政治舞台上的"主角光环"避之不及。然而，对政治和安全领域的德国国际危机管理机制与实践进行研究，不可避免地要涉及国家在危机管理各方中的利益权衡，必然要以德国国家为主体，这恰恰是德国政府不愿看到的，因而很少有德国学者会深入探索德国的国际危机管理这一课题，这就解释了为何德国在国际危机管理机制方面的研究成果较少、体系较为不系统的现状，给本书研究增加了难度。

五　研究方法

本书基于文献研究法，通过搜集、鉴别和整理大量中、外文（德文、英文）文献资料形成文献综述，在此基础上，系统梳理重要观点并探索规律，从中提炼出德国国际危机管理的理念、原则、手段、政策、法律法规等，在实践案例中进行论证，为研究德国国际危机管理机制的总体框架奠定知识基础。

由于德国国际危机管理研究缺乏理论基础，本书尝试在方法论上有所突破，探索德国国际危机管理的方法论基础，即两大支柱：一是德国政府进行国际危机管理的政策文件，二是德国进行国际危机管理的相关机构和管理工具。

本书在文献梳理、分析论证过程中运用归纳与演绎、分析与综合相结合的方法。在文献研究和文本分析中，由繁入简，归纳和总结德国国际危机管理的整体特点、组织机构和工具系统；在案例分析中，遵循抽象—具体—抽象的逻辑，综合运用分析、综合以及归纳、演绎的方法，结合对比分析法，对德国国际危机管理实践进行评价，由此论证德国国际危机管理机制的有效性，并在此基础上分析德国国际危机管理的可行性与局限性。

本书依据"结构－重点比较法"（structured, focused comparison）① 选取案例。该方法提出了实例研究的 4 个重点：对变量进行同比和异比；实例的独立性；实例的代表性；具有将实例向理论方向发展的可能性。本书选取两个不同角色的案例作为研究对象，它们是近期发生且影响仍在持续的乌克兰危机与难民危机，其中乌克兰危机中德国作为第三方参与，难民危机中德国是当事方。

本书采用案例分析法，从不同理论视角对德国国际危机管理理念进行论证，对德国国际危机管理机制在实践中的表现进行分析。在案例分析过程中，综合运用静态分析和动态分析，即危机管理的理念、原则等静态变量和行为、沟通等动态变量；采用探索性与解释性案例研究法，通过案例分析提炼出德国国际危机管理机制和理念特点并加以论证。

---

① Alexander L. George, "Case Studies and Theory Development: The Method of Structured, Focused Comparison", in Paul Gordon Lauren, *Diplomacy: New Approaches in History, Theory, and Policy* (New York: The Free Press, 1979)，转引自杨洁勉《国际危机管理和中美关系》，博士学位论文，上海外国语大学，2003，第 35 页。

第一章
国际危机管理研究的理论探索

第一节 德国危机管理基本概念

一 国际危机

德语中的"危机"一词源于16世纪的拉丁语 crisis，最初只用在医学领域，后来逐渐延伸到经济、政治等领域。由于"危机"是一个包罗万象的抽象概念，对"危机"的界定取决于事件本身，可谓仁者见仁，智者见智。例如，近年来全球气候和生态环境不断恶化，有些国家会将此定义为"气候危机""生态危机"，并采取相应措施进行危机管理，有些国家则因为种种原因并未将气候和环境恶化问题视为"危机"。再如，大量叙利亚难民涌入欧洲，在难民潮爆发初期，德国媒体中较多使用"移民问题"（migrations problem）的字眼，并未将此问题视为"危机"，直到2015年难民潮规模越来越大并引起世界关注，迫使德国政府采取全面的难民安置政策时，"难民危机"（flüchtling skrise）一词才被普遍使用。事实上，德国政府或者学术界并未对"危机"或"国际危机"进行过明确定义，因此，对这一概念的理解要从相关政府文件中探寻。

在现有政策性文件中，联邦公民保护和灾害救助局（Das Bundesamt für Bevölkerungsschutz und Katastrophenhilfe，缩写 BBK）的官方文件对"危机"的描述指出，危机指偏离正常状态的情况，受保护资产将会或已经遭受损失，且该情况达到了一般上层建筑机构设置和组织流程无法解决的程度，为此需要建立一个特殊的上层建筑组织机构（BAO）。[①] 对于"危机"是"非正常""有损失"的事件这一点与学术界大部分定义相同，其不同之处在于重视建立危机应对组织机构，这一点可以从下文对德国国际相关组织机构的总结中看出。

在德国政府的"回顾 2014"项目结果报告中，出现了"危机政策"（krisen politisch）[②] 一词，表示当前德国外交政策改革的聚焦点在国际政治危机管理领域。根据上下文看，这里的危机特指 2014 年前后国际重大危机。

德国政府通过这份"回顾 2014"项目报告对当前的国际危机提出了自己的认识，认为国际危机是持久性的，例如欧债危机、乌克兰危机、难民危机等都持续了相当长的时间，影响范围广，且影响仍在持续。

传统意义上的国际危机是指"两个或两个以上的国家和政府之间在严重冲突中所发生的相互作用，这种冲突不是实际的战争，但却使人感到高度的战争威胁"。[③] 同时，危机的构成至少包括"决策单位的首要目标受到威胁""可做出反应的时间大大受限"以及"事件本身的意外性"等要素。[④]

然而，在新的时代背景下，国际危机呈现了许多新特点，包括国际危机常态化，国家之间互动更频繁，危机持续时间长，危机管理困难大，危机管理的目标和手段多元化，并且危机反应时间也不再像以往那么紧迫。

随着国际环境的改变，国际危机的爆发形式愈发多元化，国际危机的战

---

① BBK, *BBK-Glossar-Ausgewählte zentrale Begriffe des Bevölkerungsschutzes*（Bonn：Bundesamt für Bevölkerungsschutz und Katastrophenhilfe, 2011），S. 17. Originaltext："…vom Normalzustand abweichende Situation mit dem Potenzial für oder mit bereits eingetretenen Schäden an Schutzgütern, die mit der normalen Ablauf-und Aufbauorganisation nicht mehr bewältigt werden kann, so dass eine Besondere Aufbauorganisation（BAO）erforderlich ist."

② Auswärtiges Amt, *Review 2014—Außenpolitik Weiter Denken—Krise · Ordnung · Europa*（Broschüre der Bundesregierung, 2015），https://www. auswaertiges-amt. de/blueprint/servlet/blob/269656/d26e1e50cd5acb847b4b9eb4a757e438/review 2014-abschlussbericht-data. pdf. S. 10. Originaltext："Dafür müssen wir gewappnet sein, unsere eigene Resilienz, unsere Widerstands-und Reaktionsfähigkeit stärken und unseren krisenpolitischen Instrumentenkasten erweitern."

③ 陈汉文：《在国际舞台上》，四川人民出版社，1985，第170页。

④ 〔美〕詹姆斯·多尔蒂、小罗伯特·普法尔茨格拉夫：《争论中的国际关系理论》（第五版），阎学通等译，世界知识出版社，2003，第630页，转引自周弘、〔德〕贝娅特·科勒-科赫主编《欧盟治理模式》，社会科学文献出版社，2008，第195页。

争要素也已逐渐淡化，因而国际危机已不仅仅局限于爆发力强、持续时间短、爆发战争的危险性大这几个特点。例如，欧债危机是一场国际债务危机，是欧盟各国之间经济上的依赖与被依赖、支援与被支援、帮助和被帮助的关系，因而不会引发战争或暴力冲突。

随着全球化极大地推进了国际政治、安全与经济网络的发展，各种危机在全球关系网中也变得更加敏感与脆弱。美国"9·11"事件和近年来欧洲接连不断爆发的恐怖袭击事件等，无不在证明了新形势下国际危机的敏感和脆弱性的同时，促进了国际危机管理向多边合作、多元目标方向转变，也促使各国意识到在国际危机管理中危机预防环节的重要性。正因为如此，国际危机管理的重点逐渐向预防环节靠近，为危机管理赢得更多的反应时间。在德国政府关于国际危机管理的官方文件中，更是体现了其对危机预防环节的重视。

近年来爆发的乌克兰危机、欧洲难民危机等，无一不体现出国际危机的管理难度大、目标和手段多元化等新特点。例如，乌克兰危机对欧盟和德国而言都是非常棘手的问题，从 2013 年末爆发以来，直至今日依然没有找到有效的根本性解决途径。难民危机对欧洲的冲击更是深刻，相关各国因各自利益和价值观的不同，对危机管理的目标和手段选择持有不同的态度，欧盟内部迟迟无法达成一致。

综上所述，德国政府对当前国际危机的理解重点在政治和安全层面，在政治和安全形势偏离了正常状态，并且具有持续时间长、管理难度大、管理目标和手段多元化等特点的情况下，不得不为此建立一个特殊的上层建筑组织机构，来组织协调危机管理进程，以达到消除危机的目的。在此过程中，德国政府高度重视危机预防。

二 危机管理

"危机管理"这一术语源自经济学，属于经济学研究范畴。最初它是指对经济发展中出现的和即将出现的经济危机进行管理，后来这一术语引入国际政治研究领域，危机管理具有了对国际外交和安全危机进行管理的含义。

在 *Meyers Grosses Taschenlexikon*（1983）中，"危机管理"指为应对危机所

采取的全部措施：（1）在不进行改革的前提下解决政治－社会危机；（2）（在外交政策领域）在国家间冲突中，保护基本国家利益，避免危机升级为战争，并采用和平方式解决危机。①

该解释强调管理等同于措施的集合，前者认为危机管理的目标在于"保持平衡"，即恢复原有的平衡状态；后者强调危机管理的实施层面，包括识别情境、研发策略和采取措施，并且不诉诸武力。

BBK 对危机管理的描述是"alle Maßnahmen zur Vermeidung von, Vorbereitung auf, Erkennung und Bewältigung sowie Nachbereitung von Krisen"，即"所有能够避免、准备、识别、克服危机和事后处理的手段"②。该定义同 Meyer 的定义有相似之处，认为危机管理等于措施总和。不同之处在于，它并不是以结果（恢复平衡）来界定危机管理的目标，而是从实施层面去界定，间接表明危机管理的过程性，强调危机前、危机中、危机后三个阶段。

从德国政府 2015 年度裁军工作报告中可以看出，德国政府对危机管理的理解是从安全层面出发，并且认为这是北约的核心职责。③

西方学者对国际危机管理的理解各有不同。冷战前，国际危机管理主要以避免战争为目标。汉斯佩特·诺伊霍尔德认为，"一场危机在其强度已经被降低到可以合理地排除重大的战争时，则可以说这场危机已经被成功地管理了"④。

---

① Die Lexikonredaktion des Bibliographischen Instituts, *Meyers Grosses Taschenlexikon in 24 Bänden-Band 12: Klas-Las* (Mannheim/Wien/Zürich: Bibliographisches Institut, 1983), S. 226. Originaltext: "Krisenmanagement: Bez. für die Gesamtheit der Maßnahmen, welche angewandt werden, 1. um die Krise eines polit. -gesellschaftl. Systems ohne revolutionäre Änderungen zu lösen, 2. (im außenpolit. Bereich) um in einem zwischen staatli. Konflikt unter Wahrung der wesentl. nat. Interessen die Eskalation zum Krieg zu vermeiden und einen friedl. Konfliktlösung herbeizuführen. "

② BBK, *BBK-Glossar-Ausgewählte zentrale Begriffe des Bevölkerungsschutzes* (Bonn: Bundesamt für Bevölkerungsschutz und Katastrophenhilfe, 2011), S. 17.

③ Auswärtiges Amt, *Bericht der Bundesregierung zum Stand der Bemühungen um Rüstungskontrolle: Abrüstung und Nichtverbreitung sowie über die Entwicklung der Streitkräftepotenziale* (*Jahresabrüstungsbericht 2015*) (Regierungsdokument, 2016), http://www.auswaertiges-amt.de/cae/servlet/contentblob/730798/publicationFile/215053/ 160406_JAB_2015. pdf. S. 23. Originaltext: "Die NATO ist darüber hinaus aber auch eine Sicherheitsallianz mit den Kernaufgaben Krisenmanagement und kooperative Sicherheit. "

④ Gilbert R. Winham, eds., *New Issues in International Crisis Management* (Boulder: Westview Press, 1988), S. 8.

　　然而，随着冷战结束后国际格局和危机特征的变化，这种认识的片面性和局限性愈发明显。因为避免战争已经不是一个国际危机管理的主要目的，而且没有考虑危机目标的多样性，有时候，避免和控制危机并非危机管理主体的真正目标。相反，有时候策划危机也被视为一种实现国家利益的外交手段。例如，奥兰·扬在其代表作《实力政治：超级大国危机期间的讨价还价》中提出，"危机是增进己方利益的机遇，敌人是敌对国家而不是危机本身"。奥兰·扬的观点与国际关系理论中的现实主义流派有共同之处，强调危机管理的目的性，即通过危机管理使己方利益最大化。

　　威廉·R.金特纳（William R. Kintner）和大卫·C.施瓦茨（David C. Schwarz）从危机管理目的角度出发，认为危机管理是"赢得一场危机，同时将危险和冒险限制在双方所能忍受的范围内"[1]。该定义认为"赢"是危机管理的最终目的，同时要控制危险的限度。

　　然而，危机管理的内涵并不局限于危机发生之后这个阶段，德国危机管理理念更注重前期预防。我国学者杨洁勉的观点较为接近危机全过程，他认为："'危机管理'系指某种管理过程，包括：计划的、连续的和动态的过程，还指政府或组织针对潜在或当前的危机，在事前、事中和事后都利用科学的方法，采取一系列的因应措施。我们对'危机管理'的定义是指防止形势长期恶化乃至引发战争而对危机进行预防、决策、应对、解决、后续处理的整个管理过程。"[2]

　　上述国际危机管理的界定，各自存在可取之处，但也有不足。首先，危机管理的最终目标是多样的，并不能局限于恢复以往的平衡状态，危机相关方的目标甚至有可能是打破旧平衡、重塑新的平衡。也不能单纯以输赢来下定论，因为任何行为的结果都具有两面性，"赢"未必是赢，"输"也未必就是输。因此，不能以单一的目标来界定危机管理。其次，用管理措施去指代管理本身，这样的界定方法较为片面。最后，危机管理也不仅限于危机发生之后的阶段。

---

① William R. Kintner, David C. Schwarz, *A Study on Crisis Management* (Philadelphia: Pennsylvania University Press, 1966), p. 21.

② 杨洁勉：《国际危机管理和中美关系》，博士学位论文，上海外国语大学，2003，第35页。

广义的危机管理认为，危机管理意味着成功实现行为者的危机目标，不管这种目标是什么。危机管理并不必然意味着避免使用武力，也并不必然意味着使危机降级，危机管理不是危机解决。"管理"是指一种处理危机方式或者成功实现某方的危机目标。处在相同危机局势中的危机有关各方根据其国家利益、目标和能力，使用不同的危机管理战略。这意味着在不同的危机阶段，管理同一场危机对于不同的危机方含义不同。危机有关各方通常控制危机的发展方向，以实现国家目标。①

综上所述，当前德国的国际危机管理聚焦在外交与安全领域，侧重国际危机管理的过程性。在上述"危机管理"概念阐释的基础上，本书从三个方面诠释德国的国际危机管理概念。在观念层面，一方面，国际危机管理的过程是各方利益或观念的博弈，各方根据自身实力和外界环境变化，确定最适合自身的危机管理目标；另一方面，国际危机管理是指决策者根据国际和国内环境的变化，不断调整对危机的认识，并据此推进危机管理进程的过程。在战略层面，国际危机管理是指危机管理行为主体根据危机发展态势在外交、安全、政治、经济等方面进行相应的战略调整。在实践层面，国际危机管理是指国际危机发生之前预防、危机中协调和应对、危机后重建和恢复的过程。

此外，国际危机管理的结果没有绝对的输或赢，危机各方都会有得与失。在危机管理的不同阶段有不同的工作重点，有针对性地细化各项任务，以达到宏观把控和微观处理相结合的效果，这是国际危机管理在实践层面的要求。

第二节　角色理论

一　角色理论的发展和内涵

1970 年，加拿大学者卡列维·J. 霍尔斯蒂（Kalevi J. Holsti）把社会学

---

① Ali E. Hillal Dessouki, "The Middle East Crisis: Theoretical Prospositions and Examples", in Daniel Frei, eds., *Managing International Crises*（Beverly Hills, Calif.: Sage Publications, 1982）. 转引自杨洁勉《国际危机管理和中美关系》，博士学位论文，上海外国语大学，2003，第 35 页。

中的角色理论引入外交政策分析中。他对国家的政策决策者对于国家角色的感知进行了研究，指出："国家角色观念是国家政策的制定者对适合自己国家身份的总体决定、承诺、原则，以及在连续性的基础上对其国家在国际体系或地区性体系内所发挥作用（如果能发挥作用的话）的总体概括。"① "国际体系不仅可以被看作是相互关系的格局，而且还可以被看作是在特定时间范围内不同国家角色观念的分配。"②

霍尔斯蒂认为，一个国家的外交政策是受它的国家角色观念影响的，国家角色观念可以用来解释国家外交政策的选择。为解释不同国家的不同国家角色观念，他使用了一系列变量：国家的位置或地理特点，自然、经济、技术资源，可用的能力，传统的政策，通过政党表现出来的社会政治需要，群众运动，利益集团，国家价值观、原则或意识形态，公共舆论，主要决策者的个人和政治需要。国家角色观念还和外部环境相联系：国际体系的结构，体系流行的价值观，通行的法律、规则、传统，以及国际组织宪章所体现出来的国家期望，世界观念，双边和多边的协定、谅解等一系列制度规范。③

角色理论作为行为体相关理论，可以用来解释外交政策领域不同行为体之间质的不同。国家的外交政策角色理念既包括世界观、价值观和规范，也包括外部世界的期待——角色期待，即在国际关系中做出恰当的行为。这些角色理念作为外交政策的行为准绳，为国家利益和目标即战略和手段设定框架，用于实现利益和目标。一个可能的外交政策导向是文明力量角色理念，用来解释德国外交政策。④

国家角色理念中涵盖了价值观要素。在对外政策研究中，国家价值观被

① 熊炜：《统一后的德国外交政策（1990～2004）》，世界知识出版社，2008，第15页。
② 张清敏：《中国的国家特性、国家角色和外交政策思考》，《太平洋学报》2004年第2期，第48页。
③ Kalevi J. Holsti, "Toward a Theory of Foreign Policy: Making the Case for Role Analysis", in Stephan G. Walker, *Role Theory and Foreign Policy Analysis* (Durham: Duke University Press, 1987), S. 12.
④ Knut Kirste, Hanns W. Maull, "Zivilmacht und Rollentheorie", *Zeitschrift für Internationale Beziehungen* 3 (1996): 283.

认为是影响对外行为和对外政策的重要变量。① 首先，价值观影响国家的基本特征和行为动机、国家外交政策的目标和内容。价值观不仅帮助国家确定敌友关系，还促使国家追求一定的道义。其次，价值观影响决策者，并通过决策者影响一个国家的外交政策。决策过程受到决策者价值体系的制约，一定的价值体系决定决策者的态度、信仰和原则，也影响决策者对他国的意向。再次，价值观影响对外政策制定的机制和过程。政治意识形态对决策过程有直接或间接的制约作用，一定的公共政策总是带有一定的价值观念。②

国家价值观就是国家的信念，是国家意识形态和文化的核心，也是指导国家行为规范的基础。至于价值观的内容，由于各国情况不同，其内容也不会完全相同，但总的来看，也有一些各国普遍认同和追求的价值，包括主权平等，不干涉内政，建立公正合理的国际政治、经济新秩序，以及环境保护，可持续发展，性别平等，等等，既有关于保障基本人权的内容，也有关于保障发展权的内容。③

角色冲突是角色理论分析外交政策变化的一个重要概念。国家的国际角色冲突有两种可能，一种是国内社会对国家扮演何种国际角色冲突有不同的设计，主导性的国际角色难以与这些设计相互协调和适应，于是国家的国际角色模式就产生了冲突。另一种角色冲突则和外部因素有关，当外部对国家的国际角色产生的期望和国家自身的角色定位不一致，或是国家面临不同的外部角色期望时，国家也会产生角色冲突。④

利斯贝思·阿格斯坦（Lisbeth Aggestam）认为，能够引起国家的国际角色冲突的原因有很多，但最重要的是两种。第一，角色模式经常包含很多角色，它们可能是由不同的国内或国际机制引起的。当这些角色处于不同的机制环境中时，相互之间就有可能发生冲突。这符合冷战后德国外交政策实践的发展。一般来说，学者们认同德国的角色模式是所谓的"文明国家"类

① 张清敏：《外交政策分析中文化因素的作用与地位》，《国际论坛》2003 年第 4 期，第 36 ~ 37 页。
② 王沪宁：《比较政治分析》，上海人民出版社，1987，第 143 ~ 144 页，转引自杨海峰《中欧国际危机管理互动研究》，上海人民出版社，2016，第 51 页。
③ 杨海峰：《中欧国际危机管理互动研究》，上海人民出版社，2016，第 49 页。
④ 熊炜：《统一后的德国外交政策（1990 ~ 2004）》，世界知识出版社，2008，第 23 页。

型，"文明国家"类型的一个重要标志就是它推动多边主义制度的发展，但是德国的不同国际制度身份其实给它带来一定的角色冲突，尤其表现在安全领域。第二，角色冲突经常产生于国际和国内根源发生变化的时候。①

角色理论用于外交政策分析的优势在于它不仅扩展了分析层次，而且可以结合结构和进程两方面的分析。它提供了国家层次、个人层次和国际体系层次的多样图景，具有多层次描述的力量。②

综上所述，角色理论可以用来解释外交政策领域不同行为体之间质的不同。角色理念作为外交政策的行为准绳，为国家利益和目标即战略和手段设定框架，用于实现利益和目标。德国的外交政策可以用文明力量角色理念来解释。国家价值观和角色冲突概念可以作为分析德国文明力量角色理念时考量的变量，以此为研究德国危机管理中的战略考量因素提供理论基础。

二　德国国家角色的　"连续性"　与　"正常化"

有观点认为，战后德国的外交政策与经济和安全利益关系不大，只有国家身份才能解释。从建构主义角度来看，"利益"和"身份"二分法是一个误区。因为实际上"我"想要什么，就是"我"的利益和取向，与"我"是谁，也就是"我"的身份密切相关。国家（外交）身份越有延续性，就越能解释决策者和政治精英理解的经济和安全利益的框架，以及用何种手段实现它们。③

德国统一后，其外交政策发展面临两大难题。一方面，德国外交必须坚持二战结束以来的"连续性"，这一连续性是以欧洲一体化、多边主义和非军事化外交政策为特征的，这些特征是由德国外交政策特殊的内外条件和独特的历史经历决定的，它使得联邦德国的外交政策不同于民主德国，也不同

---

① Aggestam, Lisbeth, "Role Theory and European Foreign Policy", in Ole Elgstroem, Michael Smith, *The European Union's Roles in International Politics: Concepts and Analysis* (London, New York: Routledge, 2006), p. 23.

② 熊炜：《统一后的德国外交政策（1990~2004）》，世界知识出版社，2008，第16页。

③ Thomas Risse, "Deutsche Identität und Außenpolitik", in Siegmar Schmidt, Gunther Hellmann, Reinhhald Wolf, *Handbuch zur deutschen Außenpolitik* (Wiesbaden: VS Verlag für Sozialwissenschaft, GWV Fachverlage GmbH, 2007), S. 55.

于欧洲其他国家。国家分裂的现实、作为冷战前线国家的地位以及联邦德国政治精英对于纳粹历史的深刻反思导致联邦德国外交政策的基本特征在 1949 年以后表现出高度的"连续性"。[①] 另一方面，鉴于国际环境和德国自身的变化，德国外交政策需要逐步走向"正常化"，这意味着德国应该和其他西方国家一样正常行事，理直气壮地扮演大国角色。[②]

针对统一后德国在国际体系中的角色定位，以及如何认识德国统一后外交政策的"连续性"和"正常化"的矛盾，学术界有三种主要论点。

第一种观点是从历史角度看待德国外交政策"正常化"发展趋势，其中有重要影响的历史人物是德国社会民主党政治家埃贡·巴尔（Egon Bahr）、历史学家米夏埃尔·施蒂默尔（Michael Stürmer）、格雷戈尔·舍尔根（Gregor Schöllgen）、汉斯-彼得·施瓦茨（Hans-Peter Schwarz）等。他们认为德国外交政策的"正常化"并不意味着德国背离二战后的国际角色定位，相反这是符合德国国家利益变化的，重新统一的德国无论是否愿意都将是欧洲体系的核心角色；塑造欧洲的未来首先取决于德国的行为。为此，德国必须告别"冷战梦魇"。发挥新的作用就要在外交政策的风格和手段上进行变化，但是不能偏离多边主义外交政策的根本原则。德国牢牢立足于西方联盟之内是基于历史的教训，因为唯有如此，德国才能免除邻国的恐惧。[③]

第二种具有代表性的观点是从国际制度的社会化作用、文明化进程和集体认同的角度来阐述德国外交的"连续性"特点。代表人物有德国的汉斯·W.毛尔（Hanns W. Maull）、托马斯·里塞（Thomas Risse），美国的彼得·卡岑施泰因（Peter Katzenstein）、托马斯·贝格尔（Thomas Berger）、约翰·达菲尔德（John Duffield）等。这派学者认为，德国遵循与人为善和乐于助人的外交政策，表现在"文明国家"角色模式上。按照"文明国家"的国际角色模式要求，德国外交政策应该致力于国际关系的文明化和法制化，摒

① 连玉如：《统一德国 21 世纪外交政策连续性刍议》，顾俊礼、刘立群主编《迈入 21 世纪的德国与中国》，社会科学文献出版社，2000，第 70~71 页。

② 熊炜：《统一后的德国外交政策（1990~2004）》，世界知识出版社，2008，第 3 页。

③ Gregor Schöllgen, *Die Macht in der Mitte Europas: Stationen deutscher Außenpolitik von Friedrich dem Großen bis zur Gegenwart* (München: C. H. Beck, 1992), S. 2. 转引自熊炜《统一后的德国外交政策（1990~2004）》，世界知识出版社，2008，第 3 页。

弃传统的实力政治观点和强权政治手段。在实践中应符合以下三原则：（1）处理国际事务时，奉行合作主义和多边主义；（2）"文明国家"在外交实践中尽量不使用军事手段，武力只在最危急的情况下才可以成为一种处理对外纷争的工具，而且这种使用还必须符合国际法规范的要求；（3）"文明国家"应努力推动超国家机构的发展，维护集体安全并且愿意向超国家机构让渡主权。① 同时，欧盟等国际组织的发展又促进了德国的欧洲集体认同的形成。在德国的国内政治文化和欧盟等国际组织的共同作用下，德国的国际角色观念相对于其他国家更多具备一体化倾向和非军事化特征。② 但是毛尔指出，对"连续性"的坚持并非意味着德国不能使用军事力量，只不过应该在国际法规范的要求下非常谨慎地使用军事力量，德国应该在国际上扮演特殊的有表率作用的"文明国家"角色。③

第三种观点认为，德国的外交政策在原则和基本方向上保证了"连续性"，但是与此同时，德国在欧盟和北约等国际组织中的角色却发生了变化。德国外交将在国际组织中更加主动地利用自身实力和资源，扩大影响力。德国将扮演更多的"制定议程"（agenda-setting）的角色。④ 我国学者连玉如教授在《新世界政治与德国外交政策——"新德国问题"探索》一书中，围绕德国重新统一后出现的外交政策"连续性"问题提出，德国奉行的是具有"文明国家"内核的、现实主义"贸易国家"外交政策，这一特征已发展成德国外交的一种定式、习惯和稳定的结构，既对欧洲乃至世界和平与稳定起到了积极的促进作用，也符合德国自身的根本利益与需要，因而德国会将它坚持下去。⑤

---

① Hanns W. Maull，"Germany and Japan：The New Civilian Power"，*Foreign Affairs* 5（1990）：92 - 93.

② 熊炜：《统一后的德国外交政策（1990 - 2004）》，世界知识出版社，2008，第4页。

③ Hanns W. Maull，"The guns of November？Germany and the Use of Force in the Aftermath of 9/11"，*Newsletter-Issue* 05 2/5（2001）：13 - 15.

④ Volker Rittberger，*German Foreign Policy since Unification：Theories and Case Studies*（Manchester：Manchester University Press，2001），转引自熊炜《统一后的德国外交政策（1990～2004）》，世界知识出版社，2008，第5页。

⑤ 连玉如：《新世界政治与德国外交政策——"新德国问题"探索》，北京大学出版社，2003，第42页。

戈尔德曼在其研究中提出，国家外交政策的稳定与否和其感知信念（cognitive beliefs）相互关联，需要分析这些信念是否处于中心、是否前后矛盾、是否可以检验。首先，当角色观念和角色模式中的其他角色观念相互兼容而且处于中心的时候，国际角色就比较稳定。[①] 这为检验上述三种观点提供了一个方法论基础。

从当前德国实际情况来看，德国的外交政策较为符合第三种观点，即在原则和基本方向上保证了"连续性"，同时由于在欧盟和北约等国际组织中的角色发生了变化，也兼具一定的"正常化"倾向。后文将以此为基础，进一步研究德国在国际危机管理中隐性地位和显性地位之间的变化。

三 德国国家角色定位

在冷战后德国国际角色定位中，虽然理论上出现了"文明国家"、"贸易国家"和"权力国家"等不同类型的角色模式，但实际上所有模式当中兼容所有观念的是多边主义外交观念，德国自始至终把推动多边主义制度作为其外交政策的根本原则。此外，由于历史原因，德国至今坚定地走融入国际组织的道路，特别是融入欧洲共同体和北大西洋公约组织，并通过推动欧洲一体化，来进一步加深向国际组织的融入。[②]

在全球化背景下，德国的外交政策考虑三层面的责任：（1）对于德国社会；（2）对于欧盟；（3）对于全球体系。德国目前重新回归到大国的行列，其角色不仅仅是利益既得者——和小国不同——更是国际政治的建构者和承担者。[③] 这三点初步限定了统一后德国的国家角色。德国试图以这种角色在西方世界中改变国际政治的无政府状态，为推进国际社会的文明化贡献力量，并且主要采用外交手段、预防性危机处理、经济支持或者民主手段来阻碍冲突

---

① Hanns W. Maull, "Deutschland als Zivilmacht", in Siegmar Schmidt/Gunther Hellmann/Reinhnald Wolf, *Handbuch zur deutschen Außenpolitik* (Wiesbaden: VS Verlag für Sozialwissenschaft/GWV Fachverlage GmbH, 2007), S. 77.

② Ebd.

③ Karl Kaiser, "Die neue Weltpolitik: Folgerungen für Deutschlands Rolle", in Karl Kaiser, Hans-Peter Schwarz, *Weltpolitik im neuen Jahrhundert* (Baden-Baden: Nomos Verlagsgesellschaft, 2000), S. 602.

的升级和武装暴力行动，在必要时也不会排除使用军事手段。不过，若是对违反国际法和违背人权的行为采取强制措施，必须得到联合国的授权。[1]

本书将角色理论应用在国际危机管理机制的研究中，首先通过霍尔斯蒂提出的国内和国际环境因素对国家角色进行定位，如国家价值观、原则或意识形态，主要决策者的个人和政治需要；国际体系结构，体系流行的价值观，通行的法律、规则、传统等。明确德国在危机管理中的定位后，分析角色冲突，综合考虑"连续性"和"正常化"在德国外交政策中的体现，在此基础上对案例中危机的原因和发展进行全面分析。

第三节　文明力量理论

"文明力量"这一概念最早由法国人弗朗索瓦·迪谢纳（François Duchêne）于 20 世纪 70 年代提出，当时这一概念用来描述欧共体的对外影响。德国著名政治学教授汉斯·W. 毛尔提出的"文明力量"（Zivilmacht），是指国际关系学中的社会建构主义理论和国家外交政策角色理念。

一　文明力量的起源与发展

文明力量理念形成的基础是德国著名社会学家诺贝特·埃利亚斯（Norbert Elias）对中世纪和近代早期欧洲社会的历史文明进程的研究。埃利亚斯指出，在现代社会的发展过程中，解决冲突的暴力形式被国家武力垄断的形成、冲突解决形式的制度化，以及禁止暴力的内化日益削弱和遏制。这进一步激发了社会分工的发展潜力，这一潜力之前以社会关系的可预测性以及非暴力性为基础。[2]

原则上，这些观点也适用于民族国家之外的社会关系，在国际关系的最新发展和迅速加深的环境下，这种文明进程也可能用于民族国家之外的区域和全球关系中。同时，埃利亚斯实证的、未做评价的观察结果也可以得到规

---

① 于芳：《德国的国际角色与外交政策》，人民日报出版社，2014，第 4～5 页。

② Hanns W. Maull，"Zivilmacht Deutschland"，in Gunther Hellmann，Siegmar Schmidt，Reinhard Wolf，*Handwörterbuch zur deutschen Außenpolitik*（Opladen：VS Verlag，2006），S. 1.

范性应用。例如，德国政治学家迪特尔·森哈斯（Dieter Senghaas）就在这种意义上对埃利亚斯的文明进程理念做了规范化应用。①

森哈斯研究出的"文明六边形"理论对构建"积极和平"的"多层次复杂体系"的要素进行了指向性描述。文明进程"多层次复杂体系"的六个相互关联的目标维度包括：

- 去除武力私有化
- 控制武力垄断和建设法治国家
- 建立相互依存关系和效果控制
- 形成民主参与
- 形成社会正义
- 形成建设性冲突文化②

在此基础上，毛尔教授提出了"文明力量"理论，认为国际政治文明化的进程要由"文明力量"来推动，即对国际关系过程施加某种形式的影响，并有其特定的目标——控制有组织的武力使用，社会关系的合法化，发展参与决策机制的形式，解决冲突的机制化，以及实现社会公正。③

对于国际关系文明化的含义，克努特·基斯特（Knut Kirst）描述了理想型国际关系文明化的三个特殊目标：（1）建构意愿，通过发起多边行动使国际关系文明化的意愿和能力；（2）放弃独立，通过向国际组织让渡主权表达支持集体安全管理的意愿；（3）实施无关利益的规则，有实现国际秩序文明化的意愿，即使这违背了短期的"国家利益"。④"理想型文明力量"有助于国际关系文明化，力图用社会认可的规则（合法性政策）来替代强制实施的规则（强权政策）。

面对新时期的国际关系，毛尔教授认为，一个最大的变化是参与国际互

① Hanns W. Maull， "Zivilmacht Deutschland"， in Gunther Hellmann， Siegmar Schmidt， Reinhard Wolf， *Handwörterbuch zur deutschen Außenpolitik* （Opladen：VS Verlag， 2006），S. 1.

② Ebd.

③ Hanns W. Maull， "Zivilmacht der Bundesrepublik Deutschland—Vierzehn Thesen für eine neue deutsche Außenpolitik"， *Europa Archiv* 10 （1992）：269 – 278.

④ Sebastian Harnisch， *Deutsche Außenpolitik nach der Wende：Zivilmacht am Ende?* （Beitrag für den 21. DVPW-Kongress in Halle， 2000），S. 1 – 5.

动的主体越来越多，不仅包括传统的行为主体民族国家，还包括国际组织和国际机制、市场和跨国企业以及其他社会力量。可以预见，国际关系中的冲突并非源于文明的冲突，而是来自社会、民族国家和文化圈之间的冲突。只有当民族国家建构国际关系的能力通过国际合作和文化融合得到有效增强，才可能在冲突中居于有利地位。① 一方面，只有在民族国家的基础之上才有可能存在国际合作；另一方面，民族国家是具有社会权威和认同的最重要主体，是积极协调各种社会要求的中间人。因此，在文明力量理论提出之初，研究对象主要是德国、日本等民族国家，在发展中才逐渐推及欧盟这样的国际组织行为体。②

毛尔教授认为，德国在国际关系领域属于"理想型文明力量"。因为文明力量不主张动用军事力量，取而代之，倾向于采用民事冲突管理策略，而德国强调不使用大规模杀伤性武器，并在联邦国防军的军事力量方面进行自我限制，并维持融入国际联盟的状态。③

连玉如教授也认为，德国的"文明国家"的资格条件和国际作用是较为完备和突出的。她指出，地理上德国位于欧洲中心，是世界上拥有邻国较多的国家；经济上德国对国际体系高度依赖；安全上德国一直认同裁军政策和自我军力限制，因此它对国际危机高度敏感，极为热衷于伙伴合作与多边行动。④

国际关系文明化是对弱肉强食的旧国际关系的一种变革，有利于推动世界理性化发展。要制止社会有组织地使用暴力，使社会关系法制化对于规范国际关系也是有利的。国际关系文明化还意味着武力不是解决国际冲突的唯一手段，强调使用武力的前提是集体决策、广泛支持、注意克制，这些都有

---

① Hanns W. Maull, "Welche Akteure beeinflussen die Weltpolitik?", in Karl Kaiser, Hans-Peter Schwarz, *Weltpolitik im neuen Jahrhundert* (Bonn: Bundeszentrale für politische Bildung, 2000), S. 369 – 382.

② 于芳：《德国的国际角色与外交政策》，人民日报出版社，2014，第 5 页。

③ Hanns W. Maull, "Deutschland als Zivilmacht", in Siegmar Schmidt, Gunther Hellmann, Reinhald Wolf, *Handbuch zur deutschen Außenpolitik* (Wiesbaden: VS Verlag für Sozialwissenschaft/GWV Fachverlage GmbH, 2007), S. 77.

④ 连玉如：《新世界政治与德国外交政策——"新德国问题"探索》，北京大学出版社，2003，第 515 页。

其积极的、值得肯定的一面，但它忽略了打着集体的旗号武装改变一国制度、干涉他国内政的做法，更没有分析战争的本质，忽视了在帝国主义时代资本主义本身是世界战争的根源，这是由资本扩张的本质决定的。①

二 文明力量的内涵

文明力量是德国学者根据建构主义角色认知理论所构建的一种国家行为分析模式。所谓"文明力量"，是指"外交角色的构想与角色行为及与之相关的外交目标、价值观、原则、运用影响力的方式及动用实力的手段，以及以推动国际关系文明化为导向的国家或其他国际行为体"②。

文明力量中"力量"这个词有三个含义：（1）行为体，即国家；（2）建构要求，即在必要情况下即便逆流而上也要实现目标；（3）实现目标的特定形式，即外交政策的特殊战略和手段。文明力量国家是指有追求政治文明的责任感并付诸行动的国家。③

具体说来，毛尔的文明力量的三层含义体现在以下三方面。

第一，文明力量是一个参与建构国际关系的行为体。④ 这个行为体的战略和目标与传统大国是有明显区别的，因此也有学者称之为"文明国家"⑤。要符合文明力量角色需要满足历史形成的社会条件和国内政治的前提条件，包括：（1）国内政治成功的文明化，即建立在法治、保障基本权利、参与政治决策的可能性以及社会公平基础上的稳定的民主体系；（2）物质繁荣作为民主制度稳定的基本前提条件；（3）历史形成的学习过程，精英和普通民众就军事力量的代价以及通过超国家合作和放弃主权来克服传统安全困境的必

---

① 于芳：《德国的国际角色与外交政策》，人民日报出版社，2014，第208页。

② Knut Kirste, Hanns W. Maull, "Zivilmacht und Rollentheorie", *Zeitschrift für Internationale Beziehungen* 3 (1996)：283. 转引自武正弯《德国外交战略（1989－2009）》，中国青年出版社，2010，第55页。

③ 同上。

④ Ulf Frenkler, Sebastian Harnisch, Knut Kirste, Hanns W. Maull, Wolfram Wallraf, *DFG-Projekt "Zivilmächte": Schlußbericht und Ergebnisse-Deutsche, amerikanische und japanische Außenpolitikstrategien 1985－1995: Eine vergleichende Untersuchung zu Zivilisierungsprozessen in der Triade* (Trier：Universität Trier, 1997), S. 20.

⑤ 有学者将 Zivilmacht 翻译为"文明国家"。

要性达成了社会共识；（4）最后，还有一种学习过程，通过在"贸易国家"模式下以国际分工为导向让渡部分主权并内化为相互依赖的关系，来享有国际政治的"后现代"形式的好处。①

第二，文明力量是一种角色构想，是以实现国际关系文明化为目标的一种价值观导向和外交风格。

第三，文明力量是一种达到特定目标的手段，也就是一种基于特殊手段的外交战略。② 也就是说，对文明力量的理解要根据使用环境而定，在国际关系领域，文明力量可能指代文明力量国家，也可能指一种国际角色模式，还有可能指代外交手段。

文明力量理论可以解释一部分现实主义无法解释的行为，即文明力量试图使其行为符合自身的角色理念，并遵循由此得出的外交政策。为此，文明力量使其利益和目标定义与自身的标准和价值体系相符。行为体试图通过使用有利于实现国际关系文明化的外交战略和手段来实现兼容性。将一个国家行为体的外交政策角色理念定义为文明力量，便可以对宣告的利益和目标以及实证研究可观察的策略和手段进行有说服力的说明。德国的文明力量角色离不开欧盟的框架，下文从德国和欧盟两个层面展开对文明力量内涵的介绍。

（一） 德国文明力量的内涵

德国所具备的文明力量角色特征体现在：（1）作为一个稳定的民主国家、贸易国家和福利国家，具备了文明力量的物质基础；（2）在参与建构全球化、文明化、法制化的国际关系中有承担国际责任的意愿，积极支持国际组织的改革和发展；（3）愿意让渡部分国家主权，接受法律和集体的约束，愿意贯彻与执行国际法和国际机制；（4）在国家利益和价值观问题上，认为通过国际合作解决国际问题符合德国国家利益，西方"普世"价值是国家利

---

① Hanns W. Maull, "Zivilmacht der Bundesrepublik Deutschland-Vierzehn Thesen für eine neue deutsche Außenpolitik", *Europa Archiv* 10 (1992)：269 – 278.

② Ulf Frenkler, Sebastian Harnisch, Knut Kirste, Hanns W. Maull, Wolfram Wallraf, *DFG-Projekt "Zivilmächte"：Schlußbericht und Ergebnisse-Deutsche, amerikanische und japanische Außenpolitikstrategien 1985 – 1995：Eine vergleichende Untersuchung zu Zivilisierungsprozessen in der Triade* (Trier：Universität Trier, 1997), S. 21.

益的一部分，追求价值观的推广也可被视作追求国家利益的实现；（5）始终在集体授权、集体行动的框架内参与军事行动，以欧洲的集体安全为理想目标，提倡政治手段调节国际冲突，不走单边主义道路，也反对其他国家一意孤行，强调在共同价值体系的基础上，与伙伴共同承担国际义务，提倡用和平手段解决问题，偏好通过制裁等措施对当事方施加压力。①

按照"文明国家"的国际角色模式要求，德国外交政策应该致力于国际关系的文明化和法制化，摒弃传统的实力政治观点和强权政治手段。在实践中应符合以下三原则：（1）处理国际事务时，奉行合作主义和多边主义；（2）"文明国家"在外交实践中尽量不使用军事手段，武力只在最危急的情况下才可以成为一种处理对外纷争的工具，而且这种使用还必须符合国际法规范的要求；（3）"文明国家"应努力推动超国家机构的发展，维护集体安全并且愿意向超国家机构让渡主权。② 毛尔认为，联邦德国到20世纪90年代初期为止只在一定程度上符合文明力量的角色。③

德国学者克努特·基斯特设计了文明力量角色构想的具体内容，具体见表1。

表1 文明力量角色构想具体内容一览

主要内容	具体角色构想	具体行为方式
落实文明力量目标的行动意愿	倡导者/推动者 主要机构成员	有意愿承担国际责任，在国际事务中和别国协调合作，反对单独行动，有意愿在国际组织中发挥主导作用，就国际问题提出动议
国家目标（对内）	追求人民福利最大化的角色	为本国人民的福祉、社会平衡、民主稳定而服务

① 于芳：《文明力量理论与德国默克尔政府外交政策》，博士学位论文，北京外国语大学，2014，第87~88页。
② Hanns W. Maull, "Germany and Japan: The New Civilian Power", *Foreign Affairs* 5 (1990): 92 – 93.
③ Hanns W. Maull, "Zivilmacht der Bundesrepublik Deutschland-Vierzehn Thesen für eine neue deutsche Außenpolitik", *Europa Archiv* 10 (1992): 269 – 278. 转引自于芳《德国的国际角色与外交政策》中"关于文明力量的十四条论点"，人民日报出版社，2014，第8页。

续表

主要内容	具体角色构想	具体行为方式
国家目标 （对外）	超国家主义者 国际机制塑造者/深化者 法制化与良治的支持者 联合国机制的支持者 国家间相互依存关系深化的支持者 价值观外交的支持者	支持向国际组织让渡部分主权，接受国际机制、规则的约束，推动国际机制的发展与深化，推动国际关系法制化，主张国际合作制度化，支持国际机构扩大决策基础，支持联合国的扩大与深化，支持"普世"价值观与良治的推行
外交风格	集体行动者 单边行动反对者 谈判、协调、协作的支持者 国际机制的使用者 建立伙伴关系的支持者 制裁的支持者	将集体行动视为规制，反对单边行动，反对将国际关系视为零和博弈，支持通过谈判、合作、调解在国际机制框架内解决国际冲突，致力于建立平等的伙伴关系，在各国之间实现合理的国际分工，主张对违反国际规制的国家实行制裁，按照文明力量标准使用武力
外交风格 外交手段	集体安全的支持者 合作安全的支持者 多边合法行动的支持者	支持集体安全制度和合作安全制度，使用多边、合法外交手段

资料来源：Knut Kirste, *Rollentheorie und Außenpolitikanalyse*: *Die USA und Deutschland als Zivilmächte* (Frankfurt am Main: Peter Lang GmbH/Internationaler Verlag der Wissenschaften, 1998), S. 54 – 56. 转引自武正弯《德国外交战略（1989～2009）》，中国青年出版社，2010，第71页。

（二）欧盟文明力量的内涵

欧盟是一股比较特殊的文明力量。欧盟从建立以来，逐渐由经济力量向国际体系中的政治力量转变，欧盟角色的变化势必会带来角色期待的变化，对自身身份认同也会发生变化，那么欧盟作为多极化世界中的一极，其利益和外交政策都会相应地发生变化。欧盟共同外交与安全战略有以下目标：保卫共同价值观、基本礼仪、欧盟的独立和完善，加强欧盟的安全，加强国际合作，维护和平和加强国际安全，巩固民主制度和法制，尊重人权和自由。这些目标和文明力量角色的目标是一致的，欧盟实现外交目标的手段是非军事手段，可以说，欧盟符合文明力量角色的特点，价值输出也是欧盟外交和发展援助的重要内容。[①]

---

① 于芳：《文明力理论与德国默克尔政府外交政策》，博士学位论文，北京外国语大学，2014，第10页。

近年来，欧盟越来越多地参与国际危机管理，作为一种国际关系中的新式行为体，主要以多边合作和动用非军事力量为专长。《马斯特里赫特条约》中明确规定，"欧洲和世界的和平、安全和进步"是共同外交和安全政策的目标，另外欧洲也致力于发展和加强民主、推动法治国家发展和尊重人权。在欧盟的安全战略目标中，促进民主、加强世界共同体和国际组织、继续发展和完善国际法、促进法治国家发展以及保护人权，都符合文明力量的角色特征。同时，欧盟也是一股规范性很强的力量，但其影响力有明显的地域局限，欧盟能将欧洲认同和欧洲规范渗透给欧盟成员国，如战略伙伴关系、双边会谈、多边合作、磋商、和平方式处理危机等，但在欧盟之外的地区，欧盟的影响力较弱。欧盟的部分成员国积极参与北约军事行动，和欧盟外交政策的整体导向有所背离。[①]

对于欧盟是否符合文明力量角色模式，主要存在两点批判。第一种观点认为，欧盟因为没有军事力量，决策机制分散，对重大议题反应速度较慢，算不上一个类似主权国家的强大力量；第二种观点认为，欧盟因为构建欧洲外交与防务政策体系，从民事力量变成了军事力量，违背了文明力量角色中的非军事原则，不再是一个文明力量。[②]

然而，欧盟选择文明力量具有先天性，虽然不具有强大的军事硬实力，但欧盟作为国际关系中史无前例的一个特殊行为体，无法套用此前国际关系理论中的任何权力概念，无论是霍布斯的绝对权力，还是约瑟夫·奈的软实力。文明力量这一角色模式更适合欧盟的情况，其角色描述的两点核心内容与欧盟的现实状况非常吻合：[③]

（1）民事的国际价值观和目标，即和平与合作，而非日益增强的相对权力和主导权；

（2）民事的手段和涵盖欧洲历史根基、制度体系、社会－经济模式和对

---

① Michael Blauberger, *Zivilmacht Europa? Leitlinien europäischer Außenpolitik in der Analyse* (Marburg: Tectum Verlag, 2005), S. 87.

② Ebd.

③ 于芳：《文明力量理论与德国默克尔政府外交政策》，博士学位论文，北京外国语大学，2014，第83页。

外影响实践等的全面分析。①

　　欧盟与主权国家的不同之处在于，它在政治、经济、军事三个方面的发展严重失衡，在建构意愿和政策协调上十分积极，注重用"规则改造世界"，外交与安全战略的目标、手段均属于规范性要素，在解决地区危机和国际争端问题上，还缺乏一定的行动能力。欧盟只有建立起独立防务，才能保证其共同外交政策，捍卫欧洲共同的价值观基础。建设欧洲安全与防务政策体系，与文明力量角色模式并不矛盾。缺乏军事行动能力，反而不利于欧盟塑造文明力量角色。②

　　文明力量、多边主义和欧洲导向（Europa orientierung）可以说是德国外交政策身份的三个重要组成部分。三者相互紧密联系，同时将国家身份的对内和对外部分联系在一起。所以在分析德国国家身份时不可将对内和对外两个维度分裂开来，而是要将二者结合。③ 也就是说，从文明力量作为行为分析模式的角度来看，一国的内政和外交不应再被割裂为不同领域，而是交织在一起，二者共同应对挑战。④

　　从上文对"角色理论"和"文明力量"理论的论述可知，二者之间有一定的重合。角色理论包含范围广，但在德国国际关系领域，国际角色特指"文明力量"角色，亦可称为"文明国家"。

　　本书对角色理论的应用，更侧重于方法论层面，即从角色冲突视角，分析德国在国际危机管理中的角色定位，国际、国内环境对其角色定位的影响，以及其中隐含的冲突因素，在此基础上深入分析德国在国际危机管理中的表现。

---

① 〔意〕马里奥·泰洛：《国际关系理论：欧洲视角》，潘忠岐等译，上海人民出版社，2011，第 178 页。

② 于芳：《文明力量理论与德国默克尔政府外交政策》，博士学位论文，北京外国语大学，2014，第 85 页。

③ Thomas Risse, "Deutsche Identität und Außenpolitik", in Siegmar Schmidt, Gunther Hellmann, Reinhhald Wolf, *Handbuch zur deutschen Außenpolitik* (Wiesbaden: VS Verlag für Sozialwissenschaft/GWV Fachverlage GmbH, 2007), S. 55.

④ Hanns W. Maull, "Zivilmacht der Bundesrepublik Deutschland—Vierzehn Thesen für eine neue deutsche Außenpolitik", *Europa Archiv* 10 (1992): 269~278. 转引自于芳《德国的国际角色与外交政策》中"关于文明力量的十四条论点"，人民日报出版社，2014，第 7~8 页。

本书对文明力量理论的应用，更侧重于其对国家行为的分析功能。

第一，通过毛尔提出的作为德国价值观导向型外交政策的几点文明力量要素，如强调合作、共同制度、避免军事手段、多边主义等，对德国国际危机管理实践进行剖析和解读，在此基础上归纳德国国际危机管理理念。

第二，通过梳理和分析危机管理中德国采用的外交安全战略和其他危机管理手段，分析其作为"文明国家"角色的"连续性"或新的变化，对其国际危机管理机制和理念的发展有何影响等，以更好地理解和评价德国的国际危机管理理念和策略。

第三，文明力量要求结合国际和国内两个层面，这符合德国国际危机管理机制的特点，即注重融入国际组织，为分析德国危机管理的双重政治问题提供了很好的理论基础。

第四，德国国际危机管理的首选手段之一是和平外交手段，这既是以利益和价值观为导向的外交政策所体现的文明力量，也是文明力量对德国处理国际问题的要求。

第四节　欧盟危机管理理论及模式

随着全球化的不断发展，世界变成了一张紧密交织的网，各行为体之间的相互依存度提高，危机管理的主体发生变化，危机管理过程对多方协作的要求更高。全球化一方面推动了国际政治、经济和安全网络的发展，另一方面，这些网络也因多重危机变得更加敏感和脆弱。"9·11"事件在一定意义上证明了这一点，也促进了国际危机管理向多元目标、多边合作方向转变。消除危机根源、预防连锁事态成为具有战略意义的管理目标，危机管理过程因"关口前移"而更早地展开。同时，主要大国对危机管理的垄断作用有所下降，利用和集合国际体系力量达到有效管理成为新趋势。①

随着欧洲一体化的不断深入，在近年来重大国际危机管理中，欧盟的作用日益凸显，不仅直接影响了危机管理过程，而且为冷战后国际政治和安全

---

① 赵绪生：《后冷战时期的国际危机与危机管理》，《现代国际关系》2003 年第 1 期，第 26 页。

秩序的转型带来了理念、制度和行为规范的启示。与此同时，一体化建设中的困难也在一定程度上制约了欧盟危机管理能力的提升，将它置于观念创新和制度改革的持续压力之下。

厄恩斯特·B. 哈斯（Ernst B. Haas）对战后欧洲一体化做出了系统的研究并试图从中得出区域国家一体化的普遍理论，建立了新功能主义——作为成功实现一体化的指导理论和实践理论。他清楚地强调了为了解决共同问题而设立的国际机制的存在和发展对于一体化的重要意义和作用。他把一体化界定为"说服几个国家内的政治行为体把它们的效忠、期望和政治活动转移到一个其机制拥有或高于现存国家管辖权的、新的中心的过程。这一政治一体化过程的结果是产生一个高于现存政治实体的新的政治共同体"。[①]

如何看待一体化中的机制问题，实际上也是一个从广义和狭义角度认识一体化的问题。广义的一体化，泛指原本相互独立的两个或更多的单位合并成一个更大的单位的过程或结果，在这个合并过程中是否需要有一个单位之间共同机制的创立和发展并不重要。战后的一体化，一般是指在既有民族国家基础上的联合和统一，因而在完全形成一个新的单位之前，一体化的基本行为体仍是民族国家。民族国家相互间是平等的，而且这种平等关系是得到双方相互承认和国际广泛确认的，因而现有的任何一个民族国家的机制都不适用于原封不动地去整合其他国家，这样机制创新的问题在战后民族国家间的一体化问题中就显得相对突出。就这样一点达成共识，即共同的社会问题必须且能够通过这种民族国家间的共同机制来促进的一体化，我们可以理解为一种狭义的一体化。[②]

欧洲一体化的发展是德国的核心战略目标，作为欧洲一体化的坚定推动者和欧洲国际危机管理的主导者与协调者，德国的国际危机管理总离不开欧盟框架，必须放在欧洲一体化机制中去看。因此，欧盟的危机管理机制也构成德国国际危机管理理论基础的一部分。下文将从欧盟危机管理新特点、理论依据和管理模式三个方面介绍一体化进程下欧盟危机管理机制的发展与变

---

①　李小圣：《欧洲一体化理论与实践分析》，世界知识出版社，2007，第2页。
②　李小圣：《欧洲一体化理论与实践分析》，世界知识出版社，2007，第3页。

化，从而为研究管理建立良好的理论基础。

一 欧盟危机管理新特点

近年来跨国界、跨领域的各种国际危机表明，国际危机的管理方式已经发生重大转变。危机的决策单位已经不再局限于主权国家，而是延伸到国际组织、地区组织甚至非国家/政府组织。[①]

为了适应国际危机的新特点，欧盟的危机管理理念和战略发生了一些转变。

第一，欧盟适时地改变了自己的危机观，认为后冷战时代的安全威胁为非单纯军事性质的，因此不能仅用军事手段来管理和解决危机。2003 年出台的《欧洲安全战略》提出要用综合手段，特别要通过外交谈判、多边协商和推进国际规范等和平步骤解决国际和地区冲突与争端。此外，欧盟还将危机管理视为输出其经济和政治制度，改善其周边安全环境，进而推进、深化一体化的契机。[②]

第二，根据后冷战时代国际危机"规模小、来源多样且不确定、地区性明显"等特点，欧盟采取了修复型的危机管理战略，注重发展自身对不可预测危机的快速反应和吸震能力。[③] 相对于美国"更迭政权"的管理目标，这种"修复型战略"强调军事干预以实现当地稳定而持久的和平秩序为任务，并与其他资源投入配套，最终达到对危机地区的长期治理、消除动荡根源的目的。因此，其操作更精细，作用更显著，影响更深远。具体地说，在"欧洲安全与防务政策"框架下，欧盟在危机地区展开的军警行动分为维护稳定（即分隔冲突双方或强制其休战）、替换（即取代原来有当地政权行使的军事和公检法等管理职能）、重建/改革（即督察当地法治和国家机器的改造）、监督（即确保达成的危机解决方案和协议得到贯彻执行）和

---

① 雷勇：《后冷战时期的国际危机》，《贵州教育学院学报》（社会科学版）2004 年第 6 期，第 24 页。

② 周弘、〔德〕贝娅特·科勒－科赫主编《欧盟治理模式》，社会科学文献出版社，2008，第 198 页。

③ 邱美荣：《试析冷战后欧洲危机管理风格的变化》，《欧洲研究》2005 年第 1 期，第 19～30 页。

保障（即为其他在事发地参与危机管理的国际组织提供安全保障）等多个步骤类型。① 即使欧盟无法主导国际危机管理，其危机管理过程也未因外交努力失败而终止。相反，欧盟及其成员国积极参与战后重建，形成了具有特色的危机后处理（即全面的危机地区治理）实践。②

第三，后冷战时期的国际危机，特别是直接涉及欧洲安全的危机，进一步调动了欧盟的超国家资源潜能，使其政策独立性有了明显提升，危机管理的竞争力大大增强。例如，1998 年后欧盟同伊朗建立了多领域的合作机制，英、法、德三国与伊朗之间保持每半年一次的"全面对话"机制，协调在反恐、大规模杀伤性武器扩散、人权等全球性问题以及中东和平进程、伊拉克、中亚等地区性问题上的立场。在联合国，欧盟作为永久观察员积极协调、引导欧盟各成员国采取共同立场。③

第四，欧盟加快了自身建设步伐。一方面，通过增加成员国用于危机管理的预算，改善军队结构，强化各成员国之间的协同作战、快速反应与联合指挥能力，欧洲快速反应部队已初具规模。同时，欧盟继续与联合国、欧安组织、北约等保持密切的协作关系，通过在这些组织中的欧盟成员国部队使自己的力量得以补充和延伸。④ 另一方面，欧盟通过增设军事委员会、政策和预警署等机构提高其危机反应能力和决策集中程度，直至将有关体制设想写入《欧洲宪法条约草案》。虽然法、荷公投使欧洲政治一体化的步伐暂时放缓，但欧洲集体安全制度并未停滞不前。"以一个声音说话"的努力仍在进行之中。⑤

---

① Pedro Serrano, "A Strategic Approach to the European Security and Defense Policy", in Nowak, Agnieszka, Civilian *Crisis Management*：*The EU Way*（*Chaillot Paper No. 90*）（Paris：Institute for Security Studies, 2006）：42 – 43.

② 周弘、〔德〕贝娅特·科勒 - 科赫主编《欧盟治理模式》，社会科学文献出版社，2008，第199 页。

③ 同上，第 199 ~ 200 页。

④ Pedro Serrano, "A Strategic Approach to the European Security and Defense Policy", in Nowak, Agnieszka, Civilian *Crisis Management*：*The EU Way*（*Chaillot Paper No. 90*）（Paris：Institute for Security Studies, 2006）：40.

⑤ 周弘、〔德〕贝娅特·科勒 - 科赫主编《欧盟治理模式》，社会科学文献出版社，2008，第200 ~ 201 页。

二 欧盟危机管理理论依据

危机管理是整个欧洲安全与防务政策以及对外行动（external action）的核心内容之一，是欧盟内部治理和政府间主义制度安排的一个缩影。这一机制的运行和改良无不体现着联盟内部多元的利益构成、相互间的补充和制约关系，同时也体现着欧盟在内部和外部两个层面之间的理性选择。①

（一）决策依据：外部和内部两个层面

国际关系中的现实主义理论认为，决策的主要动力来自行为者"理性决定的国家利益、权力、均势，以及无政府世界中权力的运用"。而这种理性判断的前提可以来自两个方面：一是国际体系的变化可能带来各国外交政策的变化；二是国内政治形势对当局行动选择造成的影响。② 简而言之，国际危机管理的决策依据包括外部环境和内部形势两个层面，这一点对于欧盟和德国都适用。

据此可以将欧盟危机管理观念、策略的转变解释为在国际力量对比下一种审时度势的理性选择。欧盟的对外行动能力一方面来自巩固和扩大的欧洲联合所产生的超国家权力，使得欧盟可以同时拥有集体安全的合力和各成员国的安全政策工具，通过众多的双边或多边（如联合国、北约等）舞台得到倍增和扩展；另一方面，在汇合内部利益认同的过程中，集体安全、协商一致、多边行动以及通过制度和规范约束使用武力的冲动等成员间规范已成为其国际竞争力的一部分。③

（二）利益权衡：追求"均势"

冷战结束后，"欧洲人内部的立场分歧以及同美国的地位之争"这两大

---

① 周弘、〔德〕贝娅特·科勒－科赫主编《欧盟治理模式》，社会科学文献出版社，2008，第200～201页。
② 〔美〕詹姆斯·多尔蒂、小罗伯特·普法尔茨格拉夫：《争论中的国际关系理论》（第五版），阎学通等译，世界知识出版社，2003，第81页，转引自周弘、〔德〕贝娅特·科勒－科赫主编《欧盟治理模式》，社会科学文献出版社，2008，第201页。
③ 周弘、〔德〕贝娅特·科勒－科赫主编《欧盟治理模式》，社会科学文献出版社，2008，第202页。

具有决定性意义的挑战随着国际危机的频发而日益突出。① 一方面，欧盟扩大带来诸多新成员、新利益和新矛盾，在波兰等中东欧新成员中，平衡传统大国轴心的新势力悄然出现，使联盟内部同样面临均衡各方利益、实现新的团结与协调的压力。因此，无论在处理国际危机的主张上，还是在具体资源和行动的调度上，欧盟都必须坚持多边协商、透明公正的原则，保持各成员国均等的知情权和参与权。另一方面，冷战后欧盟对国际危机的主动干预与其重塑跨大西洋关系的愿望有着某种直接关联。欧盟不再满足于做美国在国际事务中的"小伙伴"，而是通过在重大危机问题上采取有别于美国的政策"来强化欧洲认同和欧洲身份"。② 2003 年，在伊拉克的所谓"大规模杀伤性武器"问题上欧盟及德、法等主要成员国与美国发生激烈的争执，从而引发了一场跨大西洋关系的严重危机。这一事件充分表明欧洲的独立身份意识极大地增强，给欧美关系乃至国际政治格局所造成的冲击是结构性的。③

（三）管理机制：多重矛盾

在欧盟这个多层政治复合体中，传统的国家利益、决策机构的部门利益、官员的个人偏好乃至公众的参与要求等依旧顽强地存在，对联盟的集体行动形成重要的制约。从国内政治角度观察，欧盟成员国经常在不同的危急情况下出现"政治意识上不同的优先考虑和对问题的不同认识"。④ 例如在乌克兰危机中，法国主张动用武力手段，而德国在乌克兰危机不断升级的情况下依然坚持采用民事手段；在难民危机中，欧洲大部分国家出于自身利益的考虑不愿对难民采取开放政策，然而德国在此问题上坚持德国价值观和欧洲价值观，欣然敞开大门。同时，高度发达的公众舆论也大大增加了危机决策者的国内政治成本，使其不作为和错误作为之间的灰色地带变得越来

---

① 〔德〕贝娅特·科勒－科赫、托马斯·康策尔曼、米歇勒·克诺特：《欧盟一体化与欧盟治理》，顾俊礼等译，社会科学文献出版社，2004，第 307 页。

② Robert Jervis, "The Compulsive Empire", *Foreign Policy* 137（2003）：83 - 87. 转引自周弘、〔德〕贝娅特·科勒－科赫主编《欧盟治理模式》，社会科学文献出版社，2008，第 203 页。

③ 参见周敏凯《论伊拉克战争后大西洋联盟的危机》，《华东师范大学学报》（哲学社会科学版）2004 年第 5 期，第 28 页。

④ 〔德〕贝娅特·科勒－科赫、托马斯·康策尔曼、米歇勒·克诺特：《欧盟一体化与欧盟治理》，顾俊礼等译，社会科学文献出版社，2004，第 308 页。

越窄。①

在欧盟层面同样存在诸多利益冲突。欧盟共同外交与安全政策的决策程序规定了成员国的独立与核心地位，而联盟的权力则主要体现于引导欧洲各国首脑及外交部部长们优先讨论何种日程并提供何种决策建议。尽管后者的影响力不容低估，但欧盟要以此推动所有成员国在复杂、尖锐的危机中达成一致的管理意见显然不那么容易。②

此外，在欧盟本身的机构设置与职能分工上，政府间主义和协商一致的原则也造成了共同体和共同外交与安全政策两大支柱之间和部门之间信息不对称、行动脱节和政策不配套等现象。属于第二支柱的欧盟理事会把对危机的评判和管理的规划视为自己的专属领域，对来自欧盟委员会的沟通意向不甚欢迎；在对危机地区的紧急援助项目上，共同体成员国则担心这种短期行为会损害其既定的援助目标与程序，使共同体沦为第二支柱的工具；即使是在欧盟理事会内部，军事部门也习惯于单向地对上负责而不愿意对民事部门开放和与之协作。③

总而言之，在危机的现实面前，国际政治的影响肯定是促使欧盟采取行动的重要前提，然而在不同的案例和客观条件下，对外竞争与联盟内部关系的平衡、国际政治与国内政治等多组现实因素频繁互动，对欧盟不同层次管理者的影响和后果是不一样的。美国因素和国内政治的作用呈明显上升的趋势，二者均在共同外交与安全政策的着力点之外，更增加了欧盟的管理难度。此外，危机管理对集中权力和决策效率的自然要求又构成了对主权、支柱及部门权力的挑战，从而令欧盟经常处于选择不同价值和原则的两难境地。④

---

① 周弘、〔德〕贝娅特·科勒－科赫主编《欧盟治理模式》，社会科学文献出版社，2008，第203页。

② Catriona Gourlay, "Cinvi-Civil Coordination in EU Crisis Management", in Nowak, Agnieszka, *Civilian Crisis Management：the EU Way（Chaillot Paper No. 90）*（Paris：Institute for Security Studies, 2006）：111–112.

③ 周弘、〔德〕贝娅特·科勒－科赫主编《欧盟治理模式》，社会科学文献出版社，2008，第203页。

④ 同上，第204页。

（四）制度化：强大的整合能力

在欧洲一体化过程中，政治妥协不完全是权力角逐中的务实考虑所致，还可能来自一种共同的价值观念与行为习惯。尤其当这些观念和习惯作为制度被固定下来之后，它们就可能成为约束力，弱化国家和官僚对权力的过度追求。① 这便是制度主义理论对欧盟作为制度化行为体进行危机管理的解释依据。

制度主义理论的倡导者将欧盟视为一个非等级结构的国家行为体，设定这个体系中各成员国在合法拥有自主权的同时，通过协商谈判"有意识地确定并努力实现一个政治目标，并确保行为者的行为朝着这个方向努力"②。在此过程中，联邦层面的官僚机构（如部长理事会、欧盟委员会以及欧洲议会等）、成员国政府相关机构和众多的专业团体、利益集团和民间组织根据共同的议题和关切组成和参与一个协商决定的网络，使各自的利益（包括联盟机构自身的利益）均有机会得到充分的表达和保护，从而进一步塑造了网络的功能及其合法性。③ 根据该理论可以解释欧盟内部整合所呈现的独特性。

一方面，欧盟作为一个"完美的协商谈判体系"，其总体目标无疑是促进成员国兴趣和行动的"欧洲化"，即"向更接近欧共体规范、政策和习惯的方向移动的进程"④。尽管协商并非每次都成功，但作为一种制度化行为，它提高了成员的参与感并增强了其对联盟的向心力，因为联盟为协商所预定的共同目标已经打上了"欧洲化"的标签，它可能催生某种从众效应使任何成员难以置之度外。⑤

① 周弘、〔德〕贝娅特·科勒－科赫主编《欧盟治理模式》，社会科学文献出版社，2008，第203页。

② 〔德〕贝娅特·科勒－科赫、托马斯·康策尔曼、米歇勒·克诺特：《欧盟一体化与欧盟治理》，顾俊礼等译，社会科学文献出版社，2004，第176～179页。

③ 陈玉刚：《国家与超国家——欧洲一体化理论比较研究》，上海人民出版社，2001，第197～199页。

④ Roy H. Ginsberg, "Conceptualizing the European Union as an International Actor: Narrowing the Theoretical Capability-Expectations Gap", *Journal of Common Market Studies* 37/3 (1999): 443.

⑤ 周弘、〔德〕贝娅特·科勒－科赫主编《欧盟治理模式》，社会科学文献出版社，2008，第205页。

另一方面，外部压力和各成员国国内政治造成欧盟危机管理的弱化或失败也为其事后改进内部团结和制度改革提供了动力。在长期的一体化过程中，欧洲民族认同和泛欧认同始终并存和相互渗透，融会成独特的欧洲精神。在欧盟各种制度的构建和改革中，体现这种精神的"自由"与"合作"两大核心价值始终并驾齐驱，当内外危机超过临界点，失败和分裂成为更现实的挑战时，人们会理智地回到合作的轨道上，以互相妥协来维护共同体的秩序。①

（五）机制改进：危机管理的"硬"条件

除了政治层面的整合之外，欧盟危机管理机制，主要是合作机制，在危机管理过程中是不可缺少的"硬"条件，因此欧盟一直在不断改进合作机制。

2002 年 11 月，欧盟理事会的总务及对外关系理事会（General Affairs and External Relations Council，GAERC）通过了民事 – 军事协调（Civil-Military Co-ordination，CMCO）的"行动计划"。这一计划实际上是一个制度性的部际乃至支柱间的会商活动，由作为政治决策部门的欧盟政治与安全委员会主导，参加者除欧盟理事会秘书长和共同外交与安全政策高级代表外，均为各成员国驻布鲁塞尔大使。在此之下，还成立了由来自欧盟委员会和欧盟理事会秘书处的高级官员组成的危机反应协调小组（Crisis Response Coordinating Team，CRCT），以确保各军事、政治、民事行动方案在战略上有机衔接，参加者中包括各成员国驻布鲁塞尔使团的高级官员。②

此外，欧盟还利用自身和成员国的教育培训基础设施，对成员国、入盟国和候补国的外交、军事和民事部门高官，欧盟各部门官员以及参加欧盟危机管理行动的人员进行军民联合危机管理培训，两度举行了与军民协调主题有关的危机管理演习。这些举措不仅提高了管理合作网络的开放度和吸纳力，加深了成员国对集体危机管理的重要意义和迫切性的认知，更重要的是

---

① 蔡玉辉、杨豫：《欧洲精神与欧盟制度析论》，《欧洲研究》2006 年第 1 期，第 90 页；石佳友：《"后现代"欧洲及对中国的意义》，《欧洲研究》2005 年第 1 期，第 12 页。

② 周弘、〔德〕贝娅特·科勒 – 科赫主编《欧盟治理模式》，社会科学文献出版社，2008，第 206 页。

在潜移默化中培育了一种跨国、跨支柱和跨部门的协调文化。①

由此归纳，欧盟解决危机管理中的内部利益冲突的方式是一方面承认和保护这些现实考虑；另一方面则借助于合作网络的学习、示范功能，加深各方对集体利益的认知，软化其个体的思维和行为偏好，产生塑造功效。②

三　欧盟危机管理模式

危机管理是整个欧盟安全建设和对外关系进程中的一个环节。它不可能超脱于欧盟的内外环境而独善其身，其目标、机制、能力和实际运行无不受到国际体系和内部动力的影响。冷战后国际危机管理主要转为"由第三方通过和平的外交手段或强制性的军事手段干预使危机得到缓和与解决"③，可见危机管理已成为国际政治竞争的战略高地。④

随着一体化的持续进展，欧盟的安全范围延伸到更广阔的领域，同时也伸入价值观和制度安全层面。虽然欧盟在危机管理中不乏对强制性军事手段的应用，但其目的与它使用和平外交手段的目的一样，是降低和化解危机的"外溢"效应，在恢复危机地区的秩序后，用欧盟的制度推进当地改革，进而达到"良治"（Good Governance）与和平。这便是欧盟的危机管理模式，可见其有不同于其他国际竞争力的独特性和可持续性。⑤

与此同时，必须承认超国家主义在欧盟对外关系，特别是危机管理中的作用是有限的。在欧洲政治一体化完全确立之前，民族国家仍然是危机管理的行为主体。由于成员国主权既有的竞争性、联盟的行政功能缺陷和欧盟各国社会动员体制的区别，欧盟的对外行动能力与其客观拥有的人口、地域、

---

① Radek Khol, "Civil-Military Coordination in EU Crisis Management", in *Nowak*, *Agnieszka*, *Civilian Crisis Management*：*The EU Way*（*Chaillot Paper No. 90*）（Paris：Institute for Security Studies, 2006）：123 – 138.

② 〔德〕贝娅特·科勒-科赫、托马斯·康策尔曼、米歇勒·克诺特：《欧盟一体化与欧盟治理》，顾俊礼等译，社会科学文献出版社，2004，第315～316页。

③ 赵绪生：《后冷战时期的国际危机与危机管理》，《现代国际关系》2003年第1期，第27页。

④ 周弘、〔德〕贝娅特·科勒-科赫主编《欧盟治理模式》，社会科学文献出版社，2008，第208页。

⑤ 同上。

经济、军备和文化资源还远不相称。

欧盟危机管理模式的特点在于其内部开放度和集体参与的通道，它以共同行动的收益和必要性转化成员们的认同程度，但也因此存在决策分散、脱节和低效率等弊端。构建向效率倾斜的合作文化，达到决策的相对集中固然应该是欧盟改进其危机管理的努力方向，但这不意味着它会简单地回归到民族国家的权力模式。制度主义理论所提倡的恰恰不是传统的民族国家建设，而是民族国家经过确立共同的治理标准体系，在保留自身基本属性的同时融为新型的国家社会。欧盟正是通过以网络性建设确立自身的标准体系，加深成员国的认同等隐性方式来抵消自身的权力缺陷，以制度的力量逐步地侵蚀和软化国家主权。这个过程所积累的各种不经意甚至不情愿中的进步，反过来又将产生示范效应，推动新的认同和制度性网络建设。欧盟历经挫折和失败仍不断前进的真谛就在于此。①

四　欧盟危机管理机制特点

危机管理是整个欧盟安全与防务政策以及对外行动的核心内容之一，是欧盟内部治理和政府间主义制度安排的一个缩影。这里对欧盟危机管理机制特点总结如下。

第一，国际危机管理的决策依据包括外部环境和内部形势两个层面，这一点对于欧盟和德国都适用。

第二，在政治层面追求"均势"。对内必须坚持多边协商、透明公正的原则，保持各成员国均等的知情权和参与权；通过在重大危机问题上采取有别于美国的政策"来强化欧洲认同和欧洲身份"。

第三，欧盟危机管理机制存在多重矛盾。首先，传统的国家利益、决策机构的部门利益、官员的个人偏好等对联盟的集体行动构成重要的制约。其次，欧盟成员国经常在不同的危急情况下出现"政治意识上不同的优先考虑

---

① 周弘、〔德〕贝娅特·科勒-科赫主编《欧盟治理模式》，社会科学文献出版社，2008，第207页。

和对问题的不同认识"①。再次，在欧盟层面存在诸多利益冲突。此外，在欧盟本身的机构设置与职能分工上，政府间主义和协商一致的原则也造成了共同体和共同外交与安全政策两大支柱之间和部门之间信息不对称、行动脱节和政策不配套等现象。

第四，制度化带给欧盟强大的整合能力。一方面，欧盟的总体目标是促进成员国兴趣和行动的"欧洲化"，作为一种制度化行为，它提高了成员的参与感并增强了对联盟的向心力。另一方面，外部压力和各成员国内政压力造成欧盟危机管理的弱化或失败也为其事后改进内部团结和制度改革提供了动力。

第五，欧盟危机管理机制，主要是合作机制，是危机管理过程中不可缺少的"硬"条件，因此欧盟一直在不断改进合作机制。具体表现为欧盟理事会的总务及对外关系理事会 2002 年通过了民事 – 军事协调的"行动计划"，还成立了由来自欧盟委员会和欧盟理事会秘书处的高级官员组成的危机反应协调小组，对成员国、入盟国和候补国的外交、军事和民事部门高官，欧盟各部门官员以及参加欧盟危机管理行动的人员进行军民联合危机管理培训，在潜移默化中培育一种跨国、跨支柱和跨部门的协调文化。由此归纳，欧盟解决危机管理中的内部利益冲突的方式是一方面承认和保护这些现实考虑；另一方面则借助于合作网络的学习、示范功能，加深各方对集体利益的认知，软化其个体的思维和行为偏好，产生塑造功效。②

第六，欧盟危机管理模式特点——军事手段辅助民事手段。虽然欧盟在危机管理中不乏对强制性军事手段的应用，但其目的与它使用和平外交手段的目的一样，是降低和化解危机的"外溢"效应，在恢复危机地区的秩序后，用欧盟的制度推进当地改革，进而达到良治与和平。随着一体化的持续进展，欧盟的安全范围将延伸到更广阔的领域，同时也伸入价值观和制度安全层面。

---

① 〔德〕贝娅特·科勒 – 科赫、托马斯·康策尔曼、米歇勒·克诺特：《欧盟一体化与欧盟治理》，顾俊礼等译，社会科学文献出版社，2004，第 308 页。
② 同上，第 315 ~ 316 页。

小 结

德国国际危机管理机制的重要特征是高度重视危机预防环节，并与危机中、危机后管理形成一个整体，特别擅长危机后重建和恢复的过程。同时，德国的国际危机管理离不开国际组织框架，特别是欧盟框架。

由于国际危机管理的主体多元、危机特征多样，因此没有一个普遍适用的理论可以作为参考。作为危机管理行为体，德国逐渐在国际危机管理中发挥重要作用是近几年的事情，德国的特殊情况——始终离不开欧盟框架——使得其他国家的国别理论研究成果无法直接拿来借鉴，因此，对本书具有直接参考价值的理论依据较为缺乏。然而德国国际危机管理研究仍然需要一定的理论依据和分析基础，为此，本书在研究过程中借鉴了上述德国外交、安全和国际危机管理领域，以及欧盟层面的相关理论和政策作为依据，在此总结如下。

一是角色理论。在冷战后德国国家角色定位中，虽然理论上出现了"文明国家"、"贸易国家"和"权力国家"等不同类型的角色模式，但实际上所有模式当中兼容所有观念的是多边主义外交观念，因此德国自始至终把推动多边主义制度作为其外交政策的根本原则。此外，由于历史原因，德国至今坚定地走融入国际组织的道路，特别是欧盟和北大西洋公约组织，并通过推动欧洲一体化，来进一步加深向国际组织的融入。① 总结来说，在全球化背景下，德国的外交政策考虑三个层面的责任：（1）对于德国社会；（2）对于欧盟；（3）对于全球体系。

本书将角色理论应用在国际危机管理中，首先通过霍尔斯蒂提出的国内和国际环境因素对国家角色进行定位，如国家价值观、原则或意识形态，主要决策者的个人和政治需要；国际体系结构，体系流行的价值观，通行的法律、规则、传统等。其次，明确德国在危机管理中的定位后，分析角色冲

---

① Hanns W. Maull, "Deutschland als Zivilmacht", in Siegmar Schmidt, Gunther Hellmann, Reihnhald Wolf, *Handbuch zur deutschen Außenpolitik* (Wiesbaden: VS Verlag für Sozialwissenschaft/GWV Fachverlage GmbH, 2007), S. 77.

突，在此基础上对危机原因和发展进行深入分析。本书认为，在国际危机管理实践中，价值观因素、主要决策者的个人风格等因素在多大程度上受到重视，对这些因素的坚持是否过于执着，将对危机管理结果产生重要影响。

二是文明力量理论。"文明力量"由德国著名政治学教授毛尔提出。德国所具备的文明力量角色特征体现在：（1）作为一个稳定的民主国家、贸易国家和福利国家，具备了文明力量的物质基础；（2）在参与建构全球化、文明化、法制化的国际关系中有承担国际责任的意愿，积极支持国际组织的改革和发展；（3）愿意让渡部分国家主权，接受法律和集体的约束，愿意贯彻和执行国际法和国际机制；（4）在国家利益和价值观问题上，认为通过国际合作解决国际问题符合德国国家利益，西方"普世"价值是国家利益的一部分，追求价值观的推广也可被视作追求国家利益的实现；（5）始终在集体授权、集体行动的框架内参与军事行动，以欧洲的集体安全为理想目标，提倡政治手段调节国际冲突，不走单边主义道路，也反对其他国家一意孤行，强调在共同价值体系的基础上，与伙伴共同承担国际义务，提倡用和平手段解决问题，偏好通过制裁等措施对当事方施加压力。①

随着全球化和欧洲一体化发展，德国更加不会强调国家利益至上，而是更加注重在欧盟框架内，携手其他欧盟国家共同发挥文明力量的作用。因此，本书还将欧盟纳入考量范围，欧盟作为文明力量具有两大鲜明特征：（1）民事的国际价值观和目标，即和平与合作，而非日益增强的相对权力和主导权；（2）民事的手段和涵盖欧洲历史根基、制度体系、社会－经济模式和对外影响实践等的全面分析。② 欧盟与德国这种主权国家之间的最大差异在军事手段的使用上。欧盟在政治、经济、军事三个方面的发展严重失衡，在建构意愿和政策协调上十分积极，注重用"规则改造世界"，外交与安全战略的目标、手段均属于规范性要素，在解决地区危机和国际争端问题上，还缺乏一定的行动能力。欧盟只有建立起独立防务，才能保证其共同外交政

① 于芳：《文明力量理论与德国默克尔政府外交政策》，博士学位论文，北京外国语大学，2014，第 87~88 页。
② 〔意〕马里奥·泰洛：《国际关系理论：欧洲视角》，潘忠岐等译，上海人民出版社，2011，第 178 页。

策，捍卫欧洲共同的价值观基础。建设欧盟共同安全与防务政策，与文明力量角色模式并不矛盾。缺乏军事行动能力，反而不利于欧盟塑造文明力量角色。①

本书对"角色理论"的应用，更侧重于方法论层面，即从角色冲突视角，分析德国在国际危机管理中的角色定位，国际、国内环境对其角色定位的影响，以及其中隐含的冲突因素，在此基础上深入分析德国在国际危机管理中的表现。对文明力量理论的应用，更侧重于其对国家行为的分析功能。第一，通过毛尔提出的作为德国价值观导向型外交政策的文明力量要素，如强调合作、共同制度、避免军事手段、多边主义等，对德国国际危机管理理念进行剖析和解读，在此基础上归纳德国国际危机管理理念的特点。第二，在"连续性"和"正常化"的争论基础上辩证地分析德国在国际危机管理实践中"显性"和"隐性"地位的变化，辩证地理解德国的国际危机管理理念的含义。第三，文明力量要求结合国际和国内两个层面，这符合德国国际危机管理机制的特点，即注重融入国际组织，为德国国际危机管理的双重政治问题提供了分析依据。第四，德国国际危机管理的首选手段之一是和平外交手段，这既是以利益和价值观为导向的外交政策所体现的文明力量，也是文明力量对德国处理国际问题的要求。

三是欧盟危机管理理论及其模式。厄恩斯特·B.哈斯（Ernst B. Haas）把一体化界定为"说服几个国家内的政治行为体把它们的效忠、期望和政治活动转移到一个其机制拥有或高于现存国家管辖权的、新的中心的过程。这一政治一体化过程的结果是产生一个高于现存政治实体的新的政治共同体"。② 欧洲一体化的发展是德国的核心战略目标，作为欧洲一体化的坚定推动者和欧洲国际危机管理的主导者与协调者，德国的国际危机管理总离不开欧盟框架，必须放在欧洲一体化机制中去看。从这个角度看，欧盟的危机管理机制也构成德国国际危机管理理论基础的一部分。

危机管理是整个欧盟共同安全与防务政策以及对外行动的核心内容之

---

① 于芳：《文明力量理论与德国默克尔政府外交政策》，博士学位论文，北京外国语大学，2014，第85页。

② 李小圣：《欧洲一体化理论与实践分析》，世界知识出版社，2007，第2页。

一。在全球化、一体化程度不断加深的背景下，欧盟根据国际危机特点的变化适时地改变了自己的危机观，认为不能仅用军事手段来管理和解决危机；采取了修复型的危机管理战略，注重发展自身对不可预测危机的快速反应和吸震能力；进一步调动了超国家资源潜能，使其政策独立性有了明显提升；在管理机制层面加快了自身建设。

在现实主义和制度主义理论分析基础之上，欧盟的国际危机管理理念具有如下特征：（1）危机管理决策依据分为外部和内部两个层面，这一点对于欧盟和德国都适用；（2）危机管理追求"均势"，即平衡国际势力和内部利益，希望强化欧洲认同和欧洲身份；（3）欧盟危机管理存在多重矛盾，对外竞争与联盟内部关系的平衡、国际政治与国内政治等多组现实因素频繁互动，对欧盟不同层次管理者的影响和后果是不一样的；（4）通过制度增强整合能力，通过促进成员国行动的"欧洲化"提高成员的参与感并增强其对联盟的向心力；（5）不断改进合作机制，成立危机反应协调小组，通过军民联合危机管理培训，在潜移默化中培育跨国、跨支柱和跨部门的协调文化。

虽然欧盟在危机管理中不乏对强制性军事手段的应用，但其目的与它使用和平外交手段的目的一样，是降低和化解危机的"外溢"效应，在恢复危机地区的秩序后，用欧盟的制度推进当地改革，进而达到良治与和平。可见欧盟的危机管理模式有不同于其他国际竞争力的独特性和可持续性。与此同时，必须承认超国家主义在欧盟对外关系特别是危机管理中的作用是有限的。在欧洲政治一体化完全确立之前，民族国家仍然是危机管理的行为主体。

综上所述，本书将综合运用国家角色理论、德国的文明力量理论，结合欧盟危机管理理论及其模式，在德国、欧盟和国际三个层面深入分析德国的危机管理机制与实践，考量国家战略、价值观、管理者等因素，尽可能全面、客观地分析德国国际危机管理的机制和理念。

第二章
德国国际危机管理理念与策略

上文所述的相关理论探索为本书的探索与研究提供了一定的理论依据，德国国际危机管理理念是研究德国国际危机管理机制的重要思想基础和政策依据。德国国际危机管理理念以德国的政策性纲领文件为依据，包括《"民事危机预防、解决冲突与巩固和平"行动计划》(2004)，《2016 德国安全政策和联邦国防军的未来白皮书》①、《联邦政府 2015 行动纲领》②。其中，《"民事危机预防、解决冲突与巩固和平"行动计划》(2004)及两年一次的"执行情况报告"(2004～2006，2006～2008，2008～2010，2010～2014)是本书的重要参考依据，这是德国在国际危机管理研究方面较为完整的政策文献，包含基本理念和行动策略两方面。本章将对这些报告中的德国国际危机管理理念及策略进行梳理，并对其特点和问题进行探索。

第一节 《"民事危机预防、解决冲突
与巩固和平"行动计划》

德国国际危机管理的重点在危机前预防阶段，在预防阶段主要采用民事危机管理手段，这是国家和非国家行为体在外交、安全和发展政策方面的指导方针。联邦政府关于危机预防的理念，实际上就是以预防为主的国际危机

---

① BMVg, *Weißbuch 2016 zur Sicherheitspolitik und zur Zukunft der Bundeswehr* (Regierungsdokument, 2016), https://www.bmvg.de/resource/blob/13708/015be272f8c0098f1537a491676bfc31/weiss-buch 2016-barrierefrei-data. pdf.

② BMZ, *Aktionsprogramm 2015 der Bundesregierung zur Armutsbekämpfung* (Regierungsdokument, 2001), http://www.eineweltnetzwerkbayern.de/fileadmin/assets/Dokumente/bmz_aktionsprogramm2015. pdf.

管理理念。

　　20 世纪 90 年代南斯拉夫战争之后，德国外交与安全政策越来越多地向国际危机与冲突管理以及和平行动的方向倾斜。自 90 年代起，在国家层面、欧盟内部以及多边框架范围内，有很多新理念被提出，危机预防的重要性日益得到重视。在 1998 年 10 月的联合执政协议中，联邦政府表明，要全力以赴探索与使用危机预防、冲突管理的有效战略和手段。2000 年夏天联邦政府在联合执政协议中确立了"民事危机预防、冲突解决与和平巩固"① 的理念。2002 年联合执政协议中规定，政府将制订一项部际行动计划，主题是"民事危机预防、冲突解决与巩固和平"。

　　2004 年 5 月 12 日德国前红绿联盟政府批准了一项名为《"民事危机预防、冲突解决与巩固和平"行动计划》（*Aktionsplan*，*Zivile Krisenprävention*，*Konfliktlösung und Friedenskonsolidierung*，后文简称《行动计划》）的政治战略文件，对民事危机预防、冲突解决与巩固和平方面的部际民事措施与行动方针进行了描述。目的是将和平政策和危机预防既视为外交、安全和发展政策的职责，也看作政府行动的部际任务。2004 年《行动计划》是对过去所采取的维和措施中蕴含的部际理念的首次总结，其中所介绍的行动范围和内容对危机管理有重要的意义。至今它仍是联邦政府危机预防政策的参考框架，此后每两年联邦议院会提交一个该行动计划的"执行情况报告"（目前提交的有 2006 年、2008 年、2010 年和 2014 年的报告，2010～2014 年合为一次报告）。下文将从危机预防总纲、危机预防战略方针、危机预防基础结构和德国危机管理多边战略四个方面对 2004 年《行动计划》中包含的德国国际危机管理理念进行详细阐述。

一　《行动计划》——巩固和创新

　　发展与繁荣的前提是和平与稳定，没有和平与稳定作为前提，发展与繁荣都不可持续。当前世界上爆发的战争冲突造成的不稳定，大部分是由政治、经济、社会和环境方面的重大弊端引起的。冲突是转变过程的一部分，

① Deutscher Bundestag, *Beschluss des Deutschen Bundestages von 2000 zur Zivilen Krisenprävention*（Regierungsdokument，2000），http：//dip. bundestag. de/btd/14/038/1403862. pdf.

其结果是取得进步。自由，特别是个体自由，向冲突提出了挑战。只有通过和平、团结的社会争论寻找最佳的冲突解决方案才是有成效的。国家有责任建立和平冲突解决机制或相应的非国家、非正式工具。否则，冲突会直接或间接地以暴力形式呈现。①

危机预防要求所有国家和非国家行为体采取连贯和协调的行动。只有将不同政治领域结合起来，消除国家或区域冲突根源的措施才具有有效性和持续性。为此，在"民事危机预防、冲突解决与巩固和平"总纲的指导下，联邦政府确定了德国危机预防政策的原则和策略。在这一总纲的基础上，《行动计划》进一步将危机预防方法和指向多种暴力冲突原因的行动领域具体化与操作化。同时还有一个方法，即扩大现有危机预防机构，或新建并使其相互关联，以加强政府在该领域的行动能力。这里的"危机预防"是一个广义概念，包括冲突解决和巩固和平。②

《行动计划》也是对近年来为促进和平所采取的措施的第一次全面总结。行动领域和 163 项行动的选择都建立在明确和直接的危机相关性基础上，但也考虑德国在危机预防过程中引入的特殊能力。目标是为联邦政府创造更多可能性，将外交、安全和发展政策更多地运用在民事危机预防中。同时，危机预防比以往更多地应用于经济、财政和环境政策方面。为此，在联邦政府内部以及在与国内外行为体的贸易中加强危机预防的连贯性，成为当前关注的问题。危机预防是德国和平政策不可分割的一部分，也必须根植于建立各政治领域的综合型任务。为此，《行动计划》也涉及军事危机预防手段，虽然它不是《行动计划》关注的对象，但全面的理念仍需要考虑民事和军事危机预防。③

《行动计划》的核心是所谓的战略方针、行动领域与危机预防行为体：在国家和国际层面，掌握危机预防基础结构是及时与一致地采取行动的前提

---

① Die Bundesregierung, *Aktionsplan "Zivile Krisenprävention, Konfliktlösung und Friedenskonsoli-dierung"* (Regierungsdokument, 2004), https://www. auswaertiges-amt. de/blob/217534/34f3819 09cf904 43fa3e91e951cda89d/aktionsplan-de-data. pdf. S. 1.

② Ebd.

③ Ebd.

条件，为此必须开发和扩建必需的和适合的工具。①

《行动计划》中广义的安全概念包括不同的战略方针、行动领域与国际、地区和国家层面的不同民事危机预防行为体（如联合国、北约、欧盟、欧安组织）。一种战略方针是创建可信的国家结构（法治、民主、人权和安全），也包括在市民社会、媒体和文化教育领域创造和平潜力。另一种战略方针是在经济、社会和环境领域采取适当措施，以确保相关人员的生存机会。②

民事危机预防的全球行动领域包括《行动计划》，不扩散、裁军和军备控制，冲突解决合法化，国际金融机构共同参与危机预防，以及私人或公共领域的全球伙伴关系。在《行动计划》中，联邦政府除了关注自身责任外，也关注联合国作为国际应对组织以及欧盟、欧安组织、北约作为民事冲突管理的区域行为体的意义，还特别重视市民社会行为体及联邦政府为加强这些机构的危机预防能力所做的努力。此外，《行动计划》还包括国家危机预防基础结构，这是联邦政府有效行动的前提。③

总之，《行动计划》应当加强已有成果并补充新的内容，开辟新路径，以增强民事危机预防和冲突解决的能力，进一步保证和平的可持续性。④

二　危机预防总纲

"民事危机预防"最初是作为国家和非国家外交、安全和发展政策方向制定的。20 世纪 90 年代中期以后在国家层面、欧盟和多边框架下提出了许多更加重视危机预防的新理念。据 1998 年联合执政协议，联邦政府"全力以赴开发和使用危机预防与和平解决冲突的有效策略与工具"。2000 年夏天联邦政府通过了"民事危机预防、冲突解决与和平巩固"总纲，其中总结了

---

① Die Bundesregierung, *Aktionsplan "Zivile Krisenprävention, Konfliktlösung und Friedenskonsolidierung"* (Regierungsdokument, 2004), https://www. auswaertiges-amt. de/blob/217534/34f38 1909cf904 43fa3e91e951cda89d/aktionsplan-de-data. pdf. S. 2.

② Ebd.

③ Ebd.

④ Ebd.

危机预防的九条基本原则，成为 2004 年《行动计划》的重要理论基础。[①] 这九条基本原则也公布在 2004 年《行动计划》中，如下。[②]

（1）联邦政府正在投入开发和应用针对危机预防、和平化解危机及巩固和平的有效的战略和工具。目的是在潜在的危机和冲突地区及早展开预防工作，阻止已经发生的暴力事件的扩散，以及在武装冲突结束后通过有效的巩固和平与重建措施防止新一轮冲突的爆发。

（2）危机预防、冲突解决和危机后巩固措施的战略方针是广义的安全理念，包括政治、经济、生态和社会稳定因素在内。战略基础是尊重人权、社会公正、法治国家、参与型决策、保护自然资源、在世界所有区域的发展机遇，以及和平冲突解决机制的应用。

（3）危机预防、冲突解决及巩固和平必须看作一个整体。这一点无论是在结构性冲突还是过程性冲突，抑或是各自投入的行为手段中，无论是在国家间还是在国内的危机与冲突中都适用。

（4）民事危机和冲突管理需要国家和国际上协调一致，针对具体情况制定整体政治战略，综合运用外交、安全、发展、财政、经济、环境、文化和法律政策的手段。这要求在个体解决方案以及民事和军事方法中迅速协调。非国家行为体（非政府组织、经济界、教会等）应当尽量参与其中。

（5）德国将始终与其伙伴及全球国家联盟的行为体协商行动。德国外交政策的行动框架与其欧盟和大西洋联盟的伙伴紧密相连，与国际组织共同发挥作用，特别是联合国、欧安组织以及欧洲委员会。

（6）国际法的进一步发展，冲突解决的合法化（国际犯罪和仲裁），人权政策作为预防性和平政策，以及民事弹劾手段的加强，都是总战略的一部分。在总战略框架下，发展政策的任务是与相关伙伴国通过改善经济、社会、生态和政治关系来遏制或消除冲突的结构性根源，以及推进非暴力冲突

[①] Die Bundesregierung, *Aktionsplan "Zivile Krisenprävention, Konfliktlösung und Friedenskonsoli- dierung"* (Regierungsdokument, 2004), https://www. auswaertiges-amt. de/blob/217534/34f38 1909cf904 43fa3e91e951cda89d/aktionsplan-de-data. pdf. S. 1.

[②] Die Bundesregierung, *Aktionsplan "Zivile Krisenprävention, Konfliktlösung und Friedenskonsoli- dierung"* (Regierungsdokument, 2004), https://www. auswaertiges-amt. de/blob/217534/34f38 1909cf904 43fa3e91e951cda89d/aktionsplan-de-data. pdf. S. XVI-XVII.

解决机制。同时，裁军、军备控制和武器出口控制也是重要的危机预防手段，特别适用于在许多危机地区预防小型武器的积聚与扩散所导致的不稳定。国际裁军、军备控制和武器出口控制可以在特定情况下用来预防危机、应对危机和巩固危机。这些手段加大了武装冲突化解的难度。德国将利用其在多边委员会中的政治地位来增强民事危机和冲突管理的能力。

（7）受国家支持或认可的德国各行为体的理念和措施，应当纳入联邦政府的政策中。在不同领域中加强政府与非政府组织和市民社会以及非国家和国家领域的有效对话，对民事危机和冲突管理的连贯性战略而言是非常有必要的。

（8）联邦政府将推动预防文化和对话文化的形成。和平与冲突研究必须加强，国际教育政策、外交文化政策和媒体政策要将重点放在消除敌对形象、跨文化对话以及和平解决冲突的努力上。

（9）联邦政府提供针对性培训，放宽在危机预防、危机应对与和平巩固领域的民事工作人员投入的前提条件。旨在通过跨部门方式和利用全社会资源为各领域提供合格人员。

关于政策调控的可能性，《行动计划》总结如下。[1]

（1）联邦政府在外交部的领导下以及其他部门参与下，针对不同危机类型制定应对策略，在此基础上，面对威胁性冲突还可建立国家对话小组（Ländergesprächskreise）。

（2）通过各职能部门的不同职责范围实现与非政府组织的协调任务。必要情况下可以设立共同联络站，为信息交流提供一个平台，以保障合作的持续性以及实现人员的全面中转（包括使用登记册）。

（3）危机预防和解决冲突的根本方向由联邦内阁制定。

对基本原则进行补充的文件包括《2015 年联邦政府消除贫困行动纲领》，消除贫困也是危机管理的目标之一，危机应对理念和措施是实现这一目标的手段。此外，还有关于联邦政府在外交关系中的人权政策、与联合国

---

[1] Die Bundesregierung, *Aktionsplan " Zivile Krisenprävention, Konfliktlösung und Friedenskonsolidierung "* (Regierungsdokument, 2004), https://www. auswaertiges-amt. de/blob/217534/34f38 1909cf904 43fa3e91e951cda89d/aktionsplan-de-data. pdf. S. XVI-XVII.

合作及军备控制的报告，以及自 2000 年以来联邦议院促进民事危机预防、民事冲突管理和和平巩固的决议①（Bundestagsdrucksache 14/3862）。这些文件中的一些具体建议，如联合国的"备用方案"（Stand-by-Arrangement）、建立民事维和人员的专家联动体系等，已经由联邦政府采纳并实施。②

在上述基本原则的基础上，2004 年《行动计划》对德国危机管理总纲领进行了详细阐述。

对联邦政府而言，提前预防暴力冲突、解决冲突与巩固和平的目标既包括国家间冲突，也包括国家内部冲突。预防性措施和民事手段优先于军事手段。为此应当推进预防文化与对话文化的形成。联邦政府的行动以广义的安全理念为基础，包括政治、经济、生态和社会安全。在这一框架下，发展政策的任务是，与相关伙伴国通过改善经济、社会、生态和政治关系来防止或消除冲突的结构根源，促进非武力冲突解决机制的发展。③

总纲强调民族、国际和国家、非国家行为体之间协商和协调的重要性。通过有效对话促使市民社会更多地参与危机预防行动。国家和国际层面的不同工具应当更紧密地结合起来。民事和军事手段相互结合；裁军、军备控制和武器出口管制对遏制武力解决冲突有重要意义。军事力量作为以预防和遏制危机为目标的外交和安全政策的一部分，可以对多国安全预防和增强国际安全组织做出贡献。④

没有任何一个行为体能够独自掌握所有危机预防所需的策略和工具。只有国家和非国家行为体在冲突地区共同发挥作用，才能预防暴力冲突，解决冲突与巩固和平，这就是所谓的"多轨理论"（multi-track-Ansatz）。外部和内部行为体必须在危机预防的各个阶段联合与协作，然而实际上各方很快就会因为行为体数量、待解决冲突和形式（国家、双边、多边）过多而产生隔

---

① Deutscher Bundestag, *Beschluss des Deutschen Bundestages von 2000 zur Zivilen Krisenprävention*（Regierungsdokument, 2000）, http://dip. bundestag. de/btd/14/038/1403862. pdf.

② Die Bundesregierung, *Aktionsplan "Zivile Krisenprävention, Konfliktlösung und Friedenskonsolidierung"*（Regierungsdokument, 2004）, https://www. auswaertiges-amt. de/blob/217534/34f38 1909cf904 43fa3e91e951cda89d/aktionsplan-de-data. pdf. S. 8 – 9.

③ Ebd. , S. 8.

④ Ebd.

阁。更重要的是总纲的共同策略，每个行为体被分配到不同领域的职责，就质量标准和行动原则达成一致，减少了在措施上逐条协调意见所产生的额外消耗。但要避免将不同任务和政治领域混淆。①

通过多种接触，在国家层面，除了行政机构之外，还有不同国际组织（例如欧洲委员会、北约和欧安组织）的议会和议会大会，以及其他国际议会委员会（如双边议会工作小组，bilaterale Parlamentariergruppen）能够为危机预防做出贡献。但联邦政府行动计划中不涉及对立法机关工作的描述。②在国家行为体基于其权力、联盟或经济利益无法进行危机预防时，非政府组织扮演着观察者和警告者的角色。私营经济此时也可承担更大责任，一方面保证不支持战争经济结构，另一方面在危机预防方面将自身利益置于稳定和透明的关系当中。③

危机预防的一线责任人是冲突各方。首先要敦促他们和相关市民社会行为体用非武力手段解决危机。外部行为体的任务是，对和平维护或创造和平的进程予以辅助性支持。此外，要求他们保持中立和文化敏感性。有时外部行为体能够对和平及暴力形式解决冲突产生或积极或消极的影响。④

此外，危机预防是一个多维度、多层次的理念，危机预防要有持久性。事实证明，短期项目容易破产甚至恶化冲突，促进和平的项目必须为长期项目，并针对冲突原因制定。⑤

三　危机预防战略方针

德国国际危机管理旨在实现广义的安全，即在潜在的或真实的危机地区，不仅要建立或加强国家结构以避免冲突的发生，还要在市民社会、媒体、文化和教育中创造和平潜力，以及在经济、福利和环境领域通过相应的

---

① Die Bundesregierung, *Aktionsplan "Zivile Krisenprävention, Konfliktlösung und Friedenskonsolidierung"*（Regierungsdokument，2004），https://www.auswaertiges-amt.de/blob/217534/34f381909cf904 43fa3e91e951cda89d/aktionsplan-de-data.pdf. S. 9.

② Ebd. S. 9.

③ Ebd.

④ Ebd.

⑤ Ebd.

措施来保障民生。基于此，联邦政府规定，国际危机预防不仅仅是外交、安全和发展政策，也是经济、财政和环境政策。①

（一）建立可信的国家结构：法治国家、民主、人权和安全

合法性和法治国家结构是社会利益平衡以及和平解决危机的核心条件。民主进程从中长期看来对国家的结构稳定是有利的，一方面通过有效机制的建立可以和平解决冲突，另一方面民主改革可以使政府行为更加负责，也可帮助经济、政治和福利进程中的弱势群体。②

政府的领导职责除了政治框架和法治国家之外，还体现在正确使用国家权力和公众资源上。这里体现为行政透明化、问责制、开放、公众参与等。许多国家就是因为内政腐败和经济风向不正等引发内战，进而引起国际危机。③

虽然德国政府正在与一些承认法治和政府责任原则的国家合作，却不能因为这些国家的政治条件恶劣而收回对其的责任。越是处在政治转型中的新民主国家，越是缺乏和平解决冲突的经验和知识、机制和机构。所以，伙伴国的选择对双方而言都是挑战：一方面是如何向负责任的政府治理付酬，另一方面是防止国家解体——这是在有限资源下很难解决的一个目标冲突。④

德国政府采取了一系列措施，来保障法制、人权、民主和安全战略的实施。

1. 法治与人权⑤

● 联邦政府致力于推行和尊重普遍人权；

● 支持伙伴国家在民主和法治领域的改革进程，旨在促进发展进程中的全民公平，特别是改善女性地位，以及建立与巩固和平应对危机的流程；

● 联邦政府在法治国家领域试图强化宪法国家机构，将武装与安全力量

---

① Die Bundesregierung, *Aktionsplan* "*Zivile Krisenprävention, Konfliktlösung und Friedenskonsolidierung*" (Regierungsdokument, 2004), https：//www. auswaertiges-amt. de/blob/217534/34f38 1909cf904 43fa3e91e951cda89d/aktionsplan-de-data. pdf. S. XVI-XVII.

② Ebd. , S. 36.

③ Ebd.

④ Ebd. , S. 36 – 37.

⑤ Ebd. , S. 39.

纳入民主结构中，促进社会内部的自我认识，改善伙伴国公民采取适当方式解决冲突、参与编撰或遵守人权的渠道，特别是在性别平等、少数民族保护和宗教自由方面。联邦政府支持司法改革，提高司法透明度和独立性；

● 联邦政府致力于同其他参与行为体一起，为在政治框架下条件困难的国家推行法治和履行政府责任共同制定策略；

● 联邦政府在联合国安理会中鼓励国际社会重视战后法律体系的重建，将保护和重建战后法治国家的流程规范化；

● 为保障伙伴国家的司法独立性，联邦政府推动司法顶层的选举流程透明化，并为法律专业人员提供培训和继续教育支持；

● 为有效进行民事危机预防，联邦政府正在研究是否有可能在内战地区通过民众来推动准政府组织和利益集团的合法化，以有效地预防民事危机，而不增加其事实上的合法性或国际社会的认可；

● 联邦政府还致力于让更多的国家签署联合国反腐败公约，会帮助一些发展中国家和转型国家实施该公约。

2. 民主和安全①

● 联邦政府强调安全部门收支透明，增强军费开支的透明度、民主性。通过将适当措施融入民主合作中，例如在行政改革、民主化、再融合领域，支持对安全领域实施民主监控；

● 联邦政府支持在民主监管和领导力方面对伙伴军事力量中的领导和核心人物进行培训，并将其分派到选中的国家，担任国家安全领域改革的军事顾问；

● 联邦政府将经过验收的设备工具逐步应用到非洲区域和次区域组织中，以增强维和能力；

● 联邦政府将在双边合作框架下利用军事培训援助以及军事力量之间的直接接触，增强军队领导人在危机预防和遏制危机方面的军事投入能力，以及采取和平措施的能力；

● 联邦政府支持安全领域收支透明化与责任化，并加强伙伴国的计划和

---

① Die Bundesregierung, *Aktionsplan "Zivile Krisenprävention, Konfliktlösung und Friedenskonsolidierung"* (Regierungsdokument, 2004), https://www.auswaertiges-amt.de/blob/217534/34f38 1909cf904 43fa3e91e951cda89d/aktionsplan-de-data.pdf. S. 43.

管理能力；

● 联邦政府将在特定条件下派遣警察，此外，支持在国内任务方面改善警察培训，明确划分警察和军队在伙伴国的职责；

● 联邦政府继续强烈支持消除小型武器，支持发展中国家，更好地控制和销毁小型武器；

● 在欧洲安全与合作组织致力于发展边境和港口控制能力，以阻止小武器扩散的框架下，联邦政府继续致力于培训合格的伙伴国边境警卫和海关官员。

（二）提升和平潜力：市民社会、媒体、文化与教育

鉴于冲突的复杂性，国家或组织常常无法胜任危机预防、危机解决及巩固和平的工作，因而常常需要采用辅助性、多边和多维度的措施，这也包括国家与社会行为体之间的合作，特别是与冲突地区的冲突协调者及维和部队（"和平联盟"）合作。直接目标是在危机国家中，增强致力于和平解决危机的社会组织和个体的力量。长期目标是提升作为民主进程不可或缺组成部分的市民社会和媒体的独立性。两者在改善伙伴国的危机预防结构性框架条件中都是不可或缺的。媒体和市民社会的民主监督功能，与保持非武力解决冲突文化一样，对控制国家的危机易发性至关重要。[①]

德国政府意识到了社会层面对于危机预防的意义，并认为它对德国和平政策至关重要。在多轨理论框架内，市民社会与媒体的和平潜力得到了重点支持和推进。此外，外交文化和教育政策以及发展政策的教育合作，也致力于推动和平解决冲突、消除敌对形象以及促进跨文化对话。[②]

德国政府直接通过各部委及其执行机构的工具和项目，间接通过向德国和国际非政府组织、政治基金会和宗教分配资金，来推进市民社会理念在危机民事预防方面的发展。[③]

---

① Die Bundesregierung, *Aktionsplan "Zivile Krisenprävention, Konfliktlösung und Friedenskonsolidierung"* (Regierungsdokument, 2004), https://www.auswaertiges-amt.de/blob/217534/34f38 1909cf904 43fa3e91e951cda89d/aktionsplan-de-data.pdf. S. 43 – 44.

② Die Bundesregierung, *Aktionsplan "Zivile Krisenprävention, Konfliktlösung und Friedenskonsolidierung"* (Regierungsdokument, 2004), https://www.auswaertiges-amt.de/blob/217534/34f38 1909cf904 43fa3e91e951cda89d/aktionsplan-de-data.pdf. S. 44.

③ Ebd.

提升市民社会和平潜力最重要的和平政策工具是民事和平服务局（Zivile Friedensdienst，ZFD），其主要任务是在当地培训德国维和部队。自 1999 年以来为此支出了 580 万欧元并派遣 167 名 ZFD 专业人士前往战后地区，为当地和平巩固组织提供支持。①

虽然德国政府在市民社会作为危机预防手段的运用方面较有经验，但短期内在危机地区找到有影响力的合法伙伴并非易事。实际情况常常是这样，当地团体不具备维稳的能力或因局势不稳而退缩。此外，大量外来行为主体不了解当地情况，对结构薄弱的当地发起人提出过高要求，导致其无法胜任。②

通过冲突分析和冲突相关措施效果分析（Peace and Conflict Impact Assessment，PCIA）的方法，可对行动团体进行筛选。德国作为伙伴国支持当地的市民社会，德国的国外代表处和德国技术合作署国家办事处（Länderbüro der GTZ③）的人员也常常担任当地项目负责人。④

专业媒体和个人媒体都是有效进行危机预防的重要部分。德国政府推行媒体政策，旨在消除敌对形象，促进跨文化对话和冲突的和平解决。政治基金会帮助当地媒体，保持其作为民主发展进程中的信息传播者的教育和启蒙功能。德国政府通过德国对外关系研究所（Institut für Auslandsbeziehungen，IfA）向不同地区的独立媒体和媒体对话项目提供支持。德国国际继续教育与发展协会受联邦政府委托提高国外的记者对危机预防的敏感度。2004 年起德国之声继续教育中心受政府委托成立了德国之声学术基金，向无线电广播领域的国外专业人士和领导人员提供培训。国际非政府组织也得到危机地区

---

① Die Bundesregierung, *Aktionsplan "Zivile Krisenprävention, Konfliktlösung und Friedenskonsolidierung"* (Regierungsdokument, 2004), https://www. auswaertiges-amt. de/blob/217534/34f38 1909cf904 43fa3e91e951cda89d/aktionsplan-de-data. pdf. S. 45.

② Ebd.

③ GTZ 德文全称为 Deutsche Gesellschaft für Technische Zusammenarbeit GmbH，1975 年成立，2010 年与德国的发展服务机构（Deutsche Entwicklungsdienst，DED）和德国国际继续教育与发展协会（Internationale Weiterbildung und Entwicklung GmbH，InWEnt）签署并购协议，并于 2011 年并入德国国际合作机构（die Deutsche Gesellschaft für Internationale Zusammenarbeit，GIZ）。

④ Die Bundesregierung, *Aktionsplan "Zivile Krisenprävention, Konfliktlösung und Friedenskonsolidierung"* (Regierungsdokument, 2004), https://www. auswaertiges-amt. de/blob/217534/34f38 1909cf904 43fa3e91e951cda89d/aktionsplan-de-data. pdf. S. 46.

电影和广播节目的资助，旨在通过广播电视等媒介还原真相，以提升危机地区的和平潜力。①

在文化与教育领域，国家内部及国家间的跨文化理解和尊重不同文化，是危机预防的重要前提。这包括对话和交流、价值观和危机预防工具的文化敏感性传播、为赞成非武力解决冲突的教育体系提供支持，以及不同视角的课程，特别是当代史课程。②

外交部"2000计划"首次明确将文化和教育政策纳入危机预防体系。歌德学院、DAAD、德国对外关系研究所等举办的各种文化和交流活动，都是对文教政策的推进。通过文化交流活动，文明多样性得到发展，由价值观、宗教等因素引起的误解得到消除，世界各国的价值观彼此趋近，不同宗教、信仰之间的包容性也可得到增强。③

德国未来将推动和扩大对和平与冲突的研究。现有的促进与研究和平的机构，如国际维和行动中心（das Zentrum für Internationale Friedenseinsätze）、民事和平服务局（ZFD）、联邦安全政策研究院（die Bundesakademie für Sicherheitspolitik，BAKS）以及德国和平研究基金会（die Deutsche Stiftung Friedensforschung，DSF）经受住了考验，今后应当更多地参加政策咨询。④

（三）保障生存机会：经济、社会、环境与资源

公民的生存基础是资源，世界各地区、各国家的资源分配有着天然的差异，而真正导致冲突甚至战争的，不是资源的匮乏，而是分配不均，而财富分配不均是经济和福利平衡的调节结构不够完善造成的。⑤

财富分配不均同经济和社会利益分配结构的不充分，都加剧了社会的冲突敏感性。消除这一结构性冲突根源是长期发展合作的目标，也是危机管理

① Die Bundesregierung, *Aktionsplan "Zivile Krisenprävention, Konfliktlösung und Friedenskonsoli-dierung"*（Regierungsdokument，2004），https：//www. auswaertiges-amt. de/blob/217534/34f38 1909cf904 43fa3e91e951cda89d/aktionsplan-de-data. pdf. S. 47.

② Ebd. ，S. 48.

③ Ebd.

④ Die Bundesregierung, *Aktionsplan "Zivile Krisenprävention, Konfliktlösung und Friedenskonsoli-dierung"*（Regierungsdokument，2004），https：//www. auswaertiges-amt. de/blob/217534/34f38 1909cf90443fa3e91e951cda89d/aktionsplan-de-data. pdf. S. 60.

⑤ Ebd. ，S. 50.

较短期目标而言优先要解决的问题。不过短期措施如人道主义援助或重建措施正是冲突后国家不可放弃的，帮助当地居民迅速恢复生活水平是降低直接战争风险的重要方式。[①]

与各个击破的人道主义援助相比，德国的发展政策合作从宏观战略的层面，对危机根源的政治目标和先决条件做出了规划。德国通过"2015 行动计划"（Aktionsprogramm 2015 der Bundesregierung zur Armutsbekämpfung）贯彻了 2000 年联合国千年峰会上提到的到 2015 年世界极度贫困人口减少一半的目标要求，力图在国际层面、德国国内、欧盟和其他工业国家层面建立公正、生态可持续的经济和财政制度。因此，无论是对国际经济秩序规范化，还是国内企业的管理，包括腐败问题等的监管，联邦政府都有相应的行动。[②]

一个国家对原材料的依赖程度越高，发生危机的可能性越大。解决该问题，首先要保证资源的可持续利用和分配的透明化，其次要发展经济和财政监管机制，保证国家的经济和财政体系稳定运行，例如冻结非法流通资金，防止利用金融、保险和债券犯罪。此外，参与经济全球化进程也是经济和社会发展的必要条件，要在国际贸易、投资和资本流通中尊重世界经济秩序，保护全球生态环境。[③]

水、土地、矿产、海洋资源的匮乏或分配不均等问题，是诱发国际危机的潜在因素。由于资源利用不当，当今全球环境问题频发，气候变化、海平面上升、洪水、干旱、森林火灾等造成大量难民流离失所，形成难民危机。环境与资源危机，不仅会造成国家内部的经济和社会混乱，也会导致周边国家甚至全球动荡。[④]

资源和环境问题与人类社会的稳定息息相关。德国政府的环境、发展、经济、外交与安全政策，以及全球、区域和部门政治进程中相应的政策，是

---

① Die Bundesregierung, *Aktionsplan* "*Zivile Krisenprävention, Konfliktlösung und Friedenskonsoli-dierung*"（Regierungsdokument，2004），https://www. auswaertiges-amt. de/blob/217534/34f38 1909cf90443fa3e91e951cda89d/aktionsplan-de-data. pdf. S. 50.

② Ebd.，S. 51.

③ Die Bundesregierung, *Aktionsplan* "*Zivile Krisenprävention, Konfliktlösung und Friedenskonsoli-dierung*"（Regierungsdokument，2004），https://www. auswaertiges-amt. de/blob/217534/34f38 1909cf90443fa3e91e951cda89d/aktionsplan-de-data. pdf. S. 50 – 51.

④ Ebd.，54.

解决环境和资源问题引发的危机的基础。德国政府一方面资助大量可持续发展和资源治理的项目，及时预防资源与环境问题引发危机的可能性；另一方面，依靠国际合作来进行危机预防和治理，致力于设立统一的欧洲与国际环境标准。①

通过跨境和区域环境合作可以采取可信的措施并缓解冲突地区的紧张局势。全球环境问题只能在全球层面解决，因此必须执行有约束力的决策。旨在保护气候、保护物种多样化、防治荒漠化的联合国多边气候公约，以及由此形成的资助和合作机制在这里发挥着重要作用。②

四　危机预防基础结构

联邦政府在民事危机预防领域的有效举措需要相应的国家结构做基础。除了将危机预防作为固定的交叉项目以及改善职能部门的协调工作之外，还要加强非国家行为体之间的合作，扩建和继续发展特殊危机预防结构。此外，定期对联邦政府的危机预防措施进行评估也是必要的。③

（一）交叉任务

2004 年《行动计划》不仅认为危机预防是外交、安全和发展政策的职责所在，还将其确定为交叉任务，对其他政策领域，包括经济、环境、财政、教育、文化和社会政策等提出了要求。④

将危机预防作为交叉任务的目标是开发危机预防各阶段和领域的方法、工具和流程。"不伤害"（Do no harm）是最重要的原则之一。联邦政府为危机预防作为交叉任务已经做出的重要贡献体现在外交、安全和发展

① Die Bundesregierung, *Aktionsplan "Zivile Krisenprävention, Konfliktlösung und Friedenskonsolidierung"* （Regierungsdokument, 2004）, https://www. auswaertiges-amt. de/blob/217534/34f38 1909cf90443fa3e91e951cda89d/aktionsplan-de-data. pdf. S. 54.

② Ebd.

③ Ebd. , S. 59.

④ Die Bundesregierung, *"Sicherheit und Stabilität durch Krisenprävention gemeinsam stärken": I. Bericht der Bundesregierung über die Umsetzung des Aktionsplans "Zivile Krisenprävention, Konfliktlösung und Friedenskonsolidierung", Berichtszeitraum: Mai 2004 bis April 2006, Verabschiedet vom Bundeskabinett am 31. Mai 2006* （Regierungsdokument, 2006）, https://www. auswaertiges-amt. de/blob/ 217532/544e310f5724dfe364875cf73c0ae6db/ aktionsplan-bericht1-de-data. pdf. S. 7.

政策上。①

外交部作为危机预防、解决冲突与巩固和平的工具，包括双边和多边对话，派遣高级人员进行调解会谈和提供良好服务，也包括建立信任的措施及勘察特派团。在此，外交部驻外使馆具有重要作用。它们组成了世界范围内国内和国家间冲突的预警网络。②

联邦国防军也可以为联邦政府在危机区域的行动能力提供支持。除了派兵之外，还可以通过对话和合作来促进民事危机预防。军事培训援助和派遣军事顾问已经在伙伴国军事力量改革方面卓有成效。③

德国技术合作署（GTZ）受政府任命，开发以战略、方法和工具研发为目标的"危机预防和解决冲突部门咨询项目"，将发展合作机构的工作引向危机预防和促进和平。④

在危机预防和冲突解决领域，外交部、国防部和经济部有关于冲突敏感性的培训和继续教育。外交部除了自身的外交培训外，在危机预防领域，其国际和平行动中心（ZIF）为和平特派团和危机预防重建提供民事力量培训。国防部为德国安全政策领域的管理人员提供大量自己的设备，也有北约和伙伴国的设备。联邦经济合作与发展部以及与之相似的德国技术合作署对自己的人员进行培训。培训内容一方面是工作人员的冲突敏感性，另一方面是传授具体计划和实施冲突相关计划的知识。联邦安理会的所有职能部门在对其管理人员进行安全政策领域特别是危机预防重点领域的培训时，都通过联邦安全政策研究院（BAKS）。⑤

国防部危机分析与预防领导小组（BMVg-Arbeitskreis Krisenanalyse und-prävention，AKAP）的职责是在国防政策和/或军事相关的部际危机形势评估

①　Die Bundesregierung, *Aktionsplan "Zivile Krisenprävention, Konfliktlösung und Friedenskonsolidierung"* (Regierungsdokument, 2004), https://www. auswaertiges-amt. de/blob/217534/34f38 1909cf904 43fa3e91e951cda89d/aktionsplan-de-data. pdf. S. 59.

②　Ebd.

③　Ebd., S. 60.

④　Ebd.

⑤　Die Bundesregierung, *Aktionsplan "Zivile Krisenprävention, Konfliktlösung und Friedenskonsolidierung"* (Regierungsdokument, 2004), https://www. auswaertiges-amt. de/blob/217534/34f38 1909cf904 43fa3e91e951cda89d/aktionsplan-de-data. pdf. S. 60.

基础上，向部门决策者和直接下属领域的相关责任人就军事行动的必要性和选择传达统一意见。通过具体事件与其他部门合作，在国防部职责之外的分析和评估结果也应当受到关注。国防部和 AKAP 已经共同为联邦政府危机预防领域的军事行动方面做出过贡献。①

（二）部际协调

过去在大多数暴力冲突情况下，虽然有关于危机的信息，但没法对信息进行合并、结果分析以及在足够的范围内由联邦政府集中做出反应。为此，要整合各中心从国外获取的消息及信息分析并商定共同计划，以便尽早处理问题。因此需要明确的决策结构和清晰的职责划分。②

虽然德国在部分领域的危机预防已经卓有成效，但没有反映出手段和流程的强制性。职能部门之间协调的基础是部门会议、相关国家的外部结构之间的协商以及具体国家的危机处理领导小组。部际专家小组具有指导作用，危机相关的部际投票将在内阁层面和联邦安理会进行。此外，危机早期识别职能委员会由外交部领导，由联邦总理府、国防部、经济合作与发展部、联邦国防军和联邦情报局通讯局组成。外交部在其中负责保证德国公民在国外的安全。在这方面外交部危机应急中心属于危机早期识别职能部门，外交部应急中心观察危机动态，必要时召集和组织危机处理领导小组，此外在危机问题上，外交部也可与国际伙伴展开合作。③

在外交政策、发展政策、安全政策及其他政策（贸易、财政、农业和环境政策）领域达成一致的部际国家及区域策略，将由国家及区域对话小组拟

---

① Die Bundesregierung, "*Sicherheit und Stabilität durch Krisenprävention gemeinsam stärken*"：*1. Bericht der Bundesregierung über die Umsetzung des Aktionsplans "Zivile Krisenprävention, Konfliktlösung und Friedenskonsolidierung', Berichtszeitraum, Mai 2004 bis April 2006, Verabschiedet vom Bundeskabinett am 31. Mai 2006* （Regierungsdokument, 2006）, https://www. auswaertiges-amt. de/blob/217532/544e310f5724dfe364875cf73c0ae6db/ aktionsplan-bericht1-de-data. pdf. S. 7.

② Die Bundesregierung, *Aktionsplan "Zivile Krisenprävention, Konfliktlösung und Friedenskonsolidierung"* （Regierungsdokument, 2004）, https://www. auswaertiges-amt. de/blob/217534/34f38 1909cf904 43fa3e91e951cda89d/aktionsplan-de-data. pdf. S. 61.

③ Die Bundesregierung, *Aktionsplan "Zivile Krisenprävention, Konfliktlösung und Friedenskonsolidierung"* （Regierungsdokument, 2004）, https://www. auswaertiges-amt. de/blob/217534/34f38 1909cf904 43fa3e91e951cda89d/aktionsplan-de-data. pdf. S. 62.

定，其中也可以有非国家行为体。国家及区域对话小组通过职能委员会主席协调，并保证准时和恰当地召集该小组。①

通过危机预防职能委员会，各职能部门可以实现危机预防信息的持续交换并得到同样的信息。所有职能部门通过提供适当形式的信息向国家及区域对话小组提供支持。②

（三）　与非国家行为体合作

非国家机构对联邦政府危机预防行动能力有重要贡献，因此为非国家和国家机构建立他们期待的信息交流和协商的透明机制，是一件值得的事。为了早期识别危机和使用协同效应，也为了避免错误升级，除了非政府组织以外，经济界也被纳入其中。③

德国为协调在发展政策领域的行动，成立了一些委员会和对话小组，它们或在特殊领域被召集，或定期召开会议。例如在联邦经济合作与发展部的"发展政策危机预防和冲突管理"工作小组中，执行机构、非政府组织和科学界代表就特定主题交流意见。④

联邦政府通过和平发展小组（FriEnt）加强教会、非政府行为体、政治基金会之间的交流，并就具体理念和方法的发展问题进行探讨，并提供了促进它们之间相互协调的机会。德国非政府组织发展政策协会（Verband Entwicklungspolitik deutscher Nichtregierungsorganisationen，VENRO）的结论和冲突管理平台是联邦政府可信的对话伙伴。经济界在危机预防中的作用可以在德国经济界参与的情况下在更多论坛中讨论。⑤

为更好地将科学融入危机预防中，联邦政府除了对特定主题或针对具体国家进行磋商、鉴定之外，还支持建立德国和平研究基金会（DSF），该基

---

① Die Bundesregierung, *Aktionsplan "Zivile Krisenprävention, Konfliktlösung und Friedenskonsolidierung"* (Regierungsdokument, 2004), https://www. auswaertiges-amt. de/blob/217534/34f38 1909cf904 43fa3e91e951cda89d/aktionsplan-de-data. pdf. S. 62.

② Ebd.

③ Ebd. , S. 63.

④ Die Bundesregierung, *Aktionsplan "Zivile Krisenprävention, Konfliktlösung und Friedenskonsolidierung"* (Regierungsdokument, 2004), https://www. auswaertiges-amt. de/blob/217534/34f38 1909cf90443fa3e91e951cda89d/aktionsplan-de-data. pdf. S. 63.

⑤ Ebd.

金会搜集危机预防领域实际可行的科学知识。另外还有科学与政治基金会（SWP）、德国发展政策研究所（DIE）。[①]

（四）危机预防的特殊结构和措施

危机预防要兼顾短期和长期利益，同时需要充足的高水平人员，这些人员既可以被多边组织如联合国和欧安组织迅速调用，用于危机预防行动，也对双边冲突相关措施具有重要意义。危机预防措施的资金来源必须得到可靠管理才能有效利用。为此，需要建立特殊结构和采取独立措施。[②]

自20世纪90年代以来就有危机预防措施的新机构建立，特别是在特殊项目的人员调配和资金支持方面。此外，也建立了相应的预算线和职能部门工作单位。[③]

根据欧盟和多边组织的需求，联邦政府除培训他们在联邦安全政策研究院（BAKS）的当前和未来的管理人员之外，还确定了人员在民事冲突管理的准备和投入方面的另外两个重点：一方面是通过国际和平行动中心（ZIF）为投入国际维和行动进行民事人员培训，另一方面是建立民事和平服务局（ZFD），为冲突管理的双边项目提供专业人员。[④]

此外，联邦政府成立了两个委员会：（1）危机预防职能委员会（Ressortkreis），是一个由外交部主导的职能部门协调和统筹机构，包括所有职能部门（包括联邦各部和最高联邦当局）的代表，由外交部民事危机预防专员领导；（2）危机预防职能委员会的顾问委员会（Beirat），由近20名来自经济界、学术界、非政府组织、教会和政治基金会的代表和个人组成，职责是向职能委员会提供专业的顾问咨询服务。[⑤]

---

① Die Bundesregierung, *Aktionsplan "Zivile Krisenprävention, Konfliktlösung und Friedenskonsolidierung"* （Regierungsdokument, 2004）, https://www. auswaertiges-amt. de/blob/217534/34f38 1909cf90443fa3e91e951cda89d/aktionsplan-de-data. pdf. S. 63.

② Ebd. , S. 64.

③ Ebd. , S. 65.

④ Die Bundesregierung, *Aktionsplan "Zivile Krisenprävention, Konfliktlösung und Friedenskonsolidierung"* （Regierungsdokument, 2004）, https://www. auswaertiges-amt. de/blob/217534/34f38 1909cf904 43fa3e91e951cda89d/aktionsplan-de-data. pdf. S. 65.

⑤ Ebd. , S. 66 – 67.

五　德国危机管理多边战略

（一）联合国——全球层面的危机预防

联合国决议对德国政策有着直接影响。联合国是一个重要的多边平台，德国在多个领域只有与联合国一起或通过联合国才能实现其构想和政治目标。因此，德国不能放弃全面深入地参与并推动世界组织和一些联合国机构的继续发展，所以要支持联合国秘书长安南①的改革动议并在未来承担更多责任。

联合国发展项目（联合国开发计划署）作为冲突应对协调者有着很高的声望和信誉，可以为对双边捐助者而言无法企及的行为体建立政治对话。联合国在预防危机和可持续和平发展方面的作用在继续增强。联合国环境项目（联合国环境规划署）通过提前识别和评估环境退化现象及由此引发冲突的可能性，为危机预防做出重要贡献。

德国通过在联合国危机预防政策设计、联合国机构改革、维和及和平建设行动等方面的贡献赢得了认可，在加强民事危机预防能力方面发挥了强大的推动作用。联邦政府通过向危机预防基金和其他基金提供资助，为联合国作为冲突的调解人、调停者和谈判伙伴做出了贡献。德国通过扩大（多边）民事部分授权来强化联合国特派团，或将危机预防纳入所有基金会、项目和联合国特别项目中。德国支持联合国的多边政治进程，特别是消除贫困、贸易公平、环境保护、保持物种多样性或治理荒漠化。

1. 核不扩散、裁军、军备控制和武器出口控制②

裁军、军备控制和核不扩散及建立信任作为民事危机预防工具具有重要意义。最重要的协议是核不扩散条约，出口控制也是其重要任务之一。多边合作安全政策对和平解决冲突与避免军备竞赛而言是不可或缺的。这些手段的实施和核查军备控制协定所产生的赤字问题需要解决。

---

① 在该报告发布之前联合国秘书长是科菲·安南。

② Die Bundesregierung, *Aktionsplan* "*Zivile Krisenprävention, Konfliktlösung und Friedenskonsolidierung*" (Regierungsdokument, 2004), https://www. auswaertiges-amt. de/blob/217534/34f381909cf904 43fa3e91e951cda89d/aktionsplan-de-data. pdf. S. 16 - 17.

大规模杀伤性武器的扩散造成了国际社会的恐惧，因此要求强制遵守合同义务，签订多边协议，加强出口控制，扩大国际合作并深化与第三国的政治对话。

联邦政府将大力普及和加强现有关于裁军、军备控制和核不扩散的多边协定，改善裁军和限制军备条约的实施情况，并加强和继续开发现有的核查和保障手段。还将帮助发展中国家发展和提高执行国际法规的能力。并将继续致力于扩充建立信任的工具——包括区域安全战略——和有效军备控制的工具。

2. 冲突解决合法化①

立法、司法和执法在国际框架内构成了和平与合法解决冲突的基本工具的重要组成部分。将法治贯彻到国际关系中，进一步发展国际条约、国际惯例，以及国际管辖权制度化是国际社会的明确需要。然而，国际社会还远未实现这种制度——由普遍认可的国际管辖权来全面保障国际法规定的实施。

国际司法工具如南斯拉夫问题国际刑事法庭和卢旺达问题国际刑事法庭得到了联邦政府的支持。除国际司法工具之外，海牙国际法院作为联合国主要司法机关，也为解决国家间冲突提供了可信的方式，例如在边境争端问题的解决上。联邦政府将国际法全面应用在武装冲突中。另外还与红十字国际委员会、欧盟的伙伴国一起，并且在联合国框架下，使冲突各方遵守国际法规定。

根据《联合国宪章》第七章第四十一条，弹劾作为一种非军事强制措施，属于多边危机预防工具。但弹劾会产生副作用，影响其实施，甚至影响原定目标的实现。因此，联邦政府在联合国和欧盟框架内，积极参与并有效和有针对性地实施弹劾。在联邦政府推出的"波恩—柏林进程"中，武器禁运、旅行和飞行禁令被取消，而这是联合国安理会一项弹劾决议的辅助工具。弹劾措施的实施接受进一步监督，例如通过成员国的报告义务。

---

① Die Bundesregierung, *Aktionsplan "Zivile Krisenprävention, Konfliktlösung und Friedenskonsoli-dierung"* (Regierungsdokument, 2004), https://www. auswaertiges-amt. de/blob/217534/34f38 1909cf904 43fa3e91e951cda89d/aktionsplan-de-data. pdf. S. 18 - 20.

3. 全球合作伙伴①

在经济、金融市场、交通和通信领域全球化背景下，联合国的目标遇到了很多跨境威胁（环境破坏、资源的不可持续利用、有组织犯罪、恐怖主义、资源枯竭等），不能单靠联合国组织机构来实现。联合国及其成员国也需要全球行为体的支持。就在逐步丧失政府威信的国家进行危机预防而言，企业投资尤其重要，特别是在非洲冲突地区。联合国全球契约倡议就是一个例子。德国政府支持这项倡议，并为全球契约办公室提供资助。德国技术合作署受联邦政府委托成立了一个德国企业联络办公室。

此外，国际货币基金组织、世界银行和各区域发展银行等国际金融机构也是德国多边战略的行为体。

（二）区域层面危机预防

1. 欧盟②

欧盟在结构性危机预防方面是一个示范：其成员国组成了和平联盟，结构上的相互依赖，极大地降低了发生战争的可能，对冲突也只使用非武力方式解决。在欧洲一体化的不断推动下，其稳定性已经超越了欧盟内部范围。此外，欧盟拥有经济和政治潜力，因而特别适合也被要求参与国际危机预防和冲突治理。

欧盟认识到如今问题复杂，不可能单凭自身去解决，因此在发展共同外交与安全政策方面取得了进步，特别是在有利于军事和民事危机预防的欧盟共同安全与防务政策方面。欧盟作为"文明力量"形象的提高，使其能够更好地推进示范性的全球秩序政策，目标是实现全球和平与安全，保护和创造生存机会。

德国支持将欧盟作为持续的民事危机预防工具，特别是通过 GASP 财政提供充足的物资配备来保障行动能力，加强理事会秘书处在计划和支持民事危机管理行动方面的能力。德国支持扩建欧盟委员会的冲突预防单位（Con-

---

① Die Bundesregierung, *Aktionsplan "Zivile Krisenprävention, Konfliktlösung und Friedenskonsolidierung"* (Regierungsdokument, 2004), https://www. auswaertiges-amt. de/blob/217534/34f38 1909cf904 43fa3e91e951cda89d/aktionsplan-de-data. pdf. S. 21 – 22.

② Ebd. , S. 25 – 27.

flict Prevention Unit），使其更有效地实施至今的任务，并能够将危机预防作为欧盟的交叉任务（敏感性、培训、程序审查）来实施。

2. 欧安组织

欧安组织主要通过建立民主机构、军备控制，以及在政府治理、军队、警察和边境保护方面，在法治国家、有效管辖权、促进经济和环境合作方面，以及建立市民社会方面的贡献，来进行危机预防和危机治理。联邦政府希望保持欧安组织作为危机预防工具的角色，包括发展民主与法治。[①]

3. 欧洲委员会[②]

欧洲委员会作为最古老的欧洲机构，以人权保护和基本自由的监管和保护机制为泛欧洲法律领域划定了框架。欧洲委员会首先采用规范性标准和体制建设，以及由此产生的成员国之间集中政治对话的方式来进行危机预防与巩固和平。欧洲委员会的核心职能是，通过欧洲人权公约和欧洲人权法院，以及国际法方面的欧洲委员会公约，进一步完善人权保护。此外，欧洲委员会在工作中也反对种族主义与歧视。

欧洲委员会的长期危机预防手段有：民主机制建设，国际法义务实施情况监督，欧洲委员会公约的实施机制投入，议会对话，选举监督，资助市民社会、跨文化和跨宗教对话，以及塑造泛欧文化意识。

联邦政府将进一步加深与欧洲委员会及欧盟在危机预防领域的合作，并且强调欧洲委员会在解决冲突方面的潜力，在此方面将与欧盟、欧安组织和欧洲区域组织保持一致意见。此外，联邦政府将继续支持 2003 年在斯科普里召开的第五届欧洲平等会议的决议《冲突预防、和平建设和冲突后民主进程中的男性和女性角色》。

4. 区域和次区域组织（尤其在非洲的）[③]

联邦政府以多样的方式投入了不同的工具（如发展政策和设备援助），

---

① Die Bundesregierung, *Aktionsplan "Zivile Krisenprävention, Konfliktlösung und Friedenskonsolidierung"* (Regierungsdokument, 2004), https://www. auswaertiges-amt. de/blob/217534/34f38 1909cf904 43fa3e91e951cda89d/aktionsplan-de-data. pdf. S. 28.

② Ebd., S. 29 – 30.

③ Die Bundesregierung, *Aktionsplan "Zivile Krisenprävention, Konfliktlösung und Friedenskonsolidierung"* (Regierungsdokument, 2004), https://www. auswaertiges-amt. de/blob/217534/34f38 1909cf90443fa3e91e951cda89d/aktionsplan-de-data. pdf. S. 31.

在建设和扩大有效的危机预防和冲突解决机构方面，为非洲联盟和非洲次级区域组织提供针对性资助。

非洲联盟在国际支持下扩大了其安全政策基础，并与布隆迪和平特派团一起在中非共和国建立了第一个试验场。联邦政府的工作重点是促进区域安全政策合作、民事－军事合作、冲突管理，以及推动和平进程。例如联邦政府不同职能部门（外交部、国防部、经济合作与发展部）参与到这些措施中，资助区域和平进程培训中心。

5. 区域合作/《东南欧稳定公约》①

欧盟扩大后，有些国家虽然没有直接与之相邻，但自 2004 年起至少在空间上更为接近。东南欧国家因冲突问题而关系破裂，因此其也成为创造稳定、繁荣与和平的区域合作的一部分。1999 年 6 月由欧盟发起并主持的东南欧问题外长会议在德国科隆举行，40 多个国家、国际组织和金融机构代表与会，共同解决东南欧的极端危机问题。会议通过的《东南欧稳定公约》作为危机预防的全面、长期工具具有示范意义。

6. 北大西洋公约组织②

在北约在波斯尼亚、科索沃、马其顿以及 2003 年 8 月以来在阿富汗的维和行动中，德国的参与（德国在稳定部队的士兵约有 1300 名，科索沃维和部队士兵约 3200 名，国际安全援助部队士兵约 2000 名）为防止新暴力与建设和平贡献了不可或缺的力量。德国政府还参加了北约现代社会问题研究委员会的工作，主要涉及环境保护与军事基础设施，以及环境与安全方面的多国科研工作。

联邦政府将资助开发新能力、适应已有能力和结构的发展，以帮助联合国在手段有限的条件下更有针对性、更有效地应对新的挑战。在北约框架下与短期内无望加入北约的国家加深伙伴关系，这种关系也是欧洲—大西洋安全体系的重要和持久组成部分。联邦政府将在双边合作和多边合作框架下，

①　Die Bundesregierung, *Aktionsplan* " *Zivile Krisenprävention，Konfliktlösung und Friedenskonsoli-dierung* " （Regierungsdokument，2004），https：//www. auswaertiges-amt. de/blob/217534/34f38 1909cf90443fa3e91e951cda89d/aktionsplan-de-data. pdf. S. 32.

②　Ebd. , S. 33 - 35.

通过主管北约委员会，在建立北约兼容型结构和流程方面，支持和平伙伴关系国家的军事力量，并继续为巴尔干地区的稳定做出贡献。此外，还将推进高加索和中亚地区的安全政策合作。

第二节 《行动计划》执行情况报告

《行动计划》第 158 条规定，"联邦政府在危机预防职能委员会定期召开会议的基础上，每两年将民事危机预防结果报告给德国联邦议院"，第 161 条规定，"每两年要制作联邦政府在危机预防领域行动的总结报告，并向感兴趣的公众，特别是经济界和政治顾问开放"。①

联邦政府每两年做一次《行动计划》执行情况报告，是基于其行动领域和所选个别措施，说明过去两年里，危机预防理念是如何指导联邦政府的政策行为的。《行动计划》执行情况报告一般分为两部分：对 2004 年《行动计划》总纲和报告期间内理念发展情况的总结；对报告期间联邦政府所采取行动的总结。下文将对 2004 年以来联邦政府发布的《行动计划》执行报告中关于危机管理理念的发展和变化，以及与此相关的行动进行阐述。

一 2004～2006 年执行情况报告

本报告在最开始部分，对 2004 年《行动计划》进行了总结。在 2004 年《行动计划》中，德国政府坚定决心，为和平、安全和发展做出贡献，特别是逐步在转型和发展中国家加强危机预防，以达到危机预防的有效性和持续性。通过更多更广的危机预防措施来降低危机升级风险并减少动用武力的可能。

《行动计划》及其实施措施的要点是：

---

① Die Bundesregierung, "*Sicherheit und Stabilität durch Krisenprävention gemeinsam stärken*": *1. Bericht der Bundesregierung über die Umsetzung des Aktionsplans* "*Zivile Krisenprävention, Konfliktlösung und Friedenskonsolidierung*", *Berichtszeitraum: Mai 2004 bis April 2006, Verabschiedet vom Bundeskabinett am 31. Mai 2006*（Regierungsdokument, 2006）, https://www.auswaertiges-amt.de/blob/217532/544e310f5724dfe364875cf73c0ae6db/ aktionsplan-bericht1-de-data. pdf. S. 14.

● 在广义安全理念下，对危机预防政策的解释包括冲突发生前、中、后三个阶段；

● 涵盖所有职能部门的一致行动原则涵盖所有可用工具；

● 认识到，国家层面的合作和透明化要由相应危机预防机构承担，在多边联盟中，有效的危机预防以欧盟和全球层面相应机构的可用性、能力和联合为前提条件；

● 市民社会和非国家行为体在特别考虑女性的和平潜力时的复杂角色。①

《行动计划》给德国危机预防政策的发展留下了空间，危机预防政策必须顺应发展，抓住新的机遇。未来德国将利用其在联合国和平建设委员会中的成员身份，将德国经验带入"人类安全"这一概念的讨论中。在21世纪全球化新冲突结构的背景下，加强危机预防首先是指在以下三个领域贯彻广义的安全理念。

第一，预防性与综合性安全政策与发展政策的建构，包括消除贫困，帮助伙伴国发展国家能力和民主国家属性，跨境消除有组织犯罪，文化交流，以及解决全球环境问题。短期危机预防政策要求外交、安全、发展、经济、财政、环境、社会、文化和平等政策系统地相互协调使用。

第二，以《联合国宪章》和《世界人权宣言》为基础，建立全球法律秩序。现有国际公约和法律框架必须扩展，国际和超国家机构的行动能力必须改进，国际正义必须进一步发展。冲突管理的法制化是可持续性危机预防的重要基石。

第三，以联合国和区域组织以及多边发展银行为基础，促进多边主合作。由于在预防政策意义下的安全政策在多边框架下才能取得最大成功，因此欧盟、欧安组织、北约、欧洲委员会及非洲区域组织也被要求参与。这就

---

① Die Bundesregierung, "*Sicherheit und Stabilität durch Krisenprävention gemeinsam stärken*": *1. Bericht der Bundesregierung über die Umsetzung des Aktionsplans "Zivile Krisenprävention, Konfliktlösung und Friedenskonsolidierung"*, Berichtszeitraum: Mai 2004 bis April 2006, Verabschiedet vom Bundeskabinett am 31. Mai 2006 (Regierungsdokument, 2006), https://www. auswaertiges-amt. de/blob/217532/544e310f5724dfe364875cf73c0ae6db/ aktionsplan-bericht1-de-data. pdf. S. 8.

成为联合国体系和所谓的区域组织的核心任务。①

《行动计划》在 2004～2006 年最重要的作用，除了在具体的行动领域有针对性地实施了危机预防措施之外，还将所有职能部门的行动系统地纳入危机预防总政策中，该政策通过新成立的危机预防委员会获得了更高的知名度和独立的政治行动能力。该过程只是个开始，还会继续发展并更加稳固。

在危机预防领域没有最好或最充分的行动，只有更好、更快、更有效、更连贯的行动。尚可改进的地方是公众和媒体对危机预防政策与战后和平巩固的理解程度。冲突治理环节已经赢得了很高的关注度，因为该过程在电视屏幕上呈现为激烈的画面。政府将改善交流理念来为危机预防争取适当的关注。②

在 2004～2006 年这个实施阶段，国家关注的重点在创建新的结构、增强部际合作上，在未来将更看重国际和欧洲层面的合作。此外，还包括国家和非国家行为体。这符合联合执政协议的规定。2007 年德国将担任欧盟和西欧联盟的主席国，以及八国峰会的主席国，为此，《行动计划》必须不断发展，以成为最新的政策向导。此外，提出了未来的一些工作重点，在接下来有针对性地推进其实施，但未必能实现。③

● 在欧洲层面和全球层面对伙伴国的危机预防政策进行协调，以奠定共同的基础；

● 加强危机预防多边结构；

● 在全球层面联合行为体，特别是欧盟内部行为体；

● 进一步发展和促进"人类安全"国际理念；

● 在巩固和平的复杂情况下，进行民事－军事交叉管理，以及开发国家合作方针；

---

① Die Bundesregierung, "*Sicherheit und Stabilität durch Krisenprävention gemeinsam stärken*": *1. Bericht der Bundesregierung über die Umsetzung des Aktionsplans* "*Zivile Krisenprävention, Konfliktlösung und Friedenskonsolidierung*", *Berichtszeitraum: Mai 2004 bis April 2006, Verabschiedet vom Bundeskabinett am 31. Mai 2006* (Regierungsdokument, 2006), https://www. auswaertiges-amt. de/blob/217532/ 544e310f5724dfe364875cf73c0ae6db/ aktionsplan-bericht1-de-data. pdf. S. 8－9.

② Ebd. , S. 11.

③ Ebd. , S. 12.

- 早期预警—早期行动，即在连贯的政治行动中改善预警的实施；
- 经济—环境—冲突；
- 巩固危机预防结构和加强"民事危机预防"职能委员会；
- 发展危机预防沟通理念。

二　2006～2008 年执行情况报告

2006～2008 年执行情况报告将《行动计划》总结为："向世界发出了一个指向性政策信号，即德国有能力也有意愿在世界范围采取充满责任感的、以价值和目标为导向的行动。"[1]

由《行动计划》创建的两个委员会——危机预防职能委员会及其顾问委员会，已经受住考验，并在具体方面进一步发展和巩固。

危机预防职能委员会是联邦政府的一个部际委员会，用于危机预防问题的信息交流和协调。灵活的参与形式，在具体问题上加强引进外部专家，改善对市民社会顾问委员会的资助和顾问的利用，可以促使职能委员会的工作更有活力和成效。

职能委员会的顾问委员会由来自经济界、科学界、非政府组织、教会和政治基金会的代表组成，并因此集合了领域广泛的民间社会专家。同时，它还在联邦政府和市民社会之间发挥枢纽作用。顾问委员会决定在未来仍将按照专题小组去组织其工作。[2]

联邦国防部在 2006～2008 年拨款近 1000 万欧元为职能委员会提供项目支持，使各职能部门之间的合作质量有了新的提升。这笔款项支持的项目均通过跨部门方式决定，并且尽可能由各部门共同实施。该笔资金的一大部分用于"省级发展基金"（Provincial Development Funds，PDF）——该基金会的额外资金由联邦经济合作与发展部来补充——用于阿富汗北部的昆都士、

---

[1] Die Bundesregierung, "*Krisenprävention als gemeinsame Aufgabe*"; *2. Bericht der Bundesregierung über die Umsetzung des Aktionsplans* "*Zivile Krisenprävention, Konfliktlösung und Friedenskonsolidierung*", *Berichtszeitraum: Mai 2006 bis April 2008, Verabschiedet vom Bundeskabinett am 16. Juli 2008* (Regierungsdokument, 2008), https://www.auswaertiges-amt.de/blob/217530/84191faf870644610bb6426028ba3306/aktionsplan-bericht2-de-data. pdf. S. 6.

[2] Ebd. , S. 7.

塔哈尔等省份和这些省份联邦国防军的投入区域。一个由联邦政府代表和阿富汗人平等组成的委员会，在当地就 PDF 对小型项目的资金投入问题进行决策。因此，职能委员会在联邦经济合作与发展部的开发理念基础上，发起了一个关于部门合作的模型程序，并考虑将地方权威人士纳入其中。但由于阿富汗形势复杂、挑战重重，因此不能对 PDF 的意义过于乐观。联邦政府将检查各部门共同使用危机预防资金是否能够和在多大程度上能够继续维持。①

在报告期间，危机预防能力得到了提高，表现如下。

（一）危机预防预算增加

联邦政府在行动计划中承诺，要保持危机预防预算的稳定性。联邦经济合作与发展部的预算在 2008 年增加了约 6.4 亿欧元，比 2007 年增加了 14%。增加的预算主要用于在非洲消除贫困，并且贫困因素和危机倾向的相关性，有助于实现危机预防的目标。当时德国经济合作与发展部将双边财政资金的三分之一投给了危机国家。

外交部过去几年的财政投入差不多维持稳定，2008 财年却大幅度增加。这些资金从 1200 万欧元增至 6200 万欧元，用于资助在危机预防、和平巩固和冲突解决领域的国际性措施的实施。

此外，民事和平服务局（ZFD）的资金从 2005 年的 1450 万欧元增加到 2007 年的 1700 万欧元。该机构由国家和非国家行为体共同组成，致力于发展与和平工作以促进非暴力应对冲突和潜在冲突。2007 年 12 月共有 134 名维和人员投入。

这些增资行为反映了危机预防对联邦政府的意义。资金增加，政府就可以采取更多可能的措施致力于世界范围内的和平与安全，包括对国际行为体如联合国及其相关下属机构，以及一些双边措施的实施提供资金支持。重点是消除结构性冲突根源如贫困或社会不公正，传授和平解决冲突的方法，资

---

① Die Bundesregierung, *"Krisenprävention als gemeinsame Aufgabe"*: *2. Bericht der Bundesregierung über die Umsetzung des Aktionsplans "Zivile Krisenprävention, Konfliktlösung und Friedenskonsolidierung"*, *Berichtszeitraum: Mai 2006 bis April 2008, Verabschiedet vom Bundeskabinett am 16. Juli 2008* (Regierungsdokument, 2008), https://www.auswaertiges-amt.de/blob/217530/84191faf870644610bb6426028ba3306/aktionsplan-bericht2-de-data.pdf. S. 7 - 8.

助民主和法治国家结构，支持安全结构改革（警察、司法改革）和消除冲突后果（前战斗人员重返社会，"过渡司法"）。在此，非洲是一个重点。[①]

（二）人员能力提升

危机预防和冲突解决除了需要有效的结构和适当的财政资源外，还需要适合的人力资源。充分和有针对性地培训投入危机国家中的人员，是危机预防行动的前提。国际和平行动中心（ZIF）对派遣人员的培训和继续教育已经成功实现了专题化和目标群组专业化扩展，更好地适应了国际特派团，特别是联合国和欧盟主导的特派团的人员要求。除了培训新生力量之外，还包括有针对性地提高专业人员和管理人员的能力。ZIF 主导的人员联动体系（Personalpool）如今提供了一种可能性，即无论是针对短期投入还是长期使用，例如作为国际组织固定人员，都能迅速针对需求识别出相应人员。

"民事和平服务论坛冲突转化研究所"（Akademie für Konflikttransformation im Forum Ziviler Friedensdienst）成功地对和平政策和发展政策领域的国家和非国家执行组织人员进行了培训。该研究所 90% 的资金由联邦政府资助，提供冲突转化领域的课程培训，以便为冲突和冲突后局势下的具体项目投入做好准备。

危机预防职能委员会资助的"派发展政策顾问去联邦国防军指挥学院"项目，旨在使所有行为体对民事和军事措施的相互作用形成共同的理解，并清晰地向未来的管理人员解释角色和任务分配。顾问委员会也支持一些行动，使职能部门行为体及早了解危机预防与和平巩固的交叉任务。[②]

（三）警力改革是安全部门改革的重要部分

日益增加的海外派兵数量对联邦和州层面的警察能力提出了更高要求。为此，除了培训之外，维持足够的人员也是安全部门改革的重要组成部分。

[①]　Die Bundesregierung, *"Krisenprävention als gemeinsame Aufgabe"*: *2. Bericht der Bundesregierung über die Umsetzung des Aktionsplans "Zivile Krisenprävention, Konfliktlösung und Friedenskonsolidierung"*, *Berichtszeitraum*: *Mai 2006 bis April 2008*, *Verabschiedet vom Bundeskabinett am 16. Juli 2008*（Regierungsdokument, 2008）, https://www.auswaertiges-amt.de/blob/217530/84191faf87 0644610bb6426028ba3306/aktionsplan-bericht2-de-data.pdf. S. 8 – 9.

[②]　Ebd., S. 9 – 10.

在报告期间，除了已有军事装备和培训援助外，改革或建立功能性警察机构已发展成为德国安全领域改革行动的重要因素。在全面"国家建设"（State Building）的框架下，建立有行动能力的、民主的、合法的、依法行动的警察力量，有着至关重要的意义，使接收国能够负责本国的安全。联邦政府在警力建设中，优先在国际维和与警察特派团框架下行动或作为该框架的补充。

警察特派团的数量在过去几年不断上升，可预见未来还会继续上升。联邦内政部通过建立自身的国外联动体系对此做出响应。

三 2008～2010 年执行情况报告

2008～2010 年执行情况报告按照第二次执行报告的结构，分为两部分：第一部分是对报告期间《行动计划》执行的重点、方针和趋势及未来展望的总结，第二部分是对 2008～2010 年联邦政府在国家和国际层面采取措施的总结。

本次执行报告将德国危机预防政策总结为四点：以《行动计划》为基础的广义安全理念；以消除具体冲突根源为目标的国家和国际策略；行为体协调和一致行动的必要性；市民社会和非国家行为体在特别考虑女性和平潜力情况下的复杂角色。此外，《行动计划》指明了民事危机预防的行动领域，也给出了具体行动建议。

鉴于世界和平与安全经受越来越多的挑战，国际社会被要求更多地参与危机预防和冲突解决。在此背景下，随着德国承担越来越多的国际责任，联邦政府被期待参与重要的行动。这要求扩展民事行动的范围，尽可能避免参与军事行动，或通过集体行动有针对性地消除冲突。《行动计划》不排除军事措施，但这是最后的选择。2009 年 10 月 26 日联合执政协议中提到："我们只有在联合国、北约或欧盟框架下以及在国际法允许的情况下，才能采取军事行动……我们将继续遵守克制文化。"

危机预防措施中民事手段的优先地位也体现在联合执政协议中："在国际危机预防和应对中，我们的政治和外交努力是第一位的，然而投入警察和司法机构这种民事力量的意义也在增强。我们必须同我们的伙伴一起做好准

备，用这些手段尽早控制危机事态的发展，在危机爆发时迅速有信誉地采取
行动……"①

联邦政府危机预防政策的实施是一个长期的过程。危机预防不是一个封
闭的政策领域，而是一个基本政策方向，影响着许多政策领域和行动领域，
并在其中得到体现。危机预防除了直接措施如支持谈判进程、调解、建立民
主和法治国家结构之外，还是大量政策领域的有机组成部分，如发展政策和
环境政策。也正因为如此，该过程常常远离公众认知和媒体形象。危机预防
行动的成功常常很难用因果关系去证明或说明，因此很难广泛地向公众
传播。

《行动计划》在实施的第三阶段依然在持续进步。联邦政府在危机预防
领域展开了多样化行动，其中最为突出的进展和趋势如下文所述。

联邦政府的危机预防和冲突应对政策的首要框架依旧是多边组织。不同
行为体的贡献以最佳方式结合并协调起来。联合国作为拥有广泛成员和合法
性的国际行为体，在此发挥突出作用。联邦政府通过持续参与创造和平与维
护和平的特派团，特别是通过派遣民事人员的方式，表达了对联合国在核心
领域——维护世界和平与安全——的支持，正如联邦政府积极参与联合国建
设和平委员会的工作，2010 年德国是该委员会的主席国。在欧盟共同安全与
防务政策框架下，联邦政府持续致力于提高民事行动能力，并通过积极参与
欧盟共同安全与防务政策框架下的民事特派团来支持该行动，包括格鲁吉亚
观察团（EUMM）、科索沃法治特派团（EULEX）和伊拉克法治特派团
（EUJUSTLEX）。特别值得关注的，还有 2007 年德国作为欧盟主席国进一步
扩大欧盟与市民社会的合作。

在北约框架下，联邦政府致力于将危机预防和冲突应对综合方法（com-
prehensive approach）用于北约的新战略理念中。同时，在全欧范围内，欧安
组织和欧洲委员会是联邦政府在危机预警、危机预防、冲突解决、冲突管理

---

① Die Bundesregierung, *3. Bericht der Bundesregierung über die Umsetzung des Aktionsplans "Zivile
Krisenprävention, Konfliktlösung und Friedenskonsolidierung", Berichtszeitraum: Mai 2008 bis April
2010* (Regierungsdokument, 2010), https://www.auswaertiges-amt.de/blob/217528/298e42ef
13563f1b5b3a4e3355925f70/aktionsplan-bericht3-de-data.pdf. S. 5 – 6.

和冲突善后方面的核心组织，加强欧安组织在这些领域的能力是德国政府的意愿和职责所在。

国家的脆弱和冲突是欧安组织发展委员会和世界银行争论的核心主题。在它们各自的论坛上，联邦政府积极参与制定针对冲突情况和脆弱情况的行动方式和国家建设的指导方针，处理国际社会冲突后地区的财政和行动赤字，以及以预防暴力为主题的工作。此外，政府还特别致力于加强与国际金融机构，特别是世界银行和国际货币基金组织的合作。

在报告期间，联邦政府还特别致力于进一步提高区域组织在危机预防和冲突应对方面的能力，首先是非洲联盟，目标是使区域组织能够在各自的地区独立预防或治理冲突。在此方面，联邦政府与其欧盟和八国集团伙伴合作；将国家措施融入国际措施中，或作为对它的补充。在这方面，民事能力的发展和提高是首要任务。

同时，在国家层面，加强自身危机预防与冲突解决能力，确立德国在该领域的国际行为体身份。这既要求为国际和平行动提供充足的合格民事人员，也要求给国际维和特派团提供财政和其他方面的支持（实物资助、民事人员培训）。

为此，联邦政府通过国际和平行动中心，进一步扩大了对参与国际和平行动的民事人员的重组和培训。使专业课程和特殊培训课程多样化，可以更好地适应国际特派团的具体要求。此外，特定任务的投入准备也是所提供课程的一部分。同时，联邦培训机构与国际和平行动中心的合作，以及与国际组织和机构，特别是欧盟、联合国及欧安组织的培训合作将进一步深化。截至2009年，国际和平行动中心的国际和平行动专家联动体系共有1246人。

鉴于自2009年秋季起对民事和平服务局进行评估和概念更新，民事和平服务局应当进一步加强与联邦政府的危机和冲突预防发展政策的协调。同时，联邦政府进一步扩大其对国际警力的投入，增强了自身在危机预防和冲突解决行动框架下在警察领域的重要性。第一个国际联邦警察部队于2010年底投入使用。

2009年7月23日关于民事人员在国际危机预防行动中的权益保障法案

《民事危机预防国际特派团中民事人员保障改善法案（辅助法）》① 出台。该法案的通过是职能部门之间在危机预防职能委员会框架下紧密协调和建设性合作的结果。该法案改善了欧安组织、欧盟和联合国特派团中德方辅助人员的福利和资金保障情况，也借此实施了危机预防行动计划的规定。②

在技术救援署（Bundesanstalt Technisches Hilfswerk，THW）的帮助下，开始创建和配备一个能够为国际和平特派团提供技术和后勤援助的单位。国际和平特派团提高物资支持的要求得到了满足。THW 正在建设 "Standing Engineering Capacity"（SEC），包括工具、耗材、住宿、车辆和模块化通信这些基本配备。与此同时，建立了一个特派人员联动体系，可以长期准备投入最多至 30 名人员。

自 2008 年以来，联邦政府对危机预防、冲突解决与和平巩固的措施投入显著增多。因此，在该政策领域出现了更多的建构可能，使德国成为国际认可的行为体。外交部财政预算对危机预防、冲突解决与和平巩固的资助，在 2001～2007 年平均年增长 1200 万欧元，2008 年达到 6300 万欧元，2009年高达 1.09 亿欧元。另一个重要资金来源是联邦议院预算委员会，2009 年将原规定的 8900 万欧元提高到 1.09 亿欧元。

联邦经济合作与发展部 2008 年增加预算投入 14%（名义金额 6.34 亿欧元），2009 年再增加 12%（名义金额 6.56 亿欧元）。增加的资金投入主要用于消除非洲贫困，因为贫困是结构性冲突因素，消除贫困有利于实现危机预防的目标。此外，用于民事和平服务局的资金也有所增加（2008 年增加了11.7%，2009 年增加了 57.5%）。

由于资金增加，应对冲突的民事行动所获得的资助金额也相应地增加了。例如 IfA/zivik③ 的非政府组织项目总资助额 2008 年是 530 万欧元，2009

---

① 这部法律的德文是 Gesetz zur Verbesserung der Absicherung von Zivilpersonal ininternationalen Einsätzen der zivilen Krisenprävention（Sekundierungsgesetz）。

② Die Bundesregierung，*3. Bericht der Bundesregierung über die Umsetzung des Aktionsplans* "*Zivile Krisenprävention，Konfliktlösung und Friedenskonsolidierung*"，*Berichtszeitraum：Mai 2008 bis April 2010*（Regierungsdokument，2010），https：//www. auswaertiges-amt. de/blob/217528/298e42ef 13563f1b5b3a4e3355925f70/aktionsplan-bericht3-de-data. pdf. S. 7.

③ zivik 是危机区域国际和平项目的名称，2001 年起并入 IfA。

年为 700 万欧元，2007 年仅为 210 万欧元。由于 zivik 的人员和管理经费并入 IfA，2010 年后行动计划可能会考虑使 zivik 常态化。

2008～2009 年增加的资金投入为德国作为国际行为体在该领域进一步发展创造了更大的空间。未来掌握充足的人力和财政资源仍然是德国在国际范围内推动危机预防和冲突治理的重要条件。为此，德国政府未来需要注意提高资金的利用率，使各职能部门的资金投入能得到切实利用。①

该阶段执行报告强调，只有有效地综合与协调行动，有效联合各行为体，才能使消除国家和区域冲突根源的措施得到充分实施。2009 年联合执政协议中提出："我们致力于联合安全政策。它要求现代化和有能力的军事力量，以及适合的民事手段用于国际冲突预防与应对，也要求更加紧密的融合与协调。"和平与安全面临挑战的变化，以及德国在国际危机预防和冲突解决方面行动的增加，对过去几年各职能部门参与下联邦政府的内部协调情况提出了新要求：必须在时间和内容上明确划分军事行动，以保证刚果民主共和国在 2006 年的选举，以及借助军事和民事要素全面负责阿富汗的国家建设。不同的授权对德国行动的形式、范围、质量和连续性提出了高要求，对此必须让他们看到德国协调机制的成熟发展。

随着联邦议院外委会"民事危机预防和联合安全"附属委员会的成立，一个议会委员会也成立，用来跟进联合执政协议规定的执行情况。附属委员会成立于 2010 年 3 月，并于 4 月 19 日召开第一次例会。危机预防职能委员会将与该附属委员会紧密合作。此外，还会因此与《行动计划》建立的机构进行更加紧密的合作，一些联邦议会党团代表，以及新的附属委员会成员，将会根据危机预防顾问委员会的情况参加顾问委员会的会议。

在报告期间，改善部际协调的进一步措施还包括：②

● 根据联合执政协议的规定，联邦政府对非洲和拉丁美洲国家制定部际战略，这里包括所有职能部门。这样一来，针对这些区域制定的共同局势评

---

① Die Bundesregierung, *3. Bericht der Bundesregierung über die Umsetzung des Aktionsplans " Zivile Krisenprävention, Konfliktlösung und Friedenskonsolidierung", Berichtszeitraum: Mai 2008 bis April 2010* (Regierungsdokument, 2010), https://www. auswaertiges-amt. de/blob/217528/298e42ef13563f1b5b3a4e3355925f70/aktionsplan-bericht3-de-data. pdf. S. 7 - 8.

② Ebd. , S. 9 - 11.

估和由此得出的政治策略将会迈出重要的一步。

●第二次执行报告中提到的"国家图上演习"（das nationale Planspiel）已经做出了必要的更新并重新列入规划；它要从现在起为当前的立法议会任期而计划。现在由联邦安全政策研究院负责其实施。目标是在行动计划目标的框架内，形成部际和职能联合合作的共同理念，在政策理念、政治－战略领导和培训多层面相关职能部门人员和执行机构层面，识别可能的和必要的部际合作。

●危机预防职能委员会希望通过具体国家/地区来强化联合执政协议所要求的职能部门行动"更加紧密的融合与协调"。作为信息和协调委员会（没有业务管理职能）——职能委员会未来应当加强关于不同职能部门行为的信息交流，并将其调整用于具体危机区域，以便识别和利用协同效应。这里也包括其他国际和国家行为体（如联合国、欧盟）。基于部际合作的重要分析，例如在苏丹的案例，应当对一些改善未来部际合作的建议进行鉴定。在联邦政府制定危机预防政策方面，职能委员会改善的核心是紧密联系各职能部门的领导层。此外，职能委员会依旧是讨论危机预防交叉主题的核心组织。

●为执行联合国 1325 号决议（女性、和平与安全），提高女性在冲突预防与和平进程中的地位，职能部门应当加强彼此合作，并在执行 1325 号决议过程中协商行动。职能部门可以此完成 2010 年 3 月联邦议院给联邦政府的相应任务。

未来，对市民社会在冲突应对方面行动的支持仍是联邦政府的一个重要意愿和任务，联邦政府也将为市民社会项目提供相应程度的资金支持。同时，同市民社会的对话，也是在专业范围之外传播德国危机预防政策的重要方式。多边组织仍将是德国危机预防政策的行动框架，联邦政府将利用其在国际组织、机构和对话论坛上的成员地位，继续致力于推动国际政策领域的民事危机预防。

四　2010～2014 年执行情况报告

2010～2014 年执行报告中，同样总结了《行动计划》的总纲，并做出了评价。联邦政府《行动计划》转变了处理冲突和敏感性问题的行为方式，加强了民事危机预防在外交和安全政策行动中的地位。如今其价值比十年前更高：危机预防能力显著加强，市民社会的融入显著改善。

民事危机预防政策遵循德国在维护世界和平与安全方面的利益和目标。联邦政府的首要目标是防止暴力冲突的发生，特别在欧洲东部和南部邻国范围内。对公民而言首要任务是，创造安全的环境，在危机和暴力发展态势中构建安全基础。因此德国为其伙伴国提供中长期支持，帮助其建设能正常运转的国家结构和包容型、参与型的社会，以及建构转型过程和创建和平过程，主要在良治、法治国家、民主和人权方面。在这些特征要求下，德国2004 年以来为民事危机预防的投入既涉及双边，也涉及多边框架。

对于理念的介绍，前几个阶段报告都已经讲述到，本部分的介绍将聚焦在 2010～2014 年取得的成果上。

（一）建立可信国家结构①

1. 法治国家建设

2010～2014 年有一个 2 亿欧元的法治国家建设项目，用于双边和多边框架内法治国家的推进。自 2013 年起，外交部就推进国外法治国家建设，在联邦职能部门、执行机构、协会和其他行为体之间举行定期交流活动。此外，联邦政府还通过国际组织来推进法治国家建设，联合国及其多边和平特派团在此发挥重要作用。2012 年在联合国秘书长的倡议下，联合国体系内的国际法治协调中心（Global Focal Point for the Rule of Law）成立。联合国发展项目（UNDP）以及联合国维和行动部（DPKO）被确立为联合国推进法治国家建设的部门，它们将在该领域相互合作。另一个多边法治国家建设领域，是支持国际审判权，包括国际刑事裁判权，特别是国际刑事法庭（ISt-GH）和混合法庭。

2. 促进民主

2011 年世界银行"冲突、安全和发展"世界发展报告②，提出了全社会

---

① Die Bundesregierung, *Vierter Bericht der Bundesregierung über die Umsetzung des Aktionsplans "Zivile Krisenprävention, Konfliktlösung und Friedenskonsolidierung", Berichtszeitraum: Juni 2010 – Mai 2014* (Regierungsdokument, 2014), https://www. auswaertiges-amt. de/blob/266840/dab0384b15de81433 a50f1e0032f43fb/ aktionsplan-bericht4-de-data. pdf. S. 15 – 26.

② The World Bank, *World Development Report 2011: Conflict, Security and Development*, Washington D. C. , 2011.

有效参与危机预防与和平建设的意义。2013 年公布的联邦经济合作与发展部理念"和平与安全发展：冲突、脆弱性和暴力背景下的发展政策行动"① 抓住了这一思想，并强调政治参与和利益讨论的制度化法律安全机制作为和平与包容性发展的前提条件的意义。联合国也认为全民参与机制是维护和平与安全的重要前提，这要求政府结构有效、透明和负责。联合国 2015 年后发展议程中也将和平建设与冲突预防视为广泛有效发展的前提条件。

国际选举观察团在 20 世纪 80 年代后期得到关注，是联邦政府在推进民主方面的重要工具。其目标是改善自由平等选举的实施条件，以改善民主进程中的信任前提。

3. 人权

德国在欧洲层面致力于加强人权、民主和法治在欧盟外交行动中的地位。为此，德国和丹麦外交部部长在 2010 年推出了全球价值倡议（Global-Values-Initiative）。经过深入讨论，2012 年 6 月通过了第一项欧盟人权战略，适用于欧盟对外行动的所有领域。同年秋季，斯塔夫罗斯·兰普里尼季斯（Stavros Lambrinidis）（希腊）成为第一个被任命的欧盟人权特使。

4. 安全部门改革

在报告期间，安全部门改革作为民事危机预防、和平建设与巩固措施，是德国外交与安全政策的重要工具。其目标是建设或重建稳定而负责的安全部门，其人员将投入有效的、以法治原则为基础的、被人民视为合法的国家机构中。安全部门改革除了推动法治建设和保护人权措施外，还包括警察和军队改革、国家安全机构的民事监督和监控、军备控制和小型武器控制、裁军、前武装人员重返社会和重新融入，以及边境安全。

（二）提升社会和平潜力②

包括推动和强化市民社会行为体、支持独立媒体、文化交流与文化合

---

① BMZ, *Entwicklung für Frieden und Sicherheit—Entwicklungspolitisches Engagement im Kontext von Konflikt*, *Fragilität und Gewalt*（*BMZ-Strategiepapier 4/2013*）（Regierungsdokument, 2014），http://www. bmz. de/de/mediathek/publikationen/themen/frieden/Strategiepapier328_04_2013. pdf.

② Die Bundesregierung, *Vierter Bericht der Bundesregierung über die Umsetzung des Aktionsplans "Zivile Krisenprävention, Konfliktlösung und Friedenskonsolidierung"*, *Berichtszeitraum: Juni 2010-Mai 2014*（Regierungsdokument, 2014），https://www. auswaertiges-amt. de/blob/266840/dab0384b15de814 33a50f1e0032f43fb/ aktionsplan-bericht4-de-data. pdf. S. 30 - 38.

作、帮助边缘化群体、对话和谅解等主题。

在埃及，联邦政府通过在开罗和塔拉建立两个解放休息室（Tahrir Lounges）来推动市民社会的发展。这两个解放休息室可以让人们特别是年轻人了解政治事件并进行交流，以便他们参与到埃及的转型过程中。

在高加索地区，联邦政府自 2012 年以来为年轻人提供继续教育，以便他们能够积极参与社区的决策过程。来自亚美尼亚、阿塞拜疆、格鲁吉亚、俄罗斯和土耳其的市民社会组织的新生力量将得到资助，处理其自身环境中的问题，并参与具体项目，如制作纪录片。这样一来，地方市民社会的合作就得到了加强。

独立的批判性媒体的存在是政治多元文化及以包容为基础的和平社会形成的必要条件。独立媒体提供信息，有助于传播民主和法治原则，因为它们为社会对话提供了平台。此外，独立媒体还会揭露一些社会不良现象。为此，联邦政府用媒体政策支持民主化进程。例如 2012 年和 2013 年通过工作小组和实践研讨会的形式，在"德国之声"项目框架内对在突尼斯的政府代表进行了培训。

联邦政府在文化遗产项目框架内，支持世界文化遗产保护。从 1981 年到 2013 年资助了 144 个国家的 2600 多个项目，金额近 6000 万欧元。自 2002 年以来，德国和伊斯兰世界之间的对话是其外交政策的重点。

边缘群体缺乏政治参与，以及社会经济歧视和由此引发的无望感会加剧暴力和冲突的消极影响。支持边缘群体可以提升他们的参与感和自信，有助于消除社会经济歧视。土著群体是边缘化群体中需要关注的重点。联邦政府致力于维护土著居民的权利，支持发展可保障权利和实施法律的多元化社会。这种支持的要点是培养冲突应对能力或建立对话论坛。

和平对话可以建立公民之间或社会行为体、政府之间的互信，也是和平解决冲突的第一步。自 2013 年 6 月起，德国通过德国国际合作机构（GIZ）支持"对话、事实和谅解"马里委员会以及同年建立的调解部门。

（三）建立生活基础[1]

生活基础的建立包括教育、就业、经济、环境和资源方面。

---

[1] Die Bundesregierung, *Vierter Bericht der Bundesregierung über die Umsetzung des Aktionsplans "Zivile Krisenprävention, Konfliktlösung und Friedenskonsolidierung", Berichtszeitraum: Juni 2010-Mai 2014* (Regierungsdokument, 2014), https://www. auswaertiges-amt. de/blob/266840/dab0384b15de814 33a50f1e0032f43fb/ aktionsplan-bericht4-de-data. pdf. S. 38 – 42.

联邦政府通过促进发展和结构转型援助（Entwicklungsfördernde und Strukturbildende Übergangshilfe，ESÜH）来提高发展中国家，特别是脆弱国家和地区，或危机和灾难发生地区的人民和社会的恢复力。ESÜH 的项目持续1~4 年，以亲民和加入当地或国家生产的形式，通过提供发展资金来改善人们的生活条件，增强社会凝聚力。

德国参与制定世界银行 2011~2014 年的世界发展报告，主题是由环境和气候决定的风险和资源匮乏对脆弱国家和潜在冲突的影响。此外，联邦政府积极参与制定经济合作与发展组织对多边企业指导原则的制定，包括采掘业、土地法律改革、参与性资源管理，以及认证机制的发展。在国家层面，新制定的联邦经济合作与发展部战略文件《和平与安全发展》（2013）、《促进发展和结构转型援助》（2013）以及《采掘原材料》（2010）等文件，指出了社会、经济、生态的损害和它们对灾害、冲突、暴力或脆弱性的交互影响，并拟定了预防和适应措施。促进可再生能源、改善水资源管理的跨境和区域环境项目，以及建立保护森林的机构，都有促进和平的作用。2010~2012 年联邦政府在气候保护和适应以及森林和物种多样性保护上，为发展中国家和门槛国家提供了 470 万欧元的资助。

（四）　多边框架①

1. 联合国

危机预防和冲突管理是联合国的核心任务。联合国前秘书长安南在 21世纪之初时就提到，在危机和冲突情况下，"预防文化"要取代"反应文化"。德国支持该观点并将联合国视为维护世界和平的最大责任承担者。

随着现代危机和冲突中国内冲突和脆弱国家的问题影响增大，联合国面临新的挑战。为此，联合国将其和平特派团转变为多边特派团，捆绑民事和军事任务，并将传统的维和任务直接过渡到和平建设措施。

德国参与联合国行动，有助于增强联合国预防冲突和建设和平与稳定社

---

① Die Bundesregierung, *Bericht der Bundesregierung zur Zusammenarbeit zwischen der Bundesrepublik Deutschland und den Vereinten Nationen und einzelnen*, *global agierenden*, *internationalen Organisationen und Institutionen im Rahmen des VN-Systems in den Jahren 2012 und 2013*（Regierungsdokument，2014），http：//www. auswaertigesamt. de/DE/Aussenpolitik/Friedenspolitik/VereinteNationen/Aktuell/120815_Bericht_Zusarbeit_node. html. S. 44 – 46.

会的能力。联邦政府特别支持联合国，通过其特派团的民事部分及早消除冲突的结构性根源，并为持续性和平建设与稳定奠定基础。

德国是联合国维和预算的第四大缴费国（2010～2012 年为 8.018%，2013 年之后为 7.141%）。报告期间德国缴费总额为 16 亿欧元。

和平建设对危机预防具有重要意义。联合国和平巩固的主要目标是防止国家和社会再次陷入冲突之中。为填补短期危机管理和长期发展合作之间的机构空缺，经过 2005 年联合国安理会与联合国大会一致决议，成立了联合国和平建设委员会。该委员会一方面保持国际社会对冲突发生国家的重建过程的关注，另一方面支持国家行为体的具体和平建设措施。

2. 欧盟

欧盟的大量资源，以及欧盟委员会、欧盟理事会及其成员国多样的工具篮子构成了欧盟特殊实力的基础：欧盟的综合方法（comprehensive approach）允许用发展援助的长期工具将危机预防和危机管理长期联合起来。欧洲对外服务局（Europäischer Auswärtiger Dienst）的建立给欧盟在危机预防领域提供了其他的行动可能。①

在欧洲对外服务局与欧盟委员会联合发布的基础上，外交部部长于 2014 年 5 月 12 日通过了理事会关于综合方法的决议。相关的操作规定概述了在继续采取该工作方法和统一实施共同战略的措施与工具方面的下一步行动。2015 年初高级代表还发布了新的行动计划，说明全面的综合方法规定是如何实施的，以及如何衡量其成功与否。

德国的安全政策在很大程度上是在欧盟框架内阐述和实施的。共同安全与防务政策自建立以来始终是欧盟外交政策的重要工具。自 2003 年至今共有近 30 个民事和军事共同安全与防务政策特派团被派往欧洲、亚洲和非洲。民事和军事支持特派团在可以预见的未来仍是共同安全与防务政策特派团的工作重点。

---

① EU Parliament, *Draft Report on the EU Comprehensive Approach and Its Implications for the Coherence of EU External Action*, *Procedure*: *2013/2146* (*INI*)（Offizieller Artikel, 2014）, http://www.europarl.europa.eu/sides/getDoc.do? type = REPORT&reference = A7 - 2014 - 0138&language = EN.

2013 年 12 月，欧洲理事会自 2008 年以来第一次重新将安全与防务设为工作重点，还重申了发展与安全的联系。没有和平与安全就没有可持续发展，没有发展与消除贫困就没有持久和平。[①]

3. 欧洲安全与合作组织

欧洲安全与合作组织也是联邦政府在全欧洲范围内进行早期预警、危机预防、冲突解决和冲突善后的关键组织。[②] 它的特殊优势是拥有广泛分布的 57 个成员国和全面的安全理念，包括尊重人权和基本自由、法治和民主，同样包括信任和安全构建措施、军备控制和裁军、应对跨国威胁以及气候变化和能源安全方面的挑战。

在 2014 年乌克兰危机中，欧安组织继续作为欧洲安全与合作问题的东西部对话中心论坛而被需要。在 2014 年 3 月冲突尖锐化阶段，欧安组织用其全面的特派监察团来将事情透明化，为冲突降级做出了贡献。同时，近 500 名观察员对安全局势和少数民族情况的观察也很重要。德国参与特派团的方式是派遣大量专家以及资助少数民族在保护和促进法治国家建设方面的具体项目。

欧安组织通过多维度的安全理念，向其 15 个成员国派遣 16 支外地特派团，以及通过中亚成员国与阿富汗的邻国关系，在处理跨国威胁和危险中发挥了重要作用。

德国作为欧安组织最大缴费国之一，对欧安组织的财政预算做出了贡献：2013 年德国缴费份额占欧安组织总预算的 10.91%（约 1580 万欧元）。除了义务缴费之外，德国政府还自愿缴费（2013 年约 290 万欧元）用以支持欧安组织的机构和外地特派团项目。

此外，德国资助在非洲的区域组织的危机预防与和平建设工具，并在发展合作领域创建了一系列国际结构、发布了一系列参考文件，持续为脆弱国家的国家建设与促进和平行动提供指引。

---

① Die Bundesregierung, *Vierter Bericht der Bundesregierung über die Umsetzung des Aktionsplans* "*Zivile Krisenprävention*, *Konfliktlösung und Friedenskonsolidierung*", *Berichtszeitraum*: *Juni 2010-Mai 2014* (Regierungsdokument, 2014), https://www. auswaertiges-amt. de/blob/266840/dab0384b15de 81433a50f1e0032f43fb/ aktionsplan-bericht4-de-data. pdf. S. 48 – 49.

② OSZE, *Jahresbericht von 2013*, http://www. osce. org/de/secretariat/122952? download = true, 2014.

德国作为国际和平建设与国家建设对话（International Dialogue on Peacebuilding and Statebuilding，IDPS）以及经济合作与发展组织国际冲突与脆弱性网络（International Network on Conflict and Fragility，INCAF）的成员，积极地为脆弱和受冲突影响的伙伴国和捐助者联盟之间重新建立发展合作关系而努力。IDPS 有 43 个成员，包括发展中伙伴、国际组织及 20 个被认可为脆弱和受冲突影响的国家。联邦政府还参与了世界银行和非洲发展银行关于脆弱和受冲突影响国家的行动。世界银行低收入国家基金会（国际开发协会）是脆弱国家第三大捐助者，非洲发展银行是第九大捐助者。德国是国际开发协会的第四大捐助者和非洲发展银行的第二大捐助者。[①]

第三节　德国国际危机管理理念的特点

本节在参考作为政府危机管理行动指南的《行动计划》及其执行情况报告的基础上，对德国国际危机管理理念进行总结。

德国国际危机管理的宗旨是维护国际社会及周边区域的和平与安全，最终消除贫困，实现国际社会的良性发展，目的是在潜在的危机和冲突地区及早展开预防工作，阻止已经发生的暴力事件的扩散，以及在武装冲突结束后通过有效的巩固和平与重建措施防止新一轮冲突的爆发。德国国际危机管理强调国际合作，通过建立可信的国家结构、提升社会和平潜力、建立生活基础、参与多边国际组织等方式，在联合国、北约、欧盟、欧安组织等国际组织的框架下，推进国际危机管理进程。德国国际危机管理手段体现了"文明力量"三原则：（1）处理国际事务时，奉行合作主义和多边主义；（2）"文明国家"在外交实践中尽不使用军事手段，武力只是在最危急的情况下才可以成为一种处理对外纷争的工具，而且这种使用还必须符合国际法规范的要求；（3）"文明国家"应努力推动超国家机构的发展，维护集体安全并且

---

① Die Bundesregierung, *Vierter Bericht der Bundesregierung über die Umsetzung des Aktionsplans "Zivile Krisenprävention, Konfliktlösung und Friedenskonsolidierung", Berichtszeitraum: Juni 2010-Mai 2014* (Regierungsdokument, 2014), https://www.auswaertiges-amt.de/blob/266840/dab0384b15de 81433a50f1e0032f43fb/ aktionsplan-bericht4-de-data.pdf. S. 51 – 54.

愿意向超国家机构让渡主权。

在上文对德国国际危机管理理念详细介绍的基础上，本书将德国国际危机管理理念特点总结如下。

第一，注重融入国际和区域组织。

由于各国对危机的界定、对危机管理的理解不同，以及国家政策、国家结构等差异，各国国际危机管理理念也有差异。从德国的国际危机管理理念总纲和执行报告对其行动的总结文件中可以看出，德国国际危机管理理念的最大特点是注重融入国际和区域组织。"德国至今坚定地融入国际组织，特别是欧盟和北大西洋公约组织，并通过推动欧洲一体化，来进一步加深向国际组织的融入。"① 这是因为：

（1）历史经验表明，国际危机一般波及范围广、管理难度大，靠一个国家独立解决是不可能的，因而需要各相关国共同完成，国际组织为各国之间的沟通和协调提供了平台。（2）国际危机管理需要用到大量资源，包括生活物资、基础设施、人员安排、派遣警力和兵力、资金等，而各国家和国际、区域组织在各种资源方面的优势不同，因而需要合力才能聚集危机管理所需的所有资源。（3）德国特别重视国际性法律和规范，严格遵守《联合国宪章》和欧盟法规。德国政府在行动中坚持以国际性法律框架为导向，在国际危机管理中将国际性法律视为危机管理的重要依据和目标，旨在通过国际危机管理加强国际性法律的规范力量；在解决欧洲内部问题时，重视维护和加强欧盟的法律和规范的力量，以制度规范强化一体化成果。（4）德国外交政策的历史沿袭。德国在很长的历史上（主要是1945年以后）注重合力，不提倡单边主义，这也体现在日后德国在推动欧洲一体化的努力上。

第二，注重危机预防。

注重危机预防是德国2004年《行动计划》总纲领的首要理念。及早预防危机，在危机发生之前采取预防性措施，将危机扼杀在萌芽中，能够最大限度地减少损失，避免和平遭到破坏。同时，与危机中的不可预测性和危机

① Hanns W. Maull, "Deutschland als Zivilmacht", in Siegmar Schmidt, Gunther Hellmann, Reihnhald Wolf, *Handbuch zur deutschen Außenpolitik* (Wiesbaden: VS Verlag für Sozialwissenschaft/GWV Fachverlage GmbH, 2007), S. 77.

结束后恢复难度大相比，危机预防任务的管理难度相对较小，可控性较高，因而是国际危机管理的最佳时机。此外，危机预防计划必须是长远地、针对危机发生的根源制订的，因此要制订长期危机预防计划，任何短期计划都会失败甚至加快危机恶化的速度。

第三，民事危机管理手段优先于军事手段。

在危机预防、冲突应对与巩固和平过程中，民事手段始终优先于军事手段。民事手段是非暴力手段，包括对话、谈判、调解等和平外交手段，制裁等经济手段，以及促进文化间对话等手段，与军事手段相比，民事手段较为平和，对危机各方损害较低，对危机国家周边区域的波及较小，因而是德国国际危机管理手段中最为优先考虑的。

德国发展政策的任务是，在相关伙伴国通过改善经济、社会、生态和政治关系来防止或消除冲突的结构根源，促进非武力冲突解决机制的发展。联邦政府将推动预防文化和对话文化的形成，加强和平与冲突研究，通过国际教育政策、外交文化政策和媒体政策来消除敌对形象，推动跨文化对话。

在危机第一线的冲突各方通常会被敦促以非武力形式解决危机，外交与安全政策用于预防与缓和危机，制裁、军备控制和武器出口控制是缓和军事冲突的重要手段。外部行为主体则从辅助层面去保持或建立和平，并保持中立的态度及文化敏感性，因为外部行为主体会对和平与暴力解决危机产生或积极或消极的影响。

此外，德国在支持联合国和北约等国际组织的行动方面，主要提供财政支持，除非必要，尽量不参与军事行动，并且德国的军事预算与国际上许多大国相比较低。

第四，国际组织的显性地位和德国的隐性地位。

在国际危机管理方面，德国融入国际组织的特性，说明它倾向于隐藏在国际组织背后，因而国际组织呈现显性地位，而德国则主动将自身置于隐性地位。

这一方面是历史原因导致。鉴于深刻的历史教训，为消除盟国和国际社会对德国政治野心的疑虑，德国一贯坚持克制文化，在国际政治和军事领域的事务中保持低调的行为方式，不主动参与其中。德国在支持联合国和北约等国际组织的行动方面，一般不主动参与军事行动，除非万不得已，并且德国的军事预算与国际上许多大国相比并不高。以上是德国避免在国际舞台上凸显自身政治身份与地位的一个表现。

另一方面，在全球化背景下，国家的发展空间有限，区域化发展是大势所趋，德国意识到只有在欧盟这个区域组织的保护下，才能够有更长远的发展。正因为如此，德国积极推进欧洲一体化，并在一体化过程中实现了国家经济的快速发展，由此形成了强调欧盟的显性地位，将本国放在隐性地位的特点。

然而，从目前德国在这几次国际危机管理中的表现来看，随着德国在欧盟和国际舞台上经济实力和政治地位的逐步提高，不管德国主观上希望与否，国际社会希望德国承担更重要的国际危机管理责任。因此，德国在国际危机管理中的显性特征已经逐渐显现，未来将越来越多地以国家为危机管理行为主体出现在国际危机管理的舞台上。

第五，强调各行为体之间的协调与合作，以提高危机应对能力。

德国在国际危机管理的各个阶段，强调国家、国际和非国家行为体之间表决和协调的重要性，无论是国家还是社会行为体都要将其潜力捆绑与协调，集中发力。因为在国际危机管理中，任何单一的行为体都不可能掌握所有危机管理的资源和手段，合作是唯一的出路。此外，在实际情况中，由于国际危机管理行为主体多样，危机总是平行或交错出现，再加上地域问题和危机种类（国内、双边、多边矛盾引起的危机）的多样性，因此，协调是国际危机管理的重要课题。

德国危机管理相关职能部门之间需要交叉合作，包括各职能部门如内政部、外交部、国防部、经济技术合作部，这些部门的下属机构，如联邦公民保护和灾害救助局（BBK）、国际和平行动中心（ZIF）、德国技术合作署（GTZ）、联邦安全政策研究院（BAKS）、国防部危机分析与预防领导小组（AKAP）、技术救援署（THW）等，以及负责部际协调的委员会或危机处理领导小组，如外交部危机预防职能委员会（Ressortkreis）及其顾问委员会（Beirat）、危机早期识别职能委员会。此外，国家行为体也要与非国家行为体，如和平发展小组（FriEnt）、联邦经济合作与发展部的"发展政策危机预防和冲突管理"工作小组、德国非政府组织发展政策协会（VENRO）、德国和平研究基金会（DSF）、科学与政治基金会（SWP）、德国发展政策研究所（DIE），以及国际行为体联合国、欧盟、欧安组织、欧洲委员会、北约等协调与合作。

第四节　德国国际危机管理战略基础

《行动计划》作为联邦政府在国际危机管理方面的理念基础和行动指南，对德国国际危机管理理念进行了全方位阐述，而这些理念的诞生是建立在一定的国家战略基础之上的。其中安全战略和外交战略与德国国家角色紧密相关，也是在国际危机管理中不可回避的两大考量因素，因此本节将对德国国际危机管理的安全和外交战略基础进行探索，并对具有德国特色的"民事手段和军事手段"问题进行探讨。

一　德国安全战略

安全是国家的重要战略目标，也是德国国际危机管理的一个重要考量维度。德国地处欧洲中心，是欧洲当之无愧的大国、强国，被誉为欧盟发动机之一，它还是美国在欧洲最重要的盟国之一，在北大西洋公约组织中扮演着重要的角色，是欧洲政治舞台上耀眼的明星。虽然德国在历史上对世界安全带来严重破坏，但战后的德国已经逐渐摆脱了历史的诅咒，同时也一直努力为地区乃至世界的安全贡献自己的力量。[①]

（一）德国安全政策

统一前的德国国防政策针对的是牵制、威慑和保卫西方联盟的领土等策略，统一后则为在地理和内容层面得到解放的全新安全政策。这一"双重解放安全政策"作为世界秩序政策（Weltordnungspolitik），以整个世界为德国安全政策的对象，包括地理和内容层面，也就是说关注的是整个政治领域。在东西部冲突得到成功解决之后，德国被呼吁将其释放出来的力量，也就是

---

① 彭光谦：《世界主要国家安全机制内幕》，江苏人民出版社，2014，第187页。

迄今为止以保卫自身领土和保护自身生活方式为重点的力量，用于建构新的世界秩序。[①]

现实主义权力平衡和威慑观认为，应当以促进体系稳定的世界秩序方法构建国际环境。同时，德国的"基本价值"应当得到保护，"利益"应当得以实现。同样地，还有两个迄今为止以行动为导向的德国安全政策理念：第一，自身基本价值观的核心地位，第二，将实现德国利益的良好运转以及自由市场经济的蓬勃发展视为世界社会"健康"或稳定的前提。因此，德国政府的目标是实现这些始终有益于德国特殊利益和国家稳定的价值观。此外，陈旧的威慑概念被一体化战略取代。目标是实现以人权、民主和自由市场经济为特征的一体化世界秩序。

传统安全政策主要由军事维度来决定，而新的德国安全政策以"全面安全概念"为特征，旨在从经济、社会和法律维度来制定世界秩序政策。世界社会和国家世界的逐步整合是该战略的核心组成部分。由此延伸出不同的概念，如"世界内政"或"全球治理"理念。世界相互依存关系的提高为"安全化"提供了合理依据。德国的安全利益也可以通过发展直接影响到地球上最远的国家，这是行动导向型观点。国家的内部和外部维度的划分不再以行动为导向，内部事务、国家主权和国际法的意义都被改写，同时新的思想，如干预权，可能会得到发展。德国政府基于特殊的潜力，认为有义务为其他民族和国家承担起参与建构的责任。

此外，联邦政府的安全政策还包括海外派兵的逐步正常化。"派遣部队"（Armee im Einsatz）持有将军事投入作为最后手段的克制观点，其海外派兵问题不再由议会全权决策。"派遣部队"的观点意味着以往安全政策自我设限的行动导向型观点的结束。联邦政府视为禁忌的海外派兵问题发展成为常规性问题。[②]

（二）国家安全利益

德国统一之后，关于德国利益的官方表述首次出现在当时的联邦国防部

---

① Ulrich Roos, *Deutsche Außenpolitik—Eine Rekonstruktion der grundlegenden Handlungsregeln* (Wiesbaden: VS Verlag für Sozialwissenschaften/Springer Verlag, 2010), S. 303.

② Ulrich Roos, *Deutsche Außenpolitik—Eine Rekonstruktion der grundlegenden Handlungsregeln* (Wiesbaden: VS Verlag für Sozialwissenschaften/Springer Verlag, 2010), S. 303 – 305.

长沃尔克·吕尔（Volker Rühe）于 1992 年 11 月制定的国防政策方针中。其中的第八条提出了十点关乎存亡的安全利益，其中保护德国及其公民不受外部威胁是首要利益：①

（1）保护德国和德国公民不受外来威胁和政治压迫；

（2）预防、遏制和制止可能损害德国完整性和稳定的危机和冲突；

（3）与北约中的核大国和海事大国建立盟友联系，因为德国是非核武器国家，也是欧洲大陆的中等国家，无法单独实现世界性的利益；

（4）欧洲一体化的深化和扩大，包括欧洲防卫身份的建立；

（5）欧洲和北美之间的平等伙伴关系，表现为北美参与欧洲的一体化进程，以及美国在欧洲的驻军；

（6）确立和建设互补性的组织在全球和地区都拥有有效的安全结构；

（7）促进欧洲和世界范围的民主化和社会经济进步；

（8）在公平的世界经济秩序下，维护自由的世界贸易与无障碍的市场准入和原材料供应；

（9）在欧洲继续推进以维护稳定为导向的军控；

（10）从德国的利益考虑，基于德国的经济实力和军事贡献，以及稳定且有行动能力的民主制度，对国际机制施加影响。

1994 年，联邦总理科尔在白皮书中继续对德国的国家利益进行了讨论，将上述十点压缩为五点作为德国外交和安全政策的指导方针：②

（1）维护德国公民的自由、安全和福利以及德国国土不受侵犯；

（2）和欧洲其他民主国家融入欧盟中，因为欧洲的民主、法治国家性和社会富裕对德国而言也意味着和平与安全；

（3）维持与美国基于价值共同体的、长期持续的跨大西洋盟友关系，美

---

① BMVg, *Vitale Sicherheitsinteressen Deutschlands nach den VPR 1992*（Regierungsdokument, 1992），转引自于芳《文明力量理论与德国默克尔政府外交政策》，博士学位论文，北京外国语大学，2014，第 163~164 页。

② BMVg, *Weißbuch 1994. Weißbuch zur Sicherheit der Bundesrepublik Deutschland und zur Lage und Zukunft der Bundeswehr*（Bundesministerium der Verteidigung, 1994），S. 42. 转引自于芳《文明力量理论与德国默克尔政府外交政策》，博士学位论文，北京外国语大学，2014，第 164 页。

国是世界大国，因为世界稳定离不开美国的实力和潜力；

（4）带领东欧邻国接轨西方秩序，建构一个新的、涵盖所有欧洲国家的综合性合作安全秩序；

（5）在世界范围内重视国际法和人权，依仗市场经济规则公正的实际经济秩序，因为单个国家的安全只有在和平、法治和富裕的全球安全体系中才能得到保障。

在科尔政府时期，关于德国国家利益的讨论并未继续进行下去。1998 年施罗德当选联邦总理后，联邦国防部的官方文件中对国家利益的表述基本以 1994 年的利益表述为框架，只是重点强调了地中海地区和军控问题。2003 年，联邦国防政策文件中以标题形式涉及了德国的国家利益，并没有更进一步的详述。此时，德国外交部在国家利益导向和外交路线制定上还远远不及国防部。联邦政府的决策者始终囿于克制文化，不愿意公开且积极地定义和代表德国的国家利益。相比其他西方盟国如美国、法国，德国尚无法将国家利益作为明确的外交行动准则。

在红绿联盟政府时期，尽管施罗德总理多次在公开场合使用了"利益"一词，但德国并没有关于国家利益、目标和战略的书面表达。在 1998 ~ 2005 年这七年的执政时期内，国际环境发生了很大变化，而关于国家利益的表述仍保持原来的状态。①

2011 年国防政策方针中，第三部分明确说明了德国安全政策的价值观、目标和利益。该方针认为，德国作为欧洲中心地带强国的利益以及德国对世界和平和自由所负有的责任，决定了德国的国际地位。德国的安全政策遵循《德意志联邦共和国基本法》（以下简称《基本法》）和国际法中对自由和民主制度的价值观和基本原则。德国作为参与国际社会建构的一员，愿意在统一的欧洲内成为强大而可靠的伙伴，维护世界和平。德国的安全利益并非一个静态的范畴，而是随着国际格局的变化而变化发展的。②

---

① Sven Bernhard Gareis, *Deutschlands Außen-und Sicherheitspolitik* （Opladen： Verlag Barbara Budrich，2006），S. 76.

② BMVg, *Verteidigungspolitische Richtlinien* （Bonn： Köllen Druck Verlag GmbH，2011）. 转引自于芳《文明力量理论与德国默克尔政府外交政策》，博士学位论文，北京外国语大学，2014，第 165 页。

（三）军事战略观

在美苏对抗时期，联邦德国的国防安全政策只能服从于美国和北约的战略需要。不过，由于战后联邦德国奉行和平主义对外政策，因此其在使用武力问题上的态度极为谨慎。可以毫不夸张地说，战后的联邦德国对军队和武力使用问题秉持一种深刻的怀疑态度，进而逐渐放弃以战争为手段实现国家利益的战争观，坚定了以防御为核心的军事战略观。

第二次世界大战之后，联邦德国一方面不再拥有可以挑战欧洲其他国家的军事力量，另一方面在法律和道义上也坚持主动放弃发动战争的权利，将武装力量限定在自我防卫的范围之内。例如《基本法》第 24 条鼓励联邦德国参与集体安全协定，加入多边安全框架，通过提供权力政治之外的安全选择防止联邦德国重蹈战争覆辙。《基本法》同时还禁止联邦德国从事侵略战争，并且反复强调联邦德国将处于防御状态。联邦德国所有安全活动均以此为指导，联邦德国反对拥有发动侵略战争的行动能力。[①]

联邦安全委员会（Bundessicherheitsrat）是联邦德国国防安全机制的核心部分。德国在二战结束初期被战胜国分割占领，没能建立起自己的国家安全机构。但随着冷战的开始，出于对抗苏联的需要，联邦德国重新武装并加入北约，并在 1955 年建立了德国联邦国防委员会（Bundesverteidigungsrat），1969 年更名为联邦安全委员会。[②]

联邦安全委员会主要负责国防政策咨询、武器出口监督等问题，尤其是严格审核联邦德国的军火贸易。联邦总理是德国武装力量的最高统帅，联邦安全委员会是德国安全政策的最高监督和协调机构，直接对内阁负责。按照《基本法》的规定，联邦总理要负责确立各项基本方针，包括国防和安全政策，不过，虽然军事国防政策的最终决定权是由联邦总理所持有的，但是在实际操作过程中，一般与军事和国防相关的问题，在由联邦安全委员会讨论审议之后就能以预备决定的形式付诸实施了。[③]

德国联邦安全委员会的结构与职能如图 1 所示。联邦总理府主任负责协

---

① 彭光谦：《世界主要国家安全机制内幕》，江苏人民出版社，2014，第 188～189 页。
② 刘胜湘、许超：《德国联邦安全委员会的演变探析》，《德国研究》2015 年第 2 期。
③ 彭光谦：《世界主要国家安全机制内幕》，江苏人民出版社，2014，第 189～190 页。

调各部和联邦安全委员会的日常工作。

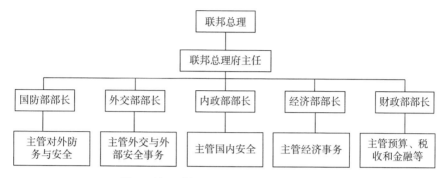

图 1 德国联邦安全委员会的结构与职能

自冷战结束之后，联邦安全委员会为联邦德国政府的国家安全战略和国防政策确定了以下三项基本原则。

第一，坚持联邦德国西方成员身份，维护和加强欧盟和北约的地位和作用。德国统一后，曾有国家对德国未来的发展心存怀疑，为消除盟友和邻国的顾虑，德国重申自己坚持作为西方阵营一分子的立场。与此同时，德国还推动欧盟和北约东扩，主张将欧洲国家甚至与欧洲有着重要地缘关系的国家都吸纳到欧盟之中，建立超国家的欧洲统一安全体系。这样做，不仅能让德国发挥更重要的作用，同时也能加强国家间合作，共同抵御国内外的危险。

第二，努力提升德国的政治地位。为此，德国在国际事务中日益活跃，推行以促进和平和人类权力为目标的安全战略，并逐渐参与国际维和、国际反恐、联合军事行动等。与此同时，德国政府积极推动德国成为联合国安全理事会常任理事国。德国强调，自己早已彻底摆脱了纳粹德国的影子，奉行和平主义政策，对国际社会能起到建设性作用，"争常"就是要从政治上真正树立德国政治大国的地位。

第三，通过有限使用武力实现国家安全战略目标。军事力量的使用是战后德国的一个"禁忌"。1994 年德国政府发布的《关于安全和防务政策白皮书》强调，联邦军队除履行传统的集体防御职责外，还需要支持国际冲突预防和危机管理，参与"北约和西欧联盟危机管理行动"，"以适当方式参与由联合国和欧安会发起的行动"。这标志着德国调整了使用武力的原则，以此证明其进一步参与国际多边安全合作的立场和决心。[①]

（四） 地缘安全战略

冷战结束后，曾经在联邦德国东侧陈兵百万、虎视眈眈的东方阵营不复存在了，德国的东侧再也没有一个能对德国国家安全构成重大威胁的对手。重新统一的德国成为中东欧地区最强大的政治经济体，这样的德国也能更为自信地走向国际舞台，在欧洲事务特别是一体化进程中发挥更重要的作用。[②]

统一后的德国由原来两大军事集团的对抗前沿，转变成为欧洲拥有最多邻国的国家，并在历史上首次出现了在邻国中没有敌对国家的状况，安全环境得到了很大改善。德国的这种中心地缘战略位置使它处于欧洲的十字路口，这意味着德国有潜力充当东西方之间的桥梁并成为原欧洲安全体系中的一个主要成员。[③]

德国的地缘安全战略可以从三个层次去理解：与周边国家的地缘关系，区域或地区地缘关系，世界范围内的地缘关系。

在周边层次上，德国地处欧洲正中心，北面是大陆内海波罗的海，隔北海与海权强国英国相望，西面是大陆上的强国法国，南面是险峻的阿尔卑斯山脉，东面不远处就是陆权强国俄罗斯，东西两面都是广阔的平原。

从区域层次上看，德国是东西欧、北欧与东南欧（巴尔干地区）、近东的交通中轴，德国的中心位置使它成为陆权强国俄罗斯追求海权和大陆强国法国称霸欧洲大陆的障碍，俄法结盟对德国极为不利，德国海洋上的诉求也易为英国所警惕和封锁。[④]

从全球层次上看，欧洲一向是国际体系的焦点，而德国是欧洲的中心。然而德国地处欧洲腹地的中心位置并不是它的优点，历史上反而成为它的弱点。因而在新的安全环境下，德国面临新的安全威胁，其中最为突出的是地缘安全战略问题。当前德国既有北约的军事安全保护作为其坚强的后盾，也

---

① 彭光谦：《世界主要国家安全机制内幕》，江苏人民出版社，2014，第 195~196 页。
② 彭光谦：《世界主要国家安全机制内幕》，江苏人民出版社，2014，第 191~192 页。
③ Gordon Smith, William E. Paterson, Peter H. Merkl, Stephen Padgett, *Developments in German Politics* (London：Red Globe Press, 1992), S. 155.
④ 刘新华：《地缘政治、国际体系变迁与德国外交战略的选择》，《德国研究》2004 年第 1 期，第 27 页。

有欧洲各种组织和联盟,如欧安组织、欧洲联盟和西欧联盟为其创造的发展空间,同时又面临各种威胁和挑战。

首先,在新的世界格局下,新的矛盾形式开始凸显,如民族矛盾、种族矛盾、宗教矛盾、领土纠纷等,并引发了冲突和战争,这些冲突和战争已经越过当事国的边界而遍及全欧从而威胁德国的安全。

其次,前苏联、东欧地区各国的政治经济改革虽然为德国东扩提供了机遇,但该地区的危机和冲突又对德国的安全构成了威胁,尤其是该地区的"社会动乱和经济崩溃会导致难民潮,从而冲击和影响德国的繁荣和稳定"①。

最后,德国在欧洲的中心地缘战略位置虽有利于它与其周边国家发展友好关系和推行"外向辐射型"的积极外交安全战略,有利于德国综合运用各种联盟为其安全战略和国家利益服务,但也易受到这些联盟的牵制。

(五) 德国安全战略的本质和目标

德国外交部部长施泰因迈尔 2016 年 8 月 26 日在法兰克福发表了一篇题为《欧洲全体的更高安全性——就重新启动军备控制而言》(*Mehr Sicherheit für alle in Europa—Für einen Neustart der Rüstungskontrolle*) 的文章,对德国当前的安全困境进行了总结。他在文中提到,欧洲现在正面临前所未有的安全威胁。俄罗斯违背国际法吞并克里米亚,暴露了欧洲基本安全结构的问题。现在出现了一种新的危险的军备竞赛,新科技中蕴藏着新危机,军事投入也提出新的要求,如单位更小、战斗力更强、部署更迅速。冲突结构已经发生了巨大改变:混合型对抗和非国家行为体显示出重要作用,而冲突的模式已经与过去 20 多年大有不同,因此以前的缓和政策已经不适用于当前情况。德国与俄罗斯之间的裂痕短时间内无法弥补,但德国还要继续努力搭建桥梁,否则欧洲的和平将不再稳固。欧洲的安全不是零和博弈,因此欧盟成员国之间不能相互对抗,而是要合作。②

综上所述,德国安全战略的本质是,在新的国际形势、安全环境和各种

---

① Gordon Smith, William E. Paterson, Peter H. Merkl, Stephen Padgett, *Developments in German Politics* (London: Red Globe Press, 1992), S. 158.

② Auswärtiges Amt, *Mehr Sicherheit für alle in Europa—Für einen Neustart der Rüstungskontrolle* (Offizieller Artikel, 2016), https://www.auswaertiges-amt.de/de/newsroom/160826-bm-faz/282910.

挑战下，通过联盟的力量和影响联盟的政策，维护欧洲秩序和势力均衡，以达到维护自身安全和成为世界政治大国之目的。其国家利益是在确保本国安全的前提下，谋求与其实力相称的国际地位。① 德国要实现其安全战略目标，必须发展一个欧洲均衡机制，也就是通过推动欧洲一体化，有限地发挥北约的作用，利用北约为德国提供安全保障，同时加强德国对东欧国家的影响。

德国安全战略的重点在欧洲及其邻国。② 德国需要一个强大、自信的欧盟，一个在参与建构全球化进程中发挥决定性作用，坚决维护和平、自由的欧盟。德国将努力增强欧洲统一事业的信心。各国之间互信合作是共同成功的必要条件。兼顾中小成员国的利益也是德国欧洲政策的有机组成部分。③

此外，在相互依赖的世界中，所有的国家都很脆弱，国际环境的不稳定性对德国来说也是一个安全威胁。④ 因此，德国的目光"只局限于欧洲是不够的"，德国"再也不能在地区的范围内获得安全"⑤，而应超出欧洲，面向世界，"使外交政策全球化"⑥。为此，除了欧洲—大西洋联盟外，与其东方邻国建立密切的合作也是必要的。⑦

德国安全战略的目标具体有以下几个方面。

第一，保卫德国及其盟国的安全。一个强大的德国雄踞欧洲的"心脏"部位，不能不引起欧洲其他国家的担心和恐惧。为消除这种担心和恐惧，避免奉行更加独立而积极的外交安全政策而导致新的反德同盟的形成，德国一再声明统一后的德国是"欧洲的德国"，并在确定安全战略的目标时，表示要同等看待盟国的安全与自身的安全，并明文规定要"保卫德国及其盟国"，"预防、限制和结束可能危及德国或德国盟国的领土完整与稳定

---

① 吴学永：《德国安全战略的新发展》，《欧洲》1996 年第 2 期，第 41 页。

② 同上，第 42 页。

③ Die Bundesregierung, *Deutschlands Zukunft gestalten—Koalitionsvertrag zwischen CDU, CSU und SPD, 18. Legislaturperiode* (Rheinbach: Union Betriebs-GmbH, 2013), S. 164.

④ 吴学永：《德国安全战略的新发展》，《欧洲》1996 年第 2 期，第 42 页。

⑤ 德国联邦国防军总监克劳斯·瑙曼语，转引自吴学永《德国安全战略的新发展》，《欧洲》1996 年第 2 期，第 42 页。

⑥ 德国总统罗曼·赫尔佐克语，转引自吴学永《德国安全战略的新发展》，《欧洲》1996 年第 2 期，第 42 页。

⑦ 吴学永：《德国安全战略的新发展》，《欧洲》1996 年第 2 期，第 42 页。

的危机与冲突"。①

第二，建立有利于德国的安全机制。统一后的德国要在欧洲格局中处于有利地位，必须具备三个条件：（1）避免受它所参加的各种联盟的牵制与控制；（2）维持欧洲地区的权力均衡；（3）避免来自东方的威胁。而这三个条件的具备，则有赖于一个新型的、更具合作性的泛欧安全机制的建立。在德国看来，这一新型安全机制应建立在三个支柱的基础之上，即改组后的大西洋联盟、欧洲联盟和欧安组织。②

第三，成为世界政治大国。成为世界政治大国是德国实现其安全战略目标的手段。德国认为，只有成为世界政治大国，才能真正在未来世界格局中处于有利的地位，避免在国际政治中受制于人和任人摆布（冷战期间，德国吃尽了这样的苦头），更主动地维护其在世界各地的利益；才能更有把握地在欧洲发挥主导作用，避免英法联手排挤自己或联合国安理会就有关的欧洲问题做出不利于德国的决定；才能在国际舞台上和全球安全体系中，面对复杂的环境和各种挑战，纵横捭阖、趋利避害，更有效地维护自身安全。③

需要强调的是，从德国二战后至今在政治方面的表现看来，其克制文化始终存在，德国的安全战略绝不带有任何侵略因素，德国成为政治大国的意愿并不等同于其想要称霸世界或称霸欧洲。因为德国人是最不愿意看到霸权所带来的战争和无序的。如今，德国在国际政治舞台上的地位逐渐提升，说明国际社会对德国安全战略的信任感在提升，从德国的国际和平行动参与情况来看，德国成为世界政治大国的意愿旨在更好地维护国家安全与稳定，在共建欧洲和国际秩序中发挥作用。

二　德国外交战略

德国外交政策在过去十年里涉及四个领域的问题：（1）西方国家联盟危机爆发之后与美国的关系；（2）与俄罗斯及其邻国的关系；（3）欧洲一体

---

① 吴学永：《德国安全战略的新发展》，《欧洲》1996 年第 2 期，第 42 页。
② 同上。
③ 吴学永：《德国安全战略的新发展》，《欧洲》1996 年第 2 期，第 41～47 页。

化的未来；（4）新势力的崛起，特别是中国。自 2008 年以来德国的另一个
重要任务是国际金融和经济危机管理。德国在这四个方面面临的问题是，如
何将其权力可能性有效地融入战略中，以符合伙伴国对德国以最佳方式承担
责任的期待。① 在德国外交角色理念的基础上，各届联合政府都在努力发
展德国在这四个领域的对外关系。其中欧洲一体化是德国近年来的核心外
交方针，施泰因迈尔强调，欧洲一体化和跨大西洋伙伴关系是德国外交政
策的根本组成部分，只有欧洲稳定了，德国才能在国际事务中扮演重要
角色。②

第一届大联盟政府（2005～2009 年）：这段时期德国外交政策可以说是
卓有成效。德美双边关系逐渐正常化，德国向阿富汗投入民事和军事力量，
逐步同美国一起促使德黑兰放弃核武器。③ 同时，德国友好且坚定地反对美
国试图将北约东扩的努力，特别反对格鲁吉亚和乌克兰加入北约。④ 此外，
德国与俄罗斯建立了“现代化伙伴关系”，希望通过合作关系拉近俄罗斯与
西方的关系。这也有能源战略的考量，俄罗斯是欧盟的重要油气输送国，主
要通过德国和德国企业来输送。⑤ 自 2005 年《欧盟宪法条约》遭到荷兰和法
国的否决后，欧洲一体化再次陷入危机。⑥

基民盟/基社盟和自民党联盟政府（2009～2013 年）：这一时期外交政
策的重点是欧债危机管理。希腊主权债务危机及葡萄牙、西班牙、意大利等

① Hanns W. Maull, "Deutsche Außenpolitik—Verantwortung und Macht", *Zeitschrift für Sicherheits-und Außenpolitik* 8/1 (2015): 219 - 220.

② kry, dpa, Reuters, *Neue Krisenabteilung: Steinmeier baut Auswärtiges Amt um* (Offizieller Artikel, 2015), http://www. spiegel. de/politik/deutschland/krisenabteilung-steinmeier-baut-auswaertiges-amt-um-a-1020511. html.

③ Sebastian Harnisch, "Minilateral Cooperation and Transatlantic Coalition-Building: The E3/EU-3 I-ran Initiative", *European Security* 1/16 (2007): 1 - 27.

④ Steven Erlanger, *Georgia and Ukraine Split NATO Members* (International New York Times, 30. Oktober 2008), http://www. nytimes. com/2008/11/30/world/europe/30iht-nato. 4. 18268641. html.

⑤ Frank-Walter Steinmeier, *Globale Herausforderungen gemeinsam gestalten—Perspektiven der deutsch-russischen Modernisierungspartnerschaft* (*Rede des Bundesministers des Auswärtigen Dr. Frank-Walter Steinmeier anlässlich des Treffens des bilateralen Lenkungsausschusses des Petersburger Dialogs, 3. Juli* 2008), http://www. petersburger-dialog. de/files/steinmeier_rede_passau_0. pdf.

⑥ Hanns W. Maull, "Deutsche Außenpolitik—Verantwortung und Macht", *Zeitschrift für Sicherheits-und Außenpolitik* 8/1 (2015): 219 - 220.

国家的债务问题说明危机已经波及欧元区。德国政府在此期间与法国共同协商危机应对方法，经过一系列努力最终成功稳定了国际金融市场。不过在应对欧元危机方面，德国外交政策与欧洲政策显得苍白无力。① 该政策在取消欧元区方面主要的作用是：避免德国卷入这场国际动荡之中，尽可能避免联邦国防军参加其他国外派兵任务，以及培养德国最重要的出口市场，特别是在"门槛国家"的市场。② 2003 年联邦国防军海外派兵约 4400 名，主要在巴尔干地区和阿富汗。在联合国安理会 1973 号决议关于在利比亚内战地区派兵的问题上，德国投弃权票。同样，在法国倡议的欧洲对马里进行军事干预问题上，德国推迟回应。③

第二届大联合政府（2013 年至今）：上届联合政府在外交、安全及欧洲政策上的表现令人失望。高克总统认为德国外交政策应该更改路线，以符合德国在欧洲和世界上不断增加的责任。④ 在 2014 年慕尼黑安全会议上，德国联邦总统高克、外交部长施泰因迈尔、国防部长冯德莱恩发出了德国调整其外交政策的共同声明：德国应在国际危机和冲突的应对中承担更多责任，应在国际政治中作为良好伙伴更及时、更坚决和更切实地参与进来并发挥作用。此时恰逢乌克兰危机白热化，德国外交与安全政策在乌克兰危机管理实践中经受了检验。欧盟原希望将乌克兰危机止于国家内部，然而随着基辅和克里米亚问题的发展，这个希望破灭了。除此之外，恐怖主义的挑战也日益加大，德国、欧盟和美国看起来既不愿也不能通过俄罗斯来应对东欧的恐怖主义局势。

尽管如此，统一近 30 年时间，德国用实践证明了推动欧洲一体化的信念及能力，欧洲政策是德国外交政策的重要支柱，其危机管理理念也深深地打上了欧洲烙印。在危机管理过程中，以和平外交手段解决冲突以及发展合

---

① Hanns W. Maull, "Deutsche Außenpolitik—Verantwortung und Macht", *Zeitschrift für Sicherheits- und Außenpolitik* 8/1 (2015)：221–222.

② Jan Techau, *Chancellor Merkel's Double Vision* (International New York Times, 19. September 2013), http://www.nytimes.com/2013/09/20/opinion/global/chancellor-merkels-double-vision.html?_r=0.

③ Hanns W. Maull, "Deutsche Außenpolitik—Verantwortung und Macht", *Zeitschrift für Sicherheits- und Außenpolitik* 8/1 (2015)：222.

④ Hanns W. Maull, "Deutsche Außenpolitik—Verantwortung und Macht", *Zeitschrift für Sicherheits- und Außenpolitik* 8/1 (2015)：222.

作始终是德国的首选方案。德国一贯奉行令人信任与忠于联盟的原则，希望成为参与构建公平国际秩序进程中的良好伙伴。① 这是因为德国的外交政策有"克制"的特点，尤其在使用武力和参与国际危机管理行动方面，在每项决策和讨论中，奥斯威辛集中营、大屠杀等都在提醒着德国的内疚感和羞耻感。因此，德国避免加入任何政治纷争，以证明自己不会重蹈二战覆辙。但是，自"9·11"恐怖袭击事件爆发以来，世界安全形势发生了变化，在新型安全观的指导下，国际社会对德国有了新的期待，德国在国际事务的参与上，开始表现出承担更多国际责任的意愿。

如今欧洲的离心力在增强，德国外交政策角色理念的矛盾在外交政策决策过程中体现为两个问题：第一，不断出现的特殊政治决策与德国外交政策角色理念的基本方向相矛盾，导致"认知失调"，例如联合国安理会关于利比亚问题的 1973 号决议；第二，德国外交政策对传统盟友来说越来越不可预测，因此再次陷入批判声中。总之，德国外交政策对德国的公共福利以及德国在欧洲和世界上的分量，已经失去了原有的意义。德国试图逃避国际政治危机管理以回避不当决策的表现，被本国和联盟国视为不负责任的表现。此外，德国外交政策角色的灵活性越强，越容易导致系统认知混乱，并触及政治精英的认知盲区，例如德国对美国、俄罗斯投入军事力量的可能性有多大、难点在哪，德国对欧洲一体化的观点是什么等。这就解释了为什么德国在乌克兰危机前期持过于乐观的态度。② 为此，德国政府推出了"回顾2014"项目，试图通过回顾和反思来改进德国外交政策，并在总结报告中体现出来，其中德国危机管理相关部分内容将在下文中介绍。

2016 年 8 月 30 日，外交部部长施泰因迈尔在主题为"全球化背景下的权力转移：建构变化"的第十五届经济研讨会大使会议（der Wirtschaftstag der Botschafterkonferenz，BoKoWiTa）上提出，在乌克兰危机、叙利亚持续内战、利比亚和伊拉克冲突、英国脱欧的背景下，国际秩序的改变对德国这个

---

① 德国政府：《基民盟、基社盟与社民党〈联合执政协议〉的外交与安全政策部分》，陈思等译，《德语国家资讯与研究》（第三辑），外语教学与研究出版社，2014，第 116 页。

② Hanns W. Maull，"Deutsche Außenpolitik—Verantwortung und Macht"，*Zeitschrift für Sicherheits- und Außenpolitik* 8/1（2015）：228.

与世界紧密联系的国家而言影响更为深远。为了对共同创建新的国际秩序负起责任，德国外交政策需要关注三个重点。第一，德国要推行积极和参与型危机政策，正如德国在乌克兰危机管理、叙利亚国际联络小组、马里和哥伦比亚问题上的表现。第二，除了持续进行危机外交之外，要清醒地认识未来的问题和创建国际秩序。例如德国担任 2016 年欧安组织的主席国，担负起军备控制的责任，并为 2019/2020 年联合国安理会席位的候选资格努力。第三点，也是最重要的一点，"我们需要一个团结、强大的欧洲"①，也就是说德国外交政策的核心框架仍然是欧盟。

对于德国如何通过外交手段来面对欧盟离心倾向，德国国防军大学奥古斯特·普拉代托（August Pradetto）教授认为，一个共同体内的国家间关系是建立在与各自领域相关的"认同基础"之上的。认同源自对共同制度的理解和遵守。欧洲内部的认同基础是共同条约，与第三国之间的认同基础是国际法原则，包括尊重国家主权、不干涉他国内政和放弃使用武力威胁。正是由于可持续的认同才有了共同的"国际社会"。如果各国对自身价值和规范的重视程度超过共同制度，会导致共同制度的失效和认同的消亡。德国外交政策在强调加强国际性法规和"小范围道德规范"之间存在分歧，柏林方面想要消除这方面的冲突，然而这可能会削弱德国的稳定和安全基础，不利于进一步发展。

对此，奥古斯特·普拉代托教授认为，必须对欧洲对内政策和外交政策进行修正：从西方价值共同体到欧洲法律和责任共同体，包括美国和俄罗斯，因为这两个国家对于解决目前的危机和完成未来的任务都是不可或缺的。德国 40 多年来一直奉行"克制"的外交政策，外交政策修正的三个基础是法律、责任和克制，这一发展方向将获得更大的国际发展空间，走出"西方与西方以外的世界"的思维和行动模式。②

---

① Auswärtiges Amt, *BoKoWiTa 2016*：*Wirtschaft trifft Diplomatie*（Regierungsdokument, 2016）, http://www.auswaertiges-amt.de/DE/AAmt/Botschafterkonferenz/160830 _ BoKoWiTa _ 2016. html? searchArchive = 0&searchEngineQueryString = Ukraine&path = % 2Fdiplo% 2FDE * &searchIssued = 0&searchIssuedAfter = 27. 11. 2013.

② August Pradetto, "Ost-West-Beziehungen und deutsche Außenpolitik seit der Wiedervereinigung", *Aus Politik und Zeitgeschichte* 33 – 34（2015）：54.

可以看到，德国外交战略与安全战略在国际危机管理方面具有相似之处。首先，德国外交战略要求共同维护和遵守国际秩序，将国际规范置于国家和区域规范之上，在"认同"的基础上维护国际秩序的长久稳定与发展。德国安全战略的目标是保卫德国及其盟国的安全，在国际框架下维护国家的安全与稳定，遵守国际组织的规范。其次，在新的国际形势下，德国外交战略强调"责任"，事实上德国已经在国际危机管理中承担越来越多的责任。安全战略同样表现出德国对维护世界和平以及周边国家和平与安全的使命。最后，外交政策的克制方向不变，这是德国 40 多年来不断进步和获得成功的基础。在国际危机管理行动中，德国一直秉承通过和平手段解决问题，尽可能不动用武力的原则，在军事力量培养方面，德国通过其克制的表现向世界展示了一个向往和平的德国。在国际组织框架下，审慎处理国际冲突和派遣维和部队等行动事实，也体现出德国安全战略克制的一面。

三 民事手段和军事手段

通过中、英、德文的国际危机管理文献的对比可知，中文以及从英文文献转述过来的国际危机管理理论对危机的分类基本不涉及"民事"与"军事"的对比，而"民事"与"军事"国际危机管理的对比在德文文献中是很常见的，因而可以说将危机管理手段划分为"民事"与"军事"两部分，是德国国际危机管理的特色。

德国的民事危机管理手段走在世界前列，对民事危机管理手段的重视得到了国际社会的一致认可。德国国际危机管理的民事手段涵盖危机前、危机中、危机后三个阶段的各种非军事管理手段，涉及危机地区的长期稳定与发展、危机后重建等一系列问题。例如，在危机发生前，派驻民事人员去当地进行协调，帮助政府改革，支持民众进行社会建设，以预防危机的爆发；危机发生时，向当地提供人道主义援助，帮助安置难民，提供法律咨询，促进危机各方对话和协调；危机结束后，帮助当地政府进行危机后重建，提供资金援助等。

德国在国际危机管理中优先选择民事危机管理手段，符合德国维护世界和欧洲和平稳定的战略目标，也是对克制文化的坚持，有利于从根本上解决危机，也是改善危机地区环境，从而进一步提高德国形象的长期有益之举。德国政府倾向于不轻易动用武力或至多有限地使用武力，目的主要是避免冲突升级或发展而造成更大的人道主义灾难。由于历史原因，多数德国民众不赞成过多向海外派兵等军事行动，因此政府在动用武力和海外派兵这类事情上一直持保守克制的态度。

二战后，当时的西德政府多次申述永不再发动战争，向海外派兵的想法更是极少被人提及。东西德统一后，德国逐渐开始参与北约框架下的境外活动。随着近年来国际危机的不断升级，联邦国防军作为最后的防御和保护手段，参与国际危机管理的可能性也在增大，联邦国防军在国际危机管理中的防御地位不断提高。联邦国防军逐渐卸下历史包袱，成为德国更多承担国际责任的防御底线，越来越多地参加到国际危机管理中。德国前总理科尔说过，在国际社会框架中，联邦国防军参与保卫世界和平的方法已经成为德国外交与安全政策的核心问题。①

德国虽然一直克制军事支出在国家财政支出中所占的比重，但其军事实力并没有减弱。作为欧债危机中的"安全岛"，德国是少数几个能继续维持较高国防水准的国家。虽然从 2011 年开始实施的军队改革方案将德军的总兵力由 25 万人减至 18.5 万人，但其中的 17 万人是职业军人，兵员素质几乎达到历史巅峰。德国以一支极具作战能力的现代化军队承担强大的国防任务，未来仍会存在联邦国防军执行境外军事行动的需求。

德国在处理国际危机时，大多数情况下优先考虑民事手段，但在特殊情况下也会考虑有限制地动用军事手段。例如北约对南联盟的轰炸，德国出兵阿富汗，德国目前在土耳其靠近叙利亚的边境派驻军队等，都是为了解决危机或预防危机，还有 20 世纪 70 年代解决"摩加迪沙"人质危机时，德国动用了特种部队即军事手段。但德国在海外派兵问题上的最终目标绝非制造冲

① Marc Houben, *International Crisis Management—The Approach of European States* (London/New York: Routledge, 2005), S. 185. Originaltext: "The participation of the Bundeswehr in measures for securing world peace in the framework of the international community has become a central question of German foreign and security policy".

突，而是预防和解决冲突；绝非制造"侵略"，而是维护和促进和平。因此，海外派兵与德国的危机预防理念并不冲突。

在采用军事手段上，德国坚持贯彻并不断改进与欧洲—大西洋国家的军备合作，与各国在军事装备及购置计划采用相同标准。德国坚决反对非法的和违反国际法的杀戮与武力威胁，主张将武装无人机纳入国际裁军及军控机制，并主张依照国际法消除全自动武器系统。此外，在决定购置质量更新的武器系统之前，尤其是在使用兼具侦查和其他战斗能力的最新几代无人机的问题上，德国将细致考虑一切与此相关的国际法、宪法、安全政策和伦理问题。不过，基于德国国际危机管理理念，德国将尽可能在欧盟框架内共同利用国家的军队力量［集中与共享计划（Pooling and Sharing）］，这一举措也适用于北大西洋公约组织的行动［灵巧防御（Smart Defence）］，以维护和平为最终目标。

综上所述，德国始终强调使用民事手段和平解决各种国际冲突和应对国际危机，但近年来恐怖主义迅速蔓延，造成大量民众伤亡，随之而来的难民潮等国际问题不断出现，在这种情况下，如果德国依然保持克制文化，坚决不参与派兵行动，反而有失责任感，有损大国形象。而针对极端情况，只有军事手段才能直接且迅速止损。因此，适当参与国际军事行动，向海外派兵以达到救援的目的，符合德国外交政策的首要目标——维护世界和平与安全。近年来德国的军事投入有所增加，但对军事力量的运用取决于特殊条件。这些条件既基于对建设军事力量的现实预计，也基于对文明力量的规范性要求。国际规范和决策用军事方式实现，并不是实施集体强制措施的唯一方式，而是最夸张的方式。因此，在德国国际危机管理中，民事手段始终优先于军事手段。

第五节　德国国际危机管理的双重政治问题

在全球化的今天，德国在国际事务中不再仅以个体的身份存在，而是与其他各国和国际组织有着广泛和紧密的联系。通过上文所述德国国际危机管理的相关理论基础和理念、战略基础可以看出，德国国际危机管理主要涉及国家和国际组织两个层面。当前国际危机管理也主要是从国家和国际体系两个层面来研究，将其单独割裂开或笼统地混为一谈，都是不科学的。德国在国际危机管理中的双重政治问题，就是对国家和国际层面矛盾的解释，首先体现为显性和隐性身份的矛盾。

在全球化和欧洲一体化的背景下，国际危机呈现常态化和管理难度加大的特征，德国在国际危机管理中需要借助国际组织的力量才能实现危机管理的目标，单凭一国之力是无法解决国际危机的。因此，在国际危机管理中，德国与国际组织之间的关系是隐性与显性的关系。

隐性特征既是国际环境的要求也是德国自身的需要。由于历史原因，德国自二战以来始终在国际事务中保持低姿态，避免突出国家政治地位和利益，始终强调欧洲一体化目标和欧盟整体利益，并将行动置于国际组织框架之下。实际上也只有隐藏在国际组织背后，才能为巩固和提高国家实力，进而提升德国的国际地位赢得空间。而欧洲一体化的成果、国际组织框架对德国的保护作用，都不可能成为国家的最终目标。因而，德国最终将以国家为行为主体，参与国际秩序的构建和维护，并逐渐显露出作为国家行为体的显性特征。近几年德国在国际危机管理中表现逐渐积极，似乎也预示着其显性特征将会更加明显。那么究竟是应当延续传统继续保持隐性身份，还是要突出个体显性身份，对德国而言是一个身份选择的问题，然而从目前来看，虽然显性特征略微明显，但德国不会脱离国际组织的大框架。在具体情况中侧重哪一方面，还要从全方位角度去分析后才可决断。

其次，德国国际危机管理的双重政治问题，还体现为组织内部（这里特指欧盟）危机管理协调的矛盾。

国际危机管理是一件复杂且有争议的事情。其复杂性一方面是由危机的性质造成的，另一方面是由"人"的本质导致的。这里的"人"指的是一个组织，如欧盟。对它们而言，每个国际危机的不同原因都会归结为内外两方面的问题。外部问题是解决危机的客观条件是什么，也就是迫切所需和可用的政策工具是什么；内部问题是组织自身的问题：国家和国际组织应如何自我组织以发挥最大效力？如何调动政治意愿来分担风险和任务？尽管在过去几年北约已将自我组织流程制度化了，但联合国和欧盟对于是否参与共同行动的决策依然是在单一民族国家层面上，国际危机管理是由政府间合作来支配的。

所谓"冲突预防悖论"就概括了这个问题。在国际危机管理中，越早干预，成功的概率越大，干预的成本就越低（见图2），但团结各方政治意愿的难度也就越大。考虑到问题的紧迫性、对危险性和威胁性的认识不同，以及危机中岌岌可危的国家利益，要迅速就危机管理方法达成一致是非常难的事。实际上，在动员和应用足够的资源方面，各国的意愿通常是有差异的，结果导致达成共识的那一刻已经错过了危机管理的最佳时机。共同行动的另一个阻碍是各行为主体面对的威胁程度不同，或同一危机给各行为主体带来的危险程度不同。在这种情况下，各行为者不仅要克服搭便车的问题，还要设法谈判以分配任务。很明显这两个问题是相关联的。[①]

这里提到的双重政治问题正是德国面临的"危机"——若克服"冲突预防悖论"提出的挑战，那么危机对欧盟和德国的发展而言是机遇，若被欧盟成员国的组织方式所累，那么就是真正的危机了。

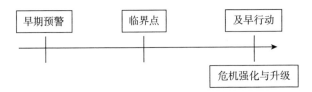

图2 早期预警和尽早行动

资料来源：Marc Houben，*International Crisis Management—The Approach of European States*（London/New York：Routledge，2005），S. 4。

在近年来的危机管理实践中，欧盟内部的问题再次暴露出来，原因要归于欧盟政治一体化的不完善，这给德国在国家和国际层面进行危机管理造成了不便。上文已经证明，德国的国际危机管理跨不过欧盟层面。欧盟各国政治意愿很难协调，在达成共识之前内耗大等特点，导致危机预防的最佳时机很容易错过，近年来的几个国际危机案例也印证了这一点，因而德国的预防型国际危机管理理念难以实现。雪上加霜的是，一旦错过危机预防，危机管

---

① Marc Houben，*International Crisis Management—The Approach of European States*（London/New York：Routledge，2005），S. 3 – 4.

理的成本和难度都将成倍增加。

然而，欧盟与德国战略目标和利益的趋同以及共同的"认同基础"，增加了德国在欧盟层面克服双重政治问题的可能性。

由于国际政治危机的波及范围广，任何安全、政治、外交因素都要纳入考虑范围，因而除了要考虑联合国、北约等国际组织的框架条件，欧盟周边国家的地缘政治意义、经济利益、价值观意义也是德国需要考虑的因素。联合执政协议中指出，德国与欧盟之间是相互促进、相互需要的关系，一个在参与建构全球化进程中发挥决定性作用，坚决维护和平、自由的欧盟，需要一个实力强大的德国作为火车头，促进伙伴国之间的信任与合作。欧盟扩大是积极的欧洲和平政策，迄今的欧盟扩大符合德国和欧洲的利益，在周边地区促进稳定、民主、法治国家和经济发展也是德国及欧盟的切身利益所在。

近几年的国际危机管理实践也表明，德国与欧盟在危机管理战略目标和利益方面趋同，德国的隐性特征与欧盟的显性特征之间不存在竞争关系，而是互利共赢、相互促进的关系。由此可知，德国在国际危机管理中由"幕后"向"台前"发展的变化，顺应了欧盟应对国际危机局势的需要，是为了欧盟共同利益而产生的变化。从变化的角度看，德国危机管理理念中的显性特征是顺应欧盟危机管理需求而产生的，是暂时的，其隐性特征，即欧盟作为国际危机管理行为主体，才是根本的。然而，鉴于当前欧盟整体发展的需要和德国实力的提升，德国的暂时性显性特征也许会有更多体现，可能会常态化。

奥古斯特·普拉代托教授的"认同"观点为解开双重政治问题提供了一个视角。首先，在最基本的"认同基础"之上，共同体内部各国家相互尊重国家主权、不干涉他国内政、放弃使用武力威胁，为一体化深入发展和共同体内部各国之间建立互信关系创造了条件。其次，"认同基础"有利于加强各国对共同制度的理解和遵守，为国际危机管理中各国意愿的协调、危机管理目标的统一创造了条件，由此可降低"冲突预防悖论"中提到的危机管理协调环节的内耗，提高危机管理效率，从而巩固和推进一体化进程。

综上所述，无论在政策层面、战略层面，还是理念层面，德国在国际危机管理中承担更多责任都是可行的，虽然从现实来看要克服重重阻碍，但解决方法也很明显，甚至可以说，危机的出现为加深欧洲一体化和提高德国管理能力创造了机遇。

随着德国的统一与国际经济实力和政治地位的上升，德国在国际危机管理中承担的责任逐渐增加，国际危机管理是德国未来几年外交政策的核心。施泰因迈尔认为，"在未来 10 ~ 15 年，危机将会是常态"①。为此，外交部在历史上首次设立了自己的危机预防司（Krisenabteilung），并针对危机情况对其进行改组。

以往德国主要以国际组织成员的身份参与国际危机管理，其自身较少作为危机管理行为体受到关注，而随着近几年德国国际地位的提升和欧洲几场危机的推动，德国作为国际危机管理主体的作用逐渐引起关注。在这种历史背景下，迄今为止学术界以德国国际危机管理机制为研究对象的成果较少便可以理解。在新的国际危机发展背景下，德国国际危机管理机制的研究成为重要的新课题。本章借助德国国际危机管理相关文献和官方资料，梳理德国国际危机管理的法律基础，在德国现有国内危机管理机制的基础上，探索德国国际危机管理机制。

西方国际关系学者对"机制"这一概念的定义，并非局限于"mechanismus"，更多是指"regime"。西方国际关系理论中目前被广为接受的定义是由斯蒂芬·克拉斯纳提出，经 1981 年在美国加州帕尔姆斯普林斯召开的以国际机制为主题的国际会议集体制定的："机制可定义为国际关系领域的一整套明示或默示的原则、规范、规则以及决策程序，行为体的预期以之为

---

① kry, dpa, Reuters, *Neue Krisenabteilung*: *Steinmeier baut Auswärtiges Amt um* (Offizieller Artikel, 2015), http://www. spiegel. de/politik/deutschland/krisenabteilung-steinmeier-baut-auswaertiges-amt-um-a-1020511. html.

核心汇聚在一起"，简言之，是指"汇聚的规范和预期"。其中，"原则是关于事实、原因和公正的信念，规范是权利和义务定义的行为标准；规则是对行动的特别指示，决策程序是做出和应用集体选择的普遍实践"。①

本书的德国国际危机管理"机制"的含义与上述定义相近，指"通过制定规则和制度、明确责任和分工、设立组织和机构、采取正式或非正式的方式进行的政治运作"。本书所指的"德国国际危机管理机制"建立在前文所述德国国际危机管理理念的基础上，涵盖德国国际危机管理的法律基础、组织机构与工具系统、原则与手段、决策机制、实施机制与国际组织框架。

第一节　法律基础

国际危机管理一般涉及违反或破坏国际秩序的事务，关系到国际和平与安全，因此，德国在危机管理中首先应当遵循国际法，特别是《联合国宪章》的规定。本书在系统搜索了国际法、欧盟法规和德国法律条文的基础上，发现其中并没有明确出现"危机管理"的表达，甚至很少提到"危机"一词，而本书研究的国际危机主要涉及政治与安全领域，因此主要通过摘引关于国际安全、稳定及处理国际问题的流程、规则等相关条文，介绍德国在国际危机管理中应当遵循的原则和规范，为下文进一步研究德国国际危机管理机制做好铺垫。②

一　国际通行法律基础

国际法基本原则是指那些被各国公认的、具有普遍意义的、适用于国际法各个领域的、构成国际法基础并具有强行法性质的国际法原则。③联合国大会在1970年一致通过了《国际法原则宣言》，宣布了七项基本原则：禁止以武力相威胁或使用武力，和平解决国际争端，不干涉内政，国际合作，各

---

① 杨洁勉：《后冷战时期的中美关系——危机管理的理论和实践》，上海人民出版社，2004，第12页。
② 国际危机管理的更多相关法律条文请见附录。
③ 李广民、欧斌主编《国际法》，清华大学出版社，2006，第22页。

民族享有平等权利与自决权，各国主权平等，善意履行国家义务。德国国际危机管理行为除了要符合国际法基本原则之外，还要遵循《联合国宪章》的以下规定。

联合国之宗旨如下。（1）维持国际和平及安全；并为此目的采取有效集体办法，以防止且消除对于和平之威胁，制止侵略行为或其他和平之破坏；并以和平方法且依正义及国际法之原则，调整或解决足以破坏和平之国际争端或情势。（2）发展国际以尊重人民平等权利及自决原则为根据之友好关系，并采取其他适当办法，以增强普遍和平。（3）促成国际合作，以解决属于经济、社会、文化及人类福利性质之国际问题，且不分种族、性别、语言或宗教，增进并激励对于全体人类之人权及基本自由之尊重。（4）构成一协调各国行动之中心，以达成上述共同目的。

《联合国宪章》第一章第二条规定：各会员国应以和平方法解决其国际争端，避免危及国际和平、安全及正义。各会员国在其国际关系上不得使用威胁或武力，或以与联合国宗旨不符之任何其他方法，侵害任何会员国或国家之领土完整或政治独立。

第六章第三十三条规定，在争端的继续存在足以危及国际和平与安全的维持时，争端的当事国应尽量先采取谈判、调查、调停、和解、公断、司法解决、区域机关或区域办法或各该国自行选择之其他和平方法，求得解决。安全理事会认为必要时，应促请各当事国以此项方法解决其争端。

第七章第四十一条规定，在解决国际争端时，应当首先考虑非武力手段，包括经济关系、铁路、海运、航空、邮、电、无线电及其他交通工具之局部或全部停止，以及外交关系之断绝。

第七章第四十二条规定，当安理会认定非武力方法不足或已经证明为不足时，则应采取必要的空海陆军行动，以维持或恢复国际和平及安全。此项行动包括联合国成员国的空海陆军示威、封锁及其他军事举动。

第七章第四十七条第一款规定，联合国设立军事参谋团，以满足安全理事会维持国际和平与安全的军事需要，军事参谋团对于军队的使用和统率问题、军备管制及可能的军缩问题，向之提供意见并予以协助。

第七章第四十八条规定，在执行安全理事会为维持国际和平及安全的决议时，联合国全体会员国或若干会员国应当共同行动，成员国应通力合作，彼此协助，以执行安全理事会的决定。

第七章第五十一条规定，联合国任何成员国受武力攻击时，在安理会采取维和行动之前，成员国可单独或集体行使自卫权。成员国实施自卫措施之后，应立即向安全理事会报告。①

从上述规定来看，德国国际危机管理的理念，如注重危机预防，遵守和平理念，民事手段优先于军事手段，提倡各行为体之间合作和共同行动，与国际法基本原则及联合国宪章的有关规定非常相符，进一步印证了德国国际危机管理对国际组织框架的重视与注重融入国际和区域组织的特征。

二　欧盟法律法规

欧盟法律分为首级法和次级法。首级法，即各项条约，是欧盟行动的总基础，旨在规范其工作方式。次级法，即条例、方针、决策和决议，源于条约中规定的原则和目标，对欧盟成员国有直接或间接的影响。欧盟遵循法治的原则，这意味着欧盟的任何活动基于欧盟所有成员国在自愿、民主的基础上通过的条约。

1986 年欧共体各成员国政府首脑在卢森堡签署了旨在建立欧洲统一大市场的《单一欧洲法令》，1991 年在荷兰马斯特里赫特签订了旨在纵向发展欧洲一体化并成立政治及经济货币联盟的《欧洲联盟条约》，也称《马斯特里赫特条约》，1993 年该条约正式获批并生效。1997 年欧盟领导人在荷兰首都阿姆斯特丹签订了《阿姆斯特丹条约》，确定了欧盟跨世纪的战略目标。2000 年在法国尼斯召开的会议上通过了《尼斯条约》，内容包括欧盟内部机构改革和欧盟扩大的问题。《欧盟宪法条约》于 2004 年在意大利首都罗马签署，是欧盟的首部宪法，其宗旨是保证欧盟的有效运作及欧洲一体化进程的顺利进行。2007 年 10 月 19 日，欧盟非正式首脑会议通过了欧盟新条约《里斯本条约》，于 2007 年 12 月 13 日由欧盟各国首脑在里斯本签署。《里斯本条约》将取代 2005 年在荷兰和法国全民公决中遭否决的《欧盟宪法条约》。

① 《联合国宪章》，http://www.cntv.cn/lm/767/14/51266.html。

下文将对这些条约中与危机管理或紧急情况应对有关的规定进行梳理。

《里斯本条约》相关条款对国际危机管理中的民事和军事手段的使用、特派团的任务、欧盟人道主义援助等内容进行了规定，这与欧盟框架下德国的国际危机管理原则与手段的部分内容一致。

《里斯本条约》第28b条规定：

1. 第28a条第1款所载的特派团在执行任务时，欧盟可以使用民事或军事手段。这些任务应当包括联合裁军行动、人道主义和救援任务、军事咨询和援助任务、冲突预防与维持和平任务，以及作战部队在危机管理中的任务，包括维和与冲突后的维稳工作。所有这些任务可能有助于打击恐怖主义，以及通过支持第三国在其领土范围内打击恐怖主义。

2. 委员会宣布关于第1款所载的特派团的决议，决议中规定特派团的目标和范围以及一般执行条件。欧盟外交和安全政策高级代表在理事会监督以及与政治和安全委员会密切和持续接触下，对特派团进行民事和军事方面的协调。

《里斯本条约》第188j条第1款规定，欧盟对外行动的原则和目标构成欧盟在人道主义领域的措施框架。措施旨在有针对性地为遭受自然灾害或人为灾害的第三国居民提供帮助、救援和保护，以满足紧急状态所导致的人道主义需求。欧盟的措施和成员国的措施相互弥补和加强。

《里斯本条约》第188r条规定，在恐怖袭击等重大灾害情况下，军事手段不再是最后手段：

1. 在成员国遭遇恐怖袭击、自然灾害或人为灾害时，欧盟及其成员国秉持团结的精神共同行动。欧盟调动所有可用的手段，包括成员国提供的军事手段，以：

（1）在成员国领土范围内防止恐怖威胁；保护民主机构和公民免受恐怖袭击；在恐怖袭击中，支持成员国寻求其领土范围内的政治机构的帮助。

（2）在自然灾害或人为灾害中，支持成员国寻求其领土范围内的政治机构的帮助。

（3）在某一成员国遭遇恐怖袭击、自然灾害或人为灾害时，其他成员国为该成员国寻求其政治机构帮助提供支持。

2. 在成员国遭遇恐怖袭击、自然灾害或人为灾害时，其他成员国为该成员国寻求其政治机构帮助提供支持。为此，各成员国在理事会中达成一致。

3. 欧盟使用团结条款的细节应当通过一项决议来规定，该决议由理事会在委员会和欧盟外交与安全政策高级代表的共同建议之基础上颁布。如果该决议在防务领域有效，那么理事会根据该欧盟条约第15b条第1款进行决策。欧洲议会将被告知此事。为实现该条款的目标，在不违背第207条的情况下，以共同安全与防务政策框架为结构基础的政治和安全政策委员会，和第61d条所载的在适当情况下向理事会提交共同声明的委员会，将支持理事会。

4. 为使欧盟及其成员国有效行动，欧洲理事会对欧盟面临的威胁进行评估。

《马斯特里赫特条约》的相关规定为难民危机的应对提供了相应法律基础，并通过规定强调了共同外交与安全政策和联盟行动的一致性。

《马斯特里赫特条约》第100c条规定：

1. 理事会在来自委员会的特定多数提案推动下，在咨询欧洲议会之后，应确定第三方国家，这些国家的国民在经过各成员国的外部边界时必须持有签证。

2. 然而，如果在紧急情况下有第三国国民突然涌入共同体的威胁，理事会在来自委员会的特定多数提案推动下，可以采纳这些国家的国民提出的签证申请，为期不超过6个月。本段提到的签证申请可以与第1段中提到的程序一致。

《马斯特里赫特条约》第J.8条规定：

1. 欧洲理事会应当界定共同外交与安全政策的原则和总方针。

2. 理事会应当在欧洲理事会采纳的总方针基础上，做出必要决定来界定和执行共同外交与安全政策。它应确保统一、一致性和联盟行动的有效性。理事会应当行动一致，程序性问题和第J.3（2）条提到的问题除外。

3. 任何成员国或委员会在共同外交与安全政策的相关问题上应当向委员会咨询，并向理事会提出建议。

4. 在需要迅速做出决策的情况下，主席应当自发或应委员会或成员国之请求，在 48 小时内召开特别理事会会议，或在紧急情况下在更短的时间内召开。

5. 在不影响欧盟条约第 151 条规定的前提下，由政治主管组成的政治委员会应当监控共同外交与安全政策所涉领域的国际局势，并应理事会之邀或自发向理事会提供政策界定方面的建议。它还应监督约定政策的执行情况，不可质疑欧盟外交和安全政策高级代表和委员会的权力。①

三　《德意志联邦共和国基本法》

《德意志联邦共和国基本法》②，是联邦德国法律和政治的基石。为了维护国际秩序、和平与安全，给予国际法优先性，同意加入国际体系，并对自身主权进行限制，也体现了德国国际危机管理理念的主要特征。另外，关于限制和规范武器使用的条款体现了德国在动用军事手段上的慎重和对和平原则的坚持。

《基本法》第 24 条"集体安全体系"规定：为维护和平，联邦可加入一种相互的集体安全体系；为此，联邦同意对其主权加以限制，以在欧洲和世界各国人民之间建立和保障和平、持久的秩序。为解决国家争端，联邦加入有关一般的、广泛的和义务性的国际仲裁协定。

《基本法》第 25 条"国际法、联邦法的组成部分"规定：国际法的一般规则构成联邦法的组成部分。它们优先于各项法律并对联邦领土内的居民直接产生权利和义务。

《基本法》第 26 条"禁止侵略战争、战争武器"规定：可能扰乱各国人民和平相处和具有此种意图的行为，特别是准备发动侵略战争的行动，均违反宪法。对此种行为应予以惩处。

---

① EUR-Lex, *Treaty on European Union（Maastricht, 7 February 1992）*（Offizieller Artikel, 1992）, http://www.cvce.eu/obj/treaty_on_european_union_maastricht_7_february_1992-en-2c2f2b85 – 14bb-4488 – 9ded-13f3cd04de05. html, Last updated：09/11/2015.

② Deutscher Bundestag, *Grundgesetz für die Bundesrepublik Deutschland vom 23. Mai 1949*（*BGBl. S. 1*）, zuletzt geändert durch Artikel 1 des Gesetzes vom 23. 12. 2014（*BGBl. I S. 2438*）（Regierungsdokument, 2010）, http://www.bundestag.de/ bundestag/aufgaben/rechtsgrundlagen/ grundgesetz/gg/245216. 以下关于《基本法》的条例出处同此处。

《基本法》第87a条"武装部队的建立和投入使用"有如下规定。(1)联邦为防御而建立武装部队。预算计划中须载明武装部队的数量及其组织规模的基本情况。(2)除用于防御外,武装部队只有在本《基本法》明确准许时,方能投入使用。(3)在防御状态和紧急状态下,武装部队在履行其防御任务的必要范围内,有权保护平民财产、执行交通管制。此外,在防御状态和紧急状态下,武装部队可受委托承担保护平民财产的任务,以支援警察的行动;届时,武装部队与主管机关进行合作。(4)具备第91条第2款所指的前提条件,且警察和联邦边防部队力量不足时,为抵御对联邦或州的生存和自由民主的基本秩序构成的紧迫威胁,联邦政府可动用武装部队支援警察和联邦边防部队以保护平民财产和平息有组织的军事武装叛乱。如联邦议院或联邦参议院要求停止使用武装部队,则应停止使用。

第二节　组织机构和工具系统

德国国际危机管理机制研究的两大方法论支柱,一是政策基础,二是组织机构,本节将系统论述组织机构。德国国际危机管理机制建立在较为健全的国家部门协调机制基础上,国家机构和组织工具构成了涵盖国家安全、警察、消防、医疗、卫生、交通、社会保障等部门的庞大体系。联邦和州层面的危机管理结构图(见图3)是对德国危机管理中各职能部门之间关系的一个简要概括。下文将以此为基础,以国家职能部门为划分依据,介绍相关国际危机管理组织机构和工具系统。

一　组织机构

危机管理根据危险和损失的具体情况,由相应领域的主要部门来负责统一协调。在特殊情况下,联邦总理可以直接负责协调和领导各部门。主导部门的危机处理领导小组负责联邦和各州层面的协调工作,其他职能部门要保证向主管协调职能部门危机管理小组派遣短期联络人,确保其在工作时间之外保持随时待命状态,并将其联络方式告知联邦总理府和联邦内政部的共同报告与形势中心。此外,各职能部门为应对危险和损失情况采取预防措施,例如组织和技术准备、可联络性等，以便能够迅速组建特殊危机处理领导小组。

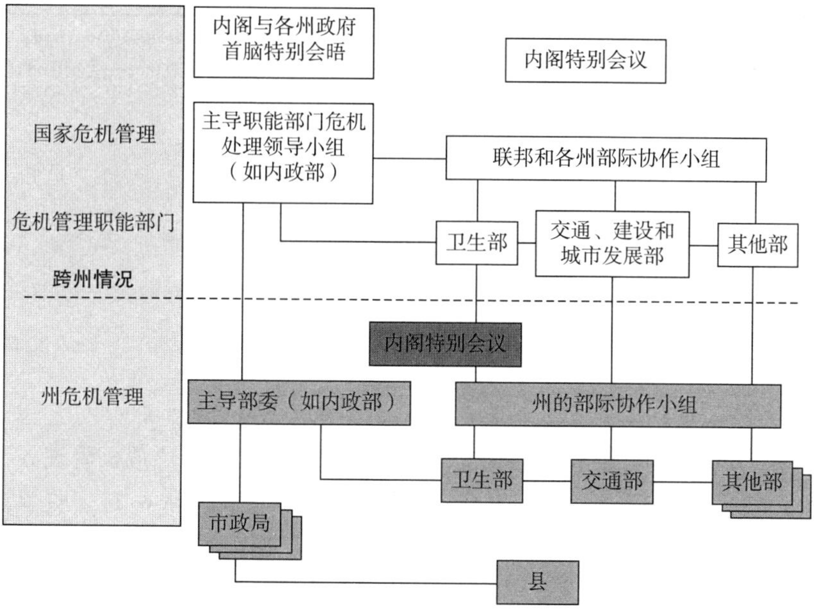

图3　德国联邦和州层面危机管理结构

资料来源：Bundesministerium des Innern，*System des Krisenmanagements in Deutschland-Stand：Dezember* 2012（Regierungsdokument，2012），https：//www. b-b-e. de/fileadmin/inhalte/themen_materialien/rettungsdienste/System_KM_in_D. pdf. S. 19。

应部际协同需要，其他职能部门也设有专业部门和特殊危机管理组织，见表2。

表2　其他职能部门的危机管理组织

联邦食品、农业和消费者保护部	— 食品安全危机处理领导小组 — 机构领导人层面的动物防疫危机处理核心领导小组
联邦国防部	— 部委层面协调的战略与运营司 — 下属领域危机处理领导小组
联邦卫生部	— 危机处理领导小组
联邦交通、建设和城市发展部	— 危机处理领导小组

联邦环境、自然保护、建筑和核安全部	- 核安全与辐射防护危机处理领导小组

资料来源：Bundesministerium des Innern，*System des Krisenmanagements in Deutschland-Stand：Dezember 2012*（Regierungsdokument，2012），https：//www. b-b-e. de/fileadmin/inhalte/themen＿materialien/rettungsdienste/System_KM_in_D. pdf. S. 12。

对于危机管理的部内计划和部际协同，所有职能部门要任命"危机管理和打击恐怖主义联络人"，这些人同时是国家危机管理职能委员会（Ressortkreises "Nationales Krisenmanagement"）的成员。

（一）内政部

1. 国家危机管理职能委员会

联邦内政部的"危机管理处"（das Referat "Krisenmanagemen"）最初是在国家灾害管理的必要行动能力需求推动下成立的，虽然"危机管理处"没有配备大量人力和物力资源，却始终是联邦内政部解决危机强烈意愿的体现。为了优化现有体系的目标，内政部于2005年决定，在"危机管理处"下设"国家危机管理职能委员会"，以处理各联邦职能部门之间的协作问题。在国家受到损失的情况下，该职能部门由全部或部分相关的联邦职能部门选取部分人员组建而成。

国家危机管理职能委员会在联邦内政部的领导下，为各职能部门就危机管理的概念、组织和程序提供协调的平台。发生危机时，可以在联邦或各州的请求下，在最短时间内创建跨部门的危机处理领导小组。该委员会的工作包括协调部际合作、整合信息、聚合能力并提供建议，共同制定管理原则（例如联邦政府职能部门危机管理咨询文档、危机管理功能概述），以及与具体事件相关的协调工作。①

此外，国家危机管理职能委员会进一步发展了已有合作模式，例如与联邦环境部和联邦卫生与社会保障部（Bundesministerium für Gesundheit und Soziale Sicherung，BMGS）的合作。后者在生物危机情况下提供重要资源，在

---

① Bundesministerium des Innern，*System des Krisenmanagements in Deutschland-Stand：Dezember 2012*（Regierungsdokument，2012），https：//www. b-b-e. de/fileadmin/inhalte/themen＿materialien/rettungsdienste/System_KM_in_D. pdf. S. 13－14。

危急情况下跨职能部门危机处理领导小组就会在联邦或各州的呼吁下被召集，将专业性能力和信息捆绑并提供建议。① 然而提供建议这一点是联邦层面危机处理领导小组在体制上的弱项，即便是"国家危机管理职能部门"也无法消除这个弱势。因为联邦层面提供了建议之后，各州会视自身情况决定是否采纳，实施一部分或完全不实施。而且该部门的跨部门行动并没有法律职能基础，因此在行动中要注意避免占据主导地位并努力证明所提方案的各种优势。②

2. 联邦内政部危机处理领导小组

联邦内政部危机处理领导小组（Krisenstab des Bundesministeriums des Innern）是一个特别的组织机构，是联邦内政部在应对危机时的核心工具，其结构可作为其他职能部门的危机处理领导小组的参考依据。在应对特殊情况时，联邦内政部危机处理领导小组在该机构中有统一进行部际领导的职能。

联邦内政部危机处理领导小组在国内危机管理中发挥重要作用，国家在重大国内安全威胁下调用该小组。其职责是协调联邦内政部、业务部（Geschäftsbereich）、职能部门和各州之间的措施，并在政治层面提供顾问咨询服务。

联邦内政部危机管理小组在特殊情况下的任务是提供信息、发表意见和支持议会（Haus）的领导，实施议会领导的决策，以及采取必要措施以保障联邦内政部的运作。在跨州的危机中，按照相关各州的意愿来推进联邦的协调和支持措施。

在危机管理中，联邦内政部（BMI）扮演了特殊的角色。在威胁到内部安全的重大情况下，联邦内政部危机处理领导小组可以被召集。其任务是在联邦内政部及其业务部之间，在职能部门之间以及在各州之间协调其行动，并提供政治层面的咨询。召集工作由联邦内政部形势中心来完成。来自联邦

---

① Wolfgang Renneberg, "Krisenmanagement bei kerntechnischen und radiologischen Ereignissen-die Rolle des Bundesministeriums für Umwelt und Strahlenschutz", in BBK, *Nationales Krisenmanagement im Bevölkerungsschutz (Regierungsdokument*, 2012), https://www.b-b-e.de/fileadmin/inhalte/themen_materialien/rettungsdienste/Nationales_Krisenmanagement.pdf.

② Thomas N. Pfohl, *Katastrophenmanagement in Deutschland—Eine Governance Analyse, Politikwissenschaft Band 197* (Berlin: LIT Verlag, 2014), S. 95 – 96.

内政部、其他联邦职能部门和联邦州下属领域的特别顾问和联络人，根据实际情况被派到危机处理领导小组中。通过联络人和技术媒体（电视和视频会议）的交换，不同层面的危机处理领导小组在消除危险和止损方面共同发挥作用。

在涉及多个联邦职能部门的跨州情况下，为设定全国统一的处理方式，联邦内政部和联邦环境、自然保育及核能安全部（BMU）在由放射性物质犯罪引起的重大危险和损失情况下，以及联邦内政部和联邦卫生部（BMG）在大流行病和生物恐怖主义情况下，就按照联邦内政部危机处理领导小组的模型建立共同危机处理小组达成一致。通过建立共同危机处理领导小组，各职能部门的专有能力得到联合，形成了一致的危机管理观念，以此来充分利用现有的行动选项。

这个共同危机处理领导小组在分类和评估现有信息后，向相关各州提供建议并协调其行动。通过建立跨职能部门的危机管理领导小组，各职能部门的利益被捆绑为一体，统一的危机应对理念得到确立，有利于充分利用现有行动可能性。此外，联邦各州提供一个由不同专业领域专家组成的中心支持小组，在需要帮助的情况下投入使用。此外，共同危机处理领导小组在其他国家和国际组织之间发挥桥梁作用，并对国外的援助请求做出决策。[1]

3. 联邦和各州部际协作小组

联邦和各州部际协作小组（IntMinKoGr）是联邦和各州共同的协调和咨询委员会（见图4）。它是BMI危机管理小组、BMI和BMG共同危机管理小组以及BMI和BMU共同危机管理小组的顾问团。[2] 其目标是"共同评估局势、评估风险并做出预测，制定可行的、适应局势的共同行动意见，以及有针对性的联邦和各州沟通策略"（IntMinKoGr 2007 第2条）。[3]

---

[1] Thomas N. Pfohl, *Katastrophenmanagement in Deutschland—Eine Governance Analyse*, *Politikwissenschaft Band 197*（Berlin：LIT Verlag，2014），S. 11 – 12.

[2] Bundesministerium des Innern, *System des Krisenmanagements in Deutschland-Stand：Dezember 2012*（Regierungsdokument，2012），https://www.b-b-e.de/fileadmin/inhalte/themen_materialien/rettungsdienste/System_KM_in_D.pdf. S. 14.

[3] Thomas N. Pfohl, *Katastrophenmanagement in Deutschland—Eine Governance Analyse*, *Politikwissenschaft Band 197*（Berlin：LIT Verlag，2014），S. 96 – 97.

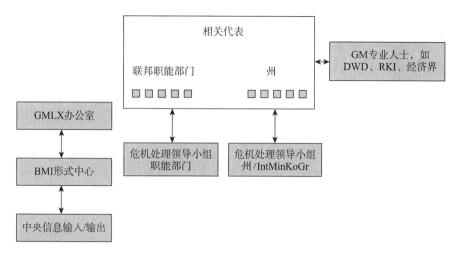

图 4 部际协作小组

注：BMI：联邦内政部；IntMinKoGr：部际协作小组；GMLZ：共同报告与形势中心，
DWD：德国气象局；RKI：罗伯特·科赫研究所。

资料来源：资料来源：Thomas N. Pfohl, *Katastrophenmanagement in Deutschland—Eine Governance Analyse*, *Politikwissenschaft Band* 197（Berlin：LIT Verlag, 2014），S. 97。

部际协作小组由联邦和州层面的代表以及来自国家和个体组织的专业领域人士组成。同时，部际协作小组和共同报告与形势中心（GMLZ）以及联邦公民保护和灾害救助局（BBK）（见图5）保持密切联系。这样就可以搜集相关信息，同时执行由部际协作小组做出的共同决定（IntMinKoGr 2007 第 8 条）。

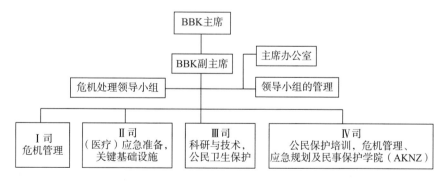

图 5 BBK 组织机构

资料来源：Thomas N. Pfohl, *Katastrophenmanagement in Deutschland—Eine Governance Analyse*, *Politikwissenschaft Band* 197（Berlin：LIT Verlag, 2014），S. 100。

如果跨州的危险和损失对协调和咨询有较高需求，借助联邦和各州的其他方法和危机管理机构还是无法提前应对，可以要求与联邦和各州部际协作小组进行更高级别的咨询和协调。在复杂事件中，需要以该委员会为中心进行协调和咨询。①

4. 联邦公民保护和灾害救助局

2001 年 "9·11" 事件和 2002 年多瑙河洪水灾害让德国意识到，其公民保护任务在情报和合作以及州际资源分配方面仍有许多改进空间。联邦、各州及消防队和援助组织之间还有待更好地协调与合作。为此，联邦内政部公民保护和灾害救助局于 2004 年 5 月 1 日成立，掌握公民安全的所有相关事宜和信息，是联邦德国在联邦和各州危机管理方面的重要工具。

BBK 的职责包括：完成联邦公民保护的任务；协调重要基础设施的保护工作；总结、评价和描述不同来源的信息，总结出统一局势；在预防计划与最新威胁方面在联邦和州、县、私营经济以及公民之间进行沟通协调；在重大危险中支持联邦派兵管理，资助其他公共和私人资源；保护公民免受大规模杀伤性武器侵害；为公民保护领域各管理阶层的领导人员提供与危险相关的培训，例如危机管理、应急规划及民事保护学院（die Akademie für Krisenmanagement，Notfallplanung und Zivilschutz，AKNZ）；在欧洲一体化进程中民事安全预防方面的国家合作；联邦、州、消防部门和私人救援组织之间在国际人道主义任务和民事 – 军事合作方面的合作。

联邦公民保护和灾害救助局的危机管理处（die Abteilung für Krisenmanagementdes Bundesamtes für Bevölkerungsschutz und Katastrophenhilfe）对联邦和州层面的主要危机管理工具进行了总结，包括：

- 联邦和各州共同报告与形势中心（GMLZ）
- 德国紧急计划信息系统（deNIS）②

---

① Bundesministerium des Innern, *System des Krisenmanagements in Deutschland-Stand；Dezember* 2012（Regierungsdokument，*2012*），https：//www.b-b-e.de/fileadmin/inhalte/themen_materialien/rettungsdienste/System_KM_in_D.pdf. S. 15.

② 2002 年 6 月 6 日，在内政部部长和参议员的国家常设会议（IMK）中，民事保护新战略的概念得到一致认可，其中包括建立共同报告与形势中心（GMLZ）并启动德国紧急计划信息系统（deNIS）。

- 卫星预警系统（SatWaS）
- 德国人在国外发生重大损失事件后，负责后续处理、受害者及其亲属安抚的协调机构（NOAH）
- BBK 的危机援助机构包括公共和私人两部分，其中国家援助机构有消防队、联邦技术救援署（THW）和拜仁红十字会（BRK）
- BBK 执行任务的原则是计划、信息和沟通，将自己视为应对交叉型问题的"战略枢纽和服务中心"[1]，其行动方式遵循理解导向型和劝说型战略模式

5. 联邦技术救援署

联邦技术救援署（Bundesanstalt Technisches Hilfswerk，THW）始建于1950 年 8 月 22 日，1953 年正式成为一个联邦机构，作为政府机关直接隶属内政部。

THW 是所有投入资源的集中地，在危机管理中，为进行风险防御提供人力资源和技能支持。在建立伊始，THW 旨在发挥战争中的民事防护作用。20 世纪 60 年代，THW 开始参与灾害救援工作，并在近十几年逐渐演变为多方面的灾害救援组织，因其标识为蓝色而被誉为"蓝色天使"。作为全国性的灾害救援机构，THW 通过模块化的组织架构、程序化的管理模式、规范化的培训体系等方式实现了自身建设的标准化。

THW 起初主要针对民事保护而设立，后来根据《基本法》第 35 条的规定可以应州县等请求对其提供行政帮助，所以地方、区域和县市都可以被调动使用。[2] 然而事实上，在联邦和州层面，既保质又保量的人力资源投入并非易事，因此在 21 世纪初 THW 考虑了各种可能性，以实现与消防队和医疗机构之间的合作。由于人力有限，也无法向各地区派去 THW 人员。

为此，THW 的工作重点从横向的交叉合作转向纵向合作，并于 2008 年代表内政部与国防部就向国内外提供援助签订了合作意向书。后来由于国外

① Deutscher Bundestag, *Entwurf eines Gesetzes über die Errichtung des Bundesamtes für Bevölkerungsschutz und Katastrophenhilfe* (*Drucksache 15/2286*) (Regierungsdokument, 2003), http://dip21. bundestag. de/dip21/btd/15/022/1502286. pdf. S. 4.

② Thomas N. Pfohl, *Katastrophenmanagement in Deutschland—Eine Governance Analyse*, *Politikwissenschaft Band 197* (Berlin: LIT Verlag, 2014), S. 125.

派遣人力的不断增加，THW 在国内的作用逐渐减弱，成为一个不受重视但重要的德国人道主义援助和外交政策的工具。①

（二）外交部

按照惯例，在重大危机面前，德国会在外交部成立一个临时危机处理领导小组，参与该危机应对的职能部门及其下属机构将协助危机处理领导小组的工作。一旦危机结束便解散该小组，因而每当出现一个新危机，就需要重新建立小组、确立流程、进行沟通，提高了危机管理成本。近年来，国际危机管理在德国得到越来越多的重视，一部分危机管理组织机构已经成立并在危机管理中发挥重要职能。

1. 外交部危机应急中心

外交部对其组织结构进行捆绑和加强，建立了一个高级危机应急中心（Krisenreaktionszentrum），对世界各地陷入危机中的德国公民进行援助。危机地区的外交官要进行资金管理，以避免国家结构解体或帮助重建，因此，他们更多地开展投资和遵循预防性的外交政策。

危机前期识别、预防和治理是危机应急中心的重要任务。危机应急中心与其他部委共同对潜在危机进行仔细分析，尽可能提前识别危机态势。为预防危机的爆发，会派遣专家去国外代表处，在当地采取危机预防措施，并为国外代表处和德国机构（如歌德学院、国外商会、德国学校）提供顾问服务。

危机应急中心观察危机发展动态，在必要情况下启动联邦政府危机处理领导小组（Krisenstab）并组织其进行危机管理。此外，中心还负责协调职能部门和国际伙伴之间的合作。

危机应急中心的外交部官员提供 24 小时服务，并及时提供最新发展动态资讯，也为国外突发紧急情况提供紧急联系人。此外，外交部危机应急中心还提供民众咨询服务。

当德国公民在国外遇到危机，或其事关德国国家利益时，会在外交部成

---

① Thomas N. Pfohl, *Katastrophenmanagement in Deutschland—Eine Governance Analyse*, *Politikwissenschaft Band 197*（Berlin：LIT Verlag, 2014），S. 128.

立危机处理领导小组，其他职能部门及其下属部门根据不同情况参与其中。[①]
联邦和各州部际协作小组负责联邦和各州部际协调工作。

2. 外交部危机预防司

2015 年德国外交部将危机管理司（Krisenabteilung）改组为两个部门——
"危机预防司"[②] 和"国际秩序司"——前者创建于 2015 年 3 月，是外交部
针对政府外交政策举办的开放性讨论"回顾 2014"的产物，负责范围包括
人道主义援助、危机预防、巩固和平及冲突后管理，后者负责维持国际秩序
和裁军问题。此外，"回顾 2014"讨论中还提到要建立危机联动体系（Kri-
senpool）[③]，旨在向危机地区、人员不足的单位、工作小组和项目团队灵活迅
速地调派外交官。

此外，在有广泛影响和政治意义的紧急事故和危机中，欧盟成员国要在
政治层面做出一致反应，欧盟委员会秘书长将任命"欧盟危机情况指导小
组"（Lenkungsgruppe für Krisenfälle der EU）。相关成员国派常任代表或特别
指定的代表参与该委员会。为向德国代表提供最新局势的信息，同时确定国
家危机应对机构工作指挥小组，将在外交部、内政部，有时还有其他相关职
能部门之间进行信息协调。

通过近年来创建的联邦危机管理体系，联邦政府职能部门之间以及与相
关各州之间的协调工作得到了保障。此外，为促进联邦和各州危机管理小组
的有效合作，从 2004 年开始举行跨职能部门和跨州的危机管理演习
（LÜKEX）[④]，以及部际协调小组的计划讨论。在联邦和各州之间达成一致，

---

① Bundesministerium des Innern，*System des Krisenmanagements in Deutschland-Stand*：*Dezember 2012*
（Regierungsdokument，2012），https://www. b-b-e. de/fileadmin/inhalte/themen＿materialien/ret-
tungsdienste/System＿KM＿in＿D. pdf. S. 14.

② 德文为 Krisenprävention，Stabilisierung und Konfliktnachsorge，全称"外交部危机预防、稳定和
冲突后管理部门"，简称 die Abteilung S，也可译为"危机预防司"。

③ Auswärtiges Amt，Review *2014*—Außenpolitik Weiter Denken—Krise · Ordnung · Europa
（Broschüre der Bundesregierung，2015），https://www. auswaertiges-amt. de/blueprint/servlet/
blob/269656/d26e1e50cd5acb847b4b9eb4a75 7e438/review2014-abschlussbericht-data. pdf. S. 44.

④ 德文全称 Länderübergreifende Krisenmanagement-Übung/Exercise，缩写 LÜKEX，职责是在战略
层面对联邦和州进行危机管理演习训练，联邦各部委、下级机关、救援机构、协会和企业
都包括在内。

以两年为周期继续推进这一系列演习。联邦职能部门的本职工作是危机应对，也定期与其危机管理机构举行演习。

3. 外交部危机预防职能委员会及其顾问委员会

外交部危机预防职能委员会（Ressortkreis），是一个由外交部主导的职能部门协调机构和统筹机构，包括所有职能部门（包括联邦各部和最高联邦当局）的代表，由外交部民事危机预防专员领导。危机预防职能委员会的顾问委员会（Beirat），由近20名来自经济界、学术界、非政府组织、教会和政治基金会以及个人的代表组成，职责是向职能委员会提供专业的顾问咨询服务。①

4. 外交部欧洲事务国务秘书委员会

在德国欧洲政策的决策过程中，外交部起着重要的协调作用。外交部的首要职责是确保德国的欧洲政策具有连贯性。外交部的主要协调机构是欧洲事务国务秘书委员会（Staatssekretärsausschuss für Europafragen），负责在部际的立场上厘清欧洲政策的基本问题和重要事务。该委员会主席职务由联邦外交部和经济与能源部部长共同担任。

在国务秘书委员会层面，欧盟事务相关部门领导圆桌会议的任务是提醒部长注意到重要的和（或）有冲突危险的事务，及早识别和处理各职能部门之间的分歧。

联邦各部委都安排了欧盟专员作为欧洲政策的对接人，各部委欧盟专员归外交部欧盟协调小组统一管理，一方面负责解释欧洲政策协调的基本问题和程序问题，另一方面负责管理来自欧盟国家的德国外交官关于欧洲政策进程的全面和有针对性的实时资讯。

此外，面对具有政治意义并且要求欧盟成员国在政治层面做出统一反应的危机和紧急情况，欧盟理事会秘书将加入"欧盟危机指导小组"，其他成员国的固定代表或临时任命代表参与其中。为保证德国代表能够获得最新局势信息并将该指导小组纳入德国危机应对国家机构中，在外交部、内政部及必要的其他相关部门之间达成了一项信息管理协议。

---

① Die Bundesregierung, *Aktionsplan "Zivile Krisenprävention, Konfliktlösung und Friedenskonsolidierung"* (Regierungsdokument, 2004), https://www.auswaertiges-amt.de/blob/217534/34f381909cf90443fa3e91e951cda89d/aktionsplan-de-data.pdf. S. 66 – 67.

（三）国防部

在国际危机中，联邦国防部作为军事力量的最高指挥和协调部门，在涉及安全层面的问题上具有不可替代的意义。德国国际危机管理手段包括民事和军事手段，军事手段是非优先危机管理手段，然而作为一国的硬实力基础，在增加国家参与国际危机管理的底气和筹码方面具有重要意义。

1. 联邦国防军

根据《基本法》第 87a 条第 1 款的规定，德国国防军的主要任务是保卫德国不受外来军事威胁，履行联盟义务和接受国际派遣。① 除了这些对外军事措施之外，联邦国防军还有保护德国公民的职责，能够在国家框架下动用兵力，前提是《基本法》第 87a 条第 2 款规定的 "在《基本法》明确允许的情况下"②。在《基本法》第 35 条第 2、3 款规定的官方援助框架下，在自然灾害或特别重大事故的处理中，如果特别需要联邦国防军资源的支持，以在法律允许范围内支持灾害管理，那么这种请求是被允许的。③

联邦国防军在灾害管理中提供帮助的范围多样，从疏散措施到空间和客体保护，再到搜救失踪人员。④ 为保证危机管理的效果和效率，联邦国防部和内政部需要相互合作，除了在专业职能部门方面的改善外，国防部和内政部也在其他组织安排中密切合作。例如国防军也会利用 GMLZ 来观察整体态势并改善短缺资源调配情况。

统计数据显示，联邦国防军 2000 年士兵人数超过 30 万，2011 年降至约 20 万。不断增加的海外派兵人数也是国内灾害管理所需资源减少的重要原因。2013 年有超过 6000 名士兵参与国际行动，不参加国内行动。

---

① BMVg, *Bundeswehr 2006: Weißbuch zur Sicherheitspolitik Deutschlands und zur Zukunft der Bundeswehr* (Regierungsdokument, 2006), http://www.bmvg.de/resource/resource/MzEzNTM4MmUzMzMyMmUzMT M1MzMyZ TM2MzEzMDMwMzAzMDMwMzAzMDY3NmE2ODY1NmQ2NzY4MzEyMDIwMjAyMDIw/WB_ 2006_dt_mB.pdf. S. 70.

② Volkmar Götz, "Innere Sicherheit", in Josef Isensee, Paul Kirchhof, *Handbuch des Staatsrechts der Bundesrepublik Deutschland*, Band Ⅳ, *3. Auflage* (Heidelberg: C. F. Müller, 2006), S. 689.

③ Friedrich Schoch, "Verfassungsrechtliche Anforderungen an den Einsatz der Streitkräfte im Inland", *Juristische Ausbildung* 3 (2013): 264.

④ Bernd Walter, "Einsatz der Streitkräfte im Inneren—Anmerkungen aus polizeirechtlicher Sicht unter Berücksichtigung der aktuellen Staatspraxis", *Neue Zeitschrift für Wehrrecht* 5 (2010): 101.

正是在这个背景下，在地方、区域和国家层面推进民事和军事人员之间的系统性协调工作，显得更为重要。加强"共同能力分析、材料的研制、培训和演习"① 对提升效率和改善效果有很大帮助。然而，基本前提是在新的方向中关注这些要点，这正是今天尚未做到的。②

2. 联邦国防部政治处

联邦国防部的政治处（die Abteilung Politik）作为决策机制的智囊系统的一部分，在德国国际危机管理决策环节发挥了重要的顾问、咨询作用。政治处由联邦国防部的负责人领导，下设安全政策事务部和防务政策事务部。政治处负责在联邦国防部责任范围内制定和协调安全与防务政策及其实施的战略方针，在军事政策、军备政策以及其他对联邦国防军有社会政治意义的事务方面，提供安全政策方面的评估，并为领导层提供顾问咨询服务。政治处在职能部门、国际交流和领导小组会谈（Stabsgespräch）中代表联邦国防部。③

3. 国防部危机分析与预防领导小组

国防部危机分析与预防领导小组（BMVg-Arbeitskreis Krisenanalyse und-prävention，缩写 AKAP）在危机预防战略、方法和工具的研发、培训和应用方面有经验。其职责是在国防政策和/或军事相关的部际危机形势评估基础上，向部门决策者和直接下属领域的相关责任人，就军事行动的必要性和选择传达统一意见。通过具体事件与其他部门合作，在国防部职责之外的分析和评估结果也应当受到关注。国防部和 AKAP 已经共同为联邦政府危机预防领域的军事行动方面做出过贡献。④

---

① Hans-Peter Weinheimer, *Bevölkerungsschutz in Deutschland. Kann der Staat seine Bürger schützen?* （Hamburg: Mittler & Sohn, 2008），S. 221.

② Thomas N. Pfohl, *Katastrophenmanagement in Deutschland—Eine Governance Analyse*, *Politikwissenschaft Band 197*（Berlin: LIT Verlag, 2014），S. 186.

③ BMVg, *Die Abteilung Politik*（offizielle Webseite, 2014），https://www.bmvg.de/de/ministerium/organisation/die-abteilungen.

④ Die Bundesregierung, "*Sicherheit und Stabilität durch Krisenprävention gemeinsam stärken*": *1. Bericht der Bundesregierung über die Umsetzung des Aktionsplans "Zivile Krisenprävention, Konfliktlösung und Friedenskonsolidierung", Berichtszeitraum: Mai 2004 bis April 2006, Verabschiedet vom Bundeskabinett am 31. Mai 2006*（Regierungsdokument, 2006），https://www.auswaertiges-amt.de/blob/217532/544e310f5724dfe364875cf73c0ae6db/ aktionsplan-bericht1-de-data.pdf. S. 7.

（四）联邦教育与研究部

在危机管理中，另一个重要但并不引人注目的行为体，就是联邦教育与研究部。除了对 BBK 职能部门进行研究之外，联邦教育与研究部在民事安全领域的研究项目为危机管理开启了另一个行动协调工具。联邦教育与研究部将高校与高校外机构、职能部门和行业研究集于一体。教育部的民事安全研究项目聚集了国家和个人行为体，在研究协会中，可以看到民事安全领域的终端用户、企业和研究机构在一起共同创新。

民事安全研究项目促使国家和个人为危机管理的创新共同努力。由此研发的新安全技术对安全解决方案的市场发展有积极影响。如果安全技术占据市场主导地位，那么无论是卖方还是买方都会从中获益。好处是除了商业增值之外，在市场成熟之前就已对危机管理产生积极效用。在共同研究中，各行为体的思想也许会发生碰撞，但在危急情况下，这种相互碰撞可以擦出思想的火花，带来决定性的优势。①

（五）联邦安全委员会

联邦安全委员会是德国国防安全机制的核心部分，是二战后建立的，当时叫作联邦国防委员会（Bundesverteidigungsrat），主要负责国防政策咨询、武器出口监督等问题，尤其是严格审核联邦德国的军火贸易。1969 年这一机构改名为联邦安全委员会（Bundessicherheitsrat）并沿用至今。

联邦安全委员会主要关注四个问题：（1）为维护联邦德国国家安全，研究和制定德国安全防务政策；（2）确保德国的安全政策能够在西方同盟体系中更好地履行职责，其中包括军工研发、防务合作、军队建设等，都要按照西方阵营的军事战略要求来进行；（3）围绕德国国防政策和武装力量建设开展咨询和协调工作，担任总理和政府的安全智囊；（4）对德国的军售情况进行严格审核。②

按照德国《基本法》的规定，联邦总理是德国武装力量的最高统帅，联邦安全委员会是德国安全政策的最高监督和协调机构。委员会由 9 人组成，

---

① Thomas N. Pfohl, *Katastrophenmanagement in Deutschland—Eine Governance Analyse*, *Politikwissenschaft Band 197*（Berlin：LIT Verlag，2014），S. 193 – 194.

② 彭光谦：《世界主要国家安全机制内幕》，江苏人民出版社，2014，第 189～191 页。

其中联邦总理担任委员会主席，副总理为副主席，国防部部长任执行主席，其他成员还包括内政、外交、财政、司法、经济等部门的部长和总理府特别任务部部长等，联邦国防军总监察长和其他内阁部长在必要的时候可以列席该委员会会议。联邦安全委员会不隶属于某个特定的政府部门，它对内阁直接负责。

联邦安全委员会在维护国家安全上起到了重要作用。凡涉及军事政策、武器装备采购、国防军工业发展等领域的重要事务，基本上都要由联邦安全委员会来把关和审定。特别是在对外输出武器装备方面，联邦安全委员一般要考虑是否会引发地区战争、输出对象是否为民主政权等因素，并以此来最终确定是否批准该对外军售活动。

二 危机管理工具系统

德国在欧盟和国际上承担越来越多的责任，随之也面临更多挑战。难民的大量涌入、金价和油价的大幅波动、退休年龄一再上调等国际国内因素，对德国公民的生活质量产生了很大影响。此时，无论是德国政府，还是普通公民，都已经意识到危机管理的重要性。危机管理包括危机预防、克服及事后处理，德国最注重在预防阶段熄灭危机将要爆发的火苗。在危机管理的各个阶段，除了危机决策和实施系统之外，德国的信息、监控、预警、演习、培训和事后救助系统都起到了重要作用。

（一）危机管理信息系统

本书所指危机管理信息系统，具有信息采集、加工、整理和传播的作用，有助于危机监测与预警信息发布，包括上文提到的紧急计划信息系统和共同报告与形势中心。

1. 紧急计划信息系统

德国紧急计划信息系统（das deutsche Notfallinformationssystem，deNIS），是用来为大规模危机管理提供大量信息的系统。[①] 美国"9·11"事件和德国早年的一些大规模灾害，如2002年8月易北河的大洪水、1999年12月发

---

① 赵成根：《国外大城市危机管理模式研究》，北京大学出版社，2006，第271页。

生在德国南部的 Lothar 暴风雪，表明国家亟须建立紧急预报体系。虽然德国有足够的救灾能力，但救灾资源的协调、管理还存在困难，主要是缺乏相关信息的获取、加工和传播。有鉴于此，2001 年夏天德国内政部门决定建立"紧急计划信息系统"[①]。

deNIS 的目的是搜集重要信息，尤其是重大灾难和危机的关键信息，使其能为联邦政府、州政府和其他非政府的参与组织（例如救援队）所获取。在重大危机面前，deNIS 搜集并整合重要信息，包括危机的性质、针对性救援方法、能提供有效帮助的人员和设备的数量等，以及网络上散布的各种信息。并通过网络建立了联通所有运作中心的快速信息交换平台，为危机预防的决策提供有力的支持，进而为国际机构间的合作提供帮助，以履行德国的国际责任。[②]

由于公众和决策者对紧急计划信息系统有不同的要求，因此德国国防中心决定建立两套不同的信息系统：deNIS Ⅰ 和 deNIS Ⅱ。[③] deNIS Ⅰ 的主要任务是支持灾难管理者的工作，通过门户网站向全部公众开放。deNIS Ⅰ 的使用者可以自己搜索所需信息，信息通过网络连接或文件的形式显示，但来自国防中心的文件也可能被搜索到，因此信息保密性存在问题。deNIS Ⅱ 是 deNIS Ⅰ 实施的第二阶段，升级的目的是帮助联邦州政府的决策者在发生灾难或技术事故时更好地协调疏散队伍和救援队伍。与 deNIS Ⅰ 不同，deNIS Ⅱ 只对那些授权的用户群体开放，这是由存储在这里的信息的机密性决定的。联邦机构、政府的内政部门、危机控制组织、非政府健康组织和国际组织（如欧盟、北约）都可以直接联入 deNIS Ⅱ。最重要的是，deNIS Ⅱ 将互联应用到政府部门间的合作中，它联结了联邦政府和各州的成员，他们将在发生巨大灾难时联合行动。[④]

deNIS Ⅱ 系统中的数据包括静态和动态两种数据群。静态数据：一次性存储在服务器中，只在必要时更新，如医院的位置、车辆或机械的技术数

---

① Thomas N. Pfohl, *Katastrophenmanagement in Deutschland—Eine Governance Analyse*, *Politikwissenschaft Band 197*（Berlin：LIT Verlag, 2014），S. 109.

② 邵瑜：《德国的危机预防信息系统》，《信息化建设》2005 年第 8 期，第 46 页。

③ 赵成根：《国外大城市危机管理模式研究》，北京大学出版社，2006，第 272 页。

④ 邵瑜：《德国的危机预防信息系统》，《信息化建设》2005 年第 8 期，第 46 ~ 47 页。

据、委员会或健康组织联系人、提供潜在支持的人员、材料、基建的信息等。动态数据：在指定时间内自动更新的存储数据，例如当前的气象数据、放射性测量网站的读物、河水和溪流的当前水平、所有提到的数据资料的预测等。

deNIS Ⅱ最重要的特征是通过地理信息系统中的互动形势地图，将大规模灾难的处理信息以符号形式显示在互动位图中。deNIS 不仅是一个信息系统，而且是一个交流系统，由"交流"按钮标识。在这里，用户可以给一个或所有系统连接使用者发送电子邮件。一旦有情况发生，使用者可以在存储有地理信息的中央服务器中寻找相关信息，反馈信息会出现在一个常规浏览器中而不需要特殊申请，使用者接收到的数据将会显示在相关区域的背景地图上，所有数据会以特殊符号的形式出现在交互态势图中。[①]

2. 共同报告与形势中心

早期危机管理暴露出通信基础设施落后带来的问题，即降低了信息沟通的效率和效果。例如在"9·11"事件中，五角大楼的建筑信息虽然在警察局有留存，但消防队无法立即得知，相关信息是在事发两天后才得到，因而严重影响了救援行动。[②] 因此，对信息和通信系统的基础设施现代化需求是迫切的。取代以往独立的临时信息系统，应当在人员和设施之间建立一个能够综合现代危机管理各种优势的基础设施系统。第一步就是创建共同报告与形势中心（das Gemeinsame Melde-und Lagezentrum，GMLZ）。

自 2002 年 10 月 1 日起，国防中心的共同报告与形势中心由联邦公民保护和灾害救助局的危机管理司Ⅰ运营。GMLZ 负责在重大损失和国家重大情况下管理各州和跨机构的信息与资源，并服务于 deNIS 和民事保护组织。

GMLZ 代表包括 BBK 代表、州和下属援助机构工作人员在内的全面协调设施，能够改善联邦和州层面的相关人员之间的信息技术协作条件。通过整合和有针对性地向联邦和州工作人员分配资源，提高紧缺资源的利用和分配效率。

---

① 赵成根：《国外大城市危机管理模式研究》，北京大学出版社，2006，第 274～275 页。

② Sharon Dawes et al., "Learning from Crisis: Lessons in Human and Information Infrastructure from the World Trade Center Response", *Social Science Computer Review* 22/1 (2004): 52–66.

GMLZ 在危险防御方面提供最新最全面的态势图。[①] GMLZ 的目标是及早识别和报告复杂情况并预言事故损失的发展态势。基本任务是收集、创建、分析、加工、协调、转送和交换报告。所有组织都向 GMLZ 发出事故报告，GMLZ 负责联邦各州和各组织的重复信息并进行资源管理。核心任务就是精简联邦各州与机构的重复信息和管理，利用先进的技术搜集整合所有关于危机的信息，生成并升级 deNIS Ⅱ 中的所谓"事件层"信息，这样用户就能在交互态势图上获取最新的灾难形势图。[②] 为此需要整合和持续更新各种信息，并发送给各自的信息中心。

GMLZ 的核心服务理念是改善与国家组织、跨国或超国家组织以及德国和其他国家之间的合作，促进联邦和各州之间、不同联邦职能部门之间的信息交换。此外，在欧盟内部的灾害保护投入方面，GMLZ 还要协调和促进德国与邻国的合作、发展和改善所有参与者的合作。

GMLZ 的全部人员和物资费用均由联邦提供，这也是为什么没有法律约束，各州和救援机构依然愿意时刻待命。[③]

尽管 GMLZ 在各联邦职能部门、各州和救援机构之间的信息整合取得了一定进步，但还是有它的缺点。因为形势中心的信息搜集不是自下而上，而是由上层的个别联络人搜集、整理然后传递给联邦相关管理与领导小组和各州。由于上层并不总能掌握所有信息，因而容易使当地危险防御措施错失良机。此外，GMLZ 的合作如此良好，不是因为技术水平过硬，而是因为专家们相互熟识，彼此之间会协调并做出专业应对。[④] GMLZ 领导在 BBK 年度报

① Wolfram Geie, "Bevölkerungsschutz, Politik und Wissenschaft-analytische-zeitgeschichtliche Aspekte bei der Betrachtung eines Streifkindes der Innenpolitik", in Hans-Jürgen Lange, Christian Endreß, Michaela Wendekamm, *Versicherheitlichung des Bevölkerungsschutzes* (Wiesbaden: Springer VS, 2013), S. 37.

② 何林林：《国外应急及信息管理系统介绍》，魏礼群主编《应急管理国际研讨会论文集 (2010)》，2011，第 756 页。

③ 出自 Thomas N. Pfohl 2012 年对内政部某司领导的采访记录，转引自 Thomas N. Pfohl, *Katastrophenmanagement in Deutschland—Eine Governance Analyse*, Politikwissenschaft Band 197 (Berlin: LIT Verlag, 2014), S. 108。

④ 出自 Thomas N. Pfohl 2012 年对有军事背景的灾害管理信息技术专家的采访记录，转引自 Thomas N. Pfohl, *Katastrophenmanagement in Deutschland—Eine Governance Analyse*, Politikwissenschaft Band 197 (Berlin: LIT Verlag, 2014), S. 108。

告中提到，"形势中心现阶段的挑战不再是获取信息，而是如何有效利用大量的信息，以便更加迅速地发现潜在问题。此外，如何评估各种信息并将其发送给不同使用者，也是一个挑战"[①]。

（二）危机监测与预警系统

冷战时期，联邦德国和民主德国的民防组织建立了综合系统进行公众警报和警告，主要由警报器和无线电广播组成，前者用来发出警报，后者用来发布警告。由于国际关系的缓和，成本昂贵的警报系统最终在 1993 年彻底停用。1993 年之后，扩音器、地方火灾警报器仅用在地方报警系统中。

现在主要使用基于卫星预警系统建立的广播系统来进行危机预警。2001年 10 月联邦内政部建立了卫星预警系统（SatWaS），为内政部共同报告与形势中心配备了接收系统，以便其立即发送预警措施，同时也给公法广播电台安装了接收器接口，媒体已经有卫星接收装置，因此不用再安装，并于 2001年 10 月 15 日完成调试。

通过卫星设施，政府在几秒钟内将预警通知和危险预测信息发送给相关人员，接受者可以通过公共或私人的广播电台、互联网等方式接收信息。德国紧急计划信息系统就是依托卫星预警系统建立的。民事保护联络站、波恩预警中心或各州形势中心发送的预警信息具有优先权，也就是说任何接受者在这时需要中断正在进行的节目而优先发布预警信息。

SatWaS 作为传送媒介，在停电或地面传输故障时，其发布的消息无法被接收。2013 年 7 月 1 日投入使用的模块化预警系统（Modulares Warnsystem，MoWaS），是 SatWaS 的升级版。联邦的 MoWaS 将与各州现有的公民预警系统（主要是警报器）结合起来，在保留已有结构的基础上，加上一个中央调节机构（警报服务器 "Warnserver"）、一个用户地域界面和一个标准化的预警乘数接口。通过统一的传输协议，如今可以想象到的预警系统（例如烟雾警报器、移动手机、应用程序）都可以不再使用。通过使用通用警报协议（Common Alerting Protocol）作为公开的预警信息数据格式，MoWaS 涵盖了当

---

① BBK, *Wir wachsen mit den Herausforderungen—Jahresbericht des Bundesamtes für Bevölkerungsschutz und Katastrophenhilfe 2012 Bilanz*（Regierungsdokument, 2013），http://doczz.net/doc/5856074/wir-wachsen-mit-den-herausforderungen—jahresbericht-2012.

前和未来的预警乘数系统，最终实现一个系统为所有公民预警系统服务。

该系统是在 GIS 的基础上建立的。通过图形界面选择要预警的范围，输入预警公告，选择预警介质并直接通过卫星发送到警报服务器，检测后发送给相应的接收者。中央调节机构可以满足 MoWaS 未涉及的各州和县市的需求，因为中央警报服务器可以将信息发送给已经连接或准备连接的媒体、形势中心、指挥站以及联邦州的预警媒体和介质。[1]

（三）危机管理演习系统

州际危机管理演习（länderübergreifende Krisenmanagementübung/Exercise，LÜKEX）是德国国家危机管理 2004 年开始的战略危机管理演习，可改善联邦和各州的危机应对能力，并检验已有计划和应对理念。

LÜKEX 服务的目标是，在联邦和州之间建立能够抵抗危机的谈判和决策文化，即使在时间和行动压力下也能够找到可行的和具有持续性的解决方案。此外，一些被视为重要基础结构的私人救护队或企业也会被纳入演习中。根据联邦和各州对危机情景的共同界定，将定期举办跨联邦和州的演习。演习场景由内政部决定。

在 BBK 中，LÜKEX 演习由一个项目小组跨部门与各州共同计划、准备、实施和评估，项目由联邦内政部来主导。联邦和各州达成协议，以两年为周期进行有规律性的演习。在演习后的两年内，危机管理的弱点会被发现并改进。其流程一般包括：计划（确定演习主题和场景）、准备（具体场景、脚本和练习文件）、实施（讨论计划、演习和记录）、评价（报告和行动建议）、执行结果（专业主管部门和委员会）。

LÜKEX 是一个独特的平台，可供行为体一起分享想法或忧虑，是运行或学习网络，供行为体相互交流或与公民交流。借此可在各州和联邦之间建立进行危机管理的谈判和决策文化，在时间紧迫和采取行动的压力下，也能得到可行及可持续的解决方案。[2]

---

[1]　赵成根：《国外大城市危机管理模式研究》，北京大学出版社，2006，第 267 页。

[2]　Christoph Unger，"Die strategische Krisenmanagementübung，LÜKEX 2009/2010"，*Zeitschrift für Außen-und Sicherheitspolitik* 3/4（2010）：436.

（四）危机管理培训系统

2000 年爆发的洪灾使人意识到，由于各地演习和培训各不相同，因此跨区域危机管理存在很多缺陷和问题。为弥补这一缺陷，针对性培训和继续教育的责任集中落在了危机管理、应急规划及民事保护学院（die Akademie für Krisenmanagement，Notfallplanung und Zivilschutz，AKNZ）上。该项培训通过联邦民事保护取得合法地位。[①]

这种联邦层面的服务有利于传授统一的知识标准，指明相互依赖的关系，并通过信息和知识来减少由此导致的问题，同时希望尽量不干涉州县人员的职责。

危机的特点决定了危机管理很难积累经验，唯有通过培训和演练才能提高危机应对和管理的组织指挥能力、技术救援能力和组织协调能力。BBK 的危机管理、应急规划及民事保护学院是一个专业应急管理培训学院，也是德国政府进行应急管理培训的主要渠道。

AKNZ 被称为"联邦—州危机管理的能力中心"[②]。AKNZ 的职责是传递知识，主要任务是加强联邦、州、县市、乡镇四个层面的应急协同能力，加强联邦与州的危机管理能力；向联邦政府各部门提供专业咨询，并为国内危机管理人才交流与培训提供支持。主要培训对象是危机管理中的领导、指挥、规划、执行、评估人员和培训专员等，基本涵盖危机管理机构的所有管理人员，以提高其决策能力和执行力。[③] 具体包括向操作 – 实践层面和政治 – 管理层面的人员传授国防相关知识，有利于提高他们互动的效率和效果。对技术性管理机构进行培训，可以优化不同救助组织、民事、军事、警察之间的合作。该学院的另一个任务是向公民传授自救措施的相关知识。

在德国，负责危机管理培训的还有技术救援学院。技术救援学院侧重于

---

① Thomas N. Pfohl, *Katastrophenmanagement in Deutschland—Eine Governance Analyse*, *Politikwissenschaft Band 197*（Berlin：LIT Verlag，2014），S. 138 – 139.

② Deutscher Bundestag, *Anpassung des Zivil-und Katastrophenschutzes an die realen Bedrohungen*（Regierungsdokument，2003），http://dipbt. bundestag. de/doc/btd/15/004/1500415. pdf. S. 6.

③ BBK, *Akademie für Krisenmanagement*, *Notfallplanung und Zivilschutz*（Regierungsdokument，2015），http://www. bbk. bund. de/SharedDocs/Downloads/BBK/DE/Publikationen/Broschueren_Flyer/Buergerinformationen_A4/Buergerinformation_AKNZ. pdf? blob = publicationFile.

危机管理中对具体执行能力的培训，其培训对象主要是各级技术救援指挥中心的消防部门的领导和技术救援中心的领导。

（五）事后救助系统

事后救助、幸存者及家属救助协调中心（Koordinierungsstelle Nachsorge，Opfer-und Angehörigenhilfe，NOAH）是联邦政府机构，在国外发生严重事故、恐怖袭击和灾害后，对其中受波及的德国公民提供当下和长期的心理护理，并为其亲属和其他相关人员提供心理服务。具体工作包括：24 小时热线电话咨询服务；安排住处附近的心理紧急援助（事故心灵治疗、危机干预、事故心理学等）；心理创伤咨询和较长期的专业调解帮助（心理社会咨询中心、心理疗法等）；为前往事故地点的亲属安排护送；帮助解决行政和法律的问题和困难；组织幸存者及其家属以及遇难者家属见面。[①]

NOAH 还为其他行政机关和组织提供社会心理学方面的危机管理咨询和顾问服务。NOAH 由一支有经验的专业团队组成，成员研究领域涉及心理学、社会科学和通信科学、神学、伤痛辅导和管理学。为了向受难者及其家属提供更为全面和适合的心理帮助，NOAH 和相关领域的专家合作，还与外交部、司法部、教会、救援组织和慈善机构、旅行社等合作。

第三节　原则及手段

根据本章最开始的定义，"机制可定义为国际关系领域的一整套明示或默示的原则、规范、规则以及决策程序，行为体的预期以之为核心汇聚在一起"[②]，本节将介绍的德国国际危机管理原则是德国国际危机管理机制的重要组成部分。

科学与政治基金会（SWP）与国际和平行动中心（ZIF）共同发布的《危机管理工具书——从民事危机管理到建设和平：原则、行为体、手段》

[①]　BBK, *Nachsorge, Opfer-und Angehörigenhilfe—Koordinierungsstelle NOAH* (Regierungsdokument, 2015), https://www. rk-marine-kiel. de/files/katastrophenschutz/bbk/noah_koordinierungsstelle. pdf.

[②]　杨洁勉：《后冷战时期的中美关系——危机管理的理论和实践》，上海人民出版社，2004，第 12 页。

（2013），清晰地展示了德国国际危机管理的各阶段及其危机管理手段、行为主体及原则（见表3）。

表3 德国国际危机管理的各阶段

阶段	手段	主体	原则
和平或无武装冲突	危机预防： • 裁军和军备控制 • 建设和平 • 小型武器控制 • 政治代表团 • 制裁 • 特别代表 • 安全部门改革 • 选举监督	联合国 欧盟 欧洲安全与合作组织	
危机升级	调停干预： • 友好团队 • 强制和平 • 维护和平 • 共同安全与防务政策行动 • 冲突调停 • 制裁 • 危机快速反应部队 • 特别代表	联合国 欧盟 北约	• 冲突敏感性 • 本地所有权 • 人类安全 • 第1325号决议 • 保护平民 • 保护责任
武装冲突	冲突管理： • 友好团队 • 强制和平 • 维护和平 • 共同安全与防务政策行动 • 人道主义援助 • 危机快速反应部队 • 民事－军事合作	联合国 欧盟 北约	
危机善后	巩固和平： • 解除武装、复原和重返社会 • 推进民主 • 友好小组 • 强制和平 • 维护和平 • 共同安全与防务政策行动		

续表

阶段	手段	主体	原则
危机善后	<ul><li>国际法庭</li><li>小型武器控制</li><li>调解和冲突调停</li><li>政治代表团</li><li>警察代表团</li><li>安全部门改革</li><li>特别代表</li><li>和解与过渡司法</li><li>选举监督</li><li>经济重建</li><li>民事－军事合作</li></ul>	联合国 欧盟 欧洲安全与合作组织	<ul><li>冲突敏感性</li><li>本地所有权</li><li>人类安全</li><li>第 1325 号决议</li><li>保护平民</li><li>保护责任</li></ul>

资料来源：Claudia Major，Tobias Pietz，Elisabeth Schöndorf，Wanda Hummel，*Toolbox Krisenman-agement—Von der zivilen Krisenprävention bis zum Peacebuilding：Prinzipien，Akteure，Instrumente*（Berlin：Stiftung Wissenschaft und Politik，Zentrum für Internationale Friedensansätze，2013），S. 6。

从表 3 中可以看出德国国际危机管理的诸多特征。首先，危机管理分为四个阶段——危机预防、危机升级、武装冲突、危机善后，比一般国际危机阶段划分多了一层，将危机爆发后管理阶段划分为危机升级与武装冲突两个阶段（见图 6）。

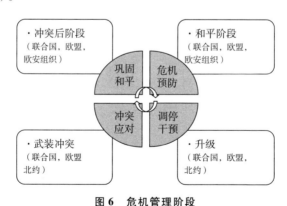

图 6 危机管理阶段

资料来源：Claudia Major，Tobias Pietz，Elisabeth Schöndorf，Wanda Hummel，*Toolbox Krisenmanagement—Von der zivilen Krisenprävention bis zum Peacebuilding：Prinzipien，Akteure，Instrumente*（Berlin：Stiftung Wissenschaft und Politik/Zentrum für Internationale Friedensansätze，2013），S. 7。

其次，该文件中反映出德国国际危机管理的隐性特征。德国在国际危管理各阶段突出联合国、欧盟、欧洲安全与合作组织、北约等国际组织作为危机管理主体的显性地位，不提及本国在其中的作用，避免提及国家政治意愿和利益权衡。这可以理解为对历史的深刻记忆造成的克制习惯，不强调主体性，然而这并不妨碍德国作为欧盟主导国家在国际危机中发挥协调者的作用。

相应地，从危机管理手段中可以看出，德国以民事危机管理手段为主，遵循和平解决危机的原则，不提倡使用军事手段，同时也可以看出，这里所列举的德国国际危机的管理手段主要是在国际组织框架下可采用的手段，以德国为主体的管理手段并没有细化，可以通过原则来了解。

最后，这里提到的六条德国国际危机管理原则，体现了德国国际危机管理理念的几大特征，这一点下文将详细阐述。

一　原则

德国国际危机管理的原则体现了德国国际危机管理理念的各个方面，具体如下。①

1. 冲突敏感性

冲突敏感性原则即避免发生冲突，注重人道主义援助和危机后救助与重建。注重危机预防是避免冲突和伤害的最佳方式，通过人道主义援助、法律咨询服务和文化对话等方式，帮助国家巩固政治体制和社会结构，预防危机爆发。危机爆发后，采取和平方式应对危机，尽可能降低危机带来的损失和伤害。危机结束后，通过一系列救助和救援措施，来帮助当地进行危机后恢复与重建。

该原则起初是 1990 年非政府组织为紧急救援而设定的，后来逐渐应用到危机管理的所有领域和阶段。如今，冲突敏感性原则是德国紧急救援、发展合作和危机管理的指导原则。该原则服务于外交部、德国联邦经济合作与发展部、德国世界饥饿救助组织等。它还是国家、区域和国际组织，以及非

---

① Claudia Major, Tobias Pietz, Elisabeth Schöndorf, Wanda Hummel, *Toolbox Krisenmanagement— Von der zivilen Krisenprävention bis zum Peacebuilding: Prinzipien, Akteure, Instrumente* (Berlin: Stiftung Wissenschaft und Politik, Zentrum für Internationale Friedensansätze, 2013), S. 10 – 15.

政府组织在危机管理中的一项主导原则。该原则的对象是当地行为体（政府、主要冲突方、平民），已在政治规划、人员利用以及有助于实施该原则的国际、区域和当地伙伴组织层面得到检验。

2. 本地所有权

本地所有权（Local Ownership），即实施策略本地化原则。这是一项本地化原则，起初是在"助其自助"或"参与性发展"的概念下，作为发展合作的一部分来理解的。本地所有权不是当地自治，即由当地行为体进行项目选择和自主决策，而是使和平的国际政策适应当地实际情况。国际行为者常用沟通和自下而上的方法，给当地合作伙伴创造自由空间，并使其能够将当地传统融入本地所有权中。

本地所有权是德国外交和安全政策及发展政策的原则，是外交部、德国联邦经济合作与发展部在项目管理中的指导原则，例如在非洲开发警察机构，以及和非盟合作在撒哈拉以南的非洲进行边境管理。此外，本地所有权作为国际组织（联合国、欧洲安全与合作组织、欧盟）的原则，还没有提升到实践层面。

该原则体现了国际危机管理策略的技巧，因地制宜，可以避免错误决策，节省管理成本，最大限度地提高危机管理效率。这同时对完善的危机管理机制提出了要求，例如德国在当地的外交、文化和发展政策相关机构及其工作人员，以及世界各地的德国外交官组成的"外交联动体系"就在此时发挥作用。

3. 人类安全

人类安全（Human Security），即防止暴力，维护人类的安全原则。由于跨区域地缘政治问题日益复杂化，不同于国家安全威胁，人类安全被看作新的安全政策框架。该原则首次提出是在1994年联合国开发计划署（UNDP）的人类发展报告中。

鉴于一些国家的分崩离析和暴力垄断的不稳定性，安全政策理念应当应用于个人生存、安全和发展机遇领域。与此相应，"防止暴力"不仅适用于严重的国家间战事，也可用于冲突前和冲突后阶段，以及其他诸如贫困和自然灾害之类的威胁。

人类安全原则要求以统一和部际的方式行动，旨在保护相关人员并赋予其权利。UNDP 有 7 个政治应用领域：物理、政治、当地或县市、健康、生态、经济和食品安全。

德国在《"民事危机预防、冲突解决与巩固和平"行动计划》中提及该原则，但未提及具体措施。该原则体现了德国国际危机管理理念中的广义安全理念，即在潜在的或真实的危机地区，不仅要建立或加强国家结构以避免冲突的发生，还要在市民社会、媒体、文化和教育中提升和平潜力，以及在经济、福利和环境领域通过相应的措施来保障民生。该原则体现了德国国家战略和价值观中的人道主义要素，可以通过德国国际政治危机预防策略中的"建立可信的国家结构：法治国家、民主、人权和安全"来实现。

4. 第 1325 号决议

第 1325 号决议是 2000 年 10 月 1 日在联合国安理会上通过的一项决议。安理会通过这项决议呼吁联合国成员国，让妇女全面加入各种冲突预防、处理和解决机构。执行决议的主要是民族国家，欧洲 14 个国家已经通过了第 1325 号决议的行动计划，还有法国、英国和荷兰。此外还有许多非政府组织参与决议的执行。

2012 年 12 月德国通过首个第 1325 决议国家行动计划。该计划期限为 2013 年至 2016 年。另外，德国参与了和决议相关的大量项目，包括与联合国维和行动部警务司共同推进警务人员项目，目的是打击和防止性暴力和性别暴力，以及与联合国维和行动部进行维和行动性别培训。该决议体现了德国对平等、公平等价值观的重视。

5. 保护平民

在危机国家中，平民往往是有针对性暴力行为的受害者，包括谋杀、性虐待、驱逐或征用儿童兵。这些国家的政府不履行其对公民的职责，因为政府软弱无力或已经陷入侵犯人权的泥潭。国际社会有保护人权的职责和责任，因此要在这些案例中积极采取行动。但国际社会在过去也失败过，例如20 世纪 90 年代的卢旺达大屠杀和斯雷布雷尼察大屠杀。保护平民如今是联合国维和特派团的优先任务之一。公民安全尤其是危机国家政治和社会重建的前提条件。

到目前为止，联合国还未出台针对民事保护的统一方针，给实施工作造成困难。另外，人类安全和保护责任这两个概念常常混淆，与此相反，平民保护的概念并不是国际法的抽象原则。

联邦政府在执行"民事危机预防"行动计划第三次报告中提出实施保护平民原则。德国将危机前预防放在保护任务的首位，并用良治和法治国家作为国家保护其公民能力的前提。

6. 保护责任

保护责任原则（R2P）旨在结束最严重的人权侵犯行为。据此，每个国家都有保护其公民的义务；如果国家无能力或无意愿，那么国际社会应当采取措施保护平民。R2P 是在 2005 年联合国世界首脑会议上签署的文件。

二　手段

在科学与政治基金会（SWP）和国际和平行动中心（ZIF）共同发布的《危机管理工具书——从民事危机管理到建设和平：原则、行为体、手段》（2013）中，德国将以欧盟、北约、欧安组织、联合国为行为主体的国际危机管理手段总结如下。①

1. 裁军和军备控制

这两个术语指一系列以限制或减少军事手段或能力为目标的措施、协定和倡议，广义上还包括核不扩散和出口管制。该手段对国家、联合国、欧盟、欧安组织都适用。德国参与裁军和军备控制的表现是，支持防扩散安全倡议（PSI）和八国集团倡导的全球伙伴关系，为国际性组织如国际原子能机构（IAEO）提供资金支持，旨在降低核扩散、化学、生物和放射性扩散的危险性。据此，可以有针对性地预防核、生、化、辐射等军备竞赛升级为军事或其他危机。

2. 促进民主

在德语中，促进民主指所有外部行为体（国家、国际组织及非政府组

---

① Claudia Major, Tobias Pietz, Elisabeth Schöndorf, Wanda Hummel, *Toolbox Krisenmanagement——Von der zivilen Krisenprävention bis zum Peacebuilding：Prinzipien，Akteure，Instrumente*（Berlin：Stiftung Wissenschaft und Politik，Zentrum für Internationale Friedenseinsätze，2013），S. 23 – 47.

织）的非军事措施，旨在建设、加强和恢复民主政治秩序。促进民主手段包括经济、外交和市民社会"工具"。经济的促进和恢复为国家民主建设提供积极动力，所以加入欧盟对于建设民主结构也有积极作用。国际和国家机构的大部分措施都支持建立国家结构、民主流程和机构，如选举委员会、选举监督、宪法。持续加强民主机构，通过议会与市民社会的合作，加强多党体系，支持机构建设，促进多元化、透明化和媒体自由、人权和法治的发展。促进民主的目标是政治秩序和权力关系转变，因此要以当地传统和结构为持续成功的前提（本地所有权原则）。

德国在促进民主方面的表现：为民主选举提供财政支持，联邦经济合作与发展部的人权发展政策计划、外交部的人权发展报告以及这两个部在具体项目中推动民主合作，通过政治基金会加强政治机构和政治流程（如议会和政党工作、市民社会结构和政治参与）。

3. 解除武装、复原和重返社会

冲突结束后的中心任务是使前战斗人员解除武装、复员和重返社会（Disarmament，Demobilization and Reintegration，DDR），这也是稳定和重建的重要前提。德国在参与 DDR 方面的表现包括：参与资助世界银行的多国复员和重返社会方案，参与阿富汗的 DDR 项目，参与联合国开发计划署危机预防和重建基金会，参与德国复兴信贷银行（Kreditanstalt für Wiederaufbau，KfW）和世界银行在苏丹和卢旺达的 DDR 项目。

4. 联合国秘书长友好团队

友好团队是外交谈判工具，涉及联合国成员的小型非政治决议，为联合国秘书长或其代表提供现场支持，在治理冲突或联合国危机管理内容问题上向安理会提供支持。其组成和规模因具体情况而异。德国在这方面的表现包括：与法国、英国、俄罗斯和美国一起参与格鲁吉亚友好团队，自 2003 年以来作为协调者致力于治理格鲁吉亚－阿布哈兹冲突；参与其他国家特别小组（如也门）及主题性合作，例如以联合国改革、第 1523 号决议的执行、调停、人类安全和冲突预防为主题的友好团队。

5. 强制和平

强制和平指在联合国安理会授权的基础上采用强制措施，甚至动用军事力量。强制和平手段是在威胁到和平与国际安全，以及破坏和平的情况下使用的，旨在重建和平与安全。德国在联合国安理会授权的条件下，在北约领导的国际安全援助部队的框架下，参与在阿富汗的强制和平措施，但原则上德国奉行克制的军事政策。

6. 建设和平

建设和平是在冲突后国家建设持久和平的民事手段，旨在消除暴力冲突的结构根源，消除冲突后果，以及创建冲突转型机制。建设和平包括安全和发展政策理念。建设和平是德国危机管理的重点，也是德国作为联合国安理会理事国在2011/2012年度的工作重点。2010年担任联合国建设和平委员会主席，为联合国建设和平基金会资助1900万美元。

7. 维护和平

联合国维和特派团可以帮助陷入武装冲突的国家，通过参与执行和平协议为可持续和平创造条件。根据一项联合国安理会决议的授权，特派团一般包括国际部队、警察和民事人员。德国是联合国和平特派团的第四大资助国，2010年年中到2011年1月，德国共外派了49名民事工作人员和14名警察、270名士兵和军事顾问，在联合国部队排位表中列第43位。

8. 共同安全与防务政策行动

欧盟在共同安全与防务政策框架下掌握冲突预防和危机治理的民事和军事手段。因此，欧盟在共同安全与防务政策行动中涉及的范围很广，例如警察培训、选举保障。德国为欧盟军事投入提供民事和军事力量支持，并参与其行动，例如自2008年起参与亚特兰大欧盟反海盗海军力量，2007年起参与阿富汗警察特派团。

9. 人道主义援助

人道主义援助是为处于人道主义困境的人们提供的紧急救助和生存援助，由国家和非国家行为体实施，要秉承公正、独立和中立的原则。人道主义行动要减轻受难人们的痛苦，旨在消除困境根源。德国在2007～2011年向世界范围提供人道主义援助资金约9.255亿欧元。作为世界前四大国民经济体之一，德国的资助金额排在第十位，近年开始有上升趋势。

10. 国际干预

国际刑事法院是打击严重侵犯人权的工具，用以在当地和国际关系中增强法治。在国际刑事法院面前，个人要对国际性犯罪，如种族屠杀罪、危害人类罪、战争罪、侵略罪负责。德国为国际刑事法院及其特别法庭、前南国际法庭提供政策、资金和组织上的支持。德国是国际刑事法院的第二大资助国，资助金额占比 12.7%。德国法官汉斯－彼得·考尔（Hans-Peter Kaul）曾是国际刑事法院第二任副庭长，是德国向前南国际法庭派去的法律专家。

11. 小型武器控制

小型武器控制包括国家和国际层面的不同措施：从联合国主持的国家会议，到国家行动计划，再到冲突后当地的小型武器控制项目。所有措施的目标都是限制非法运输小型武器，并加强合法武器贸易的监管。德国参与小型武器控制项目，1998 年在德国主导下成立了实际裁军措施相关国家小组（Group of Interested States in Practical Disarmament Measures，GIS），致力于联合国小型武器控制项目的实施。

12. 冲突调解

冲突调解是由第三方进行外交冲突调解程序的总称。冲突调解可以作为预防性措施来预防危机升级，也可以伴随民事和军事力量投入来使用，用以结束危机和建立稳定的政治关系。德国参与不同的友好小组，例如格鲁吉亚友好小组，但是很少以调停者身份活动。德国通过欧盟参与不同的冲突管理，例如中东问题。

13. 政治特派团

政治特派团是一个较为笼统的概念，主要指不同的多边行为体用以解决冲突与维护和平的民事力量投入。政治特派团的数量和人员组成、持续时间和任务都不尽相同。政治特派团的共同点是，通过与当地伙伴的政治互动来实现目标。德国作为联合国、欧盟和欧安组织成员国，在其框架内为其特派团提供人员支持。指派政治和军事特派团及特别代表去当地了解情况、提供咨询、反馈情况和协助解决紧急问题，是一种危机管理手段。

14. 警察特派团

警察特派团为危机发生国的安全机构提供支持，防止国家倒台或通过法制建设创建内部稳定环境。警察特派团的主要任务是提供咨询和培训以及技术设施援助，包括必要的指导，同主管部委一起建立复杂的国家结构并为人员提供辅导。2011 年有 340 名德国警察参与到警察特派团或双边项目中。增强欧盟驻阿富汗警察特派团中德国警察的参与，通过提供技术设施、咨询和培训支持国际警察特派团。

15. 制裁

制裁是政治和经济的强制和惩罚措施，以阻止国家、组织或个人采取某种政策或行动。国际制裁是总战略的一部分，可削弱制裁对象的经济和军事力量，或对其进行政治施压。在 2013 年底爆发的乌克兰危机管理中，德国在欧盟框架内对俄罗斯采取多轮制裁措施。

16. 危机快速反应部队

危机快速反应部队提供了迅速干预危机的可能性。一些部队迅速和有时较为粗暴的干预可以防止危机升级，或维持危机局势直到大部队到达或找到政治解决方案。

17. 安全部门改革

安全部门改革（Security Sector Reform，SSR）指一种长期的转型过程，目标是在内政安全领域建立高效、透明和民主的组织和机构。为此，有改革意愿的国家同当地、区域和国际伙伴一起执行相应的战略和项目。德国政府也参加了很多双边、部际的安全部门改革项目，例如印尼反腐败委员会，并为 12 个国际特派团（例如伊拉克、刚果和阿富汗特派团）提供警察建设和咨询。

18. 特别代表

特别代表由国家或国际组织任命，负责特定主题或接管特定区域。他们可能被独自派往某地区或安置在某机构的总部中。德国有多个特别代表，如克里斯蒂安·施瓦茨－席林（Christian Schwarz-Schilling）是欧盟驻波黑高级代表，汤姆·柯尼希斯（Tom Koenigs）是联合国秘书长阿富汗问题特别代表。

19. 综合方法

综合方法应当保障不同国家行为体或国际行为体、危机管理的民事和军事行为体之间的协调与合作，帮助定义共同目标，协调不同行动和手段。德国的综合方法体现在理念和机构两方面。理念方面体现在上文介绍过的

《"民事危机预防、解决冲突与巩固和平"》行动计划（2004），《2016 德国安全政策和联邦国防军的未来白皮书》中，机构方面的体现如危机预防职能委员会及其顾问委员会、联邦议院"危机预防和综合安全"小组委员会，以及综合培训伙伴平台、特定主题论坛。

20. 和解与过渡司法

和解与过渡司法是在冲突后国家使用的方法，使敌对情况转变为协调合作。重点是处理过去的问题并确保公正，即通过找出冲突的真相，问责、赔偿受害人并保证冲突不再重演。和解是德国的危机预防和发展合作的指导原则，德国国际合作机构（GIZ）在这方面经验丰富。联邦政府参与许多和解项目，如为哥伦比亚和解与赔偿委员会提供支持。

21. 选举监督

在选举监督框架内，一个独立的国际和/或本地观察员小组会跟踪和评估该国的选举过程。国际标准和国家立法都要考虑在内，目的是尽可能保证选举的公开和平等，改善民主进程中建立信任的前提条件。选举监督是民主、人权和法治的核心要素。德国至今已派遣近 3500 名监督员到相应组织或地区进行选举监督，并为选举监督员提供培训，尽可能保障选举的公平、公正和透明，改善对民主进程的信任。

22. 经济重建

经济重建措施旨在建立法治和国家福利导向型"和平经济"，打击暴力市场和黑市。国际捐助者与当地行为体合作资助、协调和实施经济重建措施。德国通过联合国和世界银行提供资金支持，通过联邦经济合作与发展部和外交部及其执行机构 GIZ 提供政策支持。此外，非政府组织通过个别项目来推动经济重建，如德国世界饥饿救助组织在阿富汗资助玫瑰油生产替代罂粟种植的项目。

23. 民事－军事合作

民事－军事合作指军队与国家或非国家民事行为体一同投入国际军事任务中，涉及行动和战术层面的军事准则：国外部队与民事力量和当地行为体之间的合作应当支持军事任务的执行并为保护部队做出贡献。民事－军事合作单位是德国联邦国防军的特派团的组成部分。

第四节　决策机制

　　国际危机管理机制作为一种危机管理的运作方式，其决策环节对整个过程至关重要，因此本节重点研究的对象是决策机制。国际关系学者米夏埃尔·布雷歇尔（Michael Brecher）提出的"危机中的国家行为模型"（见图7）与德国以危机预防为重点的机制特点较为一致。根据该模型，国际和国内环境的变化会对决策者造成压力，因而要在有限的时间内，在避免战争爆发的条件下做出决策来解决引发危机的潜在问题，预防危机的爆发。因而需要信息情报系统为其提供尽可能准确和全面的信息，借鉴智囊咨询系统的建议，通过决策中枢系统的协商，在做好保障工作的前提下进行决策，并对决策的执行结果进行反馈，进一步优化危机决策机制。

　　该模型在决策流程上具有普遍性参考意义，不过也有其局限性。一方面，该模型创建于20世纪90年代，基于当时的国际危机特点，该模型依然将危机结果与战争挂钩，认为危机管理的最终目标是避免战争爆发，这已经不符合当前国际危机的新特点。另一方面，危机管理决策流程并不止于危机预防阶段，事实上当前德国在国际危机管理行动中很难做到成功预防危机爆发，因此德国当前的危机决策重点更多体现在危机发生后的管控阶段和危机结束后的善后阶段。

　　那么在德国国际危机管理决策过程中，有哪些层面的因素需要考虑？

　　在国际危机管理的决策环节，有三种概念模式即"理性行为体模式"（rational actor model）、"组织行为模式"（organizational behavior model）和"政府政治模式"（governmental politics model）可以用来解释危机决策过程。"理性行为体模式"认为政府是单一行为体，强调国家互动和国家意图；"组织行为模式"强调从国家内部机制解释国家行为，包括构成政府大型组织的独特的组织逻辑、能力、文化和程序；"政府政治模式"关注政府内的政治活动，认为外交方面的事件既不是某种单一行为体的选择，也不是组织的输出，而是政府中各个政治博弈者（players）之间相互讨价还价的合成物。①

---

　　① 〔美〕格雷厄姆·艾利森、菲利普·泽利科：《决策的本质：还原古巴导弹危机的真相》，王伟光、王云萍译，商务印书馆，2015，第22～23页。

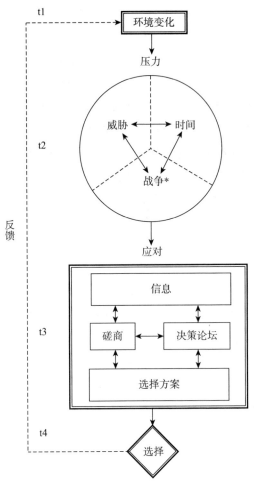

战争*=军事敌对行动的预估概率（非战争危机）
=军事平衡逆转的预估（内部战争危机）

图 7　危机中的国家行为模型

资料来源：Michael Brecher, *Crises in Word Politics*：*Theory and Reality*（Oxford/New York/Seoul/Tokyo：Pergamon Press, 1993）, S. 43。

　　从辩证的角度看，这三种模式之间是相互补充、相辅相成的关系。因此，德国国际危机管理的决策机制需要考量这三种模式中的相关因素。

　　鉴于决策机制内部的复杂性，虽然不应该简单地将国家看作单一行为体，但在制定决策过程中，国家之间的协调和国家内部达成一致都需要有明确的国家目标来保持行动方向的一致。政府的组织能力和程序是解释危机决策机制的重要因素，强大的组织能力和有效的程序可以加速危机决策进程并提高决策的效果。在重大决策中必然会出现国家内部意见的分歧，例如德国在乌克兰危机和难民危机中，国内鹰派和鸽派之间的分歧始终存在，因而在分析危机决策时，也要考虑到政府内部不同立场之间的博弈。

在危机决策过程中，决策者的性格和执政风格也是分析中需要考量的因素。在危机预防阶段，冷静、理性的性格有助于迅速做出适当决策，及时采取有效措施，有效避免矛盾升级为危机，防患于未然。相反，如果在该阶段决策者反应不够灵活，错过危机预防的最佳时机，或决策缺乏合理性，那么危机就不可避免地爆发。在危机爆发之后，决策者依然要保持清醒的头脑，及时做出理性判断，制订合理的危机应对计划，灵活地采取危机管理措施，才能减少危机带来的损失。

有鉴于此，本书认为对德国国际政治危机决策行为的分析可以考虑如下几个因素：国家的危机管理目标，危机决策组织模式，危机决策组织流程，决策者的执政风格和性格特征。

杨洁勉教授认为，危机决策机制就是以担负危机管理职能的国家政治机构为核心，在社会系统其他重要因素影响下，按照相应组织结构运作，从而对危机事态进行预警、应对和恢复的组织体系。这个组织体系主要包括中枢指挥系统、支援与保障系统（危机的直接处置机构）和信息管理系统。[1]

由于德国在国际危机管理中并非重要主体国家，虽然近年来其国际地位有所上升，但参与国际事务和承担国际责任的比重仍不及一些大国，因此，现有官方文献中缺少针对德国国际危机管理机制的系统论述，但德国有成熟的国内危机管理机制作为研究基础，还有部分英、德文学术文献可以参考，因此，本书从组织模式和决策流程两个方面对国际政治危机的决策机制进行探索与阐释。

---

[1] 杨洁勉：《后冷战时期的中美关系——危机管理的理论和实践》，上海人民出版社，2004，第 45 页。

一 组织模式

联邦政府危机管理决策机制的组织模式如图 8 所示。

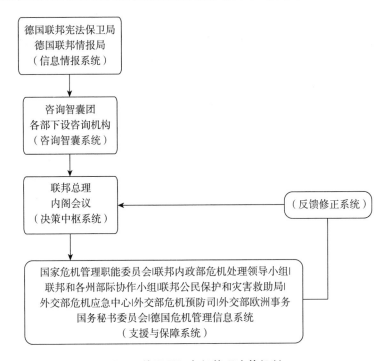

图 8　德国国际危机管理决策机制

资料来源：该图为笔者根据相关资料自制。

（一）信息情报系统

这是危机决策体系的神经系统，指从事情报资料的收集、整理、储存和传递的专门组织，是为中枢机构和咨询系统提供信息服务的机构。德国在国际危机管理中可用的信息情报系统主要包括对内的联邦宪法保卫局和对外的联邦情报局。

德国联邦宪法保卫局（Bundesamt für Verfassungsschutz，BfV），成立于 1950 年，总部位于科隆市郊的埃伦费尔德，是德国对内信息情报系统，主要负责德国国内安全情报工作。包括：（1）搜集和分析涉及国家安全的情报，监视国外秘密情报机关和国外激进团体在联邦德国的行动，主要关注极端组织和恐怖组织的行为；（2）反间谍工作，侦破国内的间谍、特务、颠覆、破坏、暗杀等活动；（3）保密工作，除政治和经济机密的保密工作之外，参与制定各项保密制度和措施，并且负责涉密领域相关人员的政审工作。

德国联邦宪法保卫局隶属联邦内政部，在各州都设有分局，各州的分局归州内政部管辖。鉴于地缘政策变化和安全形势，联邦宪法保卫局在人员和结构上具有连贯性，部门结构见表4。

表4　联邦宪法保卫局的部门结构

	主管领导 首席技术官 总统区
Z 司	中央服务司
IT 司	情报技术和特殊技术司
S 司	内部安全保障、防机密泄露与破坏活动、专家审查、内部审查司
O 司	监测司
C 司	网络防御司
1 司	技术支持司
2 司	反右翼极端主义/恐怖主义司
3 司	技术咨询司（依据《基本法》第十条）
4 司	反间谍、经济机密保护司
5 司	反国外极端主义、左翼极端主义与恐怖主义司
6 司	反伊斯兰主义与伊斯兰恐怖主义司
AfV 司	宪法保护院

资料来源：BfV，*Die Organisation des Amtes ist kein Geheimnis*（Offizieller Artikel，2013），https://www.verfassungsschutz.de/de/das-bfv/aufgaben/die-organisation-des-amtes-ist-kein-geheimnis。

德国联邦情报局（Bundesnachrichtendienst，BND）于1956年4月成立，负责搜集和分析外国的军事、政治、技术和经济情报。为联邦政府、职能部门和联邦国防军提供以下方面的情报：通过提供国外相关情报，为联邦政府在安全和外交领域的决策提供支持；为联邦国防军海外派兵提供情报支持；

为外交部提供支持；世界范围人道主义谈判调解；为各部及其部长提供咨询服务。

联邦情报局有完善的情报提供机制：重大紧急情报将直接提供给政府相关人员；常规情报的汇报针对不同专业部门进行；危机情报以特殊情报的方式汇报给相关职能部门，情报的范围和呈报频率要依据危机的具体状况而定；合作情报，即联邦情报局与外交部、国防部和经济发展与合作部合作，为指定国家提供有针对性的危机预警分析，以便及早发现危机；联邦国防部和部分职能部门也会收到为其领域专门制定的情报，例如在国防军派兵等具体情况中，联邦情报局会为其提供操作指示和预警信息。

德国联邦情报局同联邦国防部所属的军事情报机构及联邦内政部隶属的联邦宪法保卫局保持密切联系，还同美国中央情报局和北约国家的各情报机构建立业务联系并进行情报交流。此外，外交部中央司（Zentralabteilung）及其228个海外代表处通过受到保护的内网联系起来，以便及时接收当地外交官的信息反馈，据此为决策部门提供信息咨询。①

（二）咨询智囊系统

这是危机决策核心的外脑，由经验丰富的专家组成，能够帮助决策者做出有效选择和判断。在国际危机日益复杂化、范围和影响力都超出个人能力范围的情况下，由决策者个人或某个组织去做出决策都是十分困难的，有效的智囊咨询团体有着很重要的协助作用。其任务是建议、答疑、提供备选方案，并负责预测、分析信息，设计、论证方案。

联邦安全委员会是德国国防安全机制的核心部分，主要负责国防政策咨询、武器出口监督等问题，尤其是严格审核联邦德国的军火贸易。主要关注四个问题：（1）为维护联邦德国国家安全，研究和制定德国安全防务政策；（2）确保德国的安全政策能够在西方同盟体系中更好地履行职责，其中包括军工研发、防务合作、军队建设等，都要按照西方阵营军事战略要求来进行；（3）围绕德国国防政策和武装力量建设开展咨询和协调工作，担任总理和政府的安全智囊；（4）对德国的军售情况进行严格审核。

---

① 彭光谦：《世界主要国家安全机制内幕》，江苏人民出版社，2014，第189～191页。

　　由此可见，联邦安全委员会作为德国国防和军事政策的最高监督和协调机构，在维护国家安全上起到了重要作用。但凡涉及军事政策、武器装备采购、国防军工业发展等领域的重要事务，基本上都要由联邦安全委员会来把关和审定。特别是在对外输出武器装备时，联邦安全委员会一般要考虑是否会引发地区战争、输出对象是否为民主政权等因素，并以此来最终确定是否批准该对外军售活动。

　　咨询智囊系统还包括联邦政府各部委的下设智囊机构。例如联邦国防部的政治处（die Abteilung Politik）由联邦国防部的负责人领导，下设安全政策事务部和防务政策事务部。政治处负责在联邦国防部责任范围内制定和协调安全与防务政策及其实施的战略方针，在军事政策、军备政策以及其他对联邦国防军有社会政治意义的事务方面，提供安全政策方面的评估，并为领导层提供顾问咨询服务。政治处在职能部门、国际交流和领导小组会谈（Stabsgespräch）中代表联邦国防部。

　　（三）决策中枢系统

　　这是危机决策机构的核心部分，由最高决策者和几个重要幕僚组成，其责任非常重大，要在短时间内权衡得失，倾听智库意见，找到化解危机的合理途径。主要职能是统筹考虑决策目标、决策方案，组织领导整个决策工作。

　　内阁会议是联邦政府的最高决策机构，会议由联邦总理和各部部长参加，总理（缺席时由副总理）主持。内阁会议实行集体决议、集体负责原则，会议必须有半数部长出席才能做出决议。依《基本法》的规定，在由联邦总理制定的政治方针范围内，联邦各部部长可独立地负责领导各自主管的部门。联邦各部部长之间出现意见分歧，不是由联邦总理决定，而是由联邦政府裁决。这就是联邦政府决策的三原则：总理原则、部门原则和集体原则。

　　那么联邦安全委员会在德国政府中扮演一个什么样的角色呢？众所周知，德国政府实行的是议会制，联邦总理通过设立的各内阁委员会对政府进行领导。这样的内阁委员会主要有 13 个。其中，以国家安全问题为主要关注内容的联邦安全委员会是最重要的委员会之一，甚至在政府圈内私下被称为"核心内阁"。①

作为德国安全政策的最高监督和协调机构，联邦安全委员会不隶属于某个特定的政府部门，它对内阁直接负责。《基本法》规定，联邦总理要负责确立各项基本方针，包括国防和安全政策，不过，虽然军事国防政策的最终决定权是由联邦总理所持有的，但是在实际操作过程中，一般同军事和国防相关的问题，在由联邦安全委员会讨论审议之后就能以预备决定的形式付诸实施了。② 由此可见，在德国国家安全问题方面，联邦安全委员会在德国政府中扮演着重要的角色，可以说是决策中枢的核心。

（四）支援与保障系统

这是处置危机的直接机构，按照中枢系统的指挥决策，实施危机决策方案，保证在危机发生后，政府的决策能够得到社会各部门的有效配合，从而化解危机。该系统是一个包括国家安全、警察、消防、医疗、卫生、交通、社会保障等部门的庞大体系。危机管理就是这个庞大管理系统的紧急调度和演练。判断这个系统的有效程度，关键就是看其能否有效贯彻中枢指挥系统的决策，在最短的时间内调度所有的社会资源来解决危机。

在这个环节，一方面，联邦国防部、外交部等主要部委发挥重要作用，另一方面，德国危机管理机制中的组织机构如国家危机管理职能委员会、内政部危机管理小组、联邦公民保护和灾害救助局、联邦和各州部际协作小组在国内各部协调和决策执行方面也发挥作用。

（五）反馈修正系统

该阶段主要搜集决策实施过程中反馈回来的信息，并传递给决策中枢系统，以便对决策方案进行修正。

二 决策流程

1. 预警/情报阶段

危机早期预警和危机决策的情报保障是危机决策流程的首要保障。高效的情报工作是危机决策的先决条件，及时准确的情报和信息是减少或消除不

---

① 彭光谦：《世界主要国家安全机制内幕》，江苏人民出版社，2014，第190页。

② 同上。

确定性的主要方式。在收集信息之前，决策者首先要确定目标，随后，根据对情报信息的整理和分析，对事态做出尽可能准确的分析和预测，指出威胁的来源和性质。

2. 决策设计阶段

在拥有情报信息后，危机决策进入设计阶段。一般是由咨询智囊机构来承担，主要工作是拟订方案。这一阶段的主要任务是调查和预测，把握问题的全部情况，并预测未来环境和问题本身的变化，在此基础上寻找各种可行方案，为选定方案提供前提条件。

3. 方案抉择阶段

选择危机管理方案是危机决策流程中最关键的一步，由联邦政府和有关部门及国家领导层等决策中枢机构负责该项任务。此阶段的主要任务是对智囊系统提供的各种可行性选择方案进行系统的验证和对比，反复权衡各类方案的优劣和利弊得失，从中选出或综合成最合理的方案。在最终方案形成之前，应该在最高决策层的主持下，对各种预案进行评估。

4. 结果追踪/修正阶段

完善的决策大多是逐步调整和改进的决策过程，追踪/修正阶段是完善危机决策流程所不可或缺的步骤。这一阶段的基本任务是实施决策方案，并在执行过程中，将决策方案实施的情况、出现的问题和原方案的不足之处，及时收集上报，反映给决策者，以便决策者对决策进行适当的修正或补充，甚至修订原来的目标，重新制定决策。

良好的危机决策机制应当是以上五个系统的有机结合，体现在组织机制保证下的决策模式及相应决策流程上，直接决定着决策的效果。通过改善决策模式和决策流程，可以改善危机管理的决策机制，进而提高危机管理水平。

第五节　实施机制

国际危机管理实施机制是危机管理过程的具体体现。对于危机管理的具体程序，不同的学者提出了不同的模型，学术界认可的最基本的模型是三阶段模型。① 危机行为三阶段模型（见图9）是国际关系学者米夏埃尔·布雷歇尔对于危机管理的具体程序提出的较为完整的阐释。按照危机前、危机中、危机后三个阶段的顺序，分别解释了行为主体在危机管理中所面临的客观环境、各阶段面对的压力、决策流程以及最终结果的反馈。

由于国际危机管理在整体流程上有一定的相通性，因此本书对德国国际危机管理流程的研究以"危机行为三阶段模型"为依据。该模型由于时代特点不完全符合当前德国国际危机管理的模式，例如将战争爆发作为危机管理失败的最终结果，与新时期的国际危机特点不符，因此本书将在适当参考此模型的基础上，结合德国国际危机管理机制的特点和实践经验，总结出德国国际危机管理的三段式实施机制：（1）国际危机预警机制，针对危机发生前的预测和预警工作；（2）国际危机管控机制，负责危机爆发后的管理工作和局势控制；（3）国际危机善后和反馈机制，承接前两个阶段的管理结果，做好安抚和善后等补救性工作，同时为下次危机管理争取更多认同并总结经验教训。这三个阶段之间相互关联，构成一个整体。

一 国际危机预警机制

这是德国国际危机管理机制最重要的一部分，包括预测和应急两部分。危机预警指对国际危机进行预测，根据情况向决策层反馈预警信息，并准备相应的应急方案。成功的危机管理是在危机预警阶段，通过战略预测和预防方案的实施，从根本上防止危机的形成和爆发，将其遏制在萌芽阶段。危机预警机制的战略基础工作包括三个方面。

第一，考虑到危机的突发性和复杂性，要加强对目标地区的战略分析和冲突预测。由于危机的爆发通常是一国的国内矛盾和国际关系利益纠纷长期积累的结果，因此需要对潜在危机爆发地区加强战略分析和预测，可综合运用政治、经济、外交等手段。

战略分析和冲突预测工作由危机决策的咨询智囊系统完成，其职责是收集信息、分析、预测、发出警报，并定期向决策层提供预测分析报告，目标

---

① 薛澜：《危机管理》，清华大学出版社，2003，第45页。

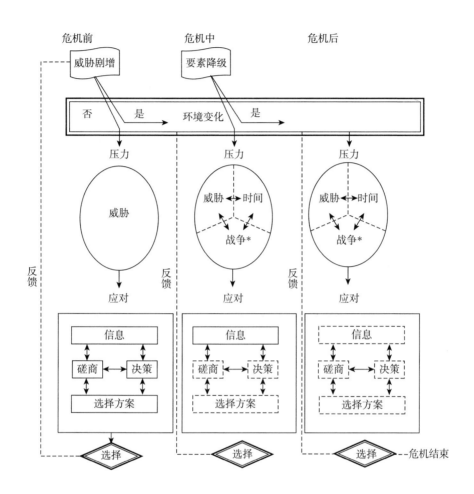

战争*=军事敌对行动的预估概率（非战争危机）
　　　=军事平衡逆转的预估（内部战争危机）

图9　危机行为三阶段模型

资料来源：Michael Brecher，*Crises in Word Politics：Theory and Reality*（Oxford/New York/Seoul/Tokyo：Pergamon Press，1993），S. 46。

是及时向政府决策者发出潜在国际危机的危险信号。

　　危机预警阶段的监控与信息搜集工作可以通过信息情报系统中的联邦宪法保卫局和联邦情报局来完成，还可以借助现有危机管理工具，包括德国紧急计划信息系统（deNIS）、共同报告与形势中心（GMLZ）、危机监测和预警系统。

第二，分析和预测得出危机爆发的潜在威胁之后，要制定应急战略和方案。在决策者收到危机预警信号，并得到有关机构提供的战略预测和应对方案之后，决策者通常要在时间压力和有限的信息资源下思考应对战略，迅速制定危机预防方案。

这部分工作由决策中枢系统来完成，其中内阁会议是联邦政府的最高决策机构，联邦政府决策遵循三原则：总理原则、部门原则和集体原则。然而要在信息不充分、时间压力大、各方建议存在冲突的情况下，迅速制定出完善的策略，基本上是不可能的。因而应对方案也具有一定的不确定性，但对稳定局势和舒缓压力有一定帮助。决策者的执政风格等个人因素也会对决策产生一些影响。

第三，在危机爆发前的紧迫阶段，危机管理组织机构是否健全，对节省宝贵的决策和行动时间、减少在流程上的精力浪费、提高危机管理效率有着重要意义。由于近年爆发的几个国际危机破坏力强、影响巨大、持续时间长，因而建立完善的危机管理机构对国家安全与社会稳定至关重要。

当前可用的危机管理机构有国家危机管理职能委员会、联邦内政部危机处理领导小组、联邦和各州部际协作小组、外交部危机应急中心、外交部危机预防司等。此外，在危机管理决策的执行过程中，危机管理相关机构也无法预测各种突发情况，因此，危机预警机制的目标不应设定得过高。如果能够做出基本正确的预测和理性的应对方案，在一定程度上降低危机爆发的可能性，控制矛盾演变成危机的速度，危机管理机构的存在在一定程度上提高了危机预防阶段的管理效率，那么就可以判断危机预警机制是成功的。

二 国际危机管控机制

这一机制主要在危机爆发后的控制和止损阶段。如果没能有效预防危机的爆发，那么危机管理难度更大，管理成本也更高。国际危机管控机制主要指在危机爆发后和结束前的这段时间，制定和实施一些措施以降低危机带来的损失。

首先，要对危机进行全面的战略分析，确定危机管理的目标。关于危机管理目标的确定，需要考虑多方因素。危机管理是平衡被打破后重新建立的过程。国家行为体的危机管理目标是在各方利益被打散后重新分配的过程中，为本国争取利益的最大化；国际或区域组织的目标则是维护该组织的最大利益。利益最大化没有统一的标准，是基于最后的底线，在一定程度的妥协下，依据危机的发展态势来确定能够争取的限度。

按照国家利益论各流派的观点，一国的利益包括物理生存、自由和经济福祉、集体自尊，按照马克思的观点，国家利益不仅仅是经济利益，还包括政治利益、军事利益和文化利益，即高度概括为国家安全与发展利益，当然其中也包括价值观因素。因此，在以利益和价值观导向的外交政策引导下，德国国际危机管理的目标设定，除了考虑政治、安全、经济等利益因素外，不可避免地要考虑价值观因素。

由于过去德国国际危机管理的隐性特征占主导地位，即主要在国际框架下进行国际危机管理，因而本国缺乏专设的国际危机管理部门，一般是在危机爆发之后才临时组建危机管理部门，危机解除后会撤销，这导致德国缺乏固定和系统的危机管控机制。

随着德国近几年更多地参与国际危机管理事务并承担更重要的责任，联邦政府对国际危机管理机构的设立也更加关注。2015年，为更好地应对国际危机，外交部将原危机管理司（Krisenabteilung）改组为两个部门——"危机预防司"和"国际秩序司"——前者在危机前预防、危机中治理和危机后管理，以及统筹各国外交工作人员等方面发挥重要作用，后者负责维持国际秩序和裁军问题。除此之外，德国在危机管控阶段还可以借助更多国内已有危机管理组织机构和工具来应对危机，例如国家危机管理职能委员会、联邦公民保护和灾害救助局、联邦和各州部际协作小组、外交部危机应急中心、外交部欧洲事务国务秘书委员会等。考虑到危机的多样性、目标国的多变性，危机管控阶段各职能部门的工作可以侧重宏观调控方面，例如内政部负责协调部际、州际的合作，外交部、国防部负责协调对外事务。

此外，在危机管控阶段，可以综合运用表5所示的危机管理手段。例如在乌克兰危机中，德国主要采用冲突调停和制裁手段，目标是维护乌克兰的和平，进而维护欧盟周边环境的稳定。在难民危机管理中，德国充分利用危机管理执行机构，在和平原则的指导下，在欧盟层面对难民危机管理发挥主导作用。

表 5　德国国际危机管理实施机制

实施机制	任务	监控、情报机构	决策机构	执行机构	危机管理手段	战略方针
国际危机预警机制	危机预测↓发出预警↓提供应急方案	• 咨询智囊系统 • 联邦宪法保卫局和联邦情报局 • 联邦和各州共同报告与形势中心 • 德国紧急计划信息系统 • 卫星预警系统 • 模块化预警系统 • 外交联动体系	决策中枢系统（联邦内阁）	• 国家危机管理职能委员会 • 联邦内政部危机处理领导小组 • 联邦和各州部际协作小组 • 外交部危机应急中心 • 外交部危机预防司 • 危机管理演习系统 • 危机管理培训系统	• 裁军和军备控制 • 建设和平 • 小型武器控制 • 政治代表团 • 制裁 • 特别代表 • 安全部门改革 • 选举监督	• 建立可信的国家结构（法治国家、民主、人权和安全） • 推动和平潜力（市民社会、媒体、文化与教育） • 保障生存机会（经济与社会、环境与资源）
国际危机管控机制	控制和止损			• 国家危机管理职能委员会 • 联邦内政部危机处理领导小组 • 联邦和各州部际协作小组 • 外交部危机应急中心 • 外交部危机预防司 • 欧盟危机情况指导小组	• 友好团队 • 强制和平 • 维护和平 • 共同安全与防务政策行动 • 冲突调停 • 制裁 • 危机快速反应部队 • 特别代表 • 人道主义援助 • 民事－军事合作	

续表

实施机制	任务	监控、情报机构	决策机构	执行机构	危机管理手段	战略方针
国际危机善后和反馈机制	危机后救援 ↓ 危机后恢复 ↓ 危机后重建 ↓ 信息反馈和改善机制	• 咨询智囊系统 • 联邦宪法保卫局和联邦情报局 • 联邦和各州共同报告与形势中心 • 德国紧急计划信息系统 • 外交联动体系	决策中枢系统（联邦内阁）	• 外交部危机应急中心 • 外交部危机预防司 • 危机管理演习系统 • 危机管理心理辅导 • 危机管理培训系统	• 解除武装、复原和重返社会 • 促进民主 • 友好小组 • 强制和平 • 维护和平 • 共同安全与防务政策行动 • 国际法庭 • 小型武器控制 • 调解和冲突调停 • 政治代表团 • 警察代表团 • 安全部门改革 • 特别代表 • 和解与过渡司法 • 选举监督 • 经济重建 • 民事－军事合作 • 人道主义援助 • 派遣专家、顾问	• 建立可信的国家结构（法治国家、民主、人权和安全） • 推动和平潜力（市民社会、媒体、文化与教育） • 保障生存机会（经济与社会、环境与资源）

资料来源：笔者根据相关资料自制。

三 国际危机善后和反馈机制

国际危机管理的善后和反馈机制与预防、管控机制一样，是危机管理中不可或缺的一部分，包括危机后救援、帮助重建，以及从危机中总结经验教训以改进危机管理机制。危机管理的此阶段不仅仅是要降低危机带来的损害，更是获取在危机发生时无法取得的价值观或文化认同、赢得其他潜在危机国家的信任，为下次国际危机管理做好软实力铺垫的最佳时期。危机的结束并不意味着利益划分的结束，这恰恰也是最容易被忽视的一点。

在危机善后机制中，提供人道主义援助，派遣专家、顾问等在经济和社会结构重建、改革、技术方面提供咨询服务，是德国对危机波及严重地区的善后措施。这是重建危机国家对德国的信任和建立友谊的重要时期，因此应当使危机后重建措施与援助详情透明化，并监督其实施，一方面有利于提升本国的国际形象，另一方面有助于增强国内人民的自豪感。危机后管理阶段另一项重要的任务，就是通过信息反馈，总结危机管理的经验教训，以改善危机管理机制。

三段式危机管理实施机制有三种对应的结果：

第一，成功预防危机的发生，有力促进德国国际危机管理预防机制的完善；

第二，预防不善，但成功应对危机，增加德国危机管理经验，通过经验教训进一步改革和完善国内体系，调整或修改其危机管理机制；

第三，预防与治理阶段均失败，危机爆发且持续时间较长，德国采取的管理手段均无效，只能对危机后重建给予援助，为此，需要重新评估和改进当前危机管理机制及相关机构的管理方法和流程。

第六节　国际组织框架

德国的国际危机管理理念最大的特点是融入国际组织。德国近年来对国际组织的贡献也在增加，为建立和扩建多边机构投入了大量资源，也为联合国的全球危机预防行动以及区域组织（北约、欧盟和欧安组织）的危机管理行动做出了大量贡献，例如通过加强"3＋进程"来提升与联合国、北约、欧安组织及欧盟合作的效率。同时，作为 2016 年欧安组织轮值主席国、联合国人权理事会主席、G7 和 G20 轮值主席国，德国也承担了越来越多的国际责任。

德国将危机预防能力放在危机管理的首要地位，然而如今国际危机的多样化、规模化和常态化，以及难以预测等特点，使任何国家无法独自完成国际危机管理任务。为了维护危机发生地区的和平与稳定，通过不断增强国际危机管理能力来提高其政治地位，除了不断优化危机管理机制与理念之外，德国还需要借助国际组织的力量，这也是德国国家战略的重要组成部分。因此，本书将国际组织框架作为德国国际危机管理机制的一部分，下文将对这几个国际组织的国际危机管理理念和模式及德国的参与情况进行介绍。

一　欧盟

欧盟的国际危机管理是其对外政策的重要组成部分，在欧盟共同外交与安全政策的指导下进行。欧盟的国际危机管理行为体包括其28个成员国、欧盟外交与安全政策高级代表、欧洲对外行动服务局和欧盟委员会。

欧盟与国际冲突预防相关的直接或间接的危机管理手段很多，例如发展合作、第三国援助、经济合作、贸易政策手段、人道主义援助、福利和环境政策、外交手段（如政治对话和调解），以及经济制裁和其他制裁措施，还包括最新的手段——共同安全与防务政策，如搜集信息以预测冲突问题，监管国际协议。[①]

欧盟作为国际危机管理行为体，在危机管理方面有两大支柱，一是已经经过多年实践检验的欧盟委员会的冲突和危机民事管理方法，二是在共同外交与安全政策框架内的民事、警察和军事能力。尽管欧盟国际危机管理成功之处很多，但当前国家之间的共识很难达成以及时而出现的理事会秘书处和委员会之间的竞争意识，影响了欧盟危机管理的效率和效果。[②]

1992年共同外交与安全政策和1999年共同安全与防务政策建立之后，欧盟可以动用军事力量，派兵问题要由成员国共同决定。欧盟的民事危机管理手段（如警察、司法、民事管理）和军事危机管理手段（如军事快速反应部队：欧盟战斗部队）由欧盟外交与安全政策高级代表下属的欧洲对外行动服务局（EAD）支配。欧盟委员会掌握民事危机管理手段，特别是在扩大政策和睦邻政策、人道主义援助、危机应对、发展合作及民主化方面。

欧盟的冲突预防和危机管理单位（Konfliktpräventions-und Krisenmanagementeinheit）负责协调欧盟委员会的冲突预防行动，组织培训，并与国际和区域组织如联合国、经合组织、欧洲委员会或欧安组织建立联系。此外，冲突预防和危机管理单位还负责监管快速反应机制（Rapid Reaction Mecha-

---

① Alexander Siedschlag, Franz Eder, "Akteure und Zusammenspiel im EU-Krisenmanagement", in Walter Feichtinger, Carmen Gebhard, *EU als Krisenmanager: Herausforderungen-Akteure-Instrumente*, *Schriftenreihe der Landesverteidigungsakadem*（Wien: Reprozentrum, 2006）, S. 61.

② Walter Feichtinger, Carmen Gebhard, *EU als Krisenmanager: Herausforderungen-Akteure-Instrumente*, *Schriftenreihe der Landesverteidigungsakadem*（Wien: Reprozentrum, 2006）, S. 5.

nism，RRM），该机制每年约有 3500 万欧元预算可用于在危机情况下灵活快速地做出反应，资助为期 6 个月的援助行动。不过该机制的行动并不局限于欧盟委员会，也为欧盟共同安全与防务政策中的民事危机管理提供资助，由此可见欧盟内部机构的职能之间有重叠。所以，欧盟共同安全与防务政策的长期项目资助是没有机制保障的，也就是说民事危机管理的明确性和持久性得不到保证。①

延续德国欧洲政策的传统，随着共同安全与防务政策的发展，德国希望加深欧洲合作和一体化进程。共同安全与防务政策应当使欧盟能够独立采取军事手段。同时，德国希望能够预防暴力冲突的爆发，所以优先采取非军事手段，这一点在德国 2009 年联合执政协议里重新强调过。另外，德国在危机管理中支持多边结构，就像共同安全与防务政策这样，将责任和成本分摊到各成员国，以提高合法性和有效性。而各成员国不可能掌握所有危机管理手段。

德国参与欧盟国际危机管理的方式包括为欧盟支付大部分预算，为欧盟行动部署民事和军事能力、提供协助人员，如欧盟培训索马里安全部队、欧盟驻科索沃法治特派团。欧盟共同安全与防务政策行动的开支必须自己另外筹集。

二　欧洲安全与合作组织

对德国政府而言，欧安组织是其在欧洲地区危机预警、预防、管理和善后方面的重要机构。欧安组织的国际危机管理行为体是其 57 个成员国，分别来自欧洲、高加索地区、中亚和北美。成员国按照合意原则做出的决策具有政治效力，但没有国际法约束力。欧安组织除了成员国分布范围广之外，其基本安全观、尊重人权和基本自由、法制和民主、包容和无差别待遇等观念的推行也非常符合当今重要国际挑战的应对理念。

为了更好地应对跨国安全挑战（恐怖主义、有组织犯罪、毒品和人口贩卖），德国政府积极参与欧安组织的各项行动，并为欧安组织建立和扩建相

---

① Alexander Siedschlag, Franz Eder, "Akteure und Zusammenspiel im EU-Krisenmanagement", in Walter Feichtinger, Carmen Gebhard, *EU als Krisenmanager*：*Herausforderungen-Akteure-Instrumente*, *Schriftenreihe der Landesverteidigungsakadem*（Wien：Reprozentrum, 2006），S. 72 – 73.

应的专家团队提供支持。德国参与欧安组织国际危机管理的方式如下：①

- 大量的资金（2013 年占欧安组织预算的 11%）和人员参与；
- 项目融资（为塔吉克斯坦建立边境管理学院的费用）；
- 向外地特派团、选举观察团和欧安组织机构提供专家团进行协助；
- 特定主题议程设置（如 2004 年欧安组织在柏林就反犹太主义问题召开会议）。

2016 年德国作为欧安组织的轮值主席国，以"更新对话，重建信任，恢复安全"为口号，在此期间有五大问题亟待解决。第一，乌克兰危机和冲突管理问题。第二，到任期结束时，提高欧安组织的危机反应能力。第三，欧安组织应当作为一个对话平台，涵盖各种领域，从军备控制、共同跨国威胁、经济和环境的其他问题，到对原则和承诺的共同理解。第四，经济和环境方面应得到更有效的应用，贸易领域也应当在欧安组织论坛上得到更大发言权。第五，在人道主义方面，德国要着重处理当前危机和安全发展的相关问题，例如包容和不歧视、言论自由、媒体自由和少数种族权利等问题。②

乌克兰问题是德国作为轮值主席国在 2016 年的重点工作。早在 2015 年，乌克兰领导人就对德国担任欧安组织轮值主席国抱有重望。2014 年到 2015 年年中，德国在处理乌克兰危机问题上已经取得了一些成果。在欧安组织的斡旋下，2014 年 9 月曾达成旨在促成乌克兰东部地区停火的《明斯克协议》。虽然自 2015 年底以来，乌克兰政府军与亲俄罗斯的分裂分子武装之间的战斗仍然不时发生，但乌克兰东部地区的停火总体得到了较好的执行。目前，欧安组织在乌克兰东部地区派有 660 名观察员，监督乌克兰政府军与当地分离武装之间的停火。

施泰因迈尔特别敦促双方要在"没有威胁、恐吓和例外"的情况下，保证欧安组织观察员能够不受阻碍地履行其使命。施泰因迈尔在讲话中一再强

---

① Claudia Major, Tobias Pietz, Elisabeth Schöndorf, Wanda Hummel, *Toolbox Krisenmanagement—Von der zivilen Krisenprävention bis zum Peacebuilding：Prinzipien，Akteure，Instrumente*（Berlin：Stiftung Wissenschaft und Politik，Zentrum für Internationale Friedensansätze，2013），S. 18.

② Auswärtiges Amt, Arbeitsstab OSZE-Vorsitz, *Dialog erneuern，Vertrauen neu aufbauen，Sicherheit wieder herstellen—Schwerpunkte des deutschen OSZE-Vorsitzes 2016*（Berlin：Auswärtiges Amt Arbeitsstab OSZE-Vorsitz，2016），S. 5 – 14.

调说，"对话"仍然是我们这个时代的关键词。他表示将不遗余力地用对话促成乌克兰东部的和平。施泰因迈尔认为，在今天欧洲面临难民危机的背景下，欧安组织还应更加关注和参与实现中东地区的和平。欧安组织可以为中东地区的和平，在拉近冲突方之间的距离方面发挥作用。他说，发生在欧安组织内的冲突严重地损害了人们的信任和安全，但只有持续的外交努力才能建造跨越鸿沟的桥梁。①

三 北约

北约在2010年的战略理念主要包含三项任务：集体防御、危机管理和安全合作。在危机预防方面北约主要向伙伴国和向北约提出支援请求的国家提供安全领域改革的支持。在冲突解决方面，北约意识到外交、军事、发展政策和经济手段只有在国家、国际、政府组织和非政府组织之间协调合作的前提下才能得到有效运用，这一理念与德国的广义安全理念相同。北约通过计划、采取行动、训练、培训、演习以及改善与外部行为主体（包括民间组织）的合作来实现广泛安全理念。

北约的国际危机管理行为体包括28个成员国，在欧洲—大西洋伙伴关系理事会、北约的地中海对话和伊斯坦布尔合作倡议框架内的众多伙伴关系，以及与联系国的伙伴关系。在北约国际危机管理框架下，德国是仅次于美国的第二大资金贡献者，为北约快速反应部队和正在进行的行动部署军事力量，如驻阿富汗国际安全援助部队（ISAF）。

联邦政府大力支持北约在危机预防、冲突解决及和平巩固方面的行动。除了参与北约在保障环境安全、重建和支持阿富汗政府建立安全结构方面的行动之外，德国对科索沃的稳定做出了巨大贡献。德国政府除了支持北约通过内部安全网的努力增强危机预防能力之外，也在加强民事－军事合作中寻找机会，协调北约和欧盟之间的行动方式。②

---

① 王怀成：《德国欲重振欧安组织》，http://news.xinhuanet.com/politics/2016－01/16/c_128633961.htm。

② Claudia Major, Tobias Pietz, Elisabeth Schöndorf, Wanda Hummel, *Toolbox Krisenmanagement—Von der zivilen Krisenprävention bis zum Peacebuilding*：*Prinzipien，Akteure，Instrumente*（Berlin：Stiftung Wissenschaft und Politik, Zentrum für Internationale Friedensansätze, 2013），S. 19.

德国的北约政策有三个要素：（1）联邦政府的目标是维护北约的持续性；（2）北约的行动范围要有所约束；（3）行动规则更加受重视，尽可能全面提高德国和欧盟在北约结构内的地位。联邦政府认为北约不再是美国世界秩序政策的专属工具，而同样是为德国和欧洲的利益服务的工具。[①]

综上所述，多边融入和一体化是适应特定情境、调整形式以实现影响力最大化的追求。德国在国际危机管理方面，对欧盟、联合国、北约和欧安组织都有不小的贡献，在国际危机管理中的自由度和影响力也随着其国际地位的提高而有所提高。德国参与国际危机管理的好处是，可以按照自己的危机管理目标，相对灵活和自由地选择行动方式和参与程度；在国际组织的框架内活动，可以获得国际支持并增强行动的说服力。因此，对德国国际危机管理而言，权衡国际支持和本国危机管理目标，是其决策的重要依据。

四 联合国

德国的联合国政策涉及两方面问题：联邦政府的联合国政策具有一种极其矛盾的属性，即一方面指出联合国依然存在弱点，另一方面又希望通过一个强大的世界组织来构建美好未来，在这两者之间摇摆不定。直到 20 世纪 90 年代末，联邦政府一直是这一世界组织最可靠、最重要的支持者。但显而易见的是，德国参与的本意并非强大联合国，而主要是扩大德国在该世界组织中的影响力。联邦政府对联合国的支持并非毫无保留或不受狭义的国家利益和目标的影响，而是希望借此提升德国在该世界组织未来的建构和决策中的影响力。由此也可以推断出，在被视为世界秩序政策的德国新安全政策的框架下，联邦政府也在按照自己的思想、价值观和利益来塑造联合国。由此可见，联邦政府在作为世界秩序政策的新德国安全政策框架下，按照自己的观点、价值和利益参与联合国的建构。

在维护世界和平、防御全球威胁、促进民主与人权以及可持续发展与安全合作方面，德国特别注重在联合国框架范围内行动。除了北约和欧盟之外，联合国是德国外交与安全政策的第三大支柱：联合国是具有普遍性质的

---

① Ulrich Roos, *Deutsche Außenpolitik—Eine Rekontruktion der grundlegenden Handlungsregeln* (Wiesbaden: VS Verlag für Sozialwissenschaften, Springer Verlag, 2010), S. 306 – 307.

国际性组织，其宪章构成了国际关系的基本法律框架，拥有 193 个成员国使其具有特殊合法性，其主要职责是维护世界和平与安全。联合国的决策是基于共识和妥协的原则，通过向世界动乱地区派遣总共 69 个维持和平特派团与观察团，帮助重建和平与安宁。德国是联合国第三大捐助国（2005 年捐助金额约占 8.67%），在资助联合国日常预算和持续增长的维和行动经费方面贡献较大。①

国际危机与冲突管理（Internationale Krisen-und Konfliktmanagement, IKKM）是联合国进行国际危机管理的重要机构，最初的核心任务是对危机参与国之间达成的终止战争冲突的和平协议进行监督和落实，尽管该任务依然有效，但已不再受到重视。因此 1989 年之后只有四次维和行动是用来执行这个任务的，如埃厄特派团（埃塞俄比亚和厄立特里亚）——2000 年 7 月至 2008 年 7 月，联合国观察员特派团或乌卢（乌干达 – 卢旺达）观察团——1993 年 6 月至 1994 年 9 月。

在过去的 20 年中，联合国国际危机与冲突管理取决于三个变量：（1）核心国家利益和行动的不同（主要是安理会常任理事国，也越来越凸显在金砖五国上）；（2）从"硬"安全到"软"安全（强调人权和保护义务），同时公民保护的干预，即"人道主义干预"的取消引发了激烈争论；（3）联合国拥有作为全球组织的特殊地位，然而其现实政治可能性与行动潜力之间难以平衡。

联合国 IKKM 的国际危机管理十条观点，对国际危机管理的目标制定、实施方法和手段进行了针对性描述，可以为德国国际危机管理理论研究提供参考。②

（1）缺乏可持续性的国际行动可能会导致危机复发，并使之前的努力都

---

① Die Bundesregierung, "*Sicherheit und Stabilität durch Krisenprävention gemeinsam stärken*": *I. Bericht der Bundesregierung über die Umsetzung des Aktionsplans "Zivile Krisenprävention, Konfliktlösung und Friedenskonsolidierung", Berichtszeitraum: Mai 2004 bis April 2006, Verabschiedet vom Bundeskabinett am 31. Mai 2006* (Regierungsdokument, 2006), https://www.auswaertiges-amt.de/blob/217532/544e310f5724dfe364875cf73c0ae6db/ aktionsplan-bericht1-de-data. pdf. S. 19.

② Walter Feichtinger, Hermann Mückler, Gerald Hainzl, Predrag Jureković, *Wege und Irrwege des Krisenmanagements—Von Afghanistan bis Südsudan* (Wien/Köln/Weimar: Böhlau Verlag GmbH, 2014), S. 13 – 37.

白费。长远看来，只以稳定冲突为目标的战略有局限性，只有通过冲突转化，才能够实现稳定与发展。

（2）缺乏凝聚力和外部措施的协调不足会造成资源的浪费、国际行为体效率低下及丧失公信力。根据不同的原则、问题视角和看法共同制定目标和关键行为体之间的协调是最低要求。

（3）国际干预行动必须以国际法合法性为基础，即获得安理会授权。地区性和次地区性安全组织越来越受到重视，它们的支持在短、中、长期看来都是有重要意义的。联合国的突出作用当然也是不可动摇的。

（4）对 IKKM 过高的预期是"毒药"。这既涉及国际维和行动区域的国家和地区，也包括派遣国。因为预期落空会引起失落和沮丧，导致失信、互相推卸责任或互相要求撤回已派人员。"预期管理"指国际行动的机遇和可能性，但也包括界限和风险，因此，应当在派兵前和国际行动中始终进行预期管理。

（5）军事手段只能在特殊情况下使用，目的是强调国际社会需求或结束人道主义灾难。军事手段不能代替政治手段，应用领域限于形成威慑、消除专制政权的有组织的暴力行为、保护受威胁的人口和自我防卫。

（6）在任何行动之前都要对维和行动在现有框架条件下是否能取得成功进行评估。包括对当地关系和实际可用人力或物质资源的客观评估。在极端情况下，特派团也无法阻止注定的失败。

（7）和平理念只有在相关国民真正执行的情况下才有望成功。此外，要克服从政治或经济领域武装冲突中受益者制造的阻力。在不损害自决权的条件下，国际社会及其代表应当在当地明确表明立场，并且监督相关协议的执行。

（8）尽管外部行为体的行动具有可持续性和长期性，然而他们无论如何都只是当地的"客人"。因此，要在一定时间内得到实质性成果，否则可能会失去在当地的声望和支持，尤其是派驻军队，因为他们在几年后会被拥有当地人信任的当地安全部队所取代。

（9）伙伴关系模式和民事－军事合作的意义将增强，以满足当地需求尤其是不断增长的资源需求。

（10）虽然 IKKM 在可预见的未来仍是安全政策的范例，但其效果潜力还需要现实地评估。因为除了当地复杂多样的挑战之外，还要考虑到国家主权原则未来会明确划分界限。这表明，IKKM 不仅仅有时间限制，在内容和空间上也会受到高度限制——这始终取决于当地统治者的好感和许可度。

联合国的国际危机管理行为体包括：

● 安理会：中央决策和授权机构；

● 联合国大会：主要是预算委员会及其顾问委员会作为预算机构解决行政和预算问题，以及维和特别委员会作为建议提供组织——欧盟委员会在此有观察员地位；

● 巩固和平委员会：安理会和联合国大会的附属咨询机构；

● 联合国秘书长和秘书处：主要指 DPKO、DFS 和 DPA，作为和平和政治特派团的规划和管理办公室；

● SRSG 领导的特派团，特派团与各自由联合国项目和次级组织构成的联合国国家团队合作。①

在联合国框架下，德国支持各基金会、项目、联合国特别组织以危机预防为目标的可持续发展措施；保持成员国之间的对话，并通过相关决议来提高国际组织在危机预防中的有效地位；通过增加授权来加强联合国特派团的危机管理职能。将维和、人权等使命融入危机预防行动中；支持一些危机预防领域的基金会，如联合国开发计划署的危机预防与恢复信托基金（Trust Fund for Crisis Prevention and Recovery），并保持与联合国开发计划署的对话，以保证其危机预防和重建理念可以融入联合国开发计划署的项目建设中。此外，德国是联合国经常预算的第三大供给国、维和预算的第四大供给国，自愿为项目推进提供了大量经费。在人权问题、气候保护和国际安全等领域有特殊义务。

---

① Claudia Major, Tobias Pietz, Elisabeth Schöndorf, Wanda Hummel, *Toolbox Krisenmanagement— Von der zivilen Krisenprävention bis zum Peacebuilding*: *Prinzipien*, *Akteure*, *Instrumente* (Berlin: Stiftung Wissenschaft und Politik, Zentrum für Internationale Friedenseinsätze, 2013), S. 21.

第四章

案例分析

米夏埃尔·布雷歇尔用四大变量解释国际危机：系统、交互行为体、行为体和情境。前两点是对危机爆发、升级、降级、影响阶段的解释，第三点是对行为体特质的描述，第四点是对危机情境的描述，包括从触发危机到持续，再到结果类型（见图10）。

系统属性一方面指国际体系结构或区域子体系的特性，例如冷战时期的两极格局和现在的多极格局，体系结构会对危机情境产生影响；另一方面指国际危机主导体系和子体系的等级区别，主导体系一般在体系稳定性方面更具优势。

交互行为体属性中对国际危机影响最大的是冲突背景。与系统属性相似，每种类型的冲突背景都对危机有着不同影响。总体来说，冲突的持久性和延伸特性很可能致使基本价值观受威胁、危机管理中发生暴力冲突、大国介入以及国际组织参与，进而导致危机结果更难以控制。

行为体属性对国际危机的整个阶段影响较大，包括年代、政体类型和持续时间、领土面积、国内稳定性（经济、政治、军事等方面），可借助因果关系来解释行为体对国际危机管理的决策。

情境属性中首先提到的是触发危机的诱因，包括政治、经济、非暴力或暴力的军事行动、一起事件或环境变化。这些诱因可能会导致决策者的价值观受威胁、回应的时间压力、增大危机爆发前发生军事敌对行动的可能性。受威胁程度、时间压力和战争可能性越大，参与危机的行为体越多，相应地，达成一致意见的难度就越大。危机主体的异质性，例如军事能力、政体、经济发展与文化的差别，会增加危机管理中谈判项目的数量和难度。此外，地缘战略、大国作为危机行动的主体及其采取的危机管理措施会对危机升级、降级和结果产生重要的影响。

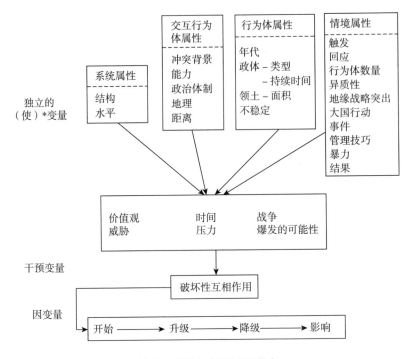

（使）*变量=最有可能引起危机爆发和升级的变量集合

图10　国际危机模型

资料来源：Michael Brecher, *Crises in Word Politics*：*Theory and Reality*（Oxford/New York/Seoul/Tokyo：Pergamon Press，1993），S. 30。

　　布雷歇尔的国际危机模型从广义角度出发，提供了普遍适用的危机案例分析视角。系统属性即国际环境，交互行为体属性阐释了危机引发的矛盾之间的相互影响，行为体属性就是以行为体自身的各种特性为制定管理决策，情境属性即导火索。

　　本书对德国国际危机管理案例——乌克兰危机和难民危机的分析，建立在上述理论基础上，从危机爆发的原因、危机管理经过和管理结果以及危机管理评价四个方面进行分析。在分析过程中，首先从行为体自身属性和国际环境两个层面切入，剖析危机诱因，结合交互行为体属性和情境属性，综合分析危机管理经过及由此衍生的结果。最后，在上文探索的德国国际危机管理机制基础上，对德国在两个国际危机管理案例中的表现进行评价。

第一节　乌克兰危机

自"9·11"恐怖袭击事件发生以来，国际危机层出不穷，并且呈现影响范围更大、持续时间更长、更难管理的发展态势。西亚、北非局势动荡，阿富汗、伊拉克、叙利亚、利比亚、索马里等地区安全问题一直存在，接连不断的 ISIS 恐怖袭击和埃博拉病毒侵袭，还没完全走出欧债危机的阴影，乌克兰危机和难民危机又重重地扼住了欧洲的脖颈。

近年来，国际冲突数量不断增加，瑞典乌普萨拉大学和平与冲突研究系冲突数据库（UCDP）统计数据表明，2013 年全球共有 33 起重大武装冲突，比 2012 年增加 1 起，其中 24 起发生在国内，9 起为国际化冲突。2013 年 6 月仍在继续的冲突有 24 起，冲突程度大大减弱乃至停止的有 8 起，还有 11 起冲突存在重燃战火的危险。[①]

通过上文可知，国际危机有引发暴力冲突甚至战争的可能性，当今时代危机演变为战争的可能性不大，但有可能引发冲突。有的冲突会引发政体崩塌、人权受到侵犯、经济灾难、犯罪行为蔓延等，最终阻碍或终结一国的社会和经济发展。而冲突预防是危机管理的重要任务之一，因为境内冲突的连带后果从未止于一国边界——乌克兰危机、难民危机正在朝着欧洲汹涌而来，为欧洲一体化带来严峻挑战。

乌克兰地处"边界之地"，与生俱来的地缘政治意义，使其长期深陷大国争夺之中，遭遇强权干涉，面对宗教纷争、内部利益纷争不断，政权摇摆，社会动荡，这似乎是乌克兰不可改变的命运。

2005 年尤先科上台后，在天然气过境、黑海舰队驻军、边境划界等问题上，多次与俄罗斯发生激烈争执，曾因奉行"疏俄亲欧"的外交政策惹恼俄罗斯，导致两国关系陷入僵局。近年来，乌克兰努力深化与欧盟的关系，同

---

① 李慎明、张宇燕主编《全球政治与安全报告（2015）》，社会科学文献出版社，2015，第 65~66 页。

时也努力维护与俄罗斯的关系，以求实现与欧俄之间关系的平衡。

然而 2013 年 11 月 21 日，随着乌克兰政府"突然"暂停与欧盟签署联系国协定的准备工作，并恢复与俄罗斯的积极对话，乌克兰危机一触即发。俄欧之间的矛盾迅速升级，美国迅速与欧盟站成一队，乌克兰夹在俄罗斯与西方国家之间左右为难，美俄欧乌之间形成对峙局面。2014 年 3 月，俄罗斯总统普京签署克里米亚入俄条约。2014 年 6 月 8 日，乌克兰新任总统波罗申科称永不承认俄罗斯对克里米亚的领土占领。2014 年 9 月 16 日，波罗申科代表乌克兰政府签署了乌克兰成为欧盟联系国的协议，这意味着乌克兰已经开启了加入欧盟的进程。然而事实上，随着克里米亚脱乌入俄，乌克兰局势逐步恶化，入盟的可能性也在减小，俄罗斯与西方阵营的矛盾更是不断激化。

今日的乌克兰，一边是国内政治局势动荡不安，经济发展濒临崩溃，民族矛盾不断加剧，另一边是进退两难的外交窘境。俄罗斯步步紧逼，欧盟对乌克兰的利益和战略拉拢口惠而实不至，美国对乌也是利用与被利用的关系。前景黯淡，乌克兰政治局势割裂，加剧了民众的离心倾向，使得乌克兰和平与稳定的愿望遥不可及。

随着危机的发展，大国争吵不断升级，俄罗斯与西方国家的对峙带来两败俱伤的结果，在此次危机中，无论是俄罗斯、美国，还是乌克兰、欧盟，作为利益直接相关方，在危机爆发前判断失误，没有做好危机预防管理，为危机升级埋下了消极伏笔，所以乌克兰危机开始朝着不可预测的方向发展。事实证明，经济实力和政治地位以及大国责任感不断上升的欧盟领头羊——德国——在美俄之间不断游走，取得了一定的成效，因而在危机管理上被国际社会寄予厚望。乌克兰危机的原因为何，德国在危机管理中的表现及其背后的深刻考量是什么，危机管理中决策者的影响是什么，德国国际危机管理机制发挥了什么作用，下文将逐步揭开答案。

一 危机原因探析

危机原因可以从国际环境和国内形势两方面去解释。一方面，国家间利益矛盾激化是国际危机的主要引爆点，体现为大国关系的紧张状态，实质是利益的博弈。另一方面，在全球化不断加深的背景下，当今国际危机的源头有所改变，国内危机成为引发国际危机的重要原因。一国政府的管理能力不足，无法保证社会稳定与和平，进而导致时局不稳、社会动荡，许多公民为躲避战火或寻求更好的生存环境而逃离家园；或政府管理能力"过强"，对正常的民意表达进行暴力镇压，或政府行为违反人道主义原则等，引发其他国家和国际组织的干预，一场国内危机就逐步演变为国际性危机，因而引发国际危机管理的必要。相反，国家之间的直接利益矛盾通常不太会引发其他连锁效应。乌克兰危机的爆发，是内外因素共同作用的结果。

约翰·米尔斯海默（John J. Mearsheimer）认为，地缘因素与权力分配在决定被威胁大国面对危险的入侵者时，是形成均势联盟还是推卸责任这一问题上，扮演了关键的角色。[①] 在国际层面上，乌克兰危机的原因是俄美欧之间的地缘战略博弈，乌克兰是欧盟东扩的战略要地，俄罗斯掌握着乌克兰的油气命脉，眼见乌克兰不断向欧洲靠近，对俄在黑海的地缘战略地位产生影响，于是对乌克兰威逼利诱，乌克兰只能"因势利导"，暂时放弃亲欧政策以自保。在国家层面，乌克兰危机的爆发是国内矛盾长期演变所致。由于政治体制发展不完善，经济发展不健全，民族矛盾不断激化，加上俄欧的拉扯，乌克兰陷入了如今的困境。下文将从这几个方面分析危机爆发的原因。

第一，乌克兰地缘战略意义重大。

> 从某种意义上讲，地缘政治局势证明亨廷顿的理论是正确的，冷战后的世界确实出现了不同文明之间的严重断裂带：沿着亨廷顿勾勒的大致边界……在这条边界上，他所谓的"东正教"世界——巴尔干半岛，乌克兰——与西方重叠……
>
> ——罗斯·杜萨特[②]

乌克兰地缘位置比较特殊，位于欧洲东部，黑海、亚速海北岸。东部与

---

① 〔美〕约翰·米尔斯海默：《大国政治的悲剧》，王义桅、唐小松译，上海人民出版社，2008，第450页。

② 《乌克兰变局真相》编写组编《乌克兰变局真相》，新华出版社，2014，第211页。

俄罗斯接壤，西部紧邻欧盟国家。从地缘战略的角度看，乌克兰拥有黑海地区的战略要地——克里米亚半岛和岛上的塞瓦斯托波尔要塞，控制这里就相当于取得了黑海地区的控制权。克里米亚是历代沙皇争取的战略要地，是俄南下夺取黑海出海口，打通通向地中海巷道，提升俄罗斯军事辐射能力的要道。因此，克里米亚是俄罗斯的心头肉，是俄罗斯历来的战略必争之地。

黑海是俄罗斯东方的门户，出入大西洋的通道，冷战时期抗衡北约的基地。北约要想彻底遏制俄罗斯，就必须争夺黑海控制权。如果乌克兰加入欧盟，进一步加入北约的可能性便增大，那么就相当于北约的炮弹放在了俄罗斯的门口。

乌克兰的特殊地缘战略意义还体现在其纽带地位上。乌克兰位于欧盟和独联体的地缘交叉处，是唯一连接独联体、西亚和中东欧的欧洲国家，其外交和安全政策的选择对于这个地区的安全形势具有特殊的意义，不仅会直接影响到俄罗斯和独联体的稳定，在一定程度上也决定着整个欧洲地区的力量对比，其影响甚至会波及巴尔干和中亚地区的安全。独立后的乌克兰是独联体国家中综合实力仅次于俄罗斯的国家，是俄罗斯在欧洲地区最大的邻国。

冷战结束后，美俄大国之争的意识形态因素依然存在，但俄欧双方已经建立了密切的人员交往、互补的经贸关系与基本正常的政治和安全对话机制，并维持了良好的关系。2013年俄欧贸易额是俄美双边贸易额的14倍多。与以美国为首的北约相比，欧盟在俄罗斯眼里是一股温和的力量，欧盟东扩在一定程度上可以接受。

但乌克兰危机触及欧盟和俄罗斯的核心战略利益，随着克里米亚入俄，俄欧关系遭受到前所未有的严峻考验。德国媒体有评论说，乌克兰危机表面看是普京的强硬态度所致，源于俄罗斯从未放弃的大国理想，但实际源于北约东扩，对此俄罗斯在20世纪90年代就表示坚决反对。西方国家试图将乌克兰拉出俄罗斯势力范围，并入西方势力范围，还有欧盟东扩和西方对乌克兰民主运动的支持，其结果体现为2004年"橙色革命"。

乌克兰危机也是对欧洲一体化成果的挑战。欧盟苦心发展与乌克兰、摩尔多瓦等前苏联国家的关系多年，目的就是将全欧洲统一在欧盟这面旗帜下，不能接受无果而终。同样，没有同为斯拉夫民族的乌克兰加入，普京政府将俄罗斯建立在"欧亚联盟"基础上的复兴计划也会大打折扣。此外，欧盟认为自己对于欧洲和平、稳定与繁荣负有责任，不能容忍俄罗斯武力干预任何一个欧洲国家的内部事务，特别是当这种内部事务有利于欧盟的事业前途时。① 难怪美国学者奥伦斯坦断言："一直避免与俄罗斯发生冲突并努力缓和矛盾的德国，似乎比以往任何时候都更坚决地要把乌克兰置于自己的经济庇护之下。"②

正是由于这样的地缘战略意义，乌克兰才成为兵家必争之地，长久以来没有得到过安定与和平。

第二，乌克兰内政不稳，国内矛盾长期存在。

乌克兰由于国内东西方地域、民族和宗教差异，长期以来矛盾重重，加上西方和俄罗斯分别成为政府和反对派的支持力量，乌克兰内部矛盾不断激化。

长期以来，乌克兰政坛混乱，贪腐盛行和行政能力的疲软造成国内政局不稳，无论是亚努科维奇还是季莫申科，其执政能力都难以力挽狂澜。同时，乌克兰国家经济长期以来持续衰退，国库亏空，生产下滑，通胀上升，民众对政府的经济能力严重不满。克里米亚宣布独立并加入俄罗斯后，东部和南部一些地区局势动荡，分离主义势力活跃，政府与反对派矛盾不断激化。

乌克兰共有60万平方公里土地面积，超过4000万人口，130多个民族，乌克兰人占77%，俄罗斯人约占20%。官方语言为乌克兰语，通用乌克兰语和俄语。主要宗教为东正教和天主教。西部的乌克兰人长期受欧洲文化影响，在政治和经济上也较亲近欧洲，称为亲欧派；东部讲俄语的乌克兰人，由于长期与俄关系紧密，经济、文化和语言等因素决定其主要为亲俄派。亲欧派与亲俄派之间的长期对立，也是乌克兰内政矛盾激化的一个重要原因。

布热津斯基说过，"失去乌克兰的俄罗斯将成不了大国"，表明了乌克兰

---

① 李慎明、张宇燕主编《全球政治与安全报告（2015）》，社会科学文献出版社，2015，第24页。

② 〔美〕米切尔·奥伦斯坦：《美媒：为迎接"俄德欧洲"做好准备》，新华网，2014年3月13日，http://news.xinhuanet.com/world/2014-03/13/c_126260483.htm。

对俄罗斯大国目标的重要性。乌克兰历史上是基辅罗斯的核心地域，也是苏联第二大加盟共和国，至今保留苏联遗留的先进的军工技术。

历史上，俄罗斯一直掌控着乌克兰，使之成为小俄罗斯，沙俄时期曾经对乌克兰实行愚民政策，消除其语言。乌克兰与俄罗斯的结盟史长达337年，直到苏联解体后乌克兰才正式宣布独立。俄乌在经济、文化、语言等方面长期相互影响，许多俄罗斯人至今仍认为乌克兰是实现俄罗斯完整性不可缺少的一部分，乌克兰的独立倾向深深触动了俄罗斯人的乌克兰情结。

然而，在乌克兰人的眼中，乌克兰的民族特性和民族意愿一直被忽视，总是笼罩在俄罗斯帝国大梦之下。沙皇制度几个世纪所实行的大俄罗斯民族沙文主义和民族奴役、民族灭绝等政策，造成了乌克兰严重的民族问题，也激起了强烈的反抗情绪。乌克兰多次争取民族独立的尝试均以失败告终，但独立的愿望从未消失。受此影响，乌克兰对希冀重振大国雄风的俄罗斯戒备重重。乌克兰境内渴望独立的力量越来越大，逐渐形成强大的反俄和亲欧势力。甚至还有学者认为，乌克兰当初不该把苏联核武器还给俄罗斯。如果乌克兰坚持保留最低核威慑，俄罗斯就不敢吞并克里米亚或者入侵乌克兰东部。①

这种地域差异对内政外交形成了掣肘，成了任何一项政府决策所必须考虑的因素。所以乌克兰作家安德烈·库尔科夫说："在乌克兰，没有一个胜利是双方都会庆祝的。"

第三，加入欧盟对乌克兰有强大的吸引力。

首先，对一直笼罩在俄罗斯控制下的乌克兰而言，加入欧盟首先可以为其政治独立寻求保障，北约能够提供军事与安全保障，助其摆脱俄罗斯的控制。1991年乌克兰宣布独立后不久，欧盟就承认乌克兰的独立地位，并于1992年启动了乌克兰援助计划。1993年乌克兰就将加入欧盟作为其对外政策的目标之一。②

---

① Christian Hacke, "Der Westen und die Ukraine-Krise: Plädoyer für Realismus", *Aus Politik und Zeitgeschichte* 64 (2014): 47 - 48.

② 何卫：《悲情的历史与复杂的现实》，中国共产党新闻网，2014年3月24日，http://theory. people. com. cn/n/2014/0324/ c136457 - 24715606. html。

其次，加入欧盟对改善乌克兰经济发展现状大有裨益。欧盟有着巨大市场，可以提供经济援助，也可助乌进行政治经济改革。签署联系国协定有助于乌克兰引进外资，可改善乌克兰商品和服务进入欧盟市场的环境，有助于本国企业的技术改造，可以促使本国企业提高产品质量和标准。

再次，乌克兰历史上与欧盟交好。

乌克兰位于欧洲东部，虽然同为欧洲国家，但是与西边的欧洲国家相比，乌克兰的经济发展和政治模式都令民众非常失望。自独立以来，乌克兰一直深陷腐败和党争之中，经济上也一直没有超越苏联时期的水平。相反，西边的邻居们政治体制稳定，经济发展迅速，民众工资水平更高，乌克兰民众不由得对此怀抱梦想，希望借由加入欧盟来加速本国政治体制改革并提高经济水平。事实上，进入 21 世纪后，乌克兰大量劳工流入德国、波兰、意大利等国家。

乌克兰从 1989 年起就与欧盟开展经贸合作。1993 年，乌克兰议会通过了《乌克兰对外政策基本方向》决议，确定乌克兰对外政策的目标是最终成为欧盟的全权成员国。乌克兰与欧盟经贸合作主要在贸易、投资和技术援助等 28 个领域展开。欧盟与乌克兰承诺在投资领域相互给予国民待遇，在双边贸易中相互给予最惠国待遇。在原东欧和波罗的海地区的 10 个国家相继与欧盟完成入盟谈判并于 2003 年 4 月 16 日正式签署《入盟条约》后，欧盟已经与乌克兰直接交界，乌克兰与欧盟经贸合作的空间进一步扩大，合作前景也更加广阔。

2013 年，欧盟与乌克兰进出口贸易达到乌克兰进出口总额的 32%，每年乌克兰政府通过欧洲债券市场发行主权债券，欧盟还是乌克兰企业获得技术和融资的主要渠道，多数乌克兰大企业都是在欧盟股票交易所上市。[1]

西乌克兰人不仅在经济上以欧洲为榜样，文化上也离不开欧洲。乌克兰的民族、语言和宗教有着明显的区域划分。东乌克兰在 17 世纪中叶纳入沙俄（后来的苏联）的统治之下，西乌克兰一直被波兰—立陶宛、奥地利和之后的波兰与罗马尼亚分别统治，直到 1944 年被苏联吞并。这种历史背景决

---

[1]　张弘：《乌克兰对欧依赖超过俄罗斯经济失衡成动荡之源》，环球时报，2014 年 2 月 27 日，http://www.cssn.cn/gj/gj_hqxx/201402/t20140227_1004840.shtml。

定了东西乌克兰人民族倾向性的差别，东乌克兰人倾向于讲俄语，很大一部分是俄罗斯裔，西乌克兰人保留着乌克兰语言，也坚持乌克兰宗教和民族文化。乌克兰东部虽然在苏俄的政治高压下，政治和社会体制发展都不是很自由，但很快实现了工业化和城市化；西部的乌克兰人在相对自由和宽容的政治文化下成长，但经济发展相对落后于东部。

除此之外，乌克兰还希望通过欧盟来遏制乌克兰的政治腐败。因此，加入欧盟无疑是寻求民族独立和改变国内经济情况的最佳出路，乌克兰亲欧派对入盟寄予厚望。

第四，俄罗斯与乌克兰无法割舍的经济联系。

除了地缘战略和历史文化因素之外，经济关系是乌克兰选择俄罗斯的关键。乌克兰天然气储量匮乏，每年所需 800 亿立方米天然气中的 3/4 都需要从俄罗斯进口，对俄能源依赖很大。另外，欧盟国家约 1/4 的天然气从俄罗斯进口，其中约 80% 经由乌克兰输送，乌克兰是俄欧天然气的主要过境国。俄罗斯与乌克兰互为盟国时，俄以远远低于国际市场行情的价格向乌提供天然气。从 2009 年起，两国因天然气价格、过境费和债务问题爆发争端，后来乌克兰用俄黑海舰队在乌境内驻扎时间的延长作为交换条件低价购入俄天然气。

虽然乌克兰一直试图摆脱对俄罗斯的油气进口依赖，然而始终无法实现"能源独立"，在油气价格上接受俄罗斯的"恩惠"。而乌克兰在签署联系国协定之前，国内经济捉襟见肘，2013 年第四季度的外汇储备只够维持两周时间。

俄罗斯为乌克兰提供巨大的经济诱惑，欧盟却口惠而实不至，这是乌克兰在加入欧盟的最后一步突然倒戈的现实因素。乌克兰的民众曾因俄罗斯切断油气输送而在严寒中过冬，也因入盟准备遭受到了巨大经济损失。为了本国人民的根本生存，乌克兰不得不接受俄罗斯的条件。

乌克兰政府此前已对国际货币基金组织提出的贷款苛刻条件表示"无法接受"。俄专家认为，乌克兰答应欧盟的条件对其并不利，首先，这将使乌克兰不可能再从俄得到天然气的折扣，其次欧盟的这笔巨额资金是 7 年的贷款和资助，而乌克兰从俄获得的天然气折扣每年可节省约 70 亿美元，7 年就是 490 亿美元。因此，答应欧盟的条件对乌克兰来说得不偿失。

总体来看，乌克兰危机引发的冲突不断升级，俄、美、欧、乌之间在政治上龃龉不断，化学武器问题和美俄对乌境内 ISIS 的空袭将乌克兰危机推上了风口浪尖。然而，各国对乌克兰危机管理的精力分配有所不同：美国前总统奥巴马深陷内政外交的困境，前英国首相卡梅伦忙于应对苏格兰独立问题，法国总统奥朗德深陷经济、政治泥潭，德国的经济实力稳定，国际政治地位也不断提高，德俄关系较其他欧洲国家更为紧密，德国也有主动承担更多国际责任的意愿，德国外交在多边合作、对话和调停等方面较欧盟其他国家更有优势。因此，在乌克兰危机管理中，国际社会对德国寄予厚望。然而，随着 2015 年来大批难民的涌入以及由此引发的一系列暴恐事件的爆发，德国逐渐疲于应对乌克兰危机。

二 乌克兰危机管理过程分析

（一）复杂的国际环境

俄、美、欧、乌多边关系决定了乌克兰危机管理的复杂性。"乌克兰的地缘位置和国际地位决定了：乌克兰要加入欧洲一体化，要么与俄罗斯在一起，要么要经过俄罗斯同意或通过俄罗斯。而乌克兰加入欧盟又是履行一系列入盟条件为前提的，这决定了它又不得不与美国打交道……"[1]

美俄始终在抗衡，而美欧关系面临欧洲一体化新挑战。过去几年，欧洲一体化进程所出现的离心倾向已经和美国全球战略的收缩性调整渐行渐远。2003 年伊拉克战争促使德、法公开反对美国单边主义，2009 年《里斯本条约》的事实更是欧盟增强外交一致性及对外影响力的尝试。2014 年初，"棱镜门"丑闻使欧美关系雪上加霜，促使欧盟国家表明自身的外交独立性和与美国的不同之处。

历史上欧俄关系较好，与欧盟合作，共建和平、稳定的欧洲地缘环境，是俄罗斯经济发展的需要。然而乌克兰危机促使欧美站在一个阵营，美国和欧盟都担心欧洲东部会形成一个新的与西方对峙的俄罗斯阵营。欧盟有限的军事力量和松散的机制，使以美国为首的北约又被推到了前台，危机发展成

---

[1] 《乌克兰变局真相》编写组编《乌克兰变局真相》，新华出版社，2014，第 72 页。

为俄罗斯和美国之间的博弈。

欧盟与俄罗斯之间的矛盾根源在治理观念的分歧上。欧盟和德国认为，在全球化和多边主义的背景下，避免东西方冲突最好的方法就是建立可信的共同规则。没有共同的规则，那么合作就不够稳定，时刻存在破裂甚至引发冲突的可能性。因此各利益代表应当以制定共同规则为目标，这样有助于政治合作和全球市场的形成。与此相反，俄罗斯反对以规则为基础的共存理念，更倾向于以利益为导向的具体项目合作，例如基础设施建设（天然气管道或铁路建设）或投资项目。利益导向型合作项目可以让参与方都从中获得期待的利益，但其条件是成本－效用的考量和个人权利的维护。俄罗斯将规则看作行为者的工具，实际上在俄罗斯，司法制度就是为统治者服务的。因此，俄罗斯将欧盟制定共同规则的尝试视为对其利益的侵害，会对现有合作形成阻碍。①

由于长期以来，德国与俄罗斯有着复杂的历史、政治、经济关联，德国一向高度重视这个东方的邻国，在处理对俄关系上始终谨慎。德国政府数据显示，2013 年德国向俄罗斯出口额高达 360 亿欧元，从俄罗斯进口额高达 400 亿欧元。俄罗斯是德国机械、汽车、汽车零件、化学产品，以及农产品的重要市场，2013 年德国企业对俄的投资超过 200 亿欧元。除此之外，德俄两国在文化交流、人员流通中关系紧密，超过 40 万德裔居民住在俄罗斯，约 20 万俄罗斯人现居于德国。普京曾在德国工作 5 年，并精通德语。② 正是由于德国对俄罗斯的能源输出依赖程度较高，在其他领域关系一直较好，因此德国不希望因为参与危机管理破坏与俄罗斯的关系，在危机管理过程中既想要采取有力手段约束态度强硬的俄罗斯的欲望，又想继续维持经济联系，因此其危机管理处境尴尬，进退维谷。

在这种复杂的国际环境下，德国的国际危机管理机制发挥了怎样的作用，体现了其危机管理的哪些理念，下文将对此进行分析。

---

① Alexander Libman, Susan Stewart, Kirsten Westphal, "Mit Unterschieden umgehen: Die Rolle von Interdependenz in der Beziehung zu Russland", in Volker Perthes, *Ausblick 2016: Begriffe und Realitäten internationaler Politik* (Berlin: Stiftung Wissenschaft und Politik & Deutsches Institut für Internationale Politik und Sicherheit, 2016), S. 18 – 22.

② 史志钦、赖雪仪:《乌克兰危机是对欧盟的一次突击考试》，清华－卡内基全球政策中心，2014 年 8 月，http://www.m4.cn/opinion/2014 – 08/1241113.shtml。

（二）德国国际危机管理机制的作用

德国国际危机管理机制在危机预防总纲的指导下，以国际法、欧盟和德国的法律基础为依据，以危机管理组织机构和工具系统为基础，在危机管理基本结构、决策和实施机制，以及国际框架等方面体现了德国国际危机管理机制的优势和局限性，并且体现了该机制的主要目标，即维护国际和平与安全，最终消除贫困，实现共同发展。

由于乌克兰加入欧盟是欧盟东扩的一环，前期进展顺利，并未触及俄罗斯底线，因而危机的前兆不易发现，这是欧盟战略上的疏忽。德国作为欧盟的领头羊之一，并未及早预测并就其中地缘战略矛盾向欧盟发出预警信息，说明德国国际危机实施机制的危机预警机制尚不完善，相关机构设置和工作流程有待改进。

在危机爆发后，德国国际危机管理机制的基本结构发挥了重要作用。德国各部委和组织机构通过部际合作、与非政府行为体合作、在国际组织框架下行动，努力展开相应领域的工作，在乌克兰危机管理中形成合力，为德国国际危机管理做出重要贡献。

在危机预警阶段可以发挥作用的职能部门之一是联邦外交部。在危机前的预防工作中，德国驻外各国使馆的外交官们所形成的网络，即施泰因迈尔提到的"外交联动体系"发挥着重要作用。他们根据对当地情况的了解，定期向国内汇报当地的异常情况，供国内决策层参考。危机爆发后，外交部一般会临时组织一批专家组成危机处理领导小组，通过协调各部的工作来进行危机管控。危机消失后，该临时组建的危机处理领导小组也会解散。外交部危机预防司在危机预防中也承担着重要使命。外交部危机应急中心负责对世界各地陷入危机的德国公民进行援助，保障其人身安全。

在乌克兰危机背景下，外交部于 2016 年 8 月 30 日举办了主题为"全球化背景下的权力转移：建构变化"[①] 的第十五届经济研讨会大使会议（der

---

① Auswärtiges Amt, *BoKoWiTa 2016: Wirtschaft trifft Diplomatie* (Regierungsdokument, 2016), http://www. auswaertiges-amt. de/DE/AAmt/Botschafterkonferenz/160830 _ BoKoWiTa _ 2016. html? searchArchive = 0&searchEngineQueryString = Ukraine&path = % 2Fdiplo% 2FDE * &searchIssued = 0&searchIssuedAfter = 27. 11. 2013.

Wirtschaftstag der Botschafterkonferenz，BoKoWiTa），230 名德国驻外使馆领导及来自大中小型企业的高层嘉宾参加。BoKoWiTa 是外交部每年一次的大型盛会，外交官与经济界人士针对乌克兰危机背景下的国际安全形势进行了交流。会议总结了当前的国际形势：在乌克兰危机、叙利亚持续内战、利比亚和伊拉克冲突、英国脱欧的背景下，欧盟的离心力在增强，国际秩序需要重建。

内政部的联邦公民保护和灾害救助局（BBK）在乌克兰危机管理方面也发挥了重要作用。BBK 向当地常驻机构提供支持，保护公民和派遣人员免受化学武器危害。为此，BBK 主席克里斯托夫·翁格尔（Christoph Unger）于 2016 年 4 月向乌克兰伙伴提出了加强乌克兰民事保护力量的共同意向声明，这项决议在联邦外交部和联邦内政部的协调下实施。乌克兰危机中 BBK 的主要合作对象是国家紧急服务中心（State Emergency Service，SES）和国家边防局（State Border Guard Service，SBGS）。合作的主要目标是向有关当局介绍德国在当地的化学危害防护手段，并为当局提供一个合作平台。该项目还包括提供军备支持，专家交流和乌克兰军队培训。

联邦国防部也在乌克兰危机管理中发挥了重要作用。联邦国防军 2014 年 3 月参与乌克兰危机管理。德国基辅使馆接收了约 50 名乌克兰伤员，并向联邦国防部请求将这些伤员运送回德国救治。为此，联邦国防军及队医先前往基辅检查伤员情况，然后将其运送到德国。国防军在欧安组织观察团框架内，将非武装军事观察员派往乌克兰。此外，德国通过国际和平行动中心（ZIF）推动了向国际特派团派遣德国危机协助者这一任务的专业化。同时，整个危机预防、解决冲突与巩固和平的过程，加强了德国的民事能力，改善参与欧洲和国际维和部队的条件。

乌克兰自 2002 年以来就是德国的重要伙伴国。在乌克兰危机爆发之后，联邦经济合作与发展部（BMZ）于 2014 年 5 月决定进一步扩大与乌克兰的发展合作，德国发展政策将为乌克兰经济稳定与生活条件的改善做出贡献。联邦政府向乌克兰的资助近乎翻倍，涉及领域包括学校和医院的修缮，亲民的市政管理资助，以及向中小型企业投资。截至 2014 年 2 月，BMZ 已经为乌克兰项目提供了 4550 万欧元资助。① 2015 年 2 月，BMZ 部长格尔德·米勒（Gerd Müller）博士会见乌克兰副总理及乌克兰地区发展、建设和公共住宅事业部部长，就乌克兰东部难民近况和政府改革问题进行交流，并强调要进一步加强与乌克兰的发展合作。②

联邦劳动和社会事务部（BMAS）也为德国国际危机管理展开了相应的对外活动。2015 年 7 月，正值国际劳动力市场改革会议召开之际，德国国务秘书约尔格·阿斯穆森（Jörg Asmussen）访问了基辅，并与乌克兰议会社会政策委员会主席柳德米拉·杰尼索娃（Ljudmyla Denyssowa）以及社会政策部部长帕夫洛·罗森科（Pawlo Rosenkou）就当前乌克兰社会政策问题面临的挑战进行了洽谈。双方认为乌克兰社会事务部目前最重要的任务是使被叛乱分子控制的顿涅茨克州和卢甘斯克州的退休金支付得到保障。为此，除了国际专家与乌克兰当地合作并提供建议之外，联邦劳动和社会事务部在联邦政府的乌克兰行动计划框架内，于 5 月向基辅派去了专家。此外，联邦劳动和社会事务部和乌克兰国家劳动就业中心签署了合作协议，德国国务秘书承诺将进一步提供双边援助，联邦政府也将为乌克兰改革进程中的困难提供帮助。③

2016 年 4 月 14 日，乌克兰新高管会见联邦安全政策研究院（BAKS）主席卡尔 - 海因茨·坎普（Karl-Heinz Kamp），就乌克兰目前局势和对俄关系进行探讨。乌方代表明确表示，乌克兰接受欧盟的帮助，但短期内加入欧盟和北约的可能性不大，当前最重要的是就政治局势展开对话。④

2016 年德国和乌克兰在农业领域展开合作。5 月 17～18 日，德国食品

① BMZ, *Deutschland verstärkt Entwicklungszusammenarbeit mit der Ukraine* (Offizieller Artikel, 2014), http://www.bmz.de/de/presse/aktuelleMeldungen/2014/mai/140520_pm_049_Deutschland-verstaerkt-Entwicklungszusammenarbeit-mit-der-Ukraine/index.html.

② BMZ, *Minister Müller: Die Zusammenarbeit mit der Ukraine wird ausgebaut* (Offizieller Artikel, 2015), http://www.bmz.de/de/presse/aktuelleMeldungen/2015/februar/150204_Minister-Mueller-Die-Zusammenarbeit-mit-der-Ukraine-wird-ausgebaut/index.html.

③ BMAS, *Auftakt zur Arbeitsmarktreform in der Ukraine* (Offizieller Artikel, 2015), http://www.bmas.de/DE/Presse/Meldungen/2015/auftakt-arbeitsmarktreform-ukraine.html.

④ Vera Kislinskaa, *Besuch von Young Leaders aus der Ukraine* (Offizieller Artikel, 2016), https://www.baks.bund.de/de/aktuelles/besuch-von-young-leaders-aus-der-ukraine.

与农业部议会国务秘书彼得·布莱泽（Peter Bleser）前往基辅与乌克兰农业部部长塔拉斯·库托维（Taras Kutovy）一同开启两项德乌合作项目。一个是在欧盟－乌克兰自由贸易协定框架内为乌克兰和德国企业提供咨询的"AgriTrade"项目，另一个是在乌克兰的德国－乌克兰农业示范和培训中心（Deutsch-Ukrainische Agrardemonstrationszentrum und Fortbildungszentrum，AD-FZ）向乌克兰农业领域的专业人士、管理人员和职业教育老师传授现代可持续农业生产的实用知识和技能。联邦食品和农业部（BMEL）目前在乌克兰投入了三个双边合作项目，另外两个双边项目分别涉及有机农业和乌克兰农业协会，还在计划阶段。①

2016 年 6 月，联邦环境、自然保护、建筑和核安全部（BMUB）国务秘书贡特尔·阿德勒（Gunther Adler）与政府代表团访问乌克兰，与乌克兰总理、副总理和基辅市市长就城市可持续发展领域展开合作。主题是县市供暖，特别是居民楼供暖的能源效率。国务秘书阿德勒在会谈中表示，将在乌克兰为建立可持续城市发展体系建设及相关人员的培训提供支持。"将补贴变为投资"是联邦环境、自然保护、建筑和核安全部同乌克兰政府共同开发的理念，阿德勒希望通过"将补贴变为投资"来提升县市供暖能源效率。②

联邦教育与研究部（BMBF）于 2016 年 7 月承诺向乌克兰提供支持。BMBF 部长约翰娜·万卡（Johanna Wanka）对与乌克兰的睦邻友好关系以及该国首次融入欧洲高等教育和研究领域给予积极评价，并表示 BMBF 将努力为乌克兰研究和高校项目提供实质性支持。德国目前已经资助了乌克兰研究项目的大量学科领域，并参与学生和科学家交流项目。联邦政府愿意资助乌克兰进行迅速有效且可持续的改革努力，具体包括为立法和结构性改革提供咨询，将官方资助研究项目融入创新领域，提高乌克兰高校科研能力，以及高校和研究机构的国际化这几个方面。

---

① BMEL, *Neue Kooperationsprojekte durch Staatssekretär Bleser in der Ukraine eröffnet*（Offizieller Artikel，2016），http://www.bmel.de/DE/Ministerium/IntZusammenarbeit/BilateraleZusammenarbeit/_Texte/Dossier-Europa.html? not First = true&docId = 7906812.

② BMUB, *Deutschland hilft Ukraine bei Stadtentwicklung und kommunaler Wärmeversorgung*（Offizieller Artikel，2016），http://www.bmub.bund.de/presse/pressemitteilungen/pm/artikel/deutschland-hilft-ukraine-bei-stadtentwicklung-und-kommunaler-waermeversorgung/.

德国国际危机管理机制的一个重要原则是在国际组织框架下，特别是在欧盟框架下行动。因此，德国通过欧盟和其他国际组织为乌克兰危机管理进程做的努力，对乌克兰是有帮助的。

2016年4月，鉴于乌克兰新政府在司法和内政方面所做的一系列改革努力，欧盟委员会对乌克兰实施签证自由化立法提案，并对乌克兰新政府在反腐、宏观财政援助、公共管理改革和支持中小型企业方面提出了具体的建议，乌克兰局势逐步迈向稳定。这与导致乌克兰危机爆发的动因形成了呼应，反映了欧盟对乌克兰入盟问题的坚持，对自身地缘战略的维护和对俄态度的坚决，也从侧面印证了德国采取制裁、通过和平外交手段协调危机的正确性，以及德国国际危机管理机制第三阶段——危机善后和反馈机制的合理部分。

德国财政部也通过七国峰会在乌克兰危机管理中发挥了作用。德国通过参与2015年在乌克兰召开G7财政部部长会议，与加拿大、法国、意大利、日本和英国共同支持乌克兰政府进行经济改革的决心，以稳定经济，促进增长，改善公民的生活。国际货币基金组织为乌克兰政府的经济改革提供主要支持，G7国家和其他伙伴国为乌克兰提供辅助性财政援助，这也将促进多边发展银行的支持。

2014年6月6日，德国第一次就乌克兰问题与普京、波罗申科、奥朗德举行会谈，当时正值诺曼底二战纪念活动期间，也是乌克兰危机爆发以来俄乌双方首次会谈，因而也叫诺曼底四方会谈。自那时起，德国总理默克尔和时任法国总理奥朗德一起不断努力化解冲突。然而，2016年8月1日德国政府发言人代表称，由于明斯克和平进程缺乏进展，对俄罗斯的制裁将会继续。不过，在德国与其伙伴坚持不懈的努力下，乌克兰危机管理不断取得新的进展。2016年9月1日，乌克兰问题三方联络小组达成停火协议。德国总理默克尔和法国总统奥朗德支持该停火协议，并强调"该停火协议必将成为可持续停战的开始"。[1]

---

[1]　Die Bundesregierung, *Waffenruhe in der Ukraine*（Offizieller Artikel，2016），https：//www.bundesregierung. de/Content/DE/Meldungen/ 2016/09/2016 - 09 - 01-ukraine. html.

（三）德国国际危机管理理念的体现

虽然德国的国际危机管理理念始终强调危机预防的重要性，但事实证明，德国与欧盟在俄罗斯阻止乌克兰入盟这件事情上预判严重失误，因而都没有预料到危机的爆发，危机预防也就无从提起。危机爆发初期德国立场也比较保守，危机管理态度较为被动，这一阶段危机管理难度实际上相对较小，重要的是能够果断地采取有力措施，然而德国错过了危机管理的最佳时期，即便是危机管理成本较低的危机爆发初期也没能很好地把握，这不可避免地要归咎于欧盟在吸收乌克兰入盟时过于自信，对乌克兰的事态发展严重误判。就在 2014 年乌克兰危机前期，德国政治精英们还倾向于认为德国在乌克兰的发展及德俄合作进展相当良好。① 难怪欧根·鲁格（Eugen Ruge）会认为，真正引发危机的不是普京，而是欧洲的自大。②

德国将乌克兰危机管理提上日程，是从乌克兰放弃签订联系国协定开始的，而真正意识到危机的严重性，是从克里米亚公投开始的。出于克制文化和文明力量角色的惯性，德国在乌克兰危机管理中，始终遵循文明力量角色理念的几个要素，不愿采取强硬手段，希望通过和平外交手段来应对危机，并且更愿意在欧盟、欧安组织等国际组织框架下行动，其目标是维持本国和周边地区的和平稳定，避免危机升级为战争或冲突。随着危机形势不断发展，马航坠机事件之后德国更加坚定了制裁俄罗斯的决心，外交孤立、冻结资产以及对寡头政治家发出的旅行禁令都是恰当措施，但和平手段解决危机的原则不变。

德国在乌克兰危机管理中从初期的被动到后来的保守再到主动出击，始终在文明力量的角色设定下行动，符合其一贯的危机管理理念。

首先，乌克兰危机爆发初期，德国表现被动，之后在乌克兰危机管控阶段所采取的措施也十分"温和"，这符合德国长期以来坚持的克制文化。

按照外交角色设定，德国在国际政治和安全事务中不愿意成为"出头

---

① Hanns W. Maull, "Deutsche Außenpolitik—Verantwortung und Macht", *Zeitschrift für Sicherheits- und Außenpolitik* 8/1（2015）：229.

② Eugen Ruge, *Krim-Krise-Nicht mit zweierlei Maß messen!*（Offizieller Artikel, 2014），http://www. zeit. de/2014/11/pro-russische-position-eugen-ruge.

乌"，更不愿意主动参与到乌克兰冲突中，因此在乌克兰危机管理中表现得较为被动。乌克兰地缘战略意义重大，对德国安全和外交战略提出了重大挑战。面对俄罗斯强硬的态度和强大的军事实力，在北约不愿插手、欧盟不愿派遣维和部队的情况下，一向刻意弱化本国军事实力、提倡裁军和军备控制的德国依然没有大力加强军事力量以对抗俄罗斯的想法。强调走温和的调停者路线，通过和平方式应对危机，更有利于维持当前的和平与稳定。

在克里米亚公投之前，默克尔仍在极力与普京沟通，施泰因迈尔也努力斡旋于德俄乌之间，试图维持现有的德俄关系，缓和俄乌矛盾。然而，克里米亚公投已经破坏了国际秩序，俄罗斯干预克里米亚独立性问题涉及侵犯人权，依据德国国际危机管理的保护责任原则（R2P），德国有责任对此采取有力的措施，然而这个"有力"的措施，对德国而言只是意味着加大经济制裁，克里米亚公投的举行和克里米亚入俄的事实证明，德国采取和平外交和经济制裁的危机管理手段力度不够。

其次，在乌克兰危机管理中，德国倾向于融入国际组织，依托国际组织的力量来弥补国家在国际危机管理中部分能力的欠缺。作为冲突的第三方，即俄、欧、乌之间的调停者，在对外安全上尽量依靠北约和联合国，例如在第68届联合国大会关于乌克兰问题决议的投票上，德国同美、英、法等国一同就"乌克兰的领土完整"决议草案投了赞成票，俄罗斯投反对票。① 同时，德国重视发展欧盟共同安全与外交政策，通过欧安组织建立协调小组，不遗余力地通过和平方式来维护国际秩序，从而实现世界和平与安全。

再次，民事手段优先于军事手段的危机管理理念得到体现。

一个国家的精力是有限的，军事实力的增强需要很大的资金投入，德国长期以来弱化军事力量发展，而民事危机管理手段是德国最擅长的部分，因而在乌克兰危机一再升级的情况下依然坚持采用民事危机管理手段，遵循民事手段优于军事手段的管理理念，符合德国实际情况。德国在乌克兰危机中坚持民事手段，除了政治和安全顾虑外，更多地考虑到经济发展的需要。俄罗斯是德国经济发展的重要伙伴，坚持和平手段，可以避免对俄经贸关系突

---

① 《乌克兰变局真相》编写组编《乌克兰变局真相》，新华出版社，2014，第53～54页。

然断裂而造成严重后果。结果，虽然德国以震惊世界的速度发展了坚实和强大的经济实力，但在乌克兰危机管理方面采取的各种措施却略显苍白。

虽然在乌克兰危机管理的实质进展上，欧盟及其框架下的德国发挥的作用较为有限，但在后来的危机管控过程中积极协调各方，坚持和平原则，为乌克兰危机中俄、欧、乌各方之间关系的缓和与危机局势的化解贡献了一定的力量，德国以维护和平的宗旨赢得了世界的肯定和信任。随着大国关系的缓和为乌克兰东部冲突的解决营造了良好的氛围，2016年乌克兰局势已经趋于平稳，各方之间达成停火协议。各方对政治解决顿巴斯冲突的信心正在恢复。由此可见，在乌克兰危机管理中，德国以维护和平为宗旨的民事危机管理手段，发挥了一定的功效。

然而，当德国竭尽所能采用军事制裁和外交斡旋的手段企图在各方之间寻找和解之道时，乌克兰问题三方联络小组于2016年9月21日在明斯克签署关于顿巴斯冲突双方撤军的框架性决议。虽然规定撤军应从10月1日开始，但事实上未能完成。民兵和乌克兰强力人员互指对方有破坏停火的行为。这不禁引人思考：德国对"民事危机管理手段"的执着在任何情况下都合理吗？

乌克兰危机的事实证明，军事实力的发展是充分发挥民事手段优势的保障。民事危机管理理念是德国的特色危机管理理念，其成功之处可圈可点，必须肯定其优越性。在不削弱对民事手段的重视前提下，若能够强化军事实力，增强民事手段的硬实力后盾，使国家在保障自身和周边国家安全与和平的基础上，充分发挥软实力的作用，民事危机管理手段才能实现效用最大化，民事危机管理理念才能成为有本之木、有水之源。

和平呼声再大，也会被一枚导弹湮灭，民事危机管理手段再成熟，也敌不过军事力量带来的冲击。因此，要想成功进行国际危机管理，必须有强大的硬实力做保障。近两年德国暴恐袭击事件频发，同样暴露出德国国际危机管理理念和机制上的不足。辩证地看待已有危机管理理念，以实践为依据完善危机管理机制，是德国国际危机管理机制发展的重要任务。如果继续过分重民事而轻军事，那么德国对内对外都无法担负起维护和平、安全与稳定的责任。

三　德国国际危机管理的考量因素

德国在国际危机管理中首先考虑安全战略因素。由于德国地处欧洲"心脏"部位，易守难攻，在这种特殊的地缘战略条件下，必然要考虑如何在保证自身安全的同时，不引起其他国家的恐惧，因此其安全战略首要目标是保卫德国及其盟国的安全，强调德国是"欧洲的德国"。其次，为保持欧盟的独立性和内部权力均衡，德国重视通过建立泛欧安全机制加强其自身安全机制，包括三大支柱，即改组后的大西洋联盟、欧洲联盟和欧安组织。此外，从德国的历史性格和不断上升的国际地位来看，其成为世界政治大国的目标始终存在，成为世界政治大国有利于维护国际秩序、欧洲秩序，实现和平与稳定的战略目标，更有效地维护自身安全，这也正是德国实现其安全战略目标的手段。

德国的安全战略考量在国际危机管理过程中占有重要地位。正是由于这些考量因素，德国在乌克兰危机中始终弱化军事手段，强调和平外交等民事危机管理手段的重要性。也正是由于安全战略因素考量，德国依托国际组织的作用，强调维护国际秩序，重视泛欧洲安全机制的建立，为其国际危机管理打上了鲜明的德国标签。

德国外交战略也是其国际危机管理考量因素之一。在国际危机逐渐常态化、目标和手段多元化以及国际合作日益重要的背景下，德国外交政策做出了方向性的改变——将国际危机管理纳入德国外交政策的重点关注部分，通过外交部组织的"回顾2014"活动可以看出外交政策改革的决心。为了对共同创建新的国际秩序负起责任，德国将推行积极的参与型危机政策，例如建立叙利亚国际联络小组、积极参与乌克兰危机管理、积极统筹难民危机管理，同时以2016年欧安组织轮值主席国的身份，承担起军备控制和参与创建国际秩序的责任。此外，德国始终强调其外交政策的核心框架仍是欧盟。

在国际危机管理中，德国国家领导人的执政风格和性格也对其危机管理过程产生很大影响。在乌克兰危机爆发初期，出于审慎、严谨的执政风格和事先多加观望的处事方式，默克尔并没有积极参与危机管理，最终不得不眼睁睁看着危机事态一步步恶化。在难民危机爆发之初，默克尔对德国价值观和欧洲价值观的过度执着，使其不顾欧洲其他国家的反对坚定地开放了国门，对欧洲的安全与稳定以及各国的经济发展造成了巨大影响。对德国而言，正是由于国际危机管理机制发展尚未成熟，默克尔在危机治理中没有先例可寻，只得在摸索中前进。

（一）安全战略考量

乌克兰危机导致欧洲一体化进程和德俄合作、欧俄合作平衡战略被打破，欧洲面临自冷战结束之后最复杂和最紧张的地区安全困境。[①]

德国新一届政府在联合执政协议中明确表示，欧盟扩大是一项积极的欧洲和平政策。目前为止欧盟的扩大符合德国和欧洲的利益。促进邻国的稳定、和平、法治和经济发展，是德国和欧盟的重要利益所在，这也是对欧盟睦邻政策的保护。对东部伙伴关系而言，联系国协定、自贸协定和签证便利化协定都是最好的手段。地中海东部和南部海岸线对欧洲的战略意义非同一般，加强与这些国家的关系是稳定该地区的有利条件。[②]

乌克兰地缘位置特殊，位于北约和俄罗斯的中间地带，连接欧洲与俄罗斯，对欧洲和俄罗斯都有重要的安全战略意义。经过北约和欧盟两次东扩，欧洲一体化的触角已经伸到了俄罗斯的家门口。如果乌克兰成功加入欧盟，那么就等于彻底切断了俄罗斯南下的海上通道。乌克兰是欧盟实现欧洲一体化的必争之地，正是由于不能放弃乌克兰的重要安全战略地位，德国不可能任由俄罗斯对乌克兰指手画脚。德国是东西欧、北欧与东南欧（巴尔干地区）、近东的交通中轴，德国的中心位置成为陆权强国俄罗斯追求海权的障碍。[③] 因此，乌克兰危机管理的重点逐渐聚焦在德国与俄罗斯的关系之上。

鉴于德国在欧盟的关键地位以及与俄罗斯的深厚渊源，在欧盟对俄制裁决策过程中，德国的意见最为重要。德国希望在欧盟的制裁呼声和通过经济接触拉近与俄距离的意愿之间实现平衡，因此一开始反对过于仓促的制裁。

---

① 郑春荣、伍慧萍主编《德国蓝皮书：德国发展报告（2015）》，社会科学文献出版社，2015，第 199 页。

② Die Bundesregierung, *Deutschlands Zukunft gestalten—Koalitionsvertrag zwischen CDU, CSU und SPD, 18. Legislaturperiode*（Rheinbach: Union Betriebs-GmbH, 2013），S. 166.

③ 刘新华：《地缘政治、国际体系变迁与德国外交战略的选择》，《德国研究》2004 年第 1 期，第 27 页。

但是，俄罗斯的地缘政治雄心是难以遏制的，因此，德国不得不一再加大制裁力度。

德国自始至终不放弃吸纳乌克兰入盟的战略目标，周旋于俄、欧、乌三方之间，努力通过和平方式来缓和危机局势，试图通过经济制裁来达到维护各方安全与稳定的目的，并取得了一定的成效。乌克兰与欧盟 2014 年 3 月 21 日签署了联系国协定政治部分，6 月 27 日签署了联系国协定经济部分，规定乌克兰将被吸纳进入欧盟的自由贸易区。欧盟的一项研究显示，对乌克兰而言，签订联系国协定会让它增加 10 亿欧元（约合 13.5 亿美元）的出口，经济增长率会上涨 1 个百分点，而欧盟方面会获得更加长期的回报。

德国不放弃乌克兰，也有意识形态方面的考虑，意识形态的融合有利于推进乌克兰向西方靠拢，是德国国家安全战略的精神助力。苏联解体后，前苏联国家虽然接受了西方的宪政民主制度，但多数流于形式。西方社会认为，鼓动乌克兰的政治民主化不仅会改变乌克兰，同时还对其他前苏联国家有示范效应，甚至有可能改变俄罗斯。①

从国际法角度看，德国不能对侵犯他国领土安全的事情坐视不理。德国安全战略目标是维护世界和周边国家的和平与稳定，维护并参与创建国际秩序，对任何违反国际法、破坏国际秩序的行为都严厉抵制。克里米亚公投违反了国际法，侵犯了他国领土安全，其行为严重违背了德国的国际秩序观和安全观，违反了联合执政协议的纲领，触及了德国的底线。为此，在危机管理中，德国对俄的态度由被动应对变为主动出击。对此，默克尔说："在 2014 年，我们不会再容忍一个国家去侵占另外一个国家的领土。"对克里米亚独立，德国不予以承认，对俄罗斯的行为予以严厉的批判和坚决的反对。

综上所述，在乌克兰危机中，德国和俄罗斯有共同的安全战略利益，然而不同的国家形态和悬殊的实力决定了危机管理理念的明显差异，结果是俄罗斯对乌克兰周边虎视眈眈，强硬吞并克里米亚，而德国民事危机管理手段对于扭转俄罗斯的态度几乎是杯水车薪。在唯一可以抗衡俄罗斯的美国无力

---

① 《乌克兰变局真相》编写组编《乌克兰变局真相》，新华出版社，2014，第 203 页。

顾及乌克兰的情况下，德国借助国际组织来进行危机管理的理念在此刻并不奏效，因为联合国通过国际法来约束俄罗斯的努力，以及欧安组织的调停作用，无法迅速产生效果或得到有效回应。本书认为，维护乌克兰的和平与安定起关键作用的终归是乌克兰政府。只有政府的决策方向正确，目标清晰，在平息了内部矛盾的情况下，才有可能在俄欧之间找到安全战略的平衡点。

（二）外交战略考量

如上文所述，德国外交政策在过去十年里涉及四个领域的问题：与美国的关系、与俄罗斯及其邻国的关系、欧洲一体化的未来以及新势力的崛起。[①]在德国外交角色理念的基础上，各届联合政府都在努力发展德国在这四个领域的对外关系。乌克兰危机既涉及德国对俄关系，也涉及欧洲一体化的未来，因此面临尴尬难解的矛盾。

战后的德国一直是和平的拥护者，历史的教训让它对任何形式的战争和冲突都十分敏感，因此努力避免参与其中。在乌克兰危机管理中，德国坚持采用和平外交手段，以维护欧盟及周边国家的和平与稳定为目标。

在危机爆发初期，德国在危机管理方面表现较为被动，希望通过调停者的身份来协调各方利益，最终促成共识，以成功应对危机。

这一方面是由德国以利益和价值观为导向的外交政策决定的。二战后德国通过经济快速发展逐步赢得大国地位，也由于经济实力的稳定和强大在欧债危机中赢得了主导权，因而在乌克兰危机面前依旧会努力维护本国经济稳定与发展。由于德俄经济关系一向紧密，和平外交危机管理手段可以减少双方利益损失，尽可能维持与俄的战略伙伴关系，保障贸易尤其是油气运输管道畅通。加上乌克兰地缘位置对德国的欧洲价值观意义重大，同样不可放弃，所以德国主张采用和平外交手段，认为解决乌克兰危机不能靠对抗，要通过强调各方的共同目标，谋求共同利益来改善关系。

在乌克兰危机管理中，德国自始至终坚定地推行和平外交手段，无论危机升级到何种程度，德国都坚持与俄罗斯、乌克兰和其他相关国对话和谈判，充分发挥调停者的作用。另一方面的原因，就是德国军队并不具备在全

[①] Hanns W. Maull, "Deutsche Außenpolitik—Verantwortung und Macht", *Zeitschrift für Sicherheits- und Außenpolitik* 8/1（2015）：219－220.

球进行危机干预的能力和意愿，其硬实力的确无法与俄罗斯抗衡，加上德国外交角色定位是文明力量，因此其对外政策的重心是软实力，更擅长通过外交、文化、教育等手段，赢得国际认同，提升国际影响力。

然而，初期较为保守的危机管理态度和调停者角色未能阻止危机升级。作为欧洲一体化的发动机之一，德国对俄欧关系的发展有着强烈的责任感。随着乌克兰危机愈演愈烈，克里米亚遭俄罗斯吞并，德国开始积极扮演乌克兰危机管理者角色。

危机升级后，俄罗斯态度和手段都很强硬，致使乌克兰国内局势一片混乱，俄罗斯与欧洲的关系也迅速变冷，当时国内一部分人已经发出要严厉制裁俄罗斯的呼声。德国秉着民事手段优先于军事手段的危机管理理念，对俄采取经济制裁措施并在此基础上不断加大制裁力度。其成功之处体现在坚持将推进明斯克停火协议作为最重要的解决途径，特别是在纪念二战胜利 70 周年的敏感时刻，德国采取这样的方式进行危机管理，符合其民主、法治等价值观，同样有利于维护国家政治局势的稳定。

不过，由欧盟前期预估不足造成的损失，在德国坚定且有弹性的软实力外交政策下得到了些许弥补。如果没有德国的周旋，乌克兰的紧张局势就更加难以缓和，更不可能抵挡俄罗斯的军事和能源政策威胁，也就难以迈出加入欧盟的步伐。

综上所述，在乌克兰危机管理中，德国的外交战略考量既有可圈可点之处，也有局限性。对于德国乌克兰危机管理中的表现，可通过 2016 年 8 月外交部部长施泰因迈尔提出德国外交政策的三个重点来总结。第一，德国推行积极的和参与型的危机政策。第二，除了持续进行危机外交之外，还要清醒地认识未来的问题和创建国际秩序。例如德国担任 2016 年欧安组织的轮值主席国，担负起军备控制的责任，并为 2019/2020 年度联合国安理会席位的候选资格努力。第三，也是最重要的一点，"我们需要一个团结、强大的欧洲"，也就是说德国外交政策的核心框架仍然是欧盟。① 对德国而言，基于利益和价值观这一对外政策的核心不会改变，欧洲一体化和跨大西洋关系是

---

① Auswärtiges Amt, *Botschafterkonferenz 2016*："*Verantwortung*，*Interessen*，*Instrumente*"（Offizieller Artikel，2016），https：//www. auswaertiges-amt. de/de/aamt/160829-boko/282954.

德国对外政策不变的两环。德国对外政策改变的层面是德国对俄罗斯关系的调整，其调整将视乌克兰局势变化而变化。[①]

（三）决策者因素

乌克兰是欧盟东扩的瓶颈，是欧盟战略利益所在，同时也是俄罗斯的地缘战略要地，危机的矛盾涉及俄欧的战略利益，如何应对乌克兰危机，是默克尔执政以来面临的又一次严峻挑战。

鉴于当前国际环境的混乱状态，加上危机本身的复杂性和信息的杂乱无章，厘清乌克兰危机对德国决策者而言是一件困难的事情。德国在乌克兰危机管理中的利益何在，是否值得为之冒险得罪俄罗斯甚至与其交恶，在乌克兰危机中通过外交方式挽回局面的可能性有多大，乌克兰到底能不能实现入盟，普京的态度会不会有所转变，北约会对俄的行为做出何种反应，欧盟各国对乌克兰危机的意见分歧该怎么处理……这些问题要在信息不确定、内部意见不统一的情况下尽快找出答案。在欧盟内部和德国内部存在分歧，且其他国家和组织的反应尚不明晰的情况下，决策者的判断力是关键，决策方向一般能从其一贯的执政风格中找到答案。

默克尔的执政风格是，在军事和安全问题上谨言慎行、少做少错，面对不同政见有较强的抗压性，但在一定程度上也缺少灵活性。

在 2014 年 3 月欧盟临时决定召开的克里米亚危机特别峰会上，欧盟成员国意见对立：以瑞典和波兰为代表的一方认为欧盟应当立即严厉制裁俄罗斯，才有可能制止俄罗斯；以德国为代表的另一方坚持与俄罗斯对话。默克尔在诸多反对意见下始终坚持软实力外交的危机管理手段，显示了她谨慎的决策风格和抗压性。该决定一方面是出于对安全战略的考量，乌克兰是欧俄之间的战略要地，如果危机升级为战争，对欧盟的地缘安全不利。另一方面，德国领导层一直极力维持德俄关系，两国经贸和人员往来频繁，制裁俄罗斯会给德国经济造成损失，也会遭到德国经济界和文化界的反对。

在乌克兰危机管理手段选择上，默克尔始终优先选择民事手段。她深知军事威慑不是德国的强项，因此不主张采用军事手段，也尽量避免参与其他

[①] 郑春荣、伍慧萍主编《德国蓝皮书：德国发展报告（2015）》，社会科学文献出版社，2015，第 199 页。

国际组织的军事行动。同时，由于肩负推动欧洲一体化的重任，默克尔坚持保住德国经济稳定与发展作为欧洲一体化的动力。因此，默克尔的决策体现为在军事安全行动方面主要依靠北约，避免过多的军事投入，集中力量注重经济发展，发挥民事危机管理的长处，推行软实力外交，发挥贸易、文化、教育等方面的影响力。

默克尔这种扬长避短的策略是符合德国特点的，德国劳动力不足，加上历史原因在壮大军事实力方面一直有所避讳，因而不会对俄罗斯硬碰硬。相反，采用自己擅长的民事手段，一方面可以在一定程度上对俄罗斯形成掣肘，另一方面在任何时候都给俄罗斯留有回旋余地。如此一来，德国既能有效避免卷入战争和冲突之中，其和平理念下的软实力外交政策也赢得了国际认同。

默克尔的执政风格体现了德国在政治－安全领域的"克制文化"。在克里米亚公投之前，默克尔面对普京的强硬作风退避忍让，避免发生正面冲突。然而这种审慎和隐忍的执政风格，有时显得过于死板和保守，特别是在危机情况下，缺乏灵活和变通往往会错过危机管理的最佳时机，导致后期危机治理的成本倍增。事实上，在危机爆发后，默克尔的"忍"字诀并没有为乌克兰局势带来任何转机。

遵守国际秩序是德国开展国际行动的前提条件，俄吞并克里米亚的行为，直接触犯国际法的有关规定，侵犯了乌克兰领土的完整性，触碰了德国的底线。自此之后，默克尔一改之前外界眼中的不作为态度，成为力推欧盟尽快制裁俄罗斯的"急先锋"。

默克尔从一开始的不作为态度，转变为后来的积极制裁，然而始终坚持不动用武力，体现了德国人性格中的审慎和克制。从结果来看，默克尔的和平理念得到了国际认同，但乌克兰危机管理并没有取得良好成果。德国对俄罗斯的制裁力度有限，这一切受制于德国当前的战略导向和实力分配，难民危机的爆发让德国自顾不暇，又清楚地知道对俄罗斯采取强硬措施有可能会造成更大的冲突和混乱，那么只能充分利用民事危机管理手段，虽然作用有限，但在一定意义上也促使乌克兰抵挡住了俄罗斯地缘和能源政策的威胁，成功签署了联系国协定。

四　乌克兰危机管理评价

(一)　内外因素共同作用的结果

表面上，俄罗斯简单粗暴地吞并了克里米亚，遭到了国际社会的一致谴责，但事实上守住了自身的地缘战略关键点，维护了国家的战略安全。虽然德国及其所在欧盟始终坚持和平理念，赢得了世界认可，但欧盟的战略目标并未实现，经济利益也受损，从现实主义角度去看，德国在这次危机中并不是赢家。乌克兰危机成为德国推动欧洲一体化，逐步走向世界大国之路上的强大阻力。

从多边关系上看，德国不放弃乌克兰的战略地位，是欧洲一体化的需求，不放弃德俄关系，是为实际的经济利益考虑。一方面，德俄之间有着重要的地缘战略关系。在欧盟大国中，德国在地理位置上最接近俄罗斯和乌克兰，乌克兰夹在欧俄之间，既是俄罗斯的战略缓冲地带，也是欧洲一体化目标的重要一环。另一方面，长期以来德国与俄罗斯维持着紧密的经贸关系，在能源战略和经济发展上对俄依赖度高。德国对俄罗斯的能源供给依赖性强，德俄之间的经济关系也是德国安全和经济利益所在。

在国内关系方面，在危机管理策略上德国内部出现严重分歧，部分人支持严厉制裁俄罗斯，部分人鼓励与俄友好相处。在乌克兰局势僵持不下的情况下，德国 64 位来自政治、经济、文化领域的知名人士向政府及媒体发出呼吁，要求停止"妖魔化"俄罗斯，制定新的对俄政策。俄罗斯是欧洲的一部分，乌克兰危机涉及的不是普京一人，而是整个欧洲的命运。"尽管对俄罗斯的乌克兰政策持批评态度是正确的，但不能导致我们过去 25 年与俄罗斯建立的关系被破坏。"① 可见德国精英阶层重视维护德俄关系，在乌克兰危机管理中倾向于融合而非排斥的理念。

从危机管理结果来看，德国所在的欧盟并未获得预期的利益，而俄罗斯是目前的赢家。虽然乌克兰危机一度造成俄罗斯经济损失惨重，卢布贬值，油价跳水，大量军事支出严重拖垮了国内经济，但这些都没能阻止俄吞并克

---

① Roman Herzog usw. , *Wieder Krieg in Europa? Nicht in unserem Namen!* (Offizieller Artikel, 2014), http://www. zeit. de/politik/2014 – 12/aufruf-russland-dialog.

里米亚的决心，俄最终保住了其西南战略缓冲地带。而欧盟和德国在经过一系列缓和努力之后，依旧处于被动地位，除了经济制裁之外无法采取任何强有力的措施以扭转局势。虽然由于俄罗斯还未完全履行《新明斯克协议》的规定，欧盟将对俄制裁延至 2017 年 1 月底，但这并没有对俄的战略利益造成严重威胁和打击，甚至就连制裁措施本身也遭到了俄罗斯的反制裁，结果在经济上德俄均遭受一定损失。

事实上，尽管德国近年来国际地位上升，但与美、俄相比国际地位和整体实力还是有差距，因此在乌克兰危机管理问题上，俄罗斯更重视美国的态度。而这场危机的挑起者美国，隔岸观火且自顾不暇，因此德国在欧盟框架下独挑大梁，充当危机调停者，其处境与乌克兰倒有几分相似，都是进退两难，且无法对俄罗斯产生威慑作用。此外，欧洲自顾不暇，难民危机的爆发和由此引发的一系列暴力恐怖事件，使整个欧洲人心惶惶，德国也逐渐无暇顾及乌克兰这个鞭长莫及之地。

（二）德国国际危机管理机制的不足

在 2014 年之前，德国对国际危机的态度依然延续了二战后的克制理念，不露锋芒，不搞政治，不强大军队，不主动参与，也顺理成章地忽视了国际危机管理机制的发展与完善。对乌克兰危机爆发的预估不足，克里米亚脱欧入盟的事实，证实了德国国际危机管理机制的不完善，特别是预防环节的缺失。

首先，国际危机预警机制职能的缺失已成事实。在乌克兰危机爆发前，俄罗斯的乌克兰政策、乌克兰国内乱局的形势已经很明显，然而德国当局依然没有意识到危机的苗头，轻视了矛盾的严重性，未对欧盟与乌克兰谈判发出任何警示性信息，对乌克兰签署联系国协定会带来的后果预判不足，证实了国际危机预警机制的缺失，因而更需要从各个方面去加强该阶段的机制建设。

在危机爆发之前，默克尔政府对危机预防并未做好充分的心理和行动准备，因而危机爆发后显得格外被动。此外，由于危机预防主要依靠驻外人员在当地的观察与信息反馈，危机管理小组只是在危机爆发后成立以应急。可见德国外交部成立危机管理小组和建立"危机联动体系"等策略本质上都已经错过了危机前预防这个重要的环节，进一步证实了危机预警和应急机制存在不足。

其次，在危机爆发后的控制和止损阶段，国际危机管控机制的缺失也是事实。

在危机爆发初期，德国出于自身安全与外交延续性的战略因素，仅仅采用和平对话的危机管理手段，随着危机逐渐升级，才逐渐提高管理手段的硬度，但也只是试图通过经济制裁遏制俄罗斯的野心。德国之前的所有制裁措施对俄罗斯而言是杯水车薪，当俄罗斯用硬实力迫使国际社会接受克里米亚独立时，德国国际危机管理手段的单一性和军事危机管理手段较弱的事实便暴露无遗。

除了手段单一之外，德国危机管控机制的其他缺陷也通过乌克兰危机体现出来。首先，在乌克兰危机爆发初期，并没有专门的危机管理机构来负责治理。其次，内部统一很难实现。随着乌克兰内战升级，外部大国之间的博弈愈演愈烈，德国的决策层以及在欧盟层面的决策流程因为意见不一致而决策延误；对于危机管理的原则和目标，国内政党和各界专业人士的看法也很难统一。再次，最终拍板的默克尔总理，也因为过于审慎的决策态度而错过了危机管理的最佳时机。此外，在危机管理理念方面也暴露了缺陷：目标不确定，思路不清晰，导致对俄态度游移不定，反映了德国危机管理理论基础的不扎实。

上述事实表明，德国的国际危机管控机制建设依然在起步阶段，需要在实践中不断发展和完善。

相对危机前预警和危机中管控机制而言，德国的危机善后机制发展得较好。提供人道主义援助，派遣专家、顾问等在经济和社会结构重建、改革、技术方面提供咨询服务，是德国对危机波及严重地区的常用善后措施。在乌克兰危机中，德国阶段性地向乌提供援助。2014年9月，德国向乌东部受战火波及的难民提供总价约为1200万美元的人道主义救援物资。在危机期间，德国也通过国际组织援助乌克兰，例如向欧安组织特派团和选举观察团提供了人员和资金帮助。

危机后管理阶段还有一个重要的任务，就是总结危机管理的经验教训，以改善危机管理机制。从乌克兰危机管理经验中可以得出，成熟的国际危机管理机制对加速乌克兰危机管理的进程、提高危机管理效率有很大益处。

在危机管理过程中，默克尔的执政风格之所以能够对危机管理产生极大影响，是因为德国国际危机管理机制不够系统和完善，因而无法直接为危机管理行动提供依据，管理者不得不以自身经验和执政风格为依据进行决策。默克尔的危机管理决策，遭到部分政党、经济界人士等的反对，这反映在沟通过程中，矛盾很难协调，延缓了决策制定的速度。如果德国国际危机管理机制和理念在乌克兰危机管理经验基础上进一步发展和完善，那么在决策和行动中就有了理论依据、行动纲领和规范化流程，有助于在频发的国际性危机中统一行动思路和方法，及时有效地应对危机。

综上所述，德国国际危机管理机制应当积极从实践中总结经验，吸取教训。首先需要加强的环节是国际危机预警机制，成功预警可以最大限度地减少损失和危机管理成本。同时，相应地完善德国危机管控和善后机制，因为危机前预警、危机中管控和危机后善后三个阶段是相辅相成、不可分割的一个整体，德国国际危机管理机制应该全面发展与完善，要在今后的危机管理中发挥更大的作用。其次，应当丰富危机管理手段，适当增强军事实力，克服民事危机管理手段的单一性问题，为维护世界和平与稳定增加硬实力保障。再次，还应该灵活运用危机管理工具和组织机构，除了综合运用各职能部门之外，还可以借助国际组织、寻求非政府行为体之间的合作，并且充分利用德国危机管理监测和预警系统等工具，通过精密的信息筛选与分析，准确判断相关国家的局势，及时针对危机形势制定应对策略。

（三）德国危机管理理念的问题

自乌克兰危机爆发以来，欧盟框架下的德国参与危机管理的行动能力有限，态度不够积极，加上后来难民危机的困扰导致其无暇顾及乌克兰问题，俄罗斯靠硬实力拿下克里米亚，虽然遭到国际社会的反对，但实质上保住了战略要地。当德国竭尽所能采用军事制裁和外交斡旋的手段企图在各方之间寻找和解之道时，乌克兰问题三方联络小组于 2016 年 9 月 21 日在明斯克签署了关于顿巴斯冲突双方撤军的框架性决议。虽然规定撤军应从 10 月 1 日开始，但事实上未能完成。民兵和乌克兰强力人员互指对方有破坏停火的行为。这不禁引发思考：民事危机管理手段在任何情况下都优先于军事手段吗？如果在乌克兰危机中动用军事手段，那么结果会有什么不同？

表面上看，俄罗斯强硬吞并克里米亚遭到了谴责，但实际上维护了国家的安全战略目标，而德国及其所在的欧盟始终坚持和平理念，虽然赢得了世界认可，却丢失了欧盟的战略要地，并遭受了经济损失，从现实主义角度看，德国在这次危机中并不是赢家。

如果在乌克兰危机中，德国通过国际组织如欧盟、北约采取军事行动，那么情况会有什么不同？

首先，德国军事力量无法抗衡俄罗斯，因此需要借助欧盟和北约采取一定的军事行动，不过危机管理的多方协作往往耗时耗力，因此在各方达成一致之前，很有可能会错失阻止俄罗斯的时机。其次，北约的加入也许能够延缓俄罗斯吞并克里米亚的进程，但乌克兰地处俄、欧之间，对于北约的战略意义远不如俄罗斯和欧盟重要，因此依靠北约提供的军事帮助未必有持续性，还会给俄罗斯采取军事行动提供更加合理的解释，更不利于阻止俄罗斯。最后，即便依靠硬实力获得了暂时的胜利，任何冲突性质的解决方法也都不是根本方法。要想从根本上解决问题，还得靠和平手段。然而，在乌克兰危机管理中，民事手段能够在危机预防和善后方面发挥强大作用，在危机爆发后的管控阶段作用较难发挥。因此，虽然德国在乌克兰危机中对民事手段的坚持赢得了国际社会对于德国和平理念的信任和认可，但不可忽视一个事实——硬实力不够"硬"，便很难为软实力发挥作用提供坚实的基础。

民事危机管理理念是德国的特色危机管理理念，其成功之处可圈可点，必须肯定其可取之处。在不削弱对民事手段重视的前提下，若能够强化军事实力，增强民事手段的硬实力后盾，使国家在能够保障自身和周边国家安全与和平的基础上，充分发挥"软实力"的作用，那么德国的民事危机管理理念才是有本之木、有水之源。

从乌克兰危机的实践经验看来，德国在当前军事实力基础上，即便借助国际组织采取军事行动，想要维护本国和欧盟甚至国际秩序，依然不是一件容易的事情。国际组织可借用的军事力量毕竟有限，而且有时候远水解不了近渴。因此本国硬实力才是在危机管理中最为重要的后盾。

此外，近年来德国频频出现在国际视野中，在国际危机管理中发挥重大作用、产生国际影响力，国际社会一直希望德国能够在国际军事行动中有所表示，新的国际安全形势已经对德国军事力量提出了要求。因此，必须有强大的硬实力做后盾，否则无论是面对频发的暴恐袭击、乌克兰局势的动荡，还是在国际社会互联互通的背景下爆发的其他安全和政治危机，不用说维护国际秩序和周边国家安全与稳定，德国自身的安全可能都会面临威胁。

第二节　难民危机

自 1953 年以来，德国经历了多次移民潮。战后的德国经济处于恢复期，主要接收短期劳工，1953 ～ 1989 年难民申请数量（90 万份）仅占 1953 ～ 2014 年的 23%。随着冷战结束和两德统一，德国的社会福利制度对经济难民的吸引力猛增，加上德国的移民渠道畅通，旅游成本低廉，[①] 难民申请在 1992 年达到历史最高峰（438191 份）。之后难民申请数量逐渐回落。自 2014 年起，受中东乱局的影响，难民申请数量（202834 份）迅速回升，比 2013 年增长了 59.7%，当年德国 20.3% 的人口有移民背景。2015 年（425035 份）比 2014 年增加了约 110%（见图 11）。

尽管德国的难民接收标准严格，相关政策法规严谨，但此次涌入的难民数量巨大，不可避免地带来了许多社会安全问题，难民的安置、教育、培训、就业、医疗、福利等问题随之而来，而来自动荡国家的难民所不仅对德国的社会秩序造成了不利影响，还带来了宗教、文化冲突，更影响到政治稳定，引发了外交和安全层面的问题，巴黎恐怖袭击、2016 年法国国庆日暴恐事件和德国接连而来的恐怖主义行为均给德国敲响警钟。难民安置问题引发的争议对德国在欧盟的危机管理能力提出挑战，使德国不得不在难民危机的政策法规和危机管理方法上不断做出调整，默克尔的"圣母病"饱受诟病，欧洲政治一体化正在经历最严峻的考验。

---

① 张久安：《欧洲难民危机：历史、成因及其全球影响》，《思想政治课教学》2015 年第 11 期，第 50 页。

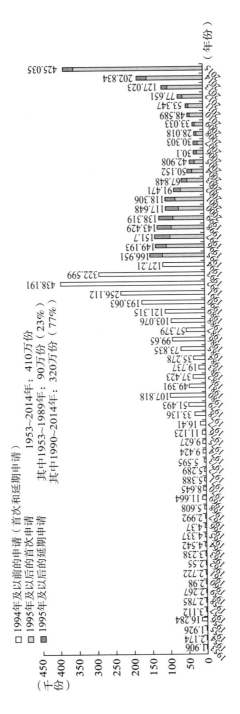

图 11 1953 年以来德国难民申请数量的变化

资料来源：BAMF，*Aktuelle Zahlen zu Asyl—Tabellen Diagramme Erläuterungen* (Regierungsdokument, 2015)，
https://www.bundesregierung.de/resource/blob/997532/426410/d3f3ba51efff48fa3a1bc12b3ae3b019/2016-06-22-bam
f-data.pdf?download=1，S.3。

一 难民危机的欧洲属性

难民问题在欧洲由来已久。近现代史上的第一轮欧洲难民潮可以上溯到20 世纪 30 年代德国纳粹希特勒的"反犹太主义"所产生的大规模的难民潮。二战胜利之后，欧洲的难民问题大致经历了战后调整和去殖民化时期（1945～1960 年），招募外国劳工期（1961～1973 年），限制移民时期（1974～1989 年），难民、非法移民增多时期（1990～2013 年），以及欧洲难民危机时期（2014 年至今），成为欧洲一体化以来面临的最大挑战。[1]

按照欧盟的政策规定，难民第一步踏入哪个欧盟国家，该国就要负责接收、处理和审核难民申请。因此，起初大多数难民挤在离战乱地区最近、总体经济状况又较差的意大利、希腊等南部欧洲国家，后来逐渐转移到对难民持开放和欢迎态度且容纳能力较好的德国，法国和瑞士也属于难民接收的二线国家。

欧洲难民政策旨在保护战争难民免受生命安全的威胁，但也有很大一部分经济难民和非法移民借此机会蒙混进去。战争难民主要是那些由于国内政局不稳、社会动荡、冲突不断，一些大国干预的存在，"颜色革命"加剧了民族矛盾和冲突等，以及因 ISIS 恐怖袭击而逃离家园，寻求更好的生存和生活条件的难民。经济难民通常会被相关国家视为非法难民或非法移民而被驱逐出境或遣送回国。此次危机的难民主要来自西亚、北非等战乱地区，中非等贫困、欠发达地区以及欧亚两洲接壤的巴尔干地区。[2]

涌入欧洲的难民潮对欧洲一体化成果提出了严峻的挑战，同时也考验着德国在欧盟危机管理方面的协调能力和成员国之间的凝聚力。难民危机带着明确的"欧洲"标签。为此，下文将从南北差异、价值观、欧洲一体化三个方面分析此次难民危机的欧洲属性。

（一）危机根源：从南北差异到东西矛盾

近年来世界发生的武装冲突中近一半发生在非洲的南半球地区，其中贫

---

[1] 张久安：《欧洲难民危机：历史、成因及其全球影响》，《思想政治课教学》2015 年第 11期，第 50 页。

[2] 同上。

困是各种矛盾的源头，其本质是南北经济悬殊，并且贫富差距越来越大。此次难民潮爆发的根本原因可以归结为"南北差异"。

首先，由于地中海南北地区经济发展程度和社会结构状况存在天壤之别，南北分化严重，因而大量经济难民冒着生命危险偷渡进入欧洲，追求更好的生活条件和福利保障。其次，由于南北社会结构差异，欧洲国家的政治体制更加成熟与稳定，民主、公平得到保障，社会腐败问题得到有效约束，法制更加健全，因而成为"南方"长期忍受经济盘剥和政治压迫的民众的向往之地。最后，正是国内政治体制不健全，民主等价值观得不到普及，因而遭到西方大国的干涉，导致西亚、北非地区许多国家常年发生大规模动荡，民众为躲避战火，不得不逃往距离较近且更加稳定的欧洲。

"南北差异"最大的区别在经济的发达程度上，其次是文明的发展程度和文化的包容性。欧洲国家一直倡导"人权高于主权"，这种价值观对次发达和不发达国家饱受苦难的人们而言是一座精神上的灯塔，因而冒着生命危险借难民危机奔赴欧洲的人比比皆是，甚至不惜花高价买船票或者冒着生命危险偷渡入境来实现这个目标。但进入欧洲之后，融入又成了要面临的一个新问题。

由于难民来源国和目的地国国民之间在宗教、文化、语言等方面也存在很大差异，因此即便目的地国对难民持包容态度，依然有很多难民由于自身原因无法融入发达国家的文化中。由于宗教信仰的不同，难民与当地公民之间，甚至不同国家的难民之间，还会产生各种各样的摩擦，给社会稳定带来了极大隐患。因此，要想真正让这些难民融入德国的社会中，除了语言和技能培训，还要创造条件使其从心理和文化上融入这个新的环境中。

在难民涌入欧洲边境之后，难民危机逐步内化为"东西矛盾"，东西欧之间形成巨大分歧。

难民潮出现后，德国的"开门政策"和大部分欧洲国家对此的反对态度形成对立，难民进入欧洲分裂为两条路径——"德国路径"和"维谢（维谢格拉德集团）路径"，导致危机管理在欧盟层面难以实施，进而引发危机的升级。对立的局势对德国非常不利，起初法国、奥地利等7国还愿意接受德国的开放性难民政策，但如今法国认为德国的难民政策"不可持续"，有必要加强边境管控，奥地利则完全倒向东欧国家一侧，不仅设定本国的难民接纳上限，还派兵前往马其顿与希腊边境，协助加强边境管控。[①] 在难民危机管理中，默克尔成了欧洲最"孤独"的人。

如果在难民涌入最初，欧洲各国就配合默克尔的难民政策，那么时至今日，难民问题也许就不会那么严重，更不会导致难民危机内化。然而事实上，本书提出的德国在欧盟国际危机管理方面的双重政治问题，预示着各国不可能从一开始就一致同意德国的决策，因此，难民危机还反映了欧洲一体化的不完善。

（二）价值观危机

此次难民危机暴露了德国曾经引以为傲，现在看来却是难民危机爆发根源的一面：价值观危机。

在德国的外交话语中，"利益"的概念带有负面意味，所以政府决策者虽然会谈及利益，但1994年后并没有一份正式官方文件有对德国国家利益的明确表述。官方文件中常常提到的说法是"目标"，在某种意义上，外交政策目标可以被理解为德国的国家利益。[②] 德国奉行以利益和价值观为导向的外交政策，其中"价值观"因素在国家利益论中被视为国家利益的一个组成部分。和平、自由、权利、民主等价值观与国家利益相结合之后，国家利益及其实现手段便有了伦理维度，单个的民族追求自身利益最大化的行为也有机会通过合作和利益平衡，变成所有参与者的利益最大化。[③]

二战后，德国有意识地融入西方民主和自由的价值体系，对德国的经济社会重建乃至德国发展成为一个值得信赖的、欧洲中等水平的政治国家起到了决定性作用。重新统一的德国，只有在价值观层面融入欧洲和德意志民族国家之间实现新的平衡，才有机会获得公民的认同，德国将民族思想和超国家理想结合起来，使其成为西方的一分子，因此，保持和维护德国价值观，成为其国家利益不可分割的一部分。

---

① 任彦：《难民危机让东西欧矛盾"公开化"欧盟裂痕加深》，《人民日报》2016年2月19日，第21版。

② 于芳：《文明力量理论与德国默克尔政府外交政策》，博士学位论文，北京外国语大学，2014，第165页。

③ 同上，第160页。

在全球化的国际体系中，各种文明之间的了解不断加深，人们也有了自己的辨别能力，欧洲以及德国以平等、人权、民主、自由、博爱为主的价值观，正好为难民主要来源国那些饱受苦难的人打开了通往更高文明的一扇大门。此外，更高的文明代表着更优渥的社会福利和生活条件，德国的福利体系是欧洲国家中最有利于公民的，因而成为经济难民的首选居留地。

德国敞开胸怀迎接难民，站在了道德的高地，其福利制度难以为继却也无法削减，平等、公正、自由等价值观为现实中的危机管理带来严峻挑战。因此可以说，这次难民危机对德国而言也是一场价值观危机。德国在难民危机管理中所遵循的价值观已经遭受到质疑，是否能够经受住现实的考验，还需要时间来解答。

德国的价值观（民主、平等、自由）在世界以欧洲为中心的时期为其赢得了国际认同，但也成为难民危机中的最大障碍。在宣扬了多年的自由、平等、人道主义等价值观之后，德国无法开口对难民的涌入说"不"，因为这等同于打自己的嘴巴。控制难民数量，限制边界就更难以开口。此外，较多难民信奉伊斯兰教，具有与西方社会不同的文化认同与价值观。能否接受政教分离、法制社会、男女平等、宗教自由的思想，对具有伊斯兰教背景的难民融入德国社会提出了挑战。

甄别难民身份并且促进难民融入德国社会是一个难题，涌入的难民可能会由于宗教、信仰、价值观等差异被极端组织或势力所吸纳，成为社会不稳定的因素。因此，德国需要完善的移民融入机制。联邦政府与各州计划在2015年10月更改现有难民政策，但是语言与融入课程必然对各州造成一定的财政负担，如何进行联邦与各州之间的任务分配、如何促进难民更好地融入德国社会以及进入劳动力市场是德国将来面临的重大课题。

德国在难民危机管理中表现的包容，可以理解为对德国价值观优越性的一种坚持，然而这必须建立在一定的经济基础之上。随着难民数量越来越多，政治、经济、社会各方面的压力不断增大，德国开始收紧这一"高尚的行为"。这表示，在价值观和利益发生冲突时，德国最终选择了利益。由此可见，长期以来奉行的价值观外交，也不过是一种外交手段，一种实现德国根本战略目标的手段，无非加上了高尚的道德外衣，如果物质诱惑过于世俗，那么价值观外交便给人们提供了一种追求，一种精神上的向往，特别是对生活在贫困国家的人们。

（三） 对欧洲一体化的考验

欧盟在此次难民危机管理中表现得力不从心，既不能限定边界，也无法在欧盟内部达成一致，有效控制难民潮。欧盟各国维护自身利益，决策过程阻力重重，因而危机管理的沟通成本相当高。

究其原因，难民危机的源头似乎在欧洲自身。欧洲多年来由于劳动力不足而大量引入这些地区的移民，推崇"多元文化"这种所谓政治正确，然而移民及其后裔事实上无法融入欧洲社会，形成了数量巨大的社会底层，这些人由于教育缺失和生活条件的问题，成为重大的社会安全隐患。

尽管德国一直强调人权保护，但在欧盟层面，当难民危机挑战到国家的经济稳定、宗教认同和社会安定时，欧盟成员国之间立刻产生两派——支持广纳难民和限制吸收难民，德国属于前者，大部分欧盟成员国属于后者。这是可以理解的。

首先，难民危机伴随许多安全隐患，巴黎恐怖袭击事件对民众心理造成严重冲击，欧盟想推行难民分摊政策更是难上加难。其次，难民安置需要大量物资，对希腊这种经济本已疲软的国家而言是雪上加霜。再次，难民危机以迅雷不及掩耳之势削弱了欧洲一体化的最大成果——申根区不设过界检查，人员自由流动的原有优势，在此次危机中导致欧洲国家无法阻挡来势汹涌的难民，因此各国会通过加强边境控制来自保。最后，难民问题挑战了欧盟的统筹管理能力，一旦分摊难民政策被强加到各国头上，势必会引起各国的反感，加大欧盟的裂痕，甚至各国有可能选择打破现有政体结构来对抗这种秩序。

在难民危机面前，欧盟的团结和凝聚力遭到质疑。在欧盟这个多层政治复合体中，传统的国家利益、决策机构的部门利益、官员的个人偏好乃至公众的参与要求等依旧顽强地存在，对联盟的集体行动构成重要的制约。此外，欧盟成员国经常在不同危急情况下出现"政治意识上不同的优先考虑和对问题的不同认识"①，以及欧盟本身的机构设置与职能分工上的矛盾，使得欧盟在危机管理过程中坎坷不断。在自身利益和欧盟整体利益面前，大部分成员国选择了前者，致使欧盟推行任何一项决议都困难重重。围绕欧洲难民分配方案，各国坚持本国立场，以维护民族认同为由拒绝接收难民，把难民安置的责任推给德国、瑞典这些富裕国家。这也反映出欧洲一体化并不完善，欧盟作为区域一体化机构，缺乏统一的领导能力，欧洲一体化成果堪忧。

二　难民危机管理过程

大量涌入欧洲的难民给欧洲各国的难民管理带来严峻挑战。相比于其他欧洲国家，德国对难民表现得最为包容和欢迎，加上经济实力较强，社会福利制度有吸引力，因此成为难民的首选之地。2015 年，德国接纳的难民人数达百万人。德国难民来源情况如图 12 所示。

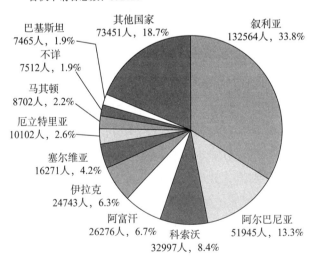

2015年1月1日-11月30日难民主要来源国
首次申请者总数：392028

图 12　2015 年德国难民主要来源国

---

①　〔德〕贝娅特·科勒-科赫、托马斯·康策尔曼、米歇勒·克诺特：《欧盟一体化与欧盟治理》，顾俊礼等译，社会科学文献出版社，2004，第 308 页。

可以看出，由于叙利亚内战的持续，叙利亚仍是最主要的难民来源国，来自西巴尔干国家如阿尔巴尼亚和塞尔维亚的难民则日益减少。值得注意的是，在 4 月之前，俄罗斯难民来源人数还没有排进前十名，由于乌克兰危机局势持续恶化，2016 年上半年来自俄罗斯的难民人数有所上升（见表6）。

表 6　2015 年和 2016 年上半年德国的难民主要来源国

单位：人

难民主要来源国		2015 年 1～6 月	2016 年 1～6 月
1	叙利亚	34428	171488
2	阿富汗	8179	60611
3	伊拉克	9286	56540
4	不详	2552	12025
5	伊朗	1985	12002
6	阿尔巴尼亚	22209	8010
7	厄立特里亚	3636	7220
8	巴基斯坦	2841	7188
9	俄罗斯	2847	5277
10	塞尔维亚	15822	4696

资料来源：BMI, *Bundesamt für Migration und Flüchtlinge: "396. 947 Asylanträge im ersten Halbjahr 2016"* （Offizieller Artikel, 2016），http://www. bmi. bund. de/SharedDocs/Pressemitteilungen/DE/2016/07/asylantraege-juni-2016. html。

与乌克兰危机管理过程相似，德国在此次难民危机预防方面依然表现迟钝，或者说是过于慎重的行为方式导致其错过了危机预防的最佳时期。在难民危机管理过程中，德国坚持民事危机管理手段优先原则，通过外交谈判等方式试图与欧盟其他国家在难民危机管理方面达成一致。不同的是，面对乌克兰危机，德国还可以在一定程度上保持距离，而难民危机则直戳德国的心腹，给德国带来了严重的政治和社会问题，也影响了其在欧盟中的地位。德国一方面必须在欧盟层面上协调各国难民政策，因为难民问题需要欧盟各国共同来解决，另一方面，德国必须谨慎处理国内难民的安置问题，同时维护社会的安全与稳定，难民危机给德国带来巨大挑战。

（一）德国在危机管理中的表现

1. 欧盟层面

从 2015 年夏天以来，德国一直对移民采取开放政策，倡导"欢迎文化"（Willkommenskultur），此举最初受到国民的支持，也赢得了国际上的赞许。然而随着难民数量不断增加，欧盟各国对德国的难民政策愈发不满。

面对来势汹汹的难民潮，德国对难民的开放态度给意大利、匈牙利、希腊等国家造成很大困扰，各国纷纷采取抵制措施，相继颁布了不同的边境管理政策。匈牙利等东欧国家为防止本国出现伊斯兰化倾向，在边界修筑围栏，阻止难民入境。捷克则对难民强制羁留 42 天。

自保加利亚和匈牙利实施边境控制之后，德国、奥地利和其他国家相继在申根区内重新启用临时边境控制。欧盟成员国在某些方面能够达成一致，例如加强欧盟边境管理局（Frontex）的作用和部分难民的分配问题。然而，面对源源不断的难民分配需求和不断加深的边境保护合作，其他欧盟成员国也爱莫能助。重新建立都柏林体系或建立一个可以替代它的新体系作为欧盟的自我纠正措施是无法实现的。难民危机让欧洲人意识到需求与实际之间的差距。

这是二战以来欧洲最大的难民危机，面对已经到家门口的大批难民，欧洲各国不得不在接收和安置方面做好准备。然而仅凭德国一己之力是无法应对的，能否说服其他欧洲盟友达成共同的解决方案，是德国在欧洲危机管理中协调能力的试金石。

德国的开放态度虽然备受争议，但是由于难民危机来势汹汹且道义上无法抗拒，难民危机管理在欧盟层面难以推进，因而更需要德国出面，各国逐渐接受德国充当协调者来推进危机管理进程。默克尔说，"整个欧洲"在处理进入欧盟国家的难民和移民问题上，都要"行动起来"，否则"就是欧盟的失败"。如果欧盟无法就合理分摊难民达成统一，那么确保迁徙自由的申根条约就将受到质疑。

在欧盟框架下，德国的难民危机管控涉及两方面的重要协调任务，一是难民分摊配额问题，二是申根区边境控制问题。事实上，难民危机爆发后，外来人员进入欧洲都太过容易。无论是在国际法还是欧盟自身的法律中，都规定对移民的身份核查期限为 18 个月。因此，欧盟国家有权利，并且应该按照这一期限对移民身份进行核查。为此，德国政府除了呼吁团结和公平外，还积极联合奥地利、法国等国推动欧洲范围内的解决方案，并再次启动"德法发动机"，在欧盟层面寻求有效的方法与其他成员国合作。

难民分摊配额问题一直是欧盟在难民危机管控中的难题，欧盟内部由于难民配额问题一直无法达成一致。2015 年 8 月 24 日，默克尔与奥朗德在柏林举行"难民峰会"，提出欧盟需要一个共同标准，并要求在欧盟境内合理分配难民。此外，默克尔和奥朗德在欧洲议会共同呼吁欧盟保持团结，在欧盟范围内分摊难民压力。德国国内在难民问题上不断修改法律、推出一揽子政策措施，在德国的积极推动下，欧盟层面的应对措施也在不断成熟，难民危机之初的混乱和被动局面也逐渐改变。

在这一过程中，德国在欧盟当中的影响力十分明显，欧盟推出有约束力的难民摊派方案便是证明。尽管波兰、匈牙利、捷克和斯洛伐克这四个东欧成员国订立攻守同盟反对固定摊派，丹麦、英国和爱尔兰也拒绝参加，德国还是采取说服和施压双管齐下的做法，联合了欧盟委员会以及法国、西班牙等国，在 2015 年 9 月 22 日的欧盟内政部长理事会上第一次促成了难民配额方案，就连之前反对摊派的中东欧大国波兰也采取合作态度投了赞成票。

但在难民危机中，德、法、捷、匈、波等申根国在边境控制问题上意见一致，认为"申根区"范围应当保持，但可以强加对其外部边境的控制。2015 年 9 月 24 日欧盟各国领导人达成共识，各国同意加强边境管控以减少难民涌入，同时将向国际机构提供 10 亿欧元，用以在中东地区就近安置难民。默克尔也支持通过国际行动，如加强欧盟外围边境的执法，减少入境的难民人数。这一策略得到基民盟内部的广泛支持。这包括携手土耳其打击人口贩运活动，改善土耳其、黎巴嫩和约旦的叙利亚难民营的条件，以及加强对欧洲边境的管制。

难民问题涉及欧洲价值观的维护。事关欧盟的未来，欧盟不能拒绝接收难民，否则就等同于否认欧洲一直奉行的平等、公平、人权等价值观，这对欧洲一体化的发展是严重的打击。因此，默克尔警告说，欧洲不允许在难民问题上失败，否则，捍卫"普世"公民权益的密切关系将遭到破坏，欧洲将不再是人们想象中的欧洲。

正如理论部分所述，各国对国际危机的理解不同，进行危机管理的动机和目标也有差异，因此在欧盟层面，持开放态度的德国与持反对意见的国家之间的矛盾非常明显。匈牙利总理奥尔班就曾表示，难民危机是德国的问题，而非欧洲的问题。但是，德国对危机的认知却完全不同。在德国看来，恰恰是德国对难民的欢迎态度，使欧盟这个价值共同体免于因拒绝难民而在国际社会丧失可信度。①

难民危机直戳欧洲一体化的要害，触及国家主权的核心领域，因而只有通过有差别的一体化来逐步实现目标，申根体系的实现需要很长一段时间。这也从另一个角度说明，当前的欧洲一体化仍是半成品，在申根区实施统一的难民分配政策目前来看是不可能的。

2. 国家层面

面对难民危机，德国总理默克尔坚定地表示"我们可以做到！"（Wir schaffen das！）默克尔表示处理移民是德国政府的首要工作，宽裕的预算让政府能够应付这个问题。德国执政联盟称，将在 2016 年增加 60 亿欧元的公共资金，以应对德国接收难民之后需要的开销。②

难民危机的属性使德国不必在民事和军事手段之间做出选择。因为难民危机是欧洲自家的事情，各国之间需要的是经济利益的协调，不需动用武力，除了在欧盟层面做好协调工作之外，德国的当务之急是从内政方面着手，完成好本国对难民的安置任务，更多地接纳和安置难民，为其他国家减轻负担，同时寻找适合的难民政策和安置方法，为其他欧洲国家发挥模范作用。

在难民危机管理中，德国在道义上赢得了认同，又在政策上有些摇摆，但仍可从难民接收和安置政策的调整中看出，德国在难民危机管控中的反应

---

① 郑春荣：《领导力难民危机考验德国在欧盟的领导力》，新华网，2016 年 5 月 13 日，http://www. xinhuanet. com//world/ 2016 – 05/13/c_128979612. htm。

② 《德国 2016 年将增加 60 亿欧元预算应对接收难民开销》，中新网，2015 年 9 月 7 日，http://www. chinanews. com/gj/2015/09 – 07/7509775. shtml。

速度较快，政策方面的反应也较为及时。难民危机挑战的除了德国国际危机管控机制的反应能力以外，还有德国的经济实力及各部门和各州之间的整体协调能力。

在难民源源不断地涌入情况下，社会稳定还需经受考验，经济压力更不用说，德国需要耗费时间、力量及资金来实现难民融入社会。因此，除了接收和安置难民，如何从经济层面将难民危机的"危"转化为"机"也成了一个考量因素。

（1）接纳难民为德国劳动力市场注入动力

欧盟预计，到2017年进入欧洲的难民总数将达到300万，包括2015年已经抵达的人数。欧盟委员会表示，大量涌入欧洲的难民将给欧盟经济带来些许好处，使欧盟GDP提升0.2%~0.3%，人口增加0.4%。这些预测数据已经将难民申请被拒等因素考虑在内。[①]

难民入境同样会为德国带来经济利益。只要德国顶得住眼前难民问题带来的经济压力，那么从长远来看，大量的难民入境可以缓和德国劳动力市场的压力，德国经济将从难民流入中受益。

对于难民开支问题，默克尔一开始就坚定地表示，德国有能力处理移民问题，无须加税，也不会影响平衡预算。根据记录申请庇护者初始分配信息的Easy系统数据，2015年共有109.1894万名难民在德国登记申请避难。为避难申请者的食宿、语言培训和健康花费约100亿欧元。[②]

尽管德国在难民方面的开支不断增加，但德国经济部部长加布里尔对德国议会表示，如果能够迅速地把新来的移民培训出来，就解决了国家未来经济最严重的一个问题，即人力缺乏的问题。只是难民转化为经济动力需要一段过渡时间。2015年12月23日，德国中央银行称，许多难民在抵达德国之后一开始将找不到工作，这是因为难民大多年纪轻、资历不足又缺乏所需的技能。德国央行的报告指出，预计从2015年至2017年到德国寻求庇护的移

① 程君秋：《欧盟预计新抵欧洲难民总数两年内升至300万》，环球网，2015年11月，http://world.huanqiu.com/exclusive/2015-11/7921155.html。

② 《数据显示2015年德国接纳难民总人数接近110万》，中新网，2016年1月5日，http://www.chinanews.com/gj/2016/01-05/7701694.shtml。

民人数将多达 150 万人，许多新来者需要首先掌握德国的语言、技能及其他资格，因此最初很多人将无法受雇。这些新来者最初会提高德国的失业率，但他们慢慢进入劳动市场之后，情况便会有所改善。[①]

（2）调整难民接收政策

为缓解匈牙利、意大利、希腊等欧洲"前沿"国家压力，2015 年 8 月 25 日，德国做出决定："联邦移民和难民署宣布将不再遵循都柏林规则。"这是德国对欧盟团结做出的巨大贡献，得到了欧盟委员会的赞许。然而迫于形势压力，德国联邦内政部确认，德国已从 10 月 21 日起对来自叙利亚的难民恢复执行《都柏林公约》。根据这项条例，希望在欧洲避难的难民应在入境欧洲的首个国家递交避难申请。此外，10 月 13 日德国内政部宣布启动临时边境检查，以限制难民大批涌入。政府还决定延长临时边境管控至 10 月 31 日。

德国政府在难民政策上的摇摆是可以理解的。一方面，旧有政策无法适应新的难民危机形势。制定政策的目的是指导解决难民问题，一旦旧的规则无法适应新时期新情况，政府对其做出修改和调整是必要和正确的。另一方面，任何一项政策改革都需要在实践中不断地打磨、发展和完善，因此出现反复也是可以理解的。此外，由于德国主动挑起难民危机管理的大梁，承担更多责任，因而在实施中也会得到世界各国和难民来源国人民更多的理解与包容。

政策的摇摆并没有掩盖德国为难民危机管理付出的努力。2015 年 9 月 8 日，德国政府公布了难民危机一揽子方案，包括加速避难程序和欧盟难民分配问题。联邦政府将增加 60 亿欧元的难民救助支出。

为控制难民数量，德国加快遣返不符合条件的难民。2015 年 10 月 15 日，德国联邦议院通过德国政府提出应对难民潮一揽子法案。该法案旨在加快避难审批程序，尽早遣返不符合条件的难民，并帮助有希望留下的难民尽早融入当地社会。德国将科索沃、阿尔巴尼亚和黑山增列入"安全难民来源地"，目的是让来自这些国家的避难申请者尽快重返家乡。此外，2015 年 9

---

① 《2015 年超百万难民涌入欧洲，人贩子赚 10 亿美元》，新京报，2015 年 12 月 24 日，http://news. xinhuanet. com/world/ 2015 - 12/24/c_128561762. htm。

月 1 日之前从这些国家来到德国的申请避难者，均不得在德国工作。这一就业禁令适用于其避难程序审理期间以及申请被拒之后。目前来自巴尔干国家的避难申请大多数会遭到拒绝。

2015 年 12 月 3 日，德国内政部部长托马斯·德迈齐埃（Thomas de Maizière）表示，德国将收紧寻求避难者的审查程序，过去一年里包括叙利亚申请者在内的避难申请者只需提供书面信息进行申请，现在还需要接受面谈才能进行申请。德迈齐埃表示，德国将与阿富汗加强合作，打击人口贩卖活动，堵住人口贩卖信息渠道，杜绝贩卖人口进入欧洲。

经过联邦政府的努力，2015 年 10 月至 2016 年 2 月，来自西巴尔干地区的难民人数有明显回降，难民总数也有所减少。

自 2016 年 1 月 28 日起，联合政府开始执行"一揽子难民法案 Ⅱ"（Asylpaket Ⅱ）的决议。法案内容分别针对德国人、入德难民和犯罪的难民：[1]

- 联邦内政部将对控制和减少难民数量尽最大努力；
- 承担国际责任、着手欧洲解决方案符合德国国家利益；
- 甄别并遣送犯罪分子、经济难民和其他不需要保护的人群回国的速度，决定了德国公民对难民的接受程度；
- 坚持申根协定是德国的义务和利益所在，即保护对外边境，加快内部流通速度；
- 只要欧洲的方法在减少难民数量方面奏效，德国就坚持走欧洲道路消除难民危机，但其他国家不能单方面指望德国，如果这样德国也无法接收；
- 入德难民在享受政府提供给难民的合法权益的同时，大部分举止得当，并遵守法律；
- 德国不给难民中的犯罪分子留有任何余地。

该法案规定"家庭团聚权"（Familiennachzug）不包括出于人道主义原因接纳家庭成员。根据《居留法》第 22 条，在出于紧急人道主义原因的特

---

[1] BMI, *Rede des Bundesinnenministers zur 1. Lesung des Asylpakets Ⅱ und zur Ausweisung straffälliger Ausländer* (Offizieller Artikel, 2016), https://www.bmi.bund.de/SharedDocs/reden/DE/2016/02/ministerrede-erste-lesung-asylpaketII.html.

殊情况下可以接纳受到辅助性保护的未成年人的父母。特殊情况需由联邦外交部与内政部共同协商决定。此外，在未来可能的《居留法》第23条的配额制度下，受辅助性保护的家庭成员有优先权。限制家庭团聚权看似严酷，却是保障德国难民收容体系不会超负荷的必要决策。因为有些父母为了搭"家庭团聚权"的便车，冒着生命危险先把孩子送到德国。

2016年2月19日联邦内政部部长德迈齐埃在"一揽子难民法案Ⅱ"草案的第一次宣读上发表讲话。难民问题在德国激发了广泛深入的同理心，但同时也引发了分歧，一部分人对欧洲解决方案抱有希望，一部分人则感到失望。德迈齐埃认为，只有国家内部团结一致，才可以承担对外的责任。

德国已经实行了难民审核程序数字化，发放统一的入境证明（Ankunftsausweis），这样一来可以明确掌握难民的信息，包括来自哪里和具备何种能力。德国现已停止双重计数和自愿选择居留地，这些措施都是为了保护国家的安全。

（3）调整难民安置政策

难民融入社会不可避免地会涉及价值观、宗教信仰等的融合问题。在对外政策中，德国奉行民主、人权、公平等价值观，对避难者同样奉行这样的原则。针对已出现的难民安置问题，德国政府出台了一系列新的规定。

联邦政府计划在2016年为各联邦州总共减少40亿欧元的财政负担。从2016年1月1日开始，联邦政府为各州所接纳的每一位难民每月支付670欧元的安置费，同时各州还将额外获得3.5亿欧元的资金用于安置无成人陪伴的未成年难民。截至2019年，各联邦州可从联邦政府每年获得5亿欧元的资助用于建造福利房。在取消了育儿补贴金政策之后，到2018年，各联邦州可以用从中省下来的资金来加强幼儿园设施建设。例如增强托儿所的接收婴幼儿能力。①

2015年12月28日，德国政府为难民融入课程指派了8500名教师，负责教难民儿童德文，联邦移民和难民局也为此增加了人员配备。根据一项在德国16个州的调查，2015年约有19.6万名逃离战乱贫穷的儿童进入德国学

---

① 《德去年接收百万难民财政不堪重负，2016如何应对?》，中新网，2016年1月3日，http://www.chinanews.com/gj/2016/01 – 03/7698399. shtml.

校系统，教育当局已经成立 8264 个专门班级，协助这些小难民在课堂上赶上其他同学。[1]

联邦政府为拥有"良好被收留前景"者举办融入培训班。他们主要是来自像叙利亚这样的危机地区的难民。联邦政府将为这类融入培训班额外增加资金。难民可以在融入培训班学习德语和德国历史。

除此之外，从 2016 年开始，各联邦州可以自行决定是否为难民发放医疗卡。难民可持这种医疗卡直接就医。迄今难民看病需事先获得有关部门的同意。联邦政府决定，今后将更加严厉地打击蛇头，对组织偷渡者判处 3 个月至 5 年有期徒刑。迄今很多收费向德国输入难民的蛇头仅仅受到罚款制裁。此外，德国还决定更多地以实物代替现金对难民提供补助，减少对新来难民的"诱惑"。[2]

（二）德国国际危机管理机制的作用

在乌克兰危机管理中，联邦政府各部委发挥了各自的重要功能。外交部负责对外沟通，联邦情报局负责情报收集，国防部负责搭救难民，财政部考虑财政资助分配，内政部、联邦劳动和社会事务部、联邦教育与研究部一起应对难民的安置和教育、融入、就业等问题。在危机管理过程中，德国国际危机管理工具系统和基础结构也发挥了重要作用，此外，德国还依靠融入国际组织，与联合国难民署、欧洲理事会和欧盟理事会一同为难民危机管理做出贡献。

面对西亚、北非、巴尔干半岛的战争地区和危机地区源源不断涌向德国的难民，联邦宪法保卫局的职责是从中及时发现和甄别可能由难民带来的国内安全威胁。联邦宪法保卫局认为，针对欧洲难民危机，德国到目前为止没有可靠的证据证明"圣战组织"利用难民潮使刺客混进欧洲。联邦和各州安全机构就可疑情况保持密切交流。此外，还会与欧洲和国际伙伴进行适当的合作。萨拉菲斯特的分散行动和难民救助呼吁，不仅有人道主义背景，也有

---

[1] 《德国聘请 8500 名教师教授难民儿童德语》，中新网，2015 年 12 月 28 日，http://www.chinanews.com/gj/2015/12−28/7690576.shtml。

[2] 《德去年接收百万难民财政不堪重负，2016 如何应对？》，中新网，2016 年 1 月 3 日，http://www.chinanews.com/gj/2016/01−03/7698399.shtml。

着煽动的动机。目前尚未看到萨拉菲斯特组织旨在有针对性地激化和招募难民以实现萨拉菲斯特目标的集中协调行动。

德国联邦情报局在此次难民危机中的职责是与非法移民联合分析和战略中心（GASIM）合作，对欧洲特别是德国的非法移民情况进行观察和分析，并根据局势变化及时向联邦政府提交战略报告，包括记录非法走私网络的活动及其行动方式。

外交部及其国外使领馆随时通报关于犯罪团伙逃离的信息及德国的实际和法律框架条件，对于故意传播的错误信息及时捕捉并予以纠正。

在难民危机管理中，除了联邦移民与难民局以及起整体协调作用的联邦内政部发挥了重要作用之外，德国国防部也积极配合，国防部部长冯德莱恩表示，军队将尽力协助地方政府解决移民问题。2015 年已有超过 1 万名非法移民得到德国海军搭救，其中包括圣诞节当天在利比亚附近海域获救的 500多人。联邦国防军在官网发布的声明中提到，2015 年 5 月 7 日开展海上营救行动以来，德国海军共计救起 10528 人。

联邦公民保护和灾害救助局（BBK）携手其联邦技术救援署（THW）为联邦各州、县、市的机关和援助机构在难民安置和食物供应方面提供了很大帮助。BBK 通过领导联邦难民分配协调站（KoSt-FV Bund）证明了其专业高效的危机管理能力。在此期间，联邦公民保护和灾害救助局团队顶住了巨大时间压力，通过联邦和各州共同报告与形势中心（GMLZ）提供信息，及时对慕尼黑分布的难民进行了协调。

联邦公民保护和灾害救助局在危机管理、应急规划及民事保护学院（AKNZ）当地阿魏勒安置了 300 名难民，展示了专业的危机管理能力。此外，联邦公民保护和灾害救助局还接管了莱茵兰－普法尔茨的难民安置工作。

2016 年 2 月，为解决难民融入问题，联邦教育与研究部（BMBF）携手联邦劳动局（BA）和德国中小企业联合会（ZDH）发起年轻难民职业教育的动议，目标是通过全面的资格培训体系以及密集的专业性职业生涯规划和职业准备，让获得政治避难权的难民和已认证的难民，以及避难申请者和容忍难民有机会走进就业市场，接受手工业培训。

2015 年 11 月 24 日，联邦家庭、老年、妇女和青年部启动"难民相关联邦志愿服务"特别项目，同时联邦志愿服务中心开始招募来自社会、文化、经济和体育领域的志愿者。该项目通过《联邦志愿服务法》的改动得到确立，持续实施至 2018 年 12 月 31 日，旨在切实促进难民融入德国社会，为德国持续加强欢迎文化奠定长期基础。在联邦志愿服务（BFD）框架内，德国除了当前已经提供的 35000 个志愿者职位外，还要增加 10000 个新职位，2016 年后联邦预算每年要为此增加 5000 万欧元。

鉴于欧洲边境难民处境不断恶化，联合国对欧盟的难民危机管理提出批评。马其顿、斯洛伐克和奥地利逐步关闭边境，随之而来的是这些国家对避难程序的限制甚至废除，因此大量难民无法继续前往目标国，并在欧盟边境遭到非人道主义的待遇。"安全来源国"虽然在加速审核难民进程中发挥了一定的作用，但这些国家的难民却可能因此而失去在避难程序中的个人权利。除了德国外，欧盟的其余 12 个国家也采取划定"安全来源国"这一措施，欧盟甚至想要将安全来源国名单统一列入法案中。

为此，联合国难民署（UNHCR）已多次发表意见，认为欧盟内部的不协调造成了不必要的损失，并有可能偏离国际法律标准，同时提出了一系列建议。例如联合国难民署建议将叙利亚难民入欧正常化，包括增加难民接收数量并使其不断融入欧盟第三国，也就是所谓的重新安置，还包括符合德国《居留法》规定的人道主义难民接收计划。潘基文对关闭边境的行为做出反应，表示此举忽视了个别寻求政治避难者的权利。

欧洲理事会和欧盟理事会对难民危机给予高度重视，自 2015 年 5 月 27 日以来，理事会几乎每个月都会就难民危机中的问题召开几次会议。例如在 2015 年 10 月 8 日，欧盟内政和外交部部长与土耳其、黎巴嫩、约旦和西巴尔干国家的部长们共同召开关于地中海东线和西巴尔干沿线作为难民通道的会议，欧洲自由贸易联盟国家（瑞士、挪威、列支敦士登和冰岛）也参与其中。会议的目标是推动伙伴更多参与其中，增进团结，保障难民和移民潮的有序管控。2015 年 11 月 24 日"教育、青年、文化和运动"会议总结了移民融入问题的几个要点，包括移民中的青年人政策（Jugendpolitik）和青年人就业问题的重要性，近期移民人口的教育和培训政策，跨文化对话对改善移民与居住国之间的相互理解有重要作用，并指出体育是年轻人融入的一个重要潜在手段。在 2015 年 12 月 3～4 日"司法和内政"主题会议上，司法部部长围绕司法合作和打击仇外心理相关措施做了进度报告。2016 年 2 月 4 日，在"支持叙利亚及该地区"的会议上，欧洲理事会主席图斯克与来自世界各地的决策者们一起承诺，2016 年欧盟将为叙利亚公民提供高达 30 亿欧元的资助。这既包括在叙利亚的人们，也包括叙利亚难民及其接收国。

综上所述，在难民危机管理过程中，德国国际危机管理机制发挥了重要作用，核心决策机构始终是联邦内阁，其决策既考虑国家危机管理目标和机构的执行能力，也考虑国际层面和欧盟的相关政策和法规。同时，德国国际危机管理组织机构之间相互配合，与国际组织紧密联系，形成合力，成功为德国难民危机管理提供助力。德国在难民危机中与联合国、欧盟等国际组织的决策和行动一致，再次印证了德国坚持融入国际组织、遵守国际秩序及和平解决危机的基本理念。此外，德国的难民危机管理决策与欧盟层面的难民危机管理决策始终一致，可见德国既忠于欧盟，又对欧盟有着较大影响。

三　德国国际危机管理的考量因素

（一）安全战略考量

德国安全战略的本质是，在新的国际形势、安全环境和各种挑战下，通过利用联盟的力量和影响联盟的政策，维护欧洲秩序和势力均衡，以达到维护自身安全和成为世界政治大国之目的。其国家利益是在确保本国安全的前提下，谋求与其实力相称的国际地位。[①] 此次难民危机不仅对欧洲周边国家和地区的安全与稳定造成不利影响，还严重威胁到欧洲内部的安全、稳定和欧洲一体化的发展成果。

此次难民危机是西亚北非后冷战格局变化的结果。在国际政治层面上，这种变局与美国 2003 年后在中东激进地推行民主化，以及欧盟维持中东稳定的能力不足有关。中东变局发生后，欧盟国家失去"北非屏

---

① 吴学永：《德国安全战略的新发展》，《欧洲》1996 年第 2 期，第 41 页。

障"，中东地区的伊斯兰宗教极端势力蔓延，造成大量非法移民和难民涌入欧洲。[①] 涌入欧洲的难民首先对欧洲的边境安全造成威胁。

德国是欧洲邻国最多的国家，周边国家的安全与秩序直接关系到德国自身的安全与稳定。面对大批难民涌入欧洲边境，德国的安全战略决定了其在难民危机管理中会有所表现。德国第一个敞开国门欢迎难民，希望通过此举维护欧洲边境的安全秩序，从而保护欧洲的安全不受威胁。

欧洲周边国家安全和欧洲内部的安全是德国实现其安全战略目标的必要条件。申根境内不设屏障这一欧洲一体化的优势成果，在此时却成为难民危机管理的不利条件。难民一旦进入欧洲，就可以在申根区自由流动，这使欧洲各国的难民管理操作起来更加困难，边境安全的不确定性也随之增加。为此，部分国家采取了临时关闭边境等具有民族国家性质的措施。

接收难民伴随着大量的安置费用投入，语言、文化融入课程投入，帮助就业和基本福利保障等开支对欧洲各国的经济造成一定冲击，这也是不少国家不能接受摊派方案的原因之一。2015 年仅德国就接收了百万难民，而能够在如此环境下保持经济持续发展的也只有德国了，相较而言欧洲其他国家一旦接收难民摊派，经济发展势必受到影响。

难民涌入造成恐怖主义事件频频发生，难民犯罪行为屡禁不止，德国与欧洲其他国家的社会安全正在经受威胁。为此，德国不得不采取措施加大难民甄别力度，控制难民接收数量，修改难民政策法案。

在内外安全因素的双重影响下，德国在欧洲推行难民开放政策频频受阻，为此，德国主动扮演起难民危机管理的协调者角色，试图在欧洲各国中就难民解决方案达成一致。然而，由于欧洲各国的安全战略目标不同，在难民危机管理中所追求的危机管理目标也不尽相同，因此，面对欧盟内部复杂的形势和成员国内部在移民问题上持续不断的争论，伴随着各成员国政府右翼势力的崛起，各成员国之间的协调和统一行动变得越来越困难。

欧洲一体化的发展关乎德国的切身安全利益。作为世界一体化程度最高的区域性国际组织，欧盟经济一体化迅速推进，然而政治一体化则举步维

---

① 中国社会科学院欧洲研究所、中国欧洲学会、黄平、周弘、江时学：《欧洲蓝皮书：欧洲发展报告（2015－2016）——欧洲难民危机》，社会科学文献出版社，2016，第 1 页。

艰，因而给人造成经济上的巨人、政治上的侏儒的印象。这次危机为欧盟指出了问题症结所在，单凭各国经济利益的融合，很难实现真正的一体化。想要在今后的国际危机管理中提高管理效率，迅速达成一致，那么必须有一套得到欧盟各国认可的制度规范，以便在类似于欧洲难民危机的情况下，提高欧盟整体应对能力，减少内耗，增强整体行动能力，提高欧盟在国际上的政治地位，为欧洲在国际上的发展注入新的动力。

（二）外交战略考量

欧洲一体化的发展是德国外交政策的重要领域，难民危机久拖不决，给欧洲带来了严重后果，德国作为首先敞开大门迎接难民的欧洲国家，作为欧盟中实力较强的领头羊之一，在难民危机管理中担任总协调者的角色，并且承担了更多责任。

难民危机可以看作欧洲"内部"的危机，危机管理主要涉及欧洲各国之间的协调。在难民危机管理过程中，德国始终遵循欧盟在重大问题决策上的协商一致机制，强调合作，坚持和平协商的方式，这也是难民摊派方案迟迟无法达成一致的客观原因之一。

德国以维护欧盟及周边国家的和平与稳定为目标，自二战以来，维护和平与稳定的目标始终不变，因此在难民危机中继续扮演文明力量的角色，坚持以利益和价值观为导向的外交政策。

大批移民涌入欧洲边境，为了维护欧洲和周边国家的安全与稳定，德国做出接纳难民之举在情理之中。德国多年来通过人道主义援助、经济救援和文化外交等方式，努力获取其他国家对德国价值观的认同，在这些国家和地区推行民主、自由、人道主义等价值观，此次难民潮中大部分难民正是来自那些战火连连、生存得不到基本保障的国家，为了维护价值观外交政策的一致性，德国敞开大门，并希望从道义的高度去感化难民，增加国际认同。同时，考虑大批难民会减轻劳动力市场的压力，在融入后一段时间会带来经济利益，因此在难民接收和安置花费方面表现得很大方。然而德国的这种外交政策显然没有被其他国家接受。

事实超出了预期，难民数量之巨大，带来的问题之多，使德国在难民危机管理方面外交考量的不足暴露出来。与难民的大量涌入伴随而来的是恐怖主义事件的频发，难民安置花费拖累部分欧洲国家的经济恢复与发展，难民融入问题带来潜在的社会群体分裂和其他社会安全问题。

德国各部委在难民甄别、安置、遣返和相关政策制定与修改方面投入了大量资源，却也没能防止混入其中的恐怖分子带来的巨大社会安全隐患。难民融入涉及语言、文化和宗教差异，这些问题得不到解决，当初所期待的劳动力优势则无从谈起。此外，对于经济基础薄弱的难民来源国而言，德国一厢情愿的价值观外交只是暂时被当作逃往欧洲的理由，是否能对难民的价值观有所影响还有待检验。

德国"敞开大门"的呼吁没能得到响应，部分国家在做了开放的尝试之后，根据自身情况选择了关闭边境、设置隔离墙等带有民族主义色彩的措施。难民危机加重了疑欧和脱欧的分离主义倾向，难民摊派方案迟迟不能达成一致和英国脱欧的事实凸显了欧盟内部机制的问题，反映了欧盟凝聚力不足，德国实现欧洲一体化目标的实现再添难度。

德国在难民危机中的外交战略考量重点仍是其欧盟政策，正如施泰因迈尔 2016 年 8 月提出的德国外交政策的重点之一——"我们需要一个团结、强大的欧洲"，也就是说德国外交政策的核心框架仍然是欧盟。[①] 德国的民族特性决定了利益和价值观导向的外交政策的连贯性，也决定了德国对欧洲一体化目标的坚持。德国在难民危机管理中的表现暴露出德国自身和欧盟危机管理机制存在的问题，对欧洲一体化而言既是一种挑战，也是一种机遇：如果在德国的主导下，欧盟能够成功渡过难民危机，那么当前暴露出的问题就都是未来欧洲一体化更加成熟的条件。

（三）决策者因素

难民危机爆发初期，就是在 2015 年 5 月之前，德国在难民危机管理上态度比较被动，在这个阶段并没有为难民危机管控制定明确的应对方案。这可以归因于默克尔的执政风格——她习惯于先冷静观察，后采取行动，然而她在无数质疑声中依然坚持开放的难民政策。

默克尔的难民政策最初受到国际和国内民众的支持，然而随着难民人数激

---

① Auswärtiges Amt, *Botschafterkonferenz 2016: "Verantwortung, Interessen, Instrumente"* (Offizieller Artikel, 2016), https://www.auswaertiges-amt.de/de/aamt/160829-boko/282954.

增，难民安置、教育、社会融入、医疗等问题愈发棘手，德国国内安全和稳定遭到挑战，社会矛盾愈演愈烈。在大量难民入境后，德国社会暴力冲突、犯罪案件频发，带来了恶劣的社会影响，甚至对国家政治稳定造成威胁。

默克尔总理在 2016 年新年贺词中说："我们可以做到，因为德国是一个强大的国家。"（德文：Wir schaffen das, denn Deutschland ist ein starkes Land.）然而，话音刚落，"科隆事件"就给默克尔上了一课。自难民大批涌入欧洲以来，德国和法国人民的心都时刻纠结着，德国列车枪击事件余音未落，一周不到的时间里慕尼黑又发生恐怖袭击，加上法国巴黎《查理周刊》杂志社总部遭遇恐怖袭击、"11·13"巴黎恐怖袭击事件和"7·14"尼斯恐怖袭击等一系列事件造成重大人员伤亡，大量不利证据将矛头直指难民，极大地加剧了德国国内民众对于默克尔难民政策的不满情绪。

默克尔的"开门政策"招致越来越多的批评，被许多德国官员批为"难民磁铁"，德国民众、政界都开始反对默克尔的难民政策，甚至批评其得了"圣母病"。民众和党派内部的支持率下滑，特别是她自己所在的保守派阵营内部。

2015 年 10 月 9 日，德国巴伐利亚州州长办公室发布声明称，若联邦政府不采取主动措施，限制创纪录的难民数量，将向联邦宪法法院提出起诉。声明指责默克尔的难民政策是"法治国家的投降"。2015 年 11 月 2 日，德国副总理加布里尔驳回了关于在德国边界设置过境区以过滤无望取得庇护的移民的构想，这加深了总理默克尔执政联盟的内部分歧。2015 年 10 月 11 日，德国《图片报》公布了一份最新民调结果，民众对执政党基民盟的支持率跌至 38%，同时，48% 的德国人认为默克尔打开国家大门接纳逃离战争的外国难民是错误的。当天，德国副总理加布里尔表示，德国 2015 年将接纳 100 多万名难民，他质疑德国当下的难民政策"缺乏限制"。

2015 年 12 月 7 日，黑森电台（Hessischer Rundfunk）的调查结果显示，54% 的德国民众相信"我们可以做到！"（Wir schaffen das!），可以使难民成功地融入德国社会。但 2016 年 1 月 15 日，德国电视一台的节目《晨间杂志》（ARD-Morgenmagazin）的调查结果显示，民众对默克尔提出"我们能行"的信任度为 44%，比 12 月 7 日的调查结果降低了 10 个百分点（见图 13）。

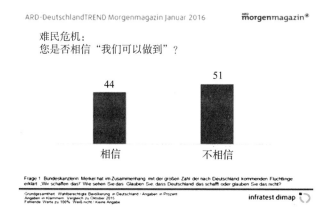

图 13　难民危机——您相信"我们可以做到"吗？

尽管如此，默克尔仍坚持拒绝设置难民人数上限，坚持推动国内和国际共同行动，强调欧洲必须齐心协力才可以共渡难关。默克尔的难民危机管理理念与手段，既有其先进的一面，也有过于理想的部分。

第一，在危机管理理念方面，默克尔顶着各方压力，在难民危机管理中强调合作、融入国际组织，努力与欧盟成员国携手共同应对国际危机，始终呼吁各国在难民摊派方案上达成一致，致力于用和平方式应对危机，这是其危机管理理念的先进部分，有助于整合各方资源以更好地治理危机。

第二，默克尔的难民危机管理理念的出发点是值得肯定的，然而忽视了各方差异，对各方利益权衡不够。欧洲各国历史文化背景、执政理念、经济发展现状等情况不同，难民接纳能力也存在较大差异，难民安置所需的大量人力、物力和财力，给大部分欧洲国家带来的沉重压力早已超过尚难预测的未来福利，如为劳动力增长注入新动力，因此对大部分欧洲国家而言，难民危机眼下带来的巨大损失和未来在融入方面的负担是很难接收和消化掉的。

第三，默克尔的难民政策不仅令欧洲社会稳定受到巨大冲击，也触发了后续的融入问题。在难民融入过程中，社会分层加剧，民族矛盾激化，致使在 2017 年欧洲大选年中，欧洲各国政体发生了巨大震荡，德、法两国传统政党纷纷遭遇"滑铁卢"，右翼民粹主义政党趁势崛起，一路高歌猛进，一举成为德国联邦议会第三大党，在德国的支持率依旧在不断上升。

第四，在难民政策方面，默克尔没有充分考虑现实情况，对人权、公平等价值观的过分执着，虽然在道义上赢得了支持，但在现实中，其宽容的开放政策早已被欧洲频发的难民恐怖袭击事件打击得粉碎。可以说，默克尔在价值观方面的过分执着，将欧洲社会置于危险的境地。

第五，德国和欧盟的难民政策尚不完善，尤其是在世界格局不断变化的背景下，《都柏林公约》早已落后于各国发展现实，欧洲各国的难民政策存在明显分歧，因而欧洲各国之间很难达成一致。从这个角度来看，默克尔的难民政策是对欧盟政治一体化的最高期待，也是对现阶段欧洲经济一体化和政治一体化发展不平衡的一种诠释。

四 难民危机管理评价

（一）德国难民政策的包容性和局限性

德国有着较为成熟的难民和移民政策相关法律法规，包括《基本法》《避难程序法》《居留法》《避难妥协法》①，针对此次难民危机做出的《避难加速程序法》，欧盟的一些法律法规②也构成此次难民危机管理的法律依

---

① 《避难妥协法》（Asylkompromiss）于 1993 年 7 月 1 日生效，第一个核心是"第三国条例"，即如果难民经过欧共体国家或者《日内瓦公约》和《欧洲人权公约》适用的"安全第三国"，则不得在德国申请避难。《避难妥协法》的第二个核心是限制政治迫害的含义。来自安全国的避难申请者，不属于政治迫害者，不能申请避难，除非申请者本人能够提供遭受迫害的依据。安全国是指"基于法律情况、法律实施情况和政治局势，不存在政治迫害和不人道的、侮辱性的惩罚或者行为"的国家。目前，德国这份安全国名单上包括欧盟成员国、波斯尼亚和黑塞哥维那、加纳、马其顿共和国、塞内加尔共和国与塞尔维亚。第三个核心是在《外国人法》里添加了第 32a 条，即如果联邦和州达成一致的话，可以给予战争难民和内战难民一定期限的居留权。《避难妥协法》对德国难民政策具有深远的影响，直到今天，能够依据《基本法》第 16a 条获得政治避难权的申请避难者人数也仅在 1% 左右。参见唐艋《德国难民政策的历史与现状》，《德国研究》2015 年第 2 期，第 52 页。

② 1992 年《马斯特里赫特条约》将政府间的合作制度化，并将其纳入欧盟。但真正属于欧盟层面的权力基础并不存在，直到 1997 年《阿姆斯特丹条约》签署后，欧盟在庇护和移民政策方面才具有了优先决策权。《阿姆斯特丹条约》规定，将这些政策领域划归为欧盟的超国家权限，将《申根协定》与已签订的各个条约融合起来，并决定在五年转型期（实际为六年）和较低程度的限制之后，采用超国家决策机制。2009 年，《里斯本条约》正式生效，它扩展了以法定多数表决制为基准的决策机制，并将议会的共同决策权扩展到原来未曾企及的领域，如劳工移民，但在谈判中，成员国仍确保有权控制准入移民的数量。参见黄平、周弘、江时学主编《欧洲蓝皮书：欧洲发展报告（2015－2016）——欧洲难民危机》，社会科学文献出版社，2016 年，第 23～24 页。

据。此外，欧盟委员会也依据新的难民危机形势提供了一些法律依据①。如《基本法》第16a条对政治避难做了规定，认为受政治迫害者享有避难权，并对如何享有该权利做了详细规定。②

基于当前难民危机所遇到的问题，在2008年颁布的《避难程序法》基础上，联邦议院与联邦参议院共同通过了《避难加速程序法》（Asylverfahrensbeschleunigungsgesetz）。该法案于2015年10月23日公布，自10月24日起生效。新法案在原有基础上做了补充和修改，如对第90条补充"授权临时实施医疗急救措施"；第40条第一款第一项在"逗留"的说法后加入了"或居住"一词；第6章对《联邦建设法典》第246条进行修改，增加了第（11）项到第（17）项规定，以第（12）项为例：截至2019年12月31日，以三年为限的难民或寻求庇护者移动住所搭建可免受施工计划的限制，同时，在期限内可根据建筑使用条例更改工业区收容难民和避难申请者的建筑设施的用途。③

在纽伦堡的德国移民与难民局及其各种分支机构按照避难程序鉴定受政治迫害者是否成为获得政治避难权的难民（Asylberechtigter），并衡量是否应当给予其他形式的保护。④

---

① 2015年7月8日欧盟委员会第2015/1973号派遣规定（欧盟）是对欧盟委员会对欧洲议会与欧洲理事会第514/2014号条例的补充，关于报告庇护、移民和一体化基金违规行为，以及警力合作、犯罪预防、犯罪治理和危机管理的财政支持工具的特别规定。第2015/1977号规定对报告的频率和格式做了限定。2015年5月29日第2015/840号实施规定，根据欧盟委员会对欧洲议会与欧洲理事会第514/2014号条例对负责机关对庇护、移民和一体化基金的一般性规定以及警力合作、犯罪预防、犯罪治理和危机管理的财政支持工具进行监控。

② Deutscher Bundestag, *Grundgesetz für die Bundesrepublik Deutschland vom 23. Mai 1949*（*BGBl. S. 1*）, zuletzt geändert durch Artikel 1 des Gesetzes vom 23. 12. 2014（*BGBl. I S. 2438*）（Regierungsdokument，2010），http://www.bundestag.de/ bundestag/aufgaben/rechtsgrundlagen/grundgesetz/gg/245216.

③ Deutscher Bundestag, *Gesetzentwurf der Fraktionen der CDU/CSU und SPD—Entwurf eines Asylverfahrensbeschleunigungsgesetzes*（*Deutscher Bundestag Drucksache 18/6185 18. Wahlperiode 29. 09. 2015*）（Regierungsdokument，2015），http://dip21.bundestag.de/dip21/btd/18/061/1806185.pdf.

④ 一般难民申请审核的结果有以下几种。（1）依据《基本法》得到居留许可并获得居留证，这部分人享有就业权、可获得旅行证明，在联邦境内与德国公民同享自由权等。（2）根据难民法获得辅助性保护权，这部分人可以依据难民法申请居留证，不直接享有就业权，但也有可能被允许就业。这部分人必须持有或获得原居住国的旅行护照。（3）避难申请全面被拒，必须立即返回原居住国。这类群体由于疾病、缺乏护照、交通不便、人道 （转下页注）

根据《避难程序法》第 3 条，难民申请者通过快速审核通道获得难民身份在德国享有如下基本权利：获得 3 年的居留权；获得难民身份 3 个月后可申请家庭团聚，将配偶与未成年子女接至德国；参加社会融入课程，如语言培训以及职业教育等；获得难民身份后享有难民护照，不必再居住在难民营，具有平等就业权以及自由活动权；为寻求就业者提供基本的生活保障或者社会救济。[1] 此外，也可以获得辅助性保护。[2]

避难申请遭拒并且必须立即返回原居住国，但由于疾病、缺乏护照、交通不便、人道主义或政治驱逐禁令等被暂缓遣送的人被称为容忍难民。他们没有家庭团聚权，获得容忍居留证明三个月后可在德国范围内自由活动。

从以上难民权利可以看出，德国难民政策对难民的容忍度较高，通过难民身份审核的难民可以在德国享有居留权、家庭团聚权以及平等就业权。对于尚未获得难民身份的庇护寻求者，虽然其权利有别于取得合法身份的难民，比如在审核期间禁止工作、不具备完全的自由活动权，但仍可获得 350 欧元左右的补贴、免费食宿以及医护人员服务。[3] 并且对遣返也做了细致规定：如申请避难者的申请遭到拒绝，德国移民与难民局（BAMF）须根据

（接上页注④）主义或政治驱逐禁令等被暂缓遣送，这部分人被称为容忍难民（Gedulde-ter），一般不享受就业权，个例除外。参见 Bundesamt für Migration und Flüchtlinge, *Migration, Integration, Asyl—Politische Entwicklungen in Deutschland 2014—Jährlicher Bericht der deutschen nationalen Kontaktstelle für das Europäische Migrationsnetzwerk (EMN) —Bundesamt für Migration und Flüchtlinge* (Regierungsdokument, 2015), http://www.bamf.de/SharedDocs/Anlagen/DE/ Publikationen/EMN/Politikberichte/emn-politikbericht-2014-germany.pdf? _ blob = publicationFile。

[1] 黄萌萌：《难民危机中如履薄冰的德国》，《百科知识》，2015 年第 22 期，第 38 页。

[2] 《避难程序法》第 4 条第 1 款规定的难民可获得辅助性保护，即原居留国对其存在：（1）死刑的威胁；（2）折磨，不人道的、侮辱性的对待或者惩罚；（3）其生命安全受到来自个体的威胁，或者由于国际或者国内武装冲突，其生命受到威胁。获得辅助性保护的难民只有一年的居留权，居留权每次可以延长两年，五年后，可申请欧盟长期居留许可，七年后，如能保障其生活基本费用，具备足够的语言能力并满足其他规定的条件，才可获得定居许可。此外，该类难民享有平等就业和参加文化融入课程的权利。但其家庭团聚权受到限制，只有在基于国际法规定、具备充分的人道主义理由和符合德国政治利益的情况下才拥有家庭团聚权。参见唐艋《德国难民政策的历史与现状》，《德国研究》2015 年第 2 期，第 54～55 页。

[3] 黄萌萌：《难民危机中如履薄冰的德国》，《百科知识》2015 年第 22 期，第 38 页。

《居留法》第 60 条第 5 款和第 7 款来判断是否存在禁止遣返的情况，如申请者原居留国对其生命和自由存在严重威胁，则不得将其遣返，目前符合此项规定的难民的法律地位等同于获得辅助性保护的难民。[①]

与此同时，难民危机也反映出难民政策的局限性。在此次欧洲难民危机中，《都柏林公约》中部分规定的可行性一再受到质疑。《都柏林公约》的规定将大部分责任交给难民最先踏足的欧盟国家，但现实情况下，这些国家是欧盟国家中难民处置能力最弱的。按照天然地理位置去分配难民的规定不具有科学性，不但不能起到缓冲危机的作用，还会因为责任分摊不均加重部分国家的负担，阻碍难民危机管理的进度。如果不对管理体系进行修正，那么此次难民危机也许会使部分欧盟国家面临崩溃。这也反映出欧盟没有能力就一体化政策关注的领域制定条约，而仅仅能够在协调和信息交流层面上发挥一定的作用。[②]

危机爆发后，欧盟反应迟缓，对难民危机管理甚至达不到其自我要求，因而更应当立即完善欧洲庇护、难民和移民政策。2015 年 8 月，德国经济部部长和外交部部长为强化欧洲难民体系提出了十点计划。[③]

第一，欧盟应制定统一标准，以保障难民在接收国得到人道的安置条件。

第二，需要一个欧洲统一的庇护代码来保障难民在欧盟的受庇护地位。未来可能会促成欧盟难民政策的新的融合。

第三，需要一个公平的难民分摊方案。

第四，需要共同的欧洲边境管理。

第五，迅速向负担过重的欧盟国家提供帮助。

第六，强调人道主义传统，不能对冒着生命危险上路的难民置之不顾。

第七，将难民遣送回国是处理与难民来源国关系的关键，德国也会向这

---

① 唐艋：《德国难民政策的历史与现状》，《德国研究》2015 年第 2 期，第 47 页。

② 黄平、周弘、江时学主编《欧洲蓝皮书：欧洲发展报告（2015－2016）——欧洲难民危机》，社会科学文献出版社，2016，第 24 页。

③ Auswärtiges Amt, *Zehn-Punkte-Plan für europäische Flüchtlingspolitik* (Offizieller Artikel, 2015), http://www. auswaertiges-amt. de/DE/Aussenpolitik/GlobaleFragen/Fluechtlinge/Aktuelles/150823_ BM_BM_Gabriel _FAS_node. html.

些国家提供技术和财政支持。

第八，在欧盟范围内就安全来源国达成共识。

第九，德国需要移民法来减轻庇护体系的负担。

第十，通过巩固国家体制、遏制暴力和内战，改善经济和福利条件，消除中东和非洲国家难民的根源。

该计划仍体现了德国努力探索难民政策解决方案的决心，也从侧面反映了德国和欧洲难民政策未能够与时俱进，以至于在难民危机管理中遇到的重重问题。

2015 年 11 月，德国经济部部长和外交部部长表示，德国的难民政策需要一个新的开端。难民危机已经威胁到欧盟的团结，德国及其他国家可提供的帮助已经达到极限。许多城市和乡镇已经再无接收难民的能力了，必须采取措施控制难民涌入速度。①

德国利用国际政治条件来控制难民数量，其中重要的一项是就欧洲难民登记和分配体系与土耳其达成协定，确保土耳其的难民不会冒险非法进入欧盟。这就是说要将土耳其划为安全来源国。作为回馈，德国依然会继续接收难民，只不过是以一种有序的方式进行，而不像当前这样来势汹汹和混乱不堪。因此，接收战争难民的配额并不能取代庇护程序，只能缓解。德国无法定义固定上限，因为只有通过废除德国宪法中个人寻求庇护的权利才能实现。

面对国内各界的巨大压力，德国司法部部长海科·马斯（Heiko Maas）宣布了修改刑法的计划。修改后的新刑法将简化驱逐与遣返外来犯罪人士和犯罪难民申请人的程序。默克尔也强调称，有必要向"有可能继续犯罪"的群体发送一个"清晰的信号"。

难民政策要求德国与国际社会一同控制难民潮，这就要从源头上解决问题，改善难民来源国的生存条件，提高他们自我消化难民的能力。此外，在欧盟本身容纳能力达到极限的情况下，"曲线救国"也可以在一定程度上发挥作用，例如向土耳其、约旦和黎巴嫩投资以改善生活条件，增强那里的难

---

① Auswärtiges Amt, *Mehr Sicherheit für alle in Europa—Für einen Neustart der Rüstungskontrolle* (Offizieller Artikel, 2016), https://www.auswaertiges-amt.de/de/newsroom/160826-bm-faz/282910.

民安置能力。

（二）德国在欧盟层面发挥主导作用

难民危机的欧洲属性使德国在危机管理中充分发挥了其协调和领导能力，进一步印证了德国政治地位的提升，也为欧洲一体化的进一步发展和德国国际地位的进一步提升创造了良好条件。

在欧洲难民危机中存在的国际干预因素较少，危机管理主要涉及德国在欧盟层面的协调能力以及自身的危机管理能力，德国依托强大的经济实力做后盾，加上国家政治地位逐步提高以及长期以来对欧洲政策的坚持，因此在此次危机管理中表现得较为成熟和自信。

难民危机虽然对欧盟各国的社会稳定和经济发展造成了很大的冲击，但德国宽松的难民政策使其一开始便站在了道德高地上，德国的难民政策成了欧洲难民危机管理的风向标。作为难民的施予方，欧盟各国的矛盾仅为难民分配和接纳方式问题，而非完全不接收，因而在欧盟层面进行危机管理的协调工作，对德国而言并不是毫无根基。再加上德国民众强烈的同理心和在危机爆发初期团结一致的开放态度，德国国内在难民危机管理方面也比较顺利。尽管有些党派质疑默克尔的难民政策，后来由于难民危机引发社会问题，一些民众对默克尔的难民政策持怀疑甚至反对意见，但这是危机升级伴随而来的正常现象，在危机解决之前没有矛盾是不实际的。

这些都无法掩盖德国在难民危机中出色的国际危机管理能力和协调能力，德国国内危机管理策略的灵活应变能力，从欧盟与德国的政策和法规调整中也可见一斑。与欧盟最初的混乱和被动局面相反，德国国内针对难民危机现状，对难民政策与法规做出一系列修改，并推出一揽子政策，德国国内难民接纳和安置能力逐渐提高，难民处境逐渐变好。而在欧盟层面，在德国的积极努力下，难民危机管理的措施也在不断完善。

欧盟在德国的压力下重提分配指标问题，推出有约束力的难民摊派方案，这要归根于德国在欧盟内的影响力提升这一事实。今天的欧盟比以往任何时候都更加受到德国利益、理念、模式和战略的影响，例如在欧债危机的应对过程中，德国逐渐成为欧洲的主导力量，不少国家甚至敦促德国在欧盟层面扮演领导角色。近年来德国在国际危机中的表现，进一步证实了德国在处理欧盟事务中的主导地位。无论是在欧债危机还是乌克兰危机、难民危机中，在欧盟各国相争不下、无法达成一致意见时，在欧盟管理层束手无策时，是德国主动承担重任，推进了危机管理的进程，在这些情况下，可以说各国对德国的认同实际上是超出欧盟的。

究其原因，一方面是德国经济实力的强大与稳定，加上在欧债危机中德国表现出了强烈的责任感和较强的协调能力，使其他欧盟成员国同意由德国主导危机管理。冷战结束后，德国经济发展速度迅猛，在欧债危机给其他国家带来巨大震荡的情况下，德国的经济仍然保持稳定，为带动欧盟其他成员国经济发展提供了巨大动力，成为欧盟经济实实在在的领头羊。另一方面是政治地位的提高。德国通过多年的努力向世界展示了一个以维护世界和平、维护欧洲稳定与发展为己任，行事低调稳妥，"尚文不尚武"的形象。在众多国际政治和安全事务中，德国始终保持谦逊低调的姿态，严格遵守国际法和其他国际制度，对军事手段和武力干涉说"不"，甚至不惜在一些事务中得罪美国和其他一些国家。德国对这些原则表现出来的执着和肯定打消了国际上的疑虑，过去的形象随着时间逐渐淡去。不仅如此，德国通过多年以来在国际和欧盟事务中对维护和平的坚持、尊重他国主权以及向脆弱国家提供人道主义援助等行为，向世界证明了德国的综合实力。因而这个"谦逊"的国家即便自己还想要维持低调的姿态，世界也要将其拉上政治舞台。

德国在国际危机管理领域起步较晚，没有系统的理论基础和管理机制做支撑，也缺乏经验可借鉴。然而，为了承担更多的国际责任，推动欧洲一体化进程，提高欧盟的国际地位，实现参与创建与维护欧洲秩序的战略目标，德国进行难民危机管理的初衷不应受到质疑。作为此次难民危机管理的主导国家，德国在危机管理过程中始终发挥着积极推动和协调的作用。

然而，每一场危机都有其个性化特点和无法预测性。对欧洲国家而言，此次难民危机是史无前例的，没有现成的经验可以借鉴，各国都是在摸索中前进。德国站在战略高度，秉承欧洲整体利益优先于本国利益的理念，坚持开放的难民政策，理论上是可行的。然而事实上，大量引入难民对社会安全和稳定产生了严重的副作用，难民融入所需的大量成本，是默克尔始料未及的。2016年上半年联邦各州面临80亿欧元资金缺口，需要用于支付难民融入的成本。由此而引发的一系列恐怖袭击事件更是给了德国的难民政策重重一击，也给了欧盟一记响亮的耳光。

作为当今世界最成功的区域一体化组织，欧盟内部矛盾曾经的"主旋律"是德法之争，而现在，随着德国的经济实力与政治地位的提高，这个矛盾已经逐渐淡去，在新的国际形势下，如何增强欧盟内部凝聚力，促进政治一体化，才是欧盟进一步发展的重点，也即德国的重要战略目标之一。然而欧盟内部分歧在不断扩大，继欧债危机扩大南北欧成员国之间的鸿沟之后，难民危机使东西欧成员国之间出现巨大的立场分歧。难民危机使欧盟政治一体化的缺失暴露得更为彻底，各国之间为了维护自身利益，乘欧盟政治体制不完善之便，钻法律的空档，各自设立屏障，给欧盟的危机管理造成阻碍。

难民危机反映出来的一个问题，是欧盟的发展理念与欧洲各国的实际需求背道而驰，过高的精神追求和实际能力不匹配，导致在任何危机面前欧盟各国都很难达成一致，由此导致无法迅速对危机做出反应，容易错过危机管理的最佳时期。对此，本书认为，欧盟应该从实际出发，在一定程度上满足各方利益的同时，将一体化目标分步实施，切忌一口吃个胖子，不要过分执着于其"多元文化"的信仰，而这恰恰是欧盟一厢情愿的地方，入欧移民对于融入并没有他们想的那么积极，由于宗教信仰问题，文化融入甚至只能算空想。

另一个问题是德国在推动政治一体化的目标时操之过急，尤其默克尔在难民危机爆发初期，高尚地打开德国大门，同时要求其他欧盟国家打开国门。德国在此忽略了两点，第一，欧盟国家的经济实力和军事实力不同，大部分国家不如德国发展速度快，没有能力完全开放，也不能安置那么多难民。强制摊派，用自己的标准去衡量其他国家，未免有些强人所难。事实上最终各国还是坚持不下去，重新实施边境控制。第二，任何一项政策都有其相对条件，德国恰巧过多地将"普世"价值观带到了政治决策上。认同"普世"价值观并不代表各国必须对来自世界各地的难民完全开放国门，各主权国家有权根据自身容纳能力决定接收多少难民，这与高尚与否无关。

尽管其他欧盟国家对开放政策持反对意见，但只有英国适时地脱欧，也脱离了难民分摊的配额，从这个狭义的角度去看，英国脱欧是对自身利益的保全，是无可厚非的。时至今日，恐怖袭击事件依旧在发生，令欧洲社会陷入不安；逆全球化思潮和右翼民粹主义也不断崛起，国家政治体制受到剧烈震荡。目前来看，德国只有改掉上述两个错误，不再强制摊派，收紧难民政策，并加强安保系统，完善国际危机管理机制，难民危机管理才能看到出路。

（三）德国危机管理理念的两面性

在全球化背景下，德国的发展空间有限，区域化发展是大势所趋，德国意识到只有在欧盟这个区域组织的保护下，才能够有更长远的发展。因此，德国积极推进欧洲一体化，并在一体化过程中实现了国家经济的快速发展。

随着经济实力和政治地位的逐步提高，德国在国际危机管理中的显性特征越来越多地显现出来，在难民危机中逐步表现出明显有别于其他欧洲国家的主导能力。

难民危机的欧洲属性已经将德国危机管理的行动范围限定在了欧盟框架内。在难民危机中，德国始终将自身置于欧盟框架下，以欧洲一体化为目标，遵守和维护欧洲秩序。在欧盟层面发挥协调及主导作用，充分体现了德国融入国际组织框架的管理理念，以及强调欧盟的显性地位，将本国放在隐性地位的特点。

由于难民危机波及范围广、管理难度大，靠德国自身独立解决是不可能的，因而需要各相关国共同完成，欧盟为德国与各国之间的协调提供了平台。难民危机的管理需要用到大量资源，各国在各种资源方面的优势不同，因而需要合力才能聚集危机管理需要的各种资源。为此，德国在难民危机管理中最突出的理念就是重视各行为体之间的协调与合作，以提高危机管理能力。

在难民危机管理过程中，德国将本国利益放在欧盟集体利益之后，力图携手欧盟其他国家共同发挥文明力量作用，使德国在道德上赢得了国际社会的肯定，但也引发了暴恐事件、英国脱欧等严重后果。

德国对欧盟框架的认同感一直超越其他欧盟国家，对欧洲政治一体化的坚持和推进，也是德国难民危机管理的重要目标。德国对自身危机管理理念的坚持，在某种程度上体现的是本国的国家战略和国家利益，然而这对其他国家不具有普遍适用性。各国的综合实力和国家战略、国家利益不尽相同，要想让其他国家同样将欧盟置于显性地位，将自身置于隐性地位，以欧洲整体利益为主，弱化甚至牺牲本国利益，并始终将协调与合作当作危机管理的重要途径，绝非易事。

事实上，在难民危机中，欧洲大部分国家出于自身利益的考虑不愿对难民采取开放政策，然而德国在此问题上坚持德国价值观和欧洲价值观，欣然敞开大门，给欧洲造成了严重后果。时至今日，德国和欧洲其他国家之间仍旧因为难民接收和安置的一系列问题龃龉不断，难民中夹杂的恐怖分子使欧洲的安全和稳定遭受威胁，成员国的经济发展因为大量难民的福利支出和安置费用受到拖累，社会治安问题引发了激烈矛盾，更是引发了英国脱欧的后果。

由此可见，德国的国际危机管理理念并非一贯秉持民主原则，在此次危机管理中，让其他国家接受德国的价值观，强行推动协调与合作理念，迫使其他国家与德国一起弱化本国利益，客观上成为欧洲部分国家的负累，牵制了欧洲一体化的前进脚步。因此，德国国际危机管理理念是一把双刃剑，在维护欧洲整体利益、推动一体化发展的同时，也会给其他欧洲国家甚至欧盟本身造成不利影响。

（四）德国难民危机管理中的双重政治问题

德国国际危机管理的双重政治问题，一是指上文提到的显性和隐性地位之间的转变，二是指德国在欧盟框架下应当却不能把握危机管理最佳时机的问题。

根据"冲突预防悖论"，在难民危机管理中，越早采取措施，成功的概率越大，危机管理的成本就越低，但团结欧盟各国政治意愿的难度也就越大。由于各国对欧洲价值观的认同程度和接纳难民的必要性认识不同，危机中各国的利益权衡也有区别，因此，要迅速就危机管理方法达成一致是非常难的事。实际上，在动员和应用足够的资源方面，各国的意愿通常是有差异的，结果导致达成共识的那一刻已经错过了危机管理的最佳时机。这就是德国在难民危机管理过程中无法顺利协调各方意愿，迟迟不能就核心问题达成一致的重要原因。

在难民危机管理实践中，欧盟内部的问题再次被反映出来，欧盟政治一体化的不完善，给德国危机管理造成了不便。上文已经证明，德国的国际危机管理跨不过欧盟层面。欧盟各国政治意愿很难协调，在达成共识之前内耗大等特点，导致危机预防的最佳时机很容易错过，因而德国的预防型国际危机管理理念难以实现。雪上加霜的是，一旦错过危机预防，危机管理的成本和难度都将成倍增加。

欧盟内部的重重矛盾，也是欧盟内部危机管理机制不成熟的表现。欧盟危机管理模式的特点在于其内部开放度和集体参与的通道，它以共同行动的收益和必要性转化成员们的认同程度，但也因此存在决策分散、脱节和低效率等弊端。

首先，国家利益、决策机构的部门利益、官员的个人偏好乃至公众的参与要求等依旧顽强地存在，对欧盟危机管理形成重要的制约。

其次，欧盟成员国经常在不同危急情况下出现"政治意识上不同的优先考虑和对问题的不同认识"①。

再次，欧盟的政治一体化不完善，集中决策能力有限。欧盟共同外交与安全政策的决策程序规定了成员国的独立与核心地位，而联盟的权力则主要体现于引导欧洲各国首脑及外交部部长们优先讨论何种日程并提供何种决策建议。尽管后者的影响力不容低估，但欧盟要以此推动所有成员国在复杂、尖锐的危机中达成一致的管理意见显然不那么容易。

此外，在欧盟本身的机构设置与职能分工上，政府间主义和协商一致的原则也造成了信息不对称、行动脱节和政策不配套等现象。欧盟理事会把对危机的评判和管理的规划视为自己的专属领域，不愿与欧盟委员会沟通。即使是在欧盟理事会内部，军事部门也习惯于单向的对上负责而不愿意对民事部门开放和与之协作。②

这里提到的双重政治问题正是德国面临的"危机"。若德国在显隐性角色之间切换得当，并克服"冲突预防悖论"提出的挑战，那么难民危机对欧

---

① 〔德〕贝娅特·科勒－科赫、托马斯·康策尔曼、米歇勒·克诺特：《欧盟一体化与欧盟治理》，顾俊礼等译，社会科学文献出版社，2004，第308页。

② Catriona Gourlay, "Cinvi-Civil Coordination in EU Crisis Management", in Nowak, Agnieszka, *Civilian Crisis Management：the EU Way (Chaillot Paper No. 90)* (Paris：Institute for Security Studies, 2006), pp. 111 - 112.

盟的发展而言是机遇，也有助于德国国际危机管理机制的进一步发展，倘若被欧盟的组织方式所累，那么难民危机就是真正的"危"机了。

第三节　乌克兰危机与难民危机管理比较分析

乌克兰危机与难民危机同属国际性危机，然而在性质上有较大差别。

从地缘战略角度考虑，将乌克兰发展为欧盟成员是欧洲一体化东扩的战略目标之一，但不具有决定性意义，对德国而言更不涉及直接战略利益。而难民危机发生在欧洲，是德国和欧盟的直接利益关切，对德国和欧洲的安全和发展战略的实施起着至关重要的作用。

在德国外交和安全战略层面，乌克兰危机涉及德国维护国际秩序与周边国家安全的战略目标，但危机态势与德国和平外交政策相矛盾，超出了德国危机管理的能力范围。难民危机管理符合德国的外交和安全战略需求，首先，德国必须采取危机管理措施以维护欧洲稳定与安全，其次，大量难民给欧洲带来了更多劳动力，为解决欧洲老龄化问题提供了新出路，有利于欧洲一体化的发展，最后，德国在欧盟地位的提升决定了它在难民危机管理中承担更多责任，并处于协调各国的主导地位。

针对国际危机管理中的利益因素，我国学者邱美荣建立了利益类型决定框架。第一，国际危机以及危机决策中有关各方之间多样的国家利益，一般来说可以根据它们相互间的关系，分为三类：一致的国家利益、冲突的国家利益和非交叉的国家利益。第二，国家利益的类型，或者说决策者所认知的国家利益类型即在利益层次中的位置，在很大程度上决定了危机管理的方式。第三，从危机所涉及的国家利益类型来看，危机管理有三种可能性：（1）国家利益的一致性决定了合作或者和平解决危机的可能；（2）相互排他的冲突性利益决定了在没有任何一方让步或者调整其国家利益的内涵时，危机解决的冲突方式；（3）非交叉利益的界定，则使危机解决的方式可能是和平或者冲突，或者介于两者之间。[①]

---

① 邱美荣：《国家利益与国际危机管理》，倪世雄、王义桅主编《中美国家利益比较》，时事出版社，2004，第91页。

按照邱美荣的利益类型决定框架分类，乌克兰危机涉及各方的利益是非交叉关系，使危机解决的方式可能是和平或者冲突，或者介于两者之间。而难民危机各方具有较为一致的国家利益，这决定了以合作或者和平方式治理危机的可能。

乌克兰危机主要涉及俄、欧、乌三方，在危机管理中三方各自追求的利益不同。俄罗斯以吞并克里米亚以保全地缘战略要地为目标，对乌采取威逼利诱的策略，不惜使用武力更是体现了其在此次危机管理中达到目标的决心；欧盟为其一体化东扩进程打基础，有吸纳乌克兰入盟的意愿，但决心不够，为乌克兰提供的利益诱惑不能直接解决乌克兰眼前的问题，并且欧盟始终没有动用武力的意愿，因此乌克兰危机爆发和俄罗斯最终实现战略目标是必然趋势。

相比之下，难民危机主要涉及欧洲国家，这些国家长期以来共享一体化成果，早已成为互联互通、不可分割的有机整体，也是经济和政治利益共同体，因此各国在难民危机管理中利益目标一致，拖延危机的管理进程对任何国家都没有好处。此外，难民危机中德国占据主导地位，负责协调各方，一方面是由于德国在欧盟中实力最强，能够担负此重任，另一方面也是因为德国是最坚定的欧洲一体化支持者，放弃任何成员国都是对其一体化目标的违背，因此各国有理由相信德国在难民危机管理中的责任心。

由于危机性质的不同，德国国际危机管理机制在乌克兰危机和难民危机管理中产生了截然不同的效果。德国在乌克兰危机管理中表现被动，错过最佳危机管理时机，证明了其危机管理机制的局限性，不足以应对具有军事因素的国际政治和安全危机。相比之下，德国在难民危机管理中，虽已错过危机预防时期，但其在危机管控阶段表现得较为从容，对难民政策及时做出调整，难民管理手段丰富，各职能部门交叉、紧密合作，联邦层面和各州层面得到了较好的协调和管理，证明了其民事危机管理机制的优越性。

危机让人清醒地认识到，德国以"预防"为主的危机管理目标与其实际危机管理能力并不匹配。无论是乌克兰危机、难民危机还是欧洲近来频发的暴恐事件，都反映出其预警机制的不足，因此其危机管理总是在危机爆发后才开始，带有"猝不及防"的标记。

乌克兰危机预防阶段的错失，可以归结为欧洲的自大，高估了欧盟对乌克兰的吸引力，没有充分评估乌克兰的困境与俄罗斯可能提供的实际利益诱惑。难民问题在欧洲历史悠久，只不过此次难民潮规模巨大，超出了欧洲以往的承受能力。此次难民潮不是一朝一夕爆发的，而是西方国家长期以来对叙利亚等国家政体的干预、价值观的渗透造成的，过于推崇民主、人权等欧洲价值观，以至于忽略了其他国家自身的特点和适合的发展模式。

在危机管控阶段，德国对乌克兰危机的管理手段单一，经济制裁一再升级，然而这对俄罗斯而言作用甚微。在难民危机中，德国通过开放文化调动民众积极性，充分利用各种民事手段，促进各部委交叉合作，警察、医疗、交通、住房等面面俱到，体现了一定的危机管控能力。乌克兰危机与难民危机的管理手段和结果差异如此之大，正是上文所述的危机性质、利益、战略考量等差别所致。

综上所述，考虑到以维护国际秩序与周边国家安全为重点的安全战略，以利益和价值观导向的德国外交政策，以提升自身国际地位为目标的深层次动机，以及国际环境和危机相关行为体的实力和手段，可以说，乌克兰危机是西方国家的危机，而欧洲难民危机是德国自己的危机，正是因为如此，德国国际危机管理机制在乌克兰危机中没有收到预期效果，在难民危机中却得到一定程度的施展。然而，考虑危机性质的特殊性和外部环境的多样性，不能凭一场危机为德国国际危机管理机制定性。决定一国管理能力的，除了该国危机管理的理念、原则、外交和安全战略方针、组织机构和工具系统、原则和流程之外，更重要的是自身参与危机管理的动机和目的，以及不断完善自身危机管理机制的意愿。

通过对两场案例的综合分析可以得出，德国进行国际危机管理的意愿与其能力并不匹配，主要体现在：（1）德国的危机管理理念以危机预防为重点，然而在实际情况中常常错过预防的最佳时机；（2）德国希望将危机预防、冲突解决及巩固和平视为一个整体的意愿，然而在实际操作中，危机管控和危机后治理阶段往往无法与危机预防形成统一整体；（3）德国在危机善后阶段希望通过民主、人权、法治国家等方式巩固和平的意愿常常因为脱离当地实际情况而无法推行；（4）德国国际危机管理机制侧重各部门协调、注重民事手段运用，实际上民事危机管理手段常常面临无法有效制止武力威胁和冲突的窘境；（5）为了摆脱历史过错而努力呈现"隐性"国际危机管理地位的需要和由民族特性决定的成为世界政治大国，即呈现"显性"地位的倾向之间的矛盾；（6）承担重要的国际危机管理责任，参与共建国际秩序的意愿与欧盟、北约、联合国、欧安组织等国际组织框架下相对受限的危机管理能力不匹配。

由于近年来国际政治危机又呈现难以预测的新特征，危机管理的主体之间有着很大差异，危机爆发时各国的内部和外部环境千差万别，因此，建立普遍适用的国际危机管理理论是学术界共同的难题。不过，各国建立自己的国际危机管理机制，是当前国际环境的需要，也是国家发展的需要。德国作为欧洲的核心国家，在国际政治舞台上扮演越来越重要的角色，在国际危机管理中也承担了更多责任。因此，在整个国际危机管理体系的研究中，德国国际危机管理机制的研究是一个重要组成部分，也是德国国际危机管理实践的迫切需要。

在"9·11"事件和德国2002年洪灾发生之后，德国意识到改进危机管理机制的重要性，近几年，随着难民危机等一系列重大国际危机的爆发和持续发酵，德国政府对国际危机管理机制的重视程度显著提升。在"回顾2014"项目的外交部小组讨论中，外交官们很明确地表示应当积极寻找危机管理的新方法："我们的目标是，必须加强危机预防能力和加强危机预防政策的制定，也就是说，提前意识到并且采取积极措施避免危机的爆发。"①

德国国际危机管理基本理念体现在一些政府文件中，如《"民事危机预防、解决冲突与巩固和平"行动计划（2004）》及其执行情况报告、《2016

---

① Auswärtiges Amt, *Review 2014—Außenpolitik Weiter Denken—Krise · Ordnung · Europa*（Broschüre der Bundesregierung, 2015）, https：//www. auswaertiges-amt. de/blueprint/servlet/blob/269656/d26e1e50cd5acb847b4b9eb4a757e438/review2014-abschlussbericht-data. pdf. Originaltext："Der verstärkte Einsatz von Mediation soll konfliktpräventiv wirken, der Einsatz von Szenarientechniken die Früherkennung verbessern, die entsprechenden Kompetenzen im Haus gebündelt werden. "

德国安全政策和联邦国防军的未来白皮书》、《联邦政府对脆弱国家的连贯政策（2012）》等。在理念发展的同时，联邦政府建立了具有连续性的国际危机管理机构，推动了德国国际危机管理机制的发展和完善。德国国际危机管理理念的最大特点是注重融入国际和区域组织，强调国家、国际组织和非政府组织等各种行为主体之间的协调，以实现危机管理效用最大化。

德国对国际危机管理的对象有自己的选择标准。一般而言，凡是涉及欧洲一体化、欧盟成员国的稳定和发展问题，德国都会主动出手相助，这属于"自家事"，不违背其对克制文化的坚持。从地缘战略角度看，德国会选择关系较紧密的国家和地区，对于那些与欧洲和德国相距甚远，也没有太多经贸往来的国家和地区，德国一般不会主动参与其危机管理，除非涉及国际体系的稳定，德国会适当采取军事手段，例如索马里海盗等问题，德国派了战舰去支援。涉及发展的根本性问题，德国不会袖手旁观。例如乌克兰危机引发的全球能源危机，对德国能源稳定产生了很大影响，为此制定了新的能源发展政策，对能源结构进行大规模调整。而乌克兰危机形成的地缘政治威胁也促使德国积极从中斡旋。

从叙利亚危机、欧债危机到乌克兰危机、难民危机，德国在国际危机管理中充分的实践表现为本书奠定了现实基础。国际危机管理机制研究是应用型理论研究，因此本书的理论探索以国家利益论、角色理论、文明力量等为基础，结合考虑欧盟危机管理机制，以2004年《行动计划》和国家战略相关文件等为依据，通过文本分析总结德国国际危机管理理念。同时，依托德国国内危机管理机制，在理念和机构两大支柱下，结合最新国际危机管理实践和国际组织框架的作用，建构德国国际危机管理机制。

德国国际危机管理机制具有一定的先进性，同时也有其局限性。首先，德国政府倾向于不轻易动用武力或至多有限地使用武力，目的主要是避免冲突升级而造成更大的人道主义灾难。然而，乌克兰危机和难民危机管理收效甚微的结果表明，危机爆发后较难充分发挥民事危机管理手段的优势，这表明对德国国际危机管理机制而言，危机预防比危机治理更重要，危机发生后则要尽可能避免危机升级。其次，德国政府在国际危机管理中对德国价值观和欧洲价值观过于坚持，没有充分考虑种种现实因素，结果对难民危机的管理给德国甚至整个欧洲社会各方面带来巨大冲击，反映出欧洲一体化的缺陷和南北差异等问题，更是引发了英国脱欧和德国暴恐袭击事件频发等连带效应。再次，依靠国际组织和相关国家的合作应对危机虽然可行，但德国还无法充分协调各国之间的利益，因此在危机管理过程中很难达成一致，容易错过危机管理的最佳时机。这两场尚未完全解决的危机已经对欧洲的安全与稳定造成不良影响，与德国维护世界和欧洲的和平、安全与稳定的目标背道而驰。

面对国际危机的挑战，机遇总是与德国相伴而生的。在参与国际危机管理的过程中，危机管理组织机构经受了磨炼，国际危机管理理念通过了考验，国际危机管理经验得到丰富和发展，决策层和智囊团队的危机应对能力也得到相应提升，其国际危机管理机制也在实践中逐步完善。可以说，国际危机管理经验是德国进一步完善国际危机管理机制、提高国际危机管理实践能力的机遇，为德国维护欧洲秩序、提高国际地位创造了条件。所以无论德国是否"成功预防危机爆发"，无论危机管理结果如何，德国在国际危机管理中的经验和教训都为其他国家提供了一定的参考价值。

第一节　德国国际危机管理机制总框架

德国国际危机管理的最终目标是维护国际社会及周边区域的和平与安全，以消除贫困，实现国际社会的良性发展，直接目的是在潜在的危机和冲突地区及早展开预防工作，阻止已经发生的暴力事件的扩散，以及在武装冲突结束后通过有效的巩固和平与重建措施防止新一轮冲突的爆发。德国国际危机管理强调国际合作，通过建立可信的国家结构、提升社会和平潜力、建立生活基础、参与多边国际组织等方式，在联合国、北约、欧盟、欧安组织等国际组织的框架下，推进国际危机管理进程。

本书以德国国际危机管理理论与实践为主要研究对象，涵盖国际危机管理组织机构和工具系统、原则和手段、决策机制、实施机制，以及国际组织框架、国际和国内法律基础等组成部分，并介绍了德国国际危机管理理念及其结构性矛盾，共同构成了德国国际危机管理机制的总体框架。

一　具有德国特色的危机管理理念

德国国际危机管理理念以预防为主，注重融入国际和区域组织。本书对危机管理理念的阐释从总纲领、战略方针、基础结构等方面进行，由此得出德国国际危机管理的五大特点。

德国国际危机管理总纲领的核心是国际危机管理9大原则。（1）以危机预防、和平化解危机及巩固和平为有效的危机管理战略和工具。（2）以广义安全理念为危机管理战略方针，包括政治、经济、生态和社会稳定因素在内。（3）将危机预防、危机中治理和危机后巩固和平视为一个有机整体。（4）在国家和国际层面协调，综合运用外交、安全、发展、财政、经济、环境、文化和法律政策的手段，要求在个体解决方案以及民事和军事方法中迅速协调。（5）始终与其伙伴及全球国家联盟的行为体协商行动，如北约、欧盟、联合国、欧安组织和欧洲委员会。（6）强调民事危机管理手段，在国际层面通过国际法、人权政策、民事弹劾手段、发展政策、裁军、军备控制和武器出口控制等预防、治理危机，通过政治地位的提升增强民事危机管理能力。（7）不断更新危机管理理念和措施，加强非政府组织和市民社会以及非国家和国家领域的有效对话，是维持民事危机管理战略连贯性的必要条件。（8）通过推动预防文化和对话文化的形成，加强教育、外交文化、媒体政策的作用，消除敌对形象，促进跨文化对话，以及和平解决冲突。（9）放宽对民事工作人员的要求，跨部门和利用全社会资源为各领域提供相应人员。

德国在国际危机预防方面，有三大主要战略方针，分别是：（1）建立可信的国家结构，包括法治国家、民主、人权和安全方面；（2）提升社会和平潜力，包括市民社会、媒体、文化与教育领域；（3）保障生存机会，包括经济、社会、环境与资源领域。

在危机预防方面，德国政府有三大基础结构，包括：（1）各部门之间的交叉任务模式；（2）部际协调模式，其基础是部门会议、相关国家外部结构之间的协商和国家特有的危机处理领导小组；（3）与非国家行为体合作，合作方式是建立一些委员会和对话小组，在特定情况下召集或有规律地召开会议。① 此外，德国政府通过支持建立德国和平研究基金会（DSF）、科学与政治基金会（SWP）、德国发展政策研究所（DIE）来加强危机预防的科学性。

在此基础上，本书总结了德国国际危机管理理念的五大特点：

（1）注重融入国际和区域组织；

（2）注重危机预防；

（3）民事危机管理手段优先于军事手段；

（4）国际组织的显性地位和德国的隐性地位；

（5）强调各行为体之间的协调与合作。

这些鲜明的特点是德国相较于其他国家危机管理的特色，也是分析德国国际危机管理行动的依据。

二　德国国际危机管理组织机构和工具系统

德国国际危机管理机制的建设没有先例可循，是一项长期而艰巨的任务。必须从组织机构和理念两个方面入手，与时俱进，适时调整与改革创新，不断发展与完善。

本书在广泛查阅各种文献资料的基础上，对德国国际危机管理机制涉及的组织机构和工具系统进行了梳理和介绍。一般的行动需要各职能部门的协调与合作，对德国国际危机管理具有重要作用的职能部门和机构如下。

（1）联邦内政部：负责国内危机和国际危机的跨部门协调工作，下属危机管理组织机构包括联邦内政部危机管理处、国家危机管理职能委员会、部际协作小组、联邦公民保护和灾害救助局、技术救援署；联邦宪法保卫局在危机决策机制中发挥信息情报系统的作用。

（2）外交部：外交部危机应急中心、外交部危机预防司、外交部欧洲事务国务秘书委员会、外交部危机预防职能委员会及其顾问委员会，以及外交部"危机联动体系"。

---

① Die Bundesregierung, *Aktionsplan "Zivile Krisenprävention, Konfliktlösung und Friedenskonsolidierung"* (Regierungsdokument, 2004), https://www.auswaertiges-amt.de/blob/217534/34f381909cf90443fa3e91e951cda89d/aktionsplan-de-data.pdf. S. 63.

（3）国防部：联邦国防军，国防部政治处，国防部危机分析与预防领导小组。

（4）联邦教育与研究部在民事安全领域的研究项目。

（5）直属联邦政府的联邦安全委员会和联邦情报局是危机管理的咨询智囊系统和信息情报来源。

本书将德国国际危机管理采用的工具系统分为：

（1）危机管理信息系统，包括共同报告与形势中心、紧急计划信息系统；

（2）危机监测与预警系统，包括卫星预警系统、模块化预警系统；

（3）危机管理演习系统，即跨州灾害管理演习；

（4）危机管理培训系统，包括危机管理、应急规划及民事保护学院等；

（5）危机管理事后救助系统，即事后救助、幸存者及家属救助协调中心。

三　德国国际危机管理的国际组织框架

德国将危机预防能力放在危机管理的首要地位，然而如今国际危机的多样化、规模化和常态化，以及难以预测等特点，使任何国家无法独自完成国际危机管理任务。为了维护危机发生地区的和平与稳定，通过不断增强国际危机管理能力来提高其政治地位，除了不断优化危机管理机制与理念之外，德国还需要借助国际组织的力量，这也是德国国际危机管理理念最大的特点。

德国近年来对国际组织的贡献也在增大，为建立和扩建多边机构投入了大量资源，也为联合国的全球危机预防行动以及区域组织（北约、欧盟和欧安组织）的危机管理行动做出了大量贡献，例如通过加强"3＋进程"来提高与联合国、北约、欧安组织及欧盟合作的效率。同时，作为2016年欧安组织轮值主席国、联合国人权理事会主席、G7和G20轮值主席国，德国也承担了越来越多的国际责任。因此，国际组织框架是本书所研究的德国国际危机管理机制的一个重要部分。

在众多国际组织中，与德国关系最紧密的是欧盟。随着全球化和欧洲一体化发展，德国弱化本国利益，强调欧盟整体利益，这是符合德国乃至欧盟核心国家实际的，也是迄今德国不同于其他重要国家的突出特点。欧洲一体化是德国发展自身的重要依托和目标。欧盟作为国际危机管理行为体，在危机管理方面有两大支柱，一是已经过多年实践检验的欧盟委员会的冲突和危机民事管理方法，二是在共同外交与安全政策框架内的民事、警察和军事能力。

欧盟的民事危机管理手段（如警察、司法、民事管理手段）和军事危机管理手段（如军事快速反应部队：欧盟战斗部队）由欧盟外交与安全政策高级代表下属的欧洲对外行动服务局（EAD）支配。欧盟的冲突预防和危机管理单位（Konfliktpräventions-und Krisenmanagementeinheit）负责协调欧盟委员会的冲突预防行动，组织培训，并与国际和区域组织如联合国、经合组织、欧洲委员会或欧安组织建立联系。此外，冲突预防和危机管理单位还负责监管快速反应机制（Rapid Reaction Mechanism，缩写RRM），该机制每年约有3500万欧元预算可用于在危机情况下灵活快速地做出反应，资助为期6个月的援助行动。

联邦政府大力支持北约的危机预防、冲突解决及和平巩固方面的行动。除了参与北约在保障环境安全、重建和支持阿富汗政府建立安全结构方面的行动之外，德国对科索沃的稳定做出了巨大贡献。德国政府除了支持北约通过内部安全网的努力增强危机预防能力之外，也在增强民事－军事合作中寻找机会，协调北约和欧盟之间的行动方式。

在维护世界和平、防御全球威胁、促进民主与人权、可持续发展与安全合作方面，德国特别注重在联合国框架范围内行动。除了北约和欧盟之外，联合国是德国外交与安全政策的第三大支柱。国际危机与冲突管理（Internationale Krisen-und Konfliktmanagement，IKKM）是联合国进行国际危机管理的重要机构。在联合国框架下，德国支持各基金会、项目、联合国特别组织以危机预防为目标的可持续发展措施；保持成员国之间的对话，并通过相关决议，来提高国际组织在危机预防中的有效地位；通过增加授权来加强联合国特派团的危机管理职能。

对德国政府而言，欧安组织是其在欧洲地区危机预警、预防、管理和善后方面的重要机构。为了更好地应对跨国安全挑战（恐怖主义、有组织犯罪、毒品和人口贩卖），德国政府积极参与欧安组织的各项行动，并为欧安组织建立和扩建相应的专家团队提供支持。

四　德国国际危机管理的国际总框架

在上述研究的基础上，本书将德国国际危机管理体系整体框架总结为图14。

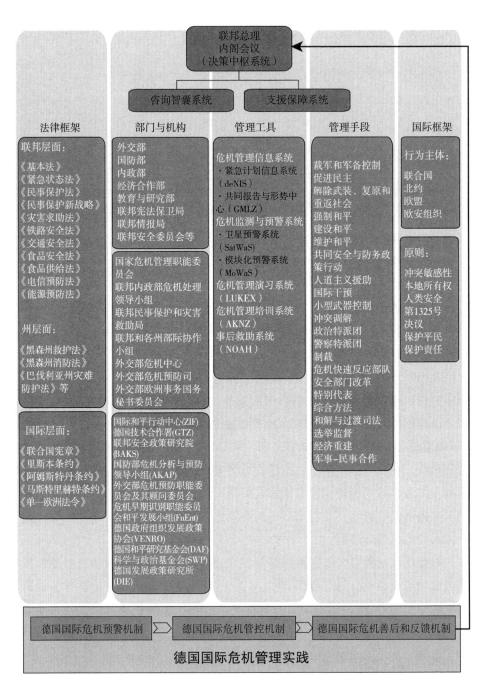

图 14　德国国际危机管理机制框架

第二节　德国国际危机管理的问题与发展方向

一　德国国际危机管理理念与机制的局限性

本书在研究过程中发现，德国进行国际危机管理的意愿与其能力并不匹配，主要体现在：（1）德国的危机管理理念以危机预防为重点，然而实际管理中常常错过预防的最佳时机；（2）德国希望将危机预防、冲突解决及巩固和平视为一个整体的意愿，然而在实际操作中，危机管控和危机后治理阶段往往无法与危机预防形成统一整体；（3）德国在危机善后阶段希望通过民主、人权、法治国家等方式巩固和平的意愿常常因为脱离当地实际情况而无法推行；（4）德国国际危机管理机制侧重各部门协调、注重民事手段的运用，实际上民事危机管理手段常常面临无法有效制止武力威胁和冲突的窘境；（5）为了摆脱历史过错而努力呈现隐性国际危机管理地位的需要和由民族特性决定的成为世界政治大国，即呈现显性地位的倾向之间的矛盾；（6）承担重要的国际危机管理责任，参与共建国际秩序的意愿与欧盟、北约、联合国、欧安组织等国际组织框架下相对受限的危机管理能力不匹配。

德国国际危机管理机制体现了一定的优势和可取之处，同时也有其局限性。首先，德国政府倾向于不轻易动用武力或至多有限地使用武力，目的主要是避免冲突升级而造成更大的人道主义灾难。然而，乌克兰危机和难民危机管理收效甚微的结果表明，危机爆发后较难充分发挥民事危机管理手段的优势，这表明对德国国际危机管理机制而言，危机预防比危机治理更重要，危机发生后则要尽可能避免危机升级。其次，德国政府在国际危机管理中对德国价值观和欧洲价值观过于坚持，没有充分考虑种种现实因素，结果对难民危机的管理给德国甚至整个欧洲社会各方面带来巨大冲击，反映出欧洲一体化的缺陷和南北差异等问题，更是引发了英国脱欧和德国暴恐袭击事件频发等连带效应。再次，依靠国际组织和相关国家的合作应对危机虽然可行，但德国还无法充分协调各国之间的利益，因此在危机管理过程中很难达成一致，容易错过危机管理的最佳时机。这两场尚未完全解决的危机已经对欧洲的安全与稳定造成不良影响，与德国维护世界和欧洲的和平、安全与稳定的目标背道而驰。

德国国际危机管理最突出的特点和最大的优势在于适应德国历史和当前国情，重视民事手段的发展和运用，由于历史原因，多数德国民众不赞成过多向海外派兵等军事行动，政府在动用武力和海外派兵方面一直持保守克制的态度。因此，德国在国际危机管理中主要通过民事手段解决问题，无论是难民危机还是乌克兰危机，民事手段都是维护和平的重要手段，军事手段因为有潜在的引发冲突的可能性，因此在任何情况下都是德国最后的选择。

然而，在乌克兰危机和难民危机管理中，德国的危机管理机制并未实现良好的危机治理。这不得不引发思考：在国际危机管理中，民事手段在任何情况下都是优先的选择吗？德国是否应该继续坚持"重民事轻军事"的危机管理理念？

德国多年来"克制"其军事力量的发展，倡导"和平"理念，以此为自身的长远发展创造条件。德国政府倾向于不轻易动用武力或至多有限地使用武力，一方面是希望获得其盟友和国际社会的信任，消除他们对德国军事威胁的戒备心，从而营造出适合自身发展的国际环境，另一方面也是为了避免冲突升级而造成更大的人道主义灾难。

然而，乌克兰危机和难民危机管理中民事手段的运用并没有达到预期的效果，说明德国民事危机管理手段除了可取之处外，还有一定的局限性。民事危机管理手段在危机爆发前是极佳的选择，可以从根源上预防危机的发生，达到危机管理的最佳效果。然而一旦危机爆发，民事危机管理手段的作用就显得力度不够，对于较为激烈的矛盾冲突的威慑力有限。

事实上，德国从来就不是一个甘于屈居人下的国家，以往的"克制"营造了德国在国际事务中习惯于保持隐性特征的表象，但其民族血性决定了德国不可能永久弱化本国政治地位。近年来德国频频出现在国际视野中，在国际危机管理中发挥重大作用、产生国际影响力的事实，已经证明了其逐渐脱离隐性特征，呈现其原本的民族特性——在国际舞台上以显性身份灵活地采取行动并形成国际影响力的愿望。要想实现这一愿望，必须有一定的军事实力做后盾，否则不用说维护国际秩序和周边国家的安全与稳定，德国连自身的安全和稳定都无法保障。

从乌克兰危机和难民危机管理的实践经验看，德国在当前军事实力基础上，即便借助国际组织采取军事行动，想要维护本国和欧盟甚至国际秩序，依然不是一件容易的事情。国际组织可借用的军事力量毕竟有限，而且有时候远水解不了近渴。因此本国硬实力才是在危机管理中最为重要的后盾。

民事危机管理手段再成熟，也敌不过军事冲突带来的危害，因此民事手段的发挥需要一定的军事力量做保障。近两年德国暴恐袭击事件频发，也暴露出其国际危机管理理念和机制上的缺陷。国际社会一直希望德国能够在国际军事行动中有所表示，新的国际安全形势已经对德国军事力量提出了要求。无论是乌克兰危机、暴恐问题，还是在国际社会互联互通的背景下爆发的其他安全和政治危机，德国想成功担负起危机管理重任的愿望和维护和平、安全与稳定的责任都需要发展一定的军事实力来保障。

硬实力不够"硬"，软实力的作用就无法得到充分发挥。民事危机管理理念是德国的特色危机管理理念，其成功之处可圈可点，必须肯定其优势。然而，在不削弱对民事手段重视的前提下，若能够强化军事实力，便能增强民事手段的硬实力后盾，使国家在能够保障自身和周边国家安全与和平的基础上，充分发挥软实力的作用，使德国的民事危机管理理念成为有本之木、有水之源。

德国国际危机管理的局限性还体现为对价值观的过度执着。难民潮给德国甚至整个欧洲社会各方面带来巨大冲击，归根结底还是德国价值观对危机管理决策的影响所致。若德国结合其他欧洲各国实际情况考虑，而不是一味要求各国推行开放政策、强求其他国家同时开放边境，那么就不会陷入危机管理中协调难、难民摊派方案达成一致难的困境，也不会引出英国脱欧和一连串的暴恐袭击事件，彻底暴露出欧洲一体化的缺陷。

德国国际危机管理理念强调融入国际组织，强调各行为体之间加强合作，这在一定程度上反映了德国对危机责任的规避和自身责任的分摊意愿。任何一个国家都不可能仅凭自身的力量来应对一场国际危机，需要依靠国际组织和相关国家的合作应对危机，但这同时要求作为协调者的德国能够在决策上充分考虑各国利益，尊重各国的实际情况和意愿，这样才能有效协调各方意愿并达成一致，为危机管理决策的执行奠定良好基础。德国在难民危机中强行推行开放政策，引发其他国家的不满，因此德国很难充分发挥协调者作用，在危机管理过程中很难促成一致，错过了危机管理的最佳时机。

德国的乌克兰危机和难民危机管理结果表明，德国国际危机管理机制和理念存在自身的优势，同时也有不足，危机结果对欧洲的安全与稳定造成不利影响，与德国维护世界和欧洲的和平、安全与稳定的目标背道而驰。因此，本书认为，如果德国政府能够做好以下方面，其效果可能会更好：（1）正视其国际危机管理实践中显性和隐性身份的变化；（2）在民事与军事危机管理手段的运用方面摆脱历史枷锁，充分考虑实际情况，避免过分执着于民事手段而忽视军事手段的重要性；（3）在价值观和集体利益面前，充分考虑国家和区域、国际组织的安全、稳定、发展与承受能力，避免过于沉浸在价值观光环里而忽视实际情况。

二 德国国际危机管理的双重政治问题

德国在国际危机管理中面临双重政治问题，一方面体现为显性和隐性身份的矛盾，另一方面体现为组织内部（这里特指欧盟）危机管理协调的矛盾。

在全球化和欧洲一体化的背景下，鉴于国际危机的常态化和管理难度加大，德国在国际危机管理中需要借助国际组织的力量才能实现危机管理的目标，单凭一国之力是无法解决国际危机的。因此，在国际危机管理中，德国与国际组织之间的关系是隐性与显性的关系。

隐性特征既是国际环境的要求也是德国自身的需要。由于历史原因，德国自二战以来始终在国际事务中保持低姿态，避免突出国家政治地位或强调国家利益，始终强调欧洲一体化目标和欧盟整体利益，并始终将行动置于国际组织框架之下。实际上也只有隐藏在国际组织背后，才能为巩固和提高国家实力，进而提升德国的国际地位赢得空间。而欧洲一体化的成果、国际组织框架对德国的保护作用，都不可能成为国家的最终目标。因而，德国逐渐显露出国家行为体的显性特征，最终将以国家为行为主体，参与国际秩序的构建和维护。近几年德国在国际危机管理中表现逐渐积极，也似乎预示着其显性特征将会更加明显。那么究竟是应当延续传统继续保持隐性身份，还是要突出个体显性身份，对德国而言是一个身份选择的问题，然而目前来看，虽然显性特征略微明显，但德国不会脱离国际组织的大框架。在具体情况中侧重哪一方面，还要从全方位角度去分析后才可决断。

综上所述，德国单凭自身力量是无法成功进行国际危机管理的。德国国际危机管理离不开欧盟框架——危机管理是整个欧盟安全与防务政策以及对外行动的核心内容之一，是欧盟内部治理和政府间主义制度安排的一个缩影。只有依托欧盟和其他国际组织，德国才能在国际平台上拥有足够的分量。然而，欧盟危机管理模式的特点在于其内部开放度和集体参与的通道，它以共同行动的收益和必要性转化成员们的认同程度，但也因此存在决策分散、脱节和低效率等弊端。"冲突预防的悖论"概括了德国在欧盟层面进行国际危机管理的突出矛盾：越早干预，成功的概率越大，干预的成本就越低，但团结各方政治意愿的难度也就越大。

由此可见，显隐性问题和欧盟内部协调困难这双重政治问题，是德国国际危机管理面临的关键问题，其解决方法要在参与国际危机管理的经验中探索与发掘。在这方面，奥古斯特·普拉代托教授的"认同基础"为解开双重政治问题提供了一个视角。欧盟与德国战略目标和利益的趋同以及共同的"认同基础"，增大了德国在欧盟层面克服双重政治问题的可能性，克服障碍的方法是在法律、责任和克制方面修正外交政策，增强国际危机管理的"认同基础"。

三　德国的隐性特征会是其未来走向吗？

由于各国的国情、利益和实力的不同，现实中不存在一个放之四海皆准的危机管理机制。德国国际危机管理机制受制于其经济实力、军事实力、价值观和道德观念等因素，有着鲜明的德国特色。其中，最为显著的是德国在隐性特征（即隐藏在国际组织身后，让国际组织扮演显性角色）和显性特征（即作为有影响力的国家进行国际危机管理）之间的角色变换。

那么，德国在国际危机管理中的隐性特征会是其未来走向吗？

上文已经讨论过，德国国际危机管理机制目前依然具有隐性特征，在国际组织框架下采取行动，相比之下国际组织呈现显性特征。然而，隐性特征并非德国的最终目标，作为一个经济实力雄厚、政治地位不断提升的世界大国，德国就算还想要坚持低调行事，国际社会也会要求其承担更多责任。所以德国的隐性特征到底能持续多久，还有待进一步观察。为此，下文从两方面对这一特征进行分析。

一方面，德国在国际危机管理中的隐性特征可能会保持下去。

由于对"不良历史记录"的忌惮和"克制"的惯性，德国会继续坚持走隐性道路，仍旧不敢崭露头角，不愿强调本国利益，不主张自身主体地位，同时也不大力发展军事力量。通过这些克制行为，不仅能够争取到更多的信任，在国际层面为自身创造良好的发展环境，为欧洲一体化的发展赢得宝贵的时机，还能够继续在各种重大国际事务上依靠国际组织，减轻自身的责任甚至负担，保护自身实力，维护国家的安全与稳定。

隐性身份给德国带来了安全、稳定的发展环境，同时，乌克兰危机的结果表明，在克制文化的长期影响下，德国在国际危机管理中很难不依靠国际组织而独立采取有效的危机管理行动。事实上，随着全球化和欧洲一体化的发展，德国更加不会强调本国利益至上，为应对日益复杂和多元的国际危机，只能拉着其他欧盟国家共同发挥文明力量的作用。德国立足国际政治舞台已成事实，但成为政治大国仍需时日。

另一方面，德国将要以显性身份出现在国际舞台上。

"连续性"和"正常化"的讨论反映了德国的"显性"本质和意图。"正常化"概念的提出，正是因为认为现状"不正常"，是其民族特性扭曲的表现，因此需要纠正。历史上德国从来不是一个甘愿屈居人下的国家，默克尔高举反民粹主义大旗和德国在欧安组织地位的大大加强，都是其历史特性——追求大国地位的有力证明。事实上，德国通过国际危机管理方面的努力提高国际认同，除了有利于保障国家安全和稳定，也为德国提高国际政治地位创造了有利条件，对促进国家的外交和国际关系的发展同样有利，甚至德国与其他国家之间经济问题的解决，也都会因此获益。

韬光养晦绝不是为了永远暗淡，而是为了有朝一日能够重新绽放光芒。德国用实际行动在国际舞台上初露锋芒，赢得了信任，为进一步提高国际地位赢得了条件。未来德国将在国际危机管理中呈现更多的显性特征。

四　德国国际危机管理面临的挑战

从2011年初突尼斯、埃及和利比亚冲突到乌克兰危机和难民危机，国际社会的危机管理行动能力略显不足：只能对危机做出反应，而未能及时发出预警并采取相应的措施来预防危机的爆发。德国作为国际社会的一部分，在其框架下采取行动，为国际社会创造了更加有利的危机管理条件。然而，德国在近年来的国际危机中，尤其是在欧盟发生的几场危机管理中的表现，说明其应对国际危机的行动能力有限。在派兵问题上，德国国际危机管理理念也出现了分歧。由此可见，德国的国际危机管理发展模式正在经受考验，德国国际危机管理机制也面临一系列挑战。

1. 从经验中学习：评估系统化、制度化、透明化

德国国际危机管理实践的成功与失败经验是进一步发展和完善其国际危机管理机制的重要依据。只有通过对危机管理行为进行系统、规范和透明的分析、评估和经验总结，才能不断完善对国际危机管理的认识，系统完善危机管理机制。然而，德国对行动的评估通常是不公开的，也就是说，无法在所有参与者在场的情况下进行评估，并且大多数情况下只对个别手段进行评估，而不对行动的战略目标进行评估，因此，评估的系统性和全面性就会有所缺失。[①]

系统化、制度化和透明的分析有助于德国系统地改进其危机管理工具。因此，德国应当在吸取经验教训的框架（Lessons Identified/Lessons Learned-Prozess）中，对所有行动进行分析。[②]

德国在公布评估结果方面已有所行动。自2004年《行动计划》公布以来，不断根据实践进行调整与更新，每两年公布一次《行动计划》的执行报告。报告的结果是国际危机管理的理念、结构和机制不断发展和完善的基

---

① Claudia Major, Tobias Pietz, Elisabeth Schöndorf, Wanda Hummel, *Toolbox Krisenmanagement— Von der zivilen Krisenprävention bis zum Peacebuilding*：*Prinzipien*，*Akteure*，*Instrumente*（Berlin：Stiftung Wissenschaft und Politik/Zentrum für Internationale Friedensansätze，2013），S. 49.

② Ebd.

础，目标是建立一个高效率、低成本的国际危机管理机制。然而评估过程仍未做到系统、公开、透明。

由此可见，德国国际危机管理机制面临的挑战之一，是如何将其国际危机管理的实践经验评估系统化、制度化、透明化。此外，这些细节采取何种方式向决策者、智库、公众开放，也是值得思考的问题。

2. 紧缩政策影响危机管理：捆绑资源

德国国际危机管理工具书上提到，紧缩政策对德国国家危机管理产生了影响。德国和大多数伙伴国家已经制订了国家紧缩计划，但至今德国仍不确定其欧盟、北约、欧安组织和联合国的伙伴国的危机管理资金紧缩计划是否已经开始实施，以及缩减程度如何。可能随着公共预算的缩减，国际危机管理的工具也会逐渐削减，现有危机管理手段不再完全可供使用。资源缩减，但对国际危机管理的需求依然存在，甚至有增加趋势，因此这需要寻求政治方式解决。[1]

受欧债危机余波影响，欧洲整体经济仍处于恢复期，各国纷纷收紧财政。虽然德国经济实力相对稳定并保持增长，然而国际危机的接踵而至对安全投入提出了要求，恐怖袭击事件对军事投入提出挑战，难民安置压力导致社会保障投入增加，因此对德国构成了不小的财政负担。然而，为了承担更多的国际责任，在国际危机管理中发挥作用，德国需要更多资源和财政支持才能保障其危机管理理念的顺利实施。因此，财政紧缩政策是未来德国国际危机管理的又一挑战。

德国国际危机管理理念的最大特点是融入国际组织，并且强调各行为体之间的协调与合作，解决方案也在于此。在财政紧缩的状态下，只有欧盟各国和国际社会合力，将各自的资源优势加以捆绑，才能够共同应对当前和未来的挑战。

3. 结构挑战：强化国家机构和国际融合

德国以国际组织成员身份参与国际危机管理多年，以国家为主体承担重

---

① Claudia Major, Tobias Pietz, Elisabeth Schöndorf, Wanda Hummel, *Toolbox Krisenmanagement—Von der zivilen Krisenprävention bis zum Peacebuilding：Prinzipien，Akteure，Instrumente* (Berlin：Stiftung Wissenschaft und Politik/Zentrum für Internationale Friedensansätze，2013)，S. 49.

要责任是随着自身国际地位的提高，由近几场国际危机推动所致。因此，德国自身的国际危机管理机制有待完善，危机管理结构面临挑战。

政府行为体和来自经济界与市民社会的外部观察员评价说，现有国家机构的有效性和效率有时候并不高。在德国，部际合作是建立在自愿基础上的，一旦实现，即可获得高度认可并具有合法性。改革现有机构或建立新的机构面临的挑战是，全面进行危机管理的有效性和效率将会提高，但机构的合法性不会减弱。①

一些政府部门拥有其职能领域范围内的国际危机管理机构，在国际危机管理部际合作形成并具有合法性之后，各部门的合法性与之平等，因而部际合作无法对各部门及其危机管理机构进行自由统筹与协调，国际危机管理的效率必然打了折扣。由于暂未出现相关法规，因此，目前部际合作主要通过国际危机管理理念推动各部自愿为国际危机管理发力。

由于国际危机波及范围广、管理难度大，因此需要各行为体之间合作，确定统一目标，共同发力，才有可能解决当前和未来的国际危机。不同行为体（国家和国际组织、非国家行为体）在理念、结构和流程方面是否有差异、差异有多大，对国际危机管理合作有很大影响。因此充分调动国际组织及其成员在国际危机管理中的合作意愿，是国际危机管理的一个重点和难点。此外，在国际危机管理中多大程度上融入国际组织，国家身份何时体现，也是德国国际危机管理的问题所在。上述问题既是德国国际危机管理面临的双重政治问题，也是德国国际危机管理面临的挑战。

综上所述，面对当前国际危机形势所提出的挑战，德国需要重视完善危机管理评估机制，使其透明化、公开化、系统化；加强资源整合，弥补财政紧缩政策造成的危机管理工具紧缩等后果；调整国家结构，明确不同层面的危机管理权重，提高危机管理效率；充分利用国际组织，加强国际危机管理行动能力。在此基础上，进一步发展国际危机管理理念，完善国际危机管理机制，加强协调能力，以积极应对新危机时代的挑战。

---

① Claudia Major, Tobias Pietz, Elisabeth Schöndorf, Wanda Hummel, *Toolbox Krisenmanagement——Von der zivilen Krisenprävention bis zum Peacebuilding*: *Prinzipien*, *Akteure*, *Instrumente* (Berlin: Stiftung Wissenschaft und Politik/Zentrum für Internationale Friedensansätze, 2013), S. 49.

五　德国国际危机管理的发展方向

从上文论述可知，德国进行国际危机管理的意愿与其能力并不匹配，德国国际危机管理机制体现了一定的优势和可取之处，同时也有其局限性。那么未来德国国际危机管理机制的发展方向如何？

本书认为，德国国际危机管理依然从属于国际角色定位与外交和安全政策的走向，从属于欧洲，尤其从经济角度出发，德国不可能放弃欧洲一体化的现有成果。

为了维护德国多年来经营的和平维护者形象，巩固欧洲一体化已有成果，德国不会放弃对民事危机管理手段的坚持。虽然民事手段的主要作用发挥在危机预防阶段，但维护欧洲乃至世界和平的战略目标不会变，德国依然会坚持不轻易使用武力的危机管理理念。鉴于目前在危机管控和危机后治理阶段管理手段作用有限，德国未来可能会开发更多的民事危机管理手段，加大已有民事手段的执行力度，并在允许的限度内增强军事力量，为民事手段更好地发挥作用提供支撑。

为了推广和维护欧洲价值观，德国一厢情愿地在危机发生当地推行民主、人权、法治，在欧洲难民危机管理中对此过于执着，看似站在了道德高地，实则过犹不及，无法抵住现实的挑战。经过了实践的检验，未来德国可能会更加重视"本地所有权"危机管理原则，重视当地实际情况；在面对"实际利益"和"价值观"的矛盾时，较为理性地权衡和决策。

国际组织作为德国参与国际危机管理的重要框架，既为德国提供了支撑和保护，也在一定程度上对德国的大国意愿形成了制约。在近几场国际危机管理过程中，德国的显性特征愈发突出，并且在未来可能会更多呈现显性特征，然而在全球化和欧洲一体化发展的背景下，德国不会也不能够完全脱离国际组织的框架。

论综合实力和危机管理能力，德国作为欧洲的主导力量，对其他成员国是有说服力的。然而近年来欧盟内部分歧不断扩大，继欧债危机扩大南北欧成员国之间的鸿沟之后，乌克兰危机再次挑战欧盟的凝聚力，难民危机使东西欧成员国之间出现巨大的立场分歧，危机管理的失利使欧盟政治一体化的缺失暴露得更为彻底，也从另一个角度反映出欧盟成员国对德国主导地位的质疑。

然而，德国用其独特的危机管理理念和融合国际框架的危机管理机制，向世界证明了德国国际危机管理机制的可取之处，赢得了国际社会的信任，也体现了其参与创建与维护欧洲秩序的战略目标。德国对欧洲政策的坚持毋庸置疑，无论危机带来多大负累，德国始终不放弃欧洲一体化的目标，并不遗余力地推进欧洲一体化，提高欧盟的国际地位，为自身和其他成员国带来更多利益。

德国离不开欧盟，欧盟也需要德国。欧盟作为世界一体化程度最高的区域性国际组织，经济一体化迅速推进，政治一体化却举步维艰，因而给人造成经济上的巨人、政治上的侏儒的印象。在新的国际形势下，如何增强欧盟内部凝聚力，推进政治一体化，才是欧盟进一步发展的重点，也是德国的重要战略目标。

乌克兰危机和难民危机正好是一个契机，促进欧盟及其成员国发展与完善欧盟和本国的国际危机管理机制，进一步完善其现有能源政策与难民政策和法规。频发的国际危机也提醒了欧盟，单凭各国经济利益的融合，很难实现真正的一体化。想要在今后的国际危机管理中提高管理效率，迅速达成一致，必须增强各国的认同基础，建立一套得到欧盟各国认可的制度规范，以便在类似于欧洲难民危机的情况下，提高欧盟整体应对能力，减少内耗，增强整体行动能力，提高欧盟在国际上的政治地位，为欧盟在国际上的发展注入新的动力。

经过乌克兰危机和难民危机的锤炼，德国在国际危机管理领域积累了经验，其危机管理理念经受住了考验，优劣势也得到了进一步体现，有利于进一步完善和改进德国国际危机管理机制。虽然目前来看欧盟内部的矛盾依然难以协调，欧盟内部在军事和民事手段的运用以及显隐性地位的转变对德国国际危机管理的影响方面仍然有争议，但可以确定的是，未来德国会更加重视国际危机管理机制的完善与发展，并将在国际危机管理理论与实践层面引导欧洲，继续在维护欧洲一体化成果方面发挥积极作用。

第三节　德国国际危机管理对我国的借鉴意义

根据上文所述，各种国际危机管理行为体、危机管理目标和手段具有多元化特点，其共同之处在于以维护自身的稳定和发展为前提。随着全球化和现代科技的不断发展，5G 时代的到来使世界各地的联结变得更加高效，世界各国之间的经济、政治、文化联系更加紧密且复杂，人类命运共同体已然形成。因此，任何一个国家或地区发生了危机，整个国际社会都将面临牵一发而动全身的潜在威胁。也就是说，国际危机是一根非常危险的导火索，一旦爆发，将不止一个国家或地区受损，如果不积极进行危机管理，以为事不关己便无所作为，任其发展，那么一场小小的国内危机可能会演变成威胁全球安全、颠覆国际秩序的危机。为此，每个参与或即将参与国际危机管理的国家都应该尽可能完善本国的危机管理机制，为共同应对国际危机做好准备。

随着中国国际化进程的加快，我们在国际性事务中承担的责任必然也在增加，参与周边区域和世界其他地区危机管理的可能性也相应增多。与此同时，中德、中欧伙伴关系正随着倡导开放包容、互联互通的"一带一路"建设的开展变得日益密切，合作前景更加广阔。对于始终坚持以和平手段应对国际危机、在国际危机管理中发挥"和事佬"和调停者作用的德国而言，国际社会需要它在国际危机管理中承担更多责任。中国始终作为维护世界和平的力量出现在国际舞台上，从不想称霸世界，在国际事务中也秉持着和平友好原则，发挥着和平维护者和争端调解者等作用，因而国际社会也希望中国越来越多地在重大国际事务中发挥大国作用。在承担国际责任和维护和平的原则方面，中国与德国有较多相似之处，加上中德关系近年来不断深化，在这一背景下，研究德国国际危机管理机制，可以为中国国际危机管理机制的发展和完善提供借鉴。

笔者认为，在当前国际局势和危机发展态势下，德国国际危机管理理念中比较进步、值得我国借鉴的有以下方面。

1. 以危机预防为主要目标，危机治理和危机后重建为重要环节

危机管理的最高境界，就是提前预防危机的发生，及早发现危机爆发的

端倪并将其遏止在摇篮中，这样干预成本最低，效果却是最佳。然而这对国家的国际危机管理能力要求非常高。这一方面要求充分利用和不断完善国际危机预警机制，不断审视国际局势，对国际和国内局势做出清晰的判断，并对敏感问题的走向及时做出预测，以便及早发现危机，预防危机的爆发。另一方面，还需要具有在国际层面的组织和协调能力，以充分调动各方政治意愿来分担风险和任务，这是"冲突预防悖论"中提到的难题。

如果未能及时预防危机的爆发，就要利用现有危机管控机制，尽快做出决策，以便采取适当的危机管理方法和手段，尽可能减少危机带来的损失。这就要求国家建立一套较为成熟的国际危机管控机制，充分提高沟通协调的效率，避免因职能不清晰等机制结构问题降低危机管理反应速度，以免在危机来临时措手不及，遭受更大损失。

在危机结束之后，帮助受影响较大的国家进行危机后恢复和重建，帮助其恢复社会秩序和政治、经济秩序，也是国家地缘战略的一部分，还可以借此提高国家的国际声望，改善和拉近与对象国的政治、经济、外交关系。

2. 民事手段优先，军事手段保底

德国国际危机管理的原则所包含的对抗性较低，因而是维护世界和平、促进多极化发展的重要力量。为维护欧洲以及国际社会的和平与稳定，德国在处理国际危机时，强调国际规则、国际组织地位的重要性，注重外交谈判等非军事手段，其有限的军事力量多服务于维持秩序和干预人道主义灾难的目的，因此，德国对民事手段的选择绝对优先于军事手段。

德国民事手段优先的危机管理特点主要源于对自身作为文明力量的角色定位。德国人对战争和冲突依然抱有极大的抗拒心态，不愿意参与到任何冲突中，更不愿唤起人们对二战那段历史的记忆。因此，德国更侧重发展民事手段，在军事方面的投入并不多，事实上其军事实力也确实不如美、俄这样的国家强大，鉴于对世界军事格局的考量，德国走"克制"路线更能给自身和整个国际社会带来安宁。

军事手段是危机发生后应对暴力冲突而不得不采取的应急措施，如派驻维和部队进入危机国家和地区，它可以暂时稳定乱局，但无法消除危机根源，甚至可能起反作用，使冲突升级到无法化解的地步。

与军事手段不同，民事手段的关键在于预防而非治理，可以根除国际危机。民事手段涵盖危机前、危机中、危机后三个阶段的各种非军事管理手段，涉及危机地区的长期稳定与发展、危机后重建等一系列问题。例如，在危机发生前，派驻民事人员去当地进行协调矛盾，帮助政府改革，支持民众进行社会建设，从根源上预防危机的爆发；危机发生时，向当地提供人道主义援助，帮助安置难民，提供法律咨询；危机结束后，帮助当地政府进行危机后重建，提供资金援助等。

德国危机管理的上述特点与中国的一贯主张相通，中国在国际舞台上始终遵循和平外交政策，从未主动挑起矛盾，面对国际争端和纠纷，始终坚持和平路线，不提倡使用武力。因此，德国的民事手段优先于军事手段的特点可以为我国在危机管理手段的选择上提供借鉴，也是中德在未来国际危机管理中加强合作的政治基础。

然而，不提倡使用武力，不代表不发展军事实力。乌克兰危机的事实证明，没有强大的军事实力做后盾，再好的民事危机管理手段也是沙滩上建塔，无法发挥更大作用。难民危机爆发后，德国层出不穷的恐怖袭击事件和难民安置所引发的种种社会安全问题，如果没有军事力量支撑，那么消除安全隐患将成为德国危机管理的症结所在。由此得出德国国际危机管理给中国的另一个启示：民事危机管理手段优先于军事手段的前提条件是有强大军事实力做后盾。因此，军事手段作为保底手段，不可忽视其发展。

3. 合作主义内核：争取国际合作，善用联合国、欧盟等国际组织、区域组织及其他国家和非政府组织的力量

随着全球化和国际关系网的发展，国际危机的脆弱性和敏感性促使各国之间必须加强合作，才能共同抵御危机带来的危害，成功管理危机。当前的国际安全与政治危机用事实证明，任何一个国家都不可能靠一己之力去完成国际危机管理的重任。在国际危机中，当一国力量无法解决问题时，争取国际合作，善于借助联合国、北约、欧安组织、欧盟等国际组织、区域组织及其他国家和非政府组织的力量，是一项重要的危机管理策略。德国作为国际组织中的一员，在各组织中有着不同的权重，根据不同国际组织的主要功能发挥不同作用，例如借助北约的力量进行军事防御、危机管理和安全合作，

借助联合国实现维和部队的派遣及维和经费的支持，借助欧盟采取危机管理民事手段，借助欧安组织特派团了解当地情况，提供咨询和指导等。

德国国际危机管理机制的合作主义内核和超国家制度设计对中国参与建设本地区多边安全机制具有积极的参考价值。此外，中国在国际危机管理实践中，可借鉴德国的国际合作策略，促进危机的和平解决。

4. 隐性利益导向：在维护国际利益前提下保障本国利益

德国的国际危机管理决策通常是在欧盟等国际组织框架下制定的，德国不能离开欧盟的整体利益而独善其身，因为欧盟的利益实际上决定了德国在国际格局中政治地位的稳定性。但德国对欧盟利益的考量，最终还是为了本国利益——国家的稳定和发展，因此当欧盟其他国家严重拖后腿时，当本国利益因整体利益严重受损时，德国还是会稍做权衡，保全自身利益。

中国的和平共处五项基本原则体现出国家对和平、自主的追求，也反映出中国对别国主权独立、自主的尊重。中国对国际事务的处理一直持谦恭和审慎的态度，从不摆大国姿态，也不希望称霸世界，因此绝不会将本国利益凌驾于其他国家利益之上，而是追求共同富裕。"一带一路"建设的开展，以及多年来我国对伙伴国家的帮助和支持，也体现了我国对共同利益的追求，将本国利益置于共同利益之下的隐性特征。

5. 灵活选择危机管理手段

危机管理要讲策略，一味地坚持未必能够达到目的，适当妥协有时候才是更好的策略。

随着德国承担越来越重要的国际责任，其不可避免地要参与一些军事行动。然而，这不仅会遭到本国民众的强烈反对，也会引起一些国家的怀疑，以为德国又要重新上演二战的历史。因此，如何有效承担不断提高的国际责任，又不引起本国民众和他国的怀疑，是德国面临的一个挑战。

虽然德国始终强调优先采用民事危机管理手段，但在一些冲突中，强大的军事力量作为后盾是实力的体现和对安全的基本保障，也是防止危机升级为战争的必要手段。因而在必要情况下，应当适应国际形势需求，在派兵方面做出适当让步和妥协。不过德国遵循的原则始终不变，即军事手段是以维护欧洲和整个世界的和平与稳定为目标，是为更好地运用民事管理手段而服务，派兵不是目的，只是手段，为维护和平增加"底气"。

因此，中国在国际危机管理中，虽然遵循和平原则，优先选择非军事手段，但在军事威胁较大的情况下，也可以在手段选择上灵活变化。一个坚守和平信念的国家维护和加强军事实力，对维护世界和平与稳定更为有益。

6. 维持沟通渠道的活跃

在德国危机管理理论中，很大一部分是关于企业危机管理的理论，强调了"沟通管理"的重要性。在国际政治 – 安全危机管理中，这项原则同样适用，只是含义有所不同。

危机预防作为德国民事危机管理的重点和主要目标，需要以强大的沟通系统为前提。及时有效的危机管理信息系统工具，包括卫星预警系统（Sat-WaS）、模块化预警系统（MoWaS）、联邦和各州共同报告与形势中心（GM-LZ）和德国紧急计划信息系统（deNIS），是维持沟通渠道活跃的前提。沟通渠道一方面指上述信息系统以及国家情报系统，另一方面具体指外交关系的维护。例如在应对乌克兰危机时，施泰因迈尔外长利用与普京的良好外交关系在其中斡旋，对乌克兰当下局势的缓和起到了有利作用。因此，维持良好的外交关系，不断完善信息系统工具，维持沟通渠道的活跃，对国际危机管理有很大益处。中国的外交和安全部门，以及国家信息情报系统等，亦可以在国际危机管理预警和监测方面加强部门职能，共同在我国国际危机管理中发挥重要作用。

7. 不断完善危机管理机制

德国国际危机管理机制的不断发展与完善，一方面以其较为成熟的危机管理理念为基础，另一方面离不开从实践中总结经验和教训，不断调整危机管理机制，建立和完善危机管理相关组织机构和工具体系，以适应新的危机局势。

新的国际危机管理机构的建立，意味着德国自身的危机管理意识在不断提高。随着我国国际地位的不断提升，国际社会对我国承担更多国际责任、在国际危机管理中有更多表现心存期待，因此我国国际危机管理机制也应当不断发展与完善，德国国际危机管理机制的这种建构方法对我国具有借鉴意义。

就改善国际危机管理机制而言，德国给我们的启示有以下几点：

（1）设立危机管理专项组织机构，明确职能划分，提高危机管理效率；

（2）完善危机管理工具系统，提高危机反应速度；

（3）设立危机管理协调机构（跨国和部际协调），提高沟通能力及效率；

（4）充分利用社会资源，拓宽救助渠道；

（5）注重完善危机预警机制，加强日常演练；

（6）与时俱进，从实践中吸取经验，不断完善危机管理机制。

此外，我们还应当增强忧患意识，重视国际危机管理体系的发展，完善国际危机管理法制建设，借鉴古今中外其他国家的理论和经验，充分发挥学术界的作用。

第四节 德国国际危机管理评价与展望

德国国际危机管理机制有其优越性和局限性，二者呈现辩证的关系。

重视民事危机管理手段是德国国际危机管理机制的突出特点，其优势在以往的实践中得到了证实。德国政府倾向于不轻易动用武力或至多有限地使用武力，一方面是希望获得其盟友和国际社会的信任，消除他们对德国军事威胁的戒备心，从而营造出适合自身发展的国际环境，另一方面也是为了避免冲突升级而造成更大的人道主义灾难。然而，乌克兰危机和难民危机管理中民事手段的运用并没有达到预期的效果，说明德国民事危机管理手段除了可取之处外，还有一定局限性。民事危机管理手段在危机爆发前是极佳的选择，可以从根源上预防危机的发生，达到危机管理的最佳效果。然而一旦危机爆发，民事危机管理手段的作用就显得力度不够，对于较为激烈的矛盾冲突的威慑力有限。

在政治－安全国际危机管理中，军事手段是辅助性后备力量，民事手段是主要管理手段，只有有了硬实力做支撑，以和平为宗旨的"软"手段才能得到发挥；硬实力不够"硬"，强大的软实力对于危机爆发后的冲突解决也可能发挥不出本身的作用。在不削弱对民事手段重视的前提下，若能够强化军事实力，在某种意义上等于增强了民事手段的硬实力后盾，使国家在保障自身和周边国家安全与和平的基础上，充分发挥软实力的作用，使德国的民事危机管理理念成为有本之木、有水之源。发展军事力量，并不等同于倾向采取军事手段，更不代表不重视民事手段。因此，德国在优先选择民事手段应对危机的同时，应当使军事手段与民事手段互为补充，从而更好地管控危机局势。

德国国际危机管理机制重视危机前预防阶段，将危机前预防、危机中管控与危机后重建和安置作为危机管理的三个阶段。危机前预防阶段如果能够顺利实施，将危机的火苗尽早熄灭，那么整个危机管理的结果将是最理想的，损失也会被降至最低。然而，危机预防在这三个阶段中技术要求最高，在危机相关方较多的情况下，协调难度也较大，德国国际危机管理的双重政治问题就是该矛盾的一种反映。因此，在实际情况中，德国最容易错过危机前预防阶段，在危机中管控阶段也常常显得慢热，以至于危机管理时机一再被错过。不过，这三个阶段是原因与结果的关系，是危机管理整体不可缺少的一部分，因此都必须得到足够的重视和进行充分的准备。

德国认识到必须与世界上所有重要国家和国际组织合作才能有效治理国际危机。依靠国际组织和相关国家的合作应对危机虽然可行，但难度较大，因为德国在国际危机管理中面临双重政治问题：一方面，德国在与国际组织相对而言的隐性和显性地位之间徘徊，难以确定应该在多大程度上独立承担国际危机管理责任，尤其在政治层面；另一方面，鉴于欧盟组织内部的复杂性，德国很难做到充分协调各国之间的利益，因此在国际危机管理过程中常常很难达成一致。尽管如此，任何一个国家都无法凭一己之力应对新时代背景下的国际危机，德国只有努力突破自身的局限性，找到问题的解决方法，不断完善危机管理机制，在实践中力图与世界上重要国家及国际组织共同合作管理国际危机，才能实现维护世界和平与安全的战略目标。

德国倡导的民主、自由等价值观犹如精神上的灯塔，在南北差异巨大的国际环境中，对经济落后、政局不稳定地区的民众具有极大吸引力，这也是德国发展价值观外交的重要基础。但过分强调德国价值观和欧洲价值观而忽略实际情况，对大批难民敞开大门并要求其他欧洲国家采取同样措施，给德国甚至整个欧洲社会各方面造成巨大冲击，甚至引发了英国脱欧和德、法暴恐袭击事件频发等连带效应，这体现了价值观作为决策影响因素的局限性。因此，对价值观因素的考量应当以实际情况为前提。国际危机具有涉及面广、管理难度大的特点，在任何情况下，都必须通过协同合作来完成，德国作为欧盟的"领头羊"之一，有能力担当协调者的角色，因而更需要以尊重各国实际情况为前提，审慎考量价值观因素，充分权衡各方利益。

本书在对德国国际危机管理机制、理念与实践研究的基础上，得出以下结论：

第一，德国高度重视国际政治－安全危机及其管理；

第二，德国认识到必须与世界上所有重要国家和国际组织合作才能有效管理国际危机，并在实践中力图与世界上重要国家及国际组织合作；

第三，德国在国际政治－安全危机管理中注重民事危机预防，倾向于不轻易动用武力或至多有限地使用武力，主要是为了避免冲突升级而造成更大的人道主义灾难；

第四，德国国际危机管理始终离不开欧盟框架，欧洲一体化的发展为德国参与国际政治－安全危机管理提供了动力，同时也形成了一定的制约。

习近平主席在世界经济论坛 2017 年年会开幕式上的主旨演讲中提出："人类已经成为你中有我、我中有你的命运共同体，利益高度融合，彼此相互依存。每个国家都有发展权利，同时都应该在更加广阔的层面考虑自身利益，不能以损害其他国家利益为代价。"① 中国的人类命运共同体意识，向全球治理注入了新内涵，体现了中国在全球事务中应势而为、勇于担当的责任，表明了东方智慧对和平发展道路的选择。由此可以看出，中国国际治理理念的基本思想与德国国际危机管理理念有许多相似之处，德国国际危机管理机制及其指导理念对中国在应对国际危机方面具有一定的参考价值，德国国际危机管理的实践经验也可以为中国参与国际危机管理提供借鉴。

眼下国际危机仍是一波未平一波又起，究其原因，不难发现诸多政治－安全危机背后隐藏着霸权思维和单边主义等深层动因，对国际社会的安全与

① 《习近平主席在世界经济论坛 2017 年年会开幕式上的主旨演讲（全文）》，新华社，2017，http://www.xinhuanet.com//2017－01/18/c_1120331545.htm。

稳定、经济发展等方面产生诸多恶劣影响，连带掀起了逆全球化和民粹主义浪潮，欧洲一体化成果和跨大西洋伙伴关系也面临严峻挑战。事实已经一再证明，当前国际政治－安全危机波及范围广、影响持久，需要世界各国携手共同应对。随着"一带一路"建设的开展，中国承担大国责任的意愿显而易见，德国也在世界舞台上不断呈现显性特征，因此可以预见，未来中德两国在国际危机事务处理方面会有更多交流与合作。

德国国际危机管理的法律基础

一 《联合国宪章》

国际法基本原则是指那些被各国公认的、具有普遍意义的、适用于国际法各个领域的、构成国际法基础并具有强行法性质的国际法原则。[①] 联合国大会于 1970 年一致通过了《国际法原则宣言》，宣布了七项基本原则：禁止以武力相威胁或使用武力，和平解决国际争端，不干涉内政，国际合作，各民族享有平等权利与自决权，各国主权平等，善意履行国家义务。德国国际危机管理行为除了要符合国际法原则之外，还要遵循《联合国宪章》的规定。下面将介绍与德国国际危机管理相关度较高的《联合国宪章》相关条文。

联合国之宗旨如下。（1）维持国际和平及安全；并为此目的采取有效集体办法，以防止且消除对于和平之威胁，制止侵略行为或其他和平之破坏；并以和平方法且依正义及国际法之原则，调整或解决足以破坏和平之国际争端或情势。（2）发展国际以尊重人民平等权利及自决原则为根据之友好关系，并采取其他适当办法，以增强普遍和平。（3）促成国际合作，以解决属于经济、社会、文化及人类福利性质之国际问题，且不分种族、性别、语言或宗教，增进并激励对于全体人类之人权及基本自由之尊重。（4）构成—协调各国行动之中心，以达成上述共同目的。[②]

---

① 李广民、欧斌主编《国际法》，清华大学出版社，2006，第 22 页。
② 《联合国宪章》，http://www.cntv.cn/lm/767/14/51266.html。以下《联合国宪章》的条文出处同此处。

《联合国宪章》第一章第二条规定：各会员国应以和平方法解决其国际争端，避免危及国际和平、安全及正义。各会员国在其国际关系上不得使用威胁或武力，或以与联合国宗旨不符之任何其他方法，侵害任何会员国或国家之领土完整或政治独立。

第六章第三十三条规定，在争端的继续存在足以危及国际和平与安全的维持时，争端的当事国应尽量先采取谈判、调查、调停、和解、公断、司法解决、区域机关或区域办法或各该国自行选择之其他和平方法，求得解决。安全理事会认为必要时，应促请各当事国以此项方法，解决其争端。

第三十四条规定，安全理事会调查任何争端或可能引起国际摩擦或惹起争端之任何情势，以断定该项争端或情势之继续存在是否足以危及国际和平与安全之维持。

第三十五条规定：（1）联合国任何会员国得将属于第三十四条所指之性质之任何争端或情势，提请安全理事会或大会注意；（2）非联合国会员国之国家如为任何争端之当事国时，经预先声明就该争端而言接受本宪章所规定和平解决之义务后，得将该项争端，提请大会或安全理事会注意。

第七章第三十九条规定，安全理事会应断定任何和平之威胁、和平之破坏或侵略行为之是否存在，并应作成建议或抉择依第四十一条及第四十二条规定之办法，以维持或恢复国际和平及安全。

第四十条规定，为防止情势之恶化，安全理事会在依第三十九条规定作成建议或决定办法以前，得促请关系当事国遵行安全理事会所认为必要或合宜之临时办法。此项临时办法并不妨碍关系当事国之权利、要求或立场。安全理事会对于不遵行此项临时办法之情形，应予适当注意。

第四十一条规定，在解决国际争端时，应当首先考虑非武力手段，包括经济关系、铁路、海运、航空、邮、电、无线电及其他交通工具之局部或全部停止，以及外交关系之断绝。

第四十二条规定，当安理会认定非武力方法不足或已经证明为不足时，则应采取必要的空海陆军行动，以维持或恢复国际和平及安全。此项行动包括联合国成员国的空海陆军示威、封锁及其他军事举动。

第四十七条第一款规定，联合国设立军事参谋团，以满足安全理事会维持国际和平与安全的军事需要，军事参谋团对于军队的使用和统率问题、军备管制及可能的军缩问题，向之提供意见并予以协助。

第四十八条规定，在执行安全理事会为维持国际和平及安全的决议时，联合国全体会员国或若干会员国应当共同行动，成员国应通力合作，彼此协助，以执行安全理事会的决定。

第五十一条规定，联合国任何成员国受武力攻击时，在安理会采取维和行动之前，成员国可单独或集体行使自卫权。成员国实施自卫措施之后，应立即向安全理事会报告。

二　欧盟法律法规

欧盟法律分为首级法和次级法。首级法是欧盟行动的总基础，旨在规范其工作方式；次级法，即条例、方针、决策和决议，源于条约中规定的原则和目标，对欧盟成员国有直接或间接的影响。一般决策程序是普通立法程序（原"共同决策程序"），按照一般决策程序，欧盟法律必须得到直选的欧洲议会和欧洲理事会（28 个欧盟国家的政府）的批准。欧盟法律起草和执行由委员会负责。

欧盟遵循法治的原则，这意味着欧盟的任何活动都是基于欧盟所有成员国在自愿、民主的基础上通过的条约。《里斯本条约》增加了采用普通立法程序的政策领域的数量。在拒绝不符合理事会观点的提案方面，欧洲议会的权限也会得到延伸。[1]

欧盟法律中的权利和义务不仅针对各成员国，也针对公民和企业，有些情况是直接适用的。欧盟法律是其成员国法律体系的有机组成部分，主要负责共同规范的执行和合理应用。

1986 年欧共体各成员国政府首脑在卢森堡签署了旨在建立欧洲统一大市场的《单一欧洲法令》，1991 年在荷兰马斯特里赫特签订了旨在纵向发展欧

---

[1]　EUR-Lex, *Vertrag von Lissabon zur Änderung des Vertrags über die Europäische Union und des Vertrags zur Gründung der Europäischen Gemeinschaft, unterzeichnet in Lissabon am 13. Dezember 2007*（Document C2007/306/01）, http://eur-lex. europa. eu/legal-content/DE/TXT/? uri = uriserv: OJ. C_. 2007. 306. 01. 0001. 01. DEU&oc = OJ: C: 2007: 306: TOC. 以下关于《里斯本条约》的相关法律出处同此处。

洲一体化并成立政治及经济货币联盟的《欧洲联盟条约》，也称《马斯特里赫特条约》，1993 年该条约正式获批并生效。1997 年欧盟领导人在荷兰首都阿姆斯特丹签订了《阿姆斯特丹条约》，确定了欧盟跨世纪的战略目标。2000 年在法国尼斯召开的会议上通过了《尼斯条约》，内容包括欧盟内部机构改革和欧盟扩大的问题。《欧盟宪法条约》于 2004 年在意大利首都罗马签署，是欧盟的首部宪法，其宗旨是保证欧盟的有效运作及欧洲一体化进程的顺利进行。2007 年 10 月 19 日，欧盟非正式首脑会议通过了欧盟新条约《里斯本条约》，于 2007 年 12 月 13 日由欧盟各国首脑在里斯本签署。《里斯本条约》将取代 2005 年在荷兰和法国全民公决中遭否决的《欧盟宪法条约》。下文将对这些条约中与危机管理或紧急情况应对有关的规定进行梳理。

《里斯本条约》第 2e 条规定，欧盟负责实施措施以支持、协调和弥补成员国的措施。这些措施涉及如下领域：保护和改善人类健康，工业，文化，旅游，一般和职业教育，青年和体育，灾害保护，行政合作。

《里斯本条约》第 24 条规定，欧盟可以在本章规定的领域内，与一个或多个国家或国际组织达成协议。对第 25 条第 2 款改动如下：第 2 款包括如下含义：在本章框架内，理事会和高级代表负责的政治和安全政策委员会负责第 28b 条中规定的危机应对行动的政治监管和战略领导工作。

《里斯本条约》第 28b 条规定：

1. 第 28a 条第 1 款所载的特派团在执行任务时，欧盟可以使用民事或军事手段。这些任务应当包括联合裁军行动、人道主义和救援任务、军事咨询和援助任务、冲突预防与维持和平任务，以及作战部队在危机管理中的任务，包括维和与冲突后的维稳工作。所有这些任务可能有助于打击恐怖主义，以及通过支持第三国在其领土范围内打击恐怖主义。

2. 委员会宣布关于第 1 款所载的特派团的决议，决议中规定特派团的目标和范围以及一般执行条件。欧盟外交和安全政策高级代表在理事会监督以及与政治和安全委员会密切和持续接触下，对特派团进行民事和军事方面的协调。

《里斯本条约》第 176c 条规定：

1. 欧盟支持成员国之间合作，以更为有效地建立预防自然灾害和人为灾害，以及保护免受灾害威胁的体系。

（1）在国家、区域和县市层面，为风险预防，成员国参加灾害保护的人员培训，以及为自然灾害或人为灾害的军队投入行动提供支持和补充。

（2）促进欧盟中各灾害保护机构的迅速和有效合作。

（3）改善国际层面的灾害保护措施的一致性。

2. 欧洲议会和欧洲理事会在各成员国的法律没有协调的情况下，按照一般立法程序公布实现第 1 款所载目标的必要措施。

《里斯本条约》第 188j 条第 1 款规定，欧盟对外行动的原则和目标构成欧盟在人道主义领域的措施框架。措施旨在有针对性地为遭受自然灾害或人为灾害的第三国居民提供帮助、救援和保护，以满足紧急状态所导致的人道主义需求。欧盟的措施和成员国的措施相互弥补和加强。

《里斯本条约》第 188r 条规定在恐怖袭击等重大灾害情况下，军事手段不再是最后手段：

1. 在成员国遭遇恐怖袭击、自然灾害或人为灾害时，欧盟及其成员国秉持团结的精神共同行动。欧盟调动所有可用的手段，包括成员国提供的军事手段，以：

（1）在成员国领土范围内防止恐怖威胁；保护民主机构和公民免受恐怖袭击；在恐怖袭击中，支持成员国寻求其领土范围内的政治机构的帮助。

（2）在自然灾害或人为灾害中，支持成员国寻求其领土范围内的政治机构的帮助。

（3）在某一成员国遭遇恐怖袭击、自然灾害或人为灾害时，其他成员国为该成员国寻求其政治机构帮助提供支持。

2. 在成员国遭遇恐怖袭击、自然灾害或人为灾害时，其他成员国为该成员国寻求其政治机构帮助提供支持。为此，各成员国在理事会中达成一致。

3. 欧盟使用团结条款的细节应当通过一项决议来规定，该决议由理事会在委员会和欧盟外交与安全政策高级代表的共同建议之基础上颁布。如果该决议在防务领域有效，那么理事会根据该欧盟条约第 15b 条第 1 款进行决策。欧洲议会将被告知此事。为实现该条款的目标，在不违背第 207 条的情况下，以共同安全与防务政策框架为结构基础的政治和安全政策委员会，和

第61d条所载的在适当情况下向理事会提交共同声明的委员会，将支持理事会。

4. 为使欧盟及其成员国有效行动，欧洲理事会对欧盟面临的威胁进行评估。

在《阿姆斯特丹条约》最终决议关于加强欧盟与西欧联盟合作的章节中，在西欧联盟应当与欧盟一起签署合作协议方面，涉及"危机"的规定如下。

第J.7条规定：共同外交与安全政策应当包含联盟安全的所有问题。该条中的问题应当包括危机管理中的人道主义和援助任务、维和任务以及作战部队任务，包括建设和平。[①]

按照第J.7条的协议，西欧联盟应同欧洲联盟一起为加强他们之间的合作拟订计划。在这方面可采取下列措施，其中一些西欧联盟已经采取，还可以继续进行，如：欧盟与西欧联盟在磋商和决策中加强协调，特别是在危机情况下。

除了支持《华盛顿条约》第5条和《布鲁塞尔条约》修订版第5条所载的共同防务之外，西欧联盟在《彼得斯堡宣言》所载的冲突预防和危机管理方面发挥积极的作用。在这方面，西欧联盟承诺充分履行其作用，充分尊重这两个组织之间的透明度与互补性。

西欧联盟希望开发其作为欧洲政治－军事危机管理行为体的功能，同时也希望在危机管理方面为联合国和欧洲安全与合作组织提供一定的支持。

西欧联盟已经制定了危机管理机制和程序，并随着实践经验的积累不断升级。《彼得斯堡宣言》的履行需要针对不同的危机情境灵活运用不同行动模式，并充分利用现有能力，包括求助可能由某一框架内国家提供的国家总部或负责西欧联盟或北约资产及能力的多边总部。

《马斯特里赫特条约》第73f条规定，在特殊情况下，流向或来自第三

---

① EUR-Lex, *Treaty of Amsterdam amending the Treaty on European Union*, *the Treaty establishing the European Communities and certain related acts* (Offizieller Artikel, 1997), http://europa. eu/eu-law/decision-making/treaties/pdf/treaty_of_amsterdam/treaty_of_amsterdam_en. pdf. * The same source below.

国的资本造成或可能给经济和货币联盟造成严重的困难，理事会在来自委员会的特定多数提案推动下，在咨询欧洲中央银行之后，可以对第三国采取保障措施，为期不超过 6 个月，如果这种措施是绝对必要的。[①]

《马斯特里赫特条约》第 100c 条规定：

1. 理事会在来自委员会的特定多数提案推动下，在咨询欧洲议会之后，应确定第三方国家，这些国家的国民在经过各成员国的外部边界时必须持有签证。

2. 然而，如果在紧急情况下有第三国国民突然涌入共同体的威胁，理事会在来自委员会的特定多数提案推动下，可以采纳这些国家的国民提出的签证申请，为期不超过 6 个月。本段提到的签证申请可以与第 1 段中提到的程序一致。

《马斯特里赫特条约》第 103a 条第二款规定，在成员国处于困难或受到因不可控的特殊事件造成的严重困难威胁时，理事会可以按照来自委员会的提案，在一定条件下向有关成员国提供联盟的财政援助。对于由自然灾害造成的严重困难，理事会按照特定多数原则采取行动。理事会主席应将所做出的决定通知欧洲议会。

《马斯特里赫特条约》第 109i 条第一款规定，在国际收支平衡突然出现危机的情况下，若无法立刻做出第 109h（2）条所指的决策，那么相关成员国可以采取必要的保护措施以预防危机。这种措施必须对共同市场的运作造成尽可能少的干扰，并且不得超过补救突发困难在严格意义上必需的措施范围。

《马斯特里赫特条约》第 J.8 条规定：

1. 欧洲理事会应当界定共同外交和安全政策的原则和总方针。

2. 理事会应当在欧洲理事会采纳的总方针基础上，做出必要决定来界定和执行共同外交和安全政策。它应确保统一、一致性和联盟行动的有效性。理事会应当行动一致，程序性问题和第 J.3（2）条提到的问题除外。

[①] EUR-Lex, *Treaty on European Union*（Maastricht, 7 February 1992）（Offizieller Artikel, 1992）, http://www.cvce.eu/obj/treaty_on_european_union_maastricht_7_february_1992-en-2c2f2b85-14bb-4488-9ded-13f3cd04de05.html, Last updated: 09/11/2015. * The same source below.

3. 任何成员国或委员会在共同外交和安全政策的相关问题上应当向委员会咨询，并向理事会提出建议。

4. 在需要迅速做出决策的情况下，主席应当自发或应委员会或成员国之请求，在48小时内召开特别理事会会议，或在紧急情况下在更短的时间内召开。

5. 在不影响欧盟条约第151条规定的前提下，由政治主管组成的政治委员会应当监控共同外交与安全政策所涉领域的国际局势，并应理事会之邀或自发向理事会提供政策界定方面的建议。它还应监督约定政策的执行情况，不可质疑欧盟外交和安全政策高级代表和委员会的权力。

《单一欧洲法令》中关于危机管理的规定体现在第58条中：当需求下降时，如果最高管理机构认为委员会已经面临明显危机并且第57条提供的方法已经不足以应对该危机时，委员会应当在咨询顾问委员会并得到理事会同意之后，建立生产配额系统，并在必要限度内伴随使用第74条提供的方法。①

三 《德意志联邦共和国基本法》②

《基本法》第24条"集体安全体系"规定：为维护和平，联邦可加入一种相互的集体安全体系；为此，联邦同意对其主权加以限制，以在欧洲和世界各国人民之间建立和保障和平、持久的秩序。为解决国家争端，联邦加入有关一般的、广泛的和义务性的国际仲裁协定。

《基本法》第25条"国际法、联邦法的组成部分"规定：国际法的一般规则构成联邦法的组成部分。它们优先于各项法律并对联邦领土内的居民直接产生权利和义务。

---

① EUR-Lex, *Treaties establishing the European Communities—Treaties amending these Trea-ties*: *Single European Act* (Offizieller Artikel, 1987), https://europa. eu/european-union/sites/europaeu/files/docs/body/treaties_establishing the_european communities single european_act_en. pdf. S. 71 – 72.

② Deutscher Bundestag, *Grundgesetz für die Bundesrepublik Deutschland vom 23. Mai 1949* (*BGBl. S. 1*), *zuletzt geändert durch Artikel 1 des Gesetzes vom 23. 12. 2014* (*BGBl. I S. 2438*) (Regierungsdokument, 2010), http://www. bundestag. de/ bundestag/aufgaben/rechtsgrundlagen/grundgesetz/gg/245216. 以下关于《基本法》的条例出处同此处。

《基本法》第 26 条"禁止侵略战争、战争武器"规定：可能扰乱各国人民和平相处和具有此种意图的行为，特别是准备发动侵略战争的行动，均违反宪法。对此种行为应予以惩处。

《基本法》第 45 条"欧洲联盟事务委员会"规定：联邦议院设立欧洲联盟事务委员会。联邦议院可授权该委员会行使第 23 条规定的联邦议院相对于联邦政府的权利。

《基本法》第 45a 条"外交事务委员会和国防委员会"规定：（1）联邦议院设立外交事务委员会和国防委员会；（2）国防委员会享有调查委员会的权利，根据该委员会 1/4 成员的提议，国防委员会有义务将有关事项作为调查对象；（3）第 44 条第 1 款不适用于国防事务。

《基本法》第 80a 条"紧急状态"规定：如在本《基本法》中或在有关国防包括民防在内的联邦法律中规定，只允许依照本条《基本法》适用有关法律规定时，除产生防御状态以外，此类法律规定只能在联邦议院确定出现紧急状态时，或者在联邦议院特别批准适用时，方可适用。紧急状态的确认和第 12a 条第 2 项情形中所需的特别批准，均应按照第 5 款第 1 项和第 6 款取得联邦议院投票的 2/3 多数批准。

《基本法》第 87a 条"武装部队的建立和投入使用"规定：（1）联邦为防御而建立武装部队。预算计划中须载明武装部队的数量及其组织规模的基本情况。（2）除用于防御外，武装部队只有在本《基本法》明确准许时，方能投入使用。（3）在防御状态和紧急状态下，武装部队在履行其防御任务的必要范围内，有权保护平民财产、执行交通管制。此外，在防御状态和紧急状态下，武装部队可受委托承担保护平民财产的任务，以支援警察的行动；届时，武装部队与主管机关进行合作。（4）具备第 91 条第 2 款所指的前提条件，且警察和联邦边防部队力量不足时，为抵御对联邦或州的生存和自由民主的基本秩序构成的紧迫威胁，联邦政府可动用武装部队支援警察和联邦边防部队以保护平民财产和平息有组织的军事武装叛乱。如联邦议院或联邦参议院要求停止使用武装部队，则应停止使用。

《基本法》第 91 条"内政紧急状态"规定：（1）为抵御有关危及联邦或州的生存或自由民主的基本秩序的紧迫危险，一州可要求他州警察部队以及其他行政机关和联邦边防部队的人员和设备予以协助。（2）面临危险的州自己未对此做准备，或不能排除此种危险的，联邦政府可对该州警察和他州警察部队发布指令并投入使用联邦边防部队。危险排除后，有关指令应在联邦参议院的要求下随时予以撤销。在危险蔓延到一州领域以外的情况下，为有效排除危险，联邦政府可向各州政府发布指令；第 1 项和第 2 项不受影响。

《基本法》第 115a 条"防御情况"规定：（1）对联邦领域是否受到武力攻击或者直接面临此种攻击的危险（防御状态）的确定，由联邦议院做出，并征得联邦参议院批准。根据联邦政府请求做出此项确定时，需获得联邦议院投票数的 2/3 多数同意，且同意票数为联邦议院议员总数的一半以上。（2）如情况紧急需立即采取行动，且联邦议院遇到不可克服的障碍无法及时召集会议的，或者联邦议院不具备决议能力时，由联合委员会以投票数的 2/3 多数，且同意票数为其成员的过半数时，做出此项确定。（3）联邦总统根据第 82 条规定在联邦法律公报上对此项确定予以公告。不能及时进行此种公告方式的，以其他方式公告；一旦情况允许，此项确定应立即在联邦法律公报上补载。（4）如联邦领域已受武力攻击且联邦主管机构未能立即按第 1 款第 1 项的规定确定防御状态时，则视为在攻击开始之时就已做出并公布了此项确定。一旦情况允许，联邦总统即应宣告此项确定。（5）防御状态的确定已经公告后，联邦领域受到武力攻击的，联邦总统在征得联邦议院的同意前提下就防御状态的存续发表国际法声明。符合第 2 款规定前提的，由联合委员会代行联邦议院职权。

第 115f 条"联邦政府权限的扩展"规定：（1）在防御状态下，如情势需要，联邦政府可：在全联邦领域内投入使用联邦边防部队；除对联邦行政机关外，还可对各州政府发出指令，如认为情况紧急，也可对各州行政机关发出指令并将此项权力委托给联邦政府指定的各州政府成员。（2）采取第 1 款规定措施时，应立即向联邦议院、联邦参议院和联合委员会做出通告。

参考文献

一 中文文献

1. 中文著作

陈玉刚：《国家与超国家——欧洲一体化理论比较研究》，上海人民出版社，2001。

〔德〕贝娅特·科勒-科赫、托马斯·康策尔曼、米歇勒·克诺特：《欧洲一体化与欧盟治理》，顾俊礼等译，中国社会科学出版社，2004。

丁邦泉：《国际危机管理》，国防大学出版社，2004。

李广民、欧斌主编《国际法》，清华大学出版社，2006。

李慎明、张宇燕主编《全球政治与安全报告（2015）》，社会科学文献出版社，2015。

李效东：《现代国际安全理论精要》，军事科学出版社，2015。

李小圣：《欧洲一体化理论与实践分析》，世界知识出版社，2007。

连玉如：《新世界政治与德国外交政策——"新德国问题"探索》，北京大学出版社，2003。

刘立群、连玉如：《德国·欧盟·世界》，社会科学文献出版社，2009。

〔美〕格雷厄姆·艾利森、菲利普·泽利科：《决策的本质：还原古巴导弹危机的真相》，王伟光、王云萍译，商务印书馆，2015。

〔美〕约翰·米尔斯海默：《大国政治的悲剧》，王义桅、唐小松译，上海人民出版社，2008。

〔美〕詹姆斯·多尔蒂、小罗伯特·普法尔茨格拉夫：《争论中的国际关系理论》（第五版），阎学通等译，世界知识出版社，2003。

彭光谦：《世界主要国家安全机制内幕》，江苏人民出版社，2014。

孙德刚：《危机管理中的国家安全战略》，上海人民出版社，2010。

《乌克兰变局真相》编写组编《乌克兰变局真相》，新华出版社，2014。

王沪宁：《比较政治分析》，上海人民出版社，1987。

武正弯：《德国外交战略（1989－2009）》，中国青年出版社，2010。

熊炜：《统一后的德国外交政策》，世界知识出版社，2008。

杨海峰：《中欧国际危机管理互动研究》，上海人民出版社，2016。

杨洁勉：《国际危机泛化与中美共同应对》，时事出版社，2010。

杨洁勉：《后冷战时期的中美关系——危机管理的理论和实践》，上海人民出
版社，2004。

〔意〕马里奥·泰洛：《国际关系理论：欧洲视角》，潘忠岐等译，上海人民
出版社，2011。

殷桐生：《德国外交通论》，外语教学与研究出版社，2010。

于芳：《德国的国际角色与外交政策》，人民日报出版社，2014。

张沱生、〔美〕史文：《对抗·博弈·合作——中美安全危机管理案例分
析》，世界知识出版社，2007。

赵成根：《国外大城市危机管理模式研究》，北京大学出版社，2006。

郑春荣：《德国蓝皮书：德国发展报告（2016）——欧洲难民危机背景下的
德国》，社会科学文献出版社，2016。

郑春荣、伍慧萍：《德国蓝皮书：德国发展报告（2015）》，社会科学文献出
版社，2015。

郑春荣、伍慧萍：《德国蓝皮书：德国发展报告（2014）》，社会科学文献出
版社，2014。

郑春荣、伍慧萍：《德国蓝皮书：德国发展报告（2013）》，社会科学文献出
版社，2013。

周弘主编《欧洲蓝皮书：欧洲发展报告（2013－2014）——欧盟东扩10年：
成就、意义及影响》，社会科学文献出版社，2014。

周弘、黄平、江时学主编《欧洲蓝皮书：欧洲发展报告（2014－2015）——

乌克兰危机与欧盟：起源、应对与影响》，社会科学文献出版社，2015。

黄平、周弘、江时学主编《欧洲蓝皮书：欧洲发展报告（2015－2016）——欧洲难民危机》，社会科学文献出版社，2016。

周弘、〔德〕贝娅特·科勒－科赫主编《欧盟治理模式》，社会科学文献出版社，2008。

2. 中文论文

蔡玉辉、杨豫：《欧洲精神与欧盟制度析论》，《欧洲研究》2006 年第 1 期。

李云龙：《1954－1955 年中美台海危机管理研究——一种方法的探索与应用》，博士学位论文，中共中央党校，2007。

陈新明、宋天阳：《乌克兰危机与德俄关系及其演变趋向》，《现代国际关系》2014 年第 9 期。

德国政府：《基民盟、基社盟与社民党〈联合执政协议〉的外交与安全政策部分》，陈思等译，《德语国家资讯与研究》（第三辑），外语教学与研究出版社，2014。

何林林：《国外应急及信息管理系统介绍》，魏礼群主编《应急管理国际研讨会论文集（2010）》，2011。

黄萌萌：《难民危机中如履薄冰的德国》，《百科知识》2015 年第 22 期。

雷勇：《后冷战时期的国际危机》，《贵州教育学院学报》（社会科学版）2004 年第 6 期。

连玉如：《21 世纪新时期"德国问题"发展新考》，《德国研究》2012 年第 4 期。

连玉如：《统一德国 21 世纪外交政策连续性刍议》，顾俊礼、刘立群《迈入21 世纪的德国与中国》，社会科学文献出版社，2000。

刘胜湘、许超：《德国联邦安全委员会的演变探析》，《德国研究》2015 年第 2 期。

刘新华：《地缘政治、国际体系变迁与德国外交战略的选择》，《德国研究》2004 年第 1 期。

邱美荣：《国家利益与国际危机管理》，倪世雄、王义栀主编《中美国家利益比较》，时事出版社，2004。

邱美荣：《试析冷战后欧洲危机管理风格的变化》，《欧洲研究》2005 年第 1 期。

邵瑜：《德国的危机预防信息系统》，《信息化建设》2005 年第 8 期。

石佳友：《"后现代"欧洲及对中国的意义》，《欧洲研究》2005 年第 1 期。

唐艋：《德国难民政策的历史与现状》，《德国研究》2015 年第 2 期。

王义桅：《"颜色革命"：难民危机的罪魁祸首》，《中国社会科学报》2015 年 11 月 5 日。

吴学永：《德国安全战略的新发展》，《欧洲》1996 年第 2 期。

熊炜：《论德国外交与安全政策中的角色冲突》，《德国研究》2004 年第 4 期。

熊炜：《论德国文明国家外交政策》，《欧洲研究》2004 年第 2 期。

严双伍、黄亮：《论欧盟干预国际危机的选择性》，《长江论坛》2009 年第 1 期。

杨洁勉：《国际危机管理和中美关系》，博士学位论文，上海外国语大学，2003。

张久安：《欧洲难民危机：历史、成因及其全球影响》，《思想政治课教学》2015 年第 11 期。

张清敏：《外交政策分析中文化因素的作用与地位》，《国际论坛》2003 年第 4 期。

张清敏：《中国的国家特性、国家角色和外交政策思考》，《太平洋学报》2004 年第 2 期。

赵绪生：《论后冷战时期的国际危机与危机管理》，《现代国际关系》2003 年第 1 期。

周敏凯：《论伊拉克战争后大西洋联盟的危机》，《华东师范大学学报》（哲学社会科学版）2004 年第 5 期。

于芳：《文明力量理论与德国默克尔政府外交政策》，博士学位论文，北京外国语大学，2014。

二 德文文献

1. 德国官方文件

Auswärtiges Amt, *Bericht der Bundesregierung zum Stand der Bemühungen um*

Rüstungskontrolle, *Abrüstung und Nichtverbreitung sowie über die Entwicklung der Streitkräftepotenziale* (*Jahresabrüstungsbericht 2015*) (Regierungsdokument, 2016), http://www. auswaertiges-amt. de/cae/servlet/contentblob/730798/ publicationFile/215053/160406_JAB_2015. pdf.

Auswärtiges Amt, *BoKoWiTa 2016: Wirtschaft trifft Diplomatie* (Regierungsdokument, 2016), http://www. auswaertiges-amt. de/DE/AAmt/Botschafterkonferenz/ 160830 _ BoKoWiTa _ 2016. html? searchArchive = 0&searchEngineQuery String = Ukraine&path = % 2Fdiplo% 2FDE * &searchIssued = 0&searchIs suedAfter = 27. 11. 2013.

Auswärtiges Amt Arbeitsstab OSZE-Vorsitz, *Dialog erneuern*, *Vertrauen neu aufbauen*, *Sicherheit wieder herstellen-Schwerpunkte des deutschen OSZE-Vorsitzes 2016* (Berlin: Auswärtiges Amt Arbeitsstab OSZE-Vorsitz, 2016).

Auswärtiges Amt, *Review 2014—Außenpolitik Weiter Denken—Krise · Ordnung · Europa* (Broschüre der Bundesregierung, 2015), https://www. auswaertiges-amt. de/blueprint/servlet/blob/269656/d26e1e50cd5acb847b4b9eb4a757 e438/review2014-abschlussbericht-data. pdf.

BAMF, *Aktuelle Zahlen zu Asyl—Tabellen Diagramme Erläuterungen* (Regierungsdokument, 2015), https://www. bundesregierung. de/resource/blob/997532/ 426410/d3f3ba51efff48fa3a1bc12b3ae3b019/2016 – 06 – 22 – bamf-data. pdf? download = 1.

BAMF, *Das Bundesamt in Zahlen 2014*: *Asyl*, *Migration und Integration* (Regierungsdokument, 2014), http://www. dasding. de/vorort/-/id = 1068410/ property = download/nid = 145088/a86vur/BAMF% 20in% 20Zahlen. pdf.

BAMF, *Migration*, *Integration*, *Asyl—Politische Entwicklungen in Deutschland 2014—Jährlicher Bericht der deutschen nationalen Kontaktstelle für das Europäische Migrationsnetzwerk* (*EMN*) (Regierungsdokument, 2015), http://www. bamf. de/SharedDocs/Anlagen/DE/Publikationen/EMN/Politikber ichte/emn-politikbericht-2014-germany. pdf? _blob = publicationFile.

BBK, *Akademie für Krisenmanagement*, *Notfallplanung und Zivilschutz* (Regierungsdokument, 2015), http：//www. bbk. bund. de/SharedDocs/Down-loads/BBK/ DE/Publikationen/Broschueren _ Flyer/Buergerinformationen _ A4/Buergerinformation_AKNZ. pdf? _blob = publicationFile.

BBK, *BBK-Glossar-Ausgewählte zentrale Begriffe des Bevölkerungsschutzes* (Bonn：Bundesamt für Bevölkerungsschutz und Katastrophenhilfe, 2011).

BBK, *Bevölkerungsschutz—Internationale Zusammenarbeit im Bevölkerungsschutz* (Regierungsdokument, 2009), http：//www. bbk. bund. de/SharedDocs/Down-loads/BBK/ DE/Publikationen/Publ_magazin/bsmag_4_09. pdf? _blob = pub-licationFile.

BBK, *Dritter Gefahrenbericht—Gefahrenbericht der Schutzkommission beim Bundesminister des Innern, Bericht über mögliche Gefahren für die Bevölkerung bei Großkatastrophen und im Verteidigungsfall-Neue Folgen, Band 59* (Bonn：Bundesverwaltungsamt, 2007).

BBK, *Nachsorge, Opfer-und Angehörigenhilfe—Koordinierungsstelle NOAH* (Re-gierungsdokument, 2015), https：//www. rk-marine-kiel. de/files/katastro-phenschutz/ bbk/noah_koordinierungsstelle. pdf.

BBK, *Nationales Krisenmanagement im Bevölkerungsschutz* (Regierungsdokument, 2012), https：//www. b-b-e. de/fileadmin/inhalte/themen _ materialien/ret-tungsdienste/Nationales_Krisenmanagement. pdf.

BBK, *Wir wachsen mit den Herausforderungen—Jahresbericht des Bundesamtes für Bevölkerungsschutz und Katastrophenhilfe 2012 Bilanz* (Regierungsdokument, 2013), http：//doczz. net/doc/5856074/wir-wachsen-mit-den-herausforderun-gen—jahresbericht-2012.

BMVg, *Weißbuch 2016 zur Sicherheitspolitik und zur Zukunft der Bundeswehr* (Re-gierungsdokument, 2016), https：//www. bmvg. de/resource/blob/13708/015be272f8c 0098f1 537a491676bfc31/weissbuch2016-barrierefrei-data. pdf.

BMZ, *Aktionsprogramm 2015 der Bundesregierung zur Armutsbekämpfung.* (Re-gierungsdokument, 2001), http：//www. eineweltnetzwerkbayern. de/filead-min/assets/ Dokumente/bmz_aktionsprogramm2015. pdf.

BMZ, *Entwicklung für Frieden und Sicherheit—Entwicklungspolitisches Engagement im Kontext von Konflikt, Fragilität und Gewalt* (*BMZ-Strategiepapier* 4/ 2013) (Regierungsdokument, 2014), http://www. bmz. de/de/mediathek/ publikationen/themen/ frieden/Strategiepapier328_04_2013. pdf.

BMVg, *Bundeswehr 2006: Weißbuch zur Sicherheitspolitik Deutschlands und zur Zukunft der Bundeswehr* (Regierungsdokument, 2006), http://www. bmvg. de/resource/ resource/ MzEzNTM4MmUzMzMyMmUzMTM1MzMyZTM2MzEzMDMwMzAzMDMw MzAzMDY3NmE2ODY1NmQ2NzY4MzEyMDIwMjAyMDIw/WB_2006_dt_mB. pdf.

BMVg, *Die Abteilung Politik* (offizielle Webseite, 2014), https://www. bm-vg. de/de/ministerium/organisation/die-abteilungen.

BMVg, *Verteidigungspolitische Richtlinien* (Bonn: Köllen Druck Verlag GmbH, 2011) .

BMVg, *Weißbuch 1994. Weißbuch zur Sicherheit der Bundesrepublik Deutschland und zur Lage und* Zukunft *der Bundeswehr* (Bundesministerium der Verteidigung, 1994) .

Bundesministerium des Innern, *System des Krisenmanagements in Deutschland-Stand: Dezember 2012* (Regierungsdokument, 2012), https://www. b-b-e. de/fileadmin/inhalte/themen_materialien/rettungsdienste/System_KM_in_ D. pdf.

Bundesverwaltungsamt, *Neue Strategie zum Schutz der Bevölkerung in Zivilschutz, Wissenschaftsforum, Band 4, 2. Auflage* (Bonn: Bundesamt für Bevölkerungsschutz und Katastrophenhilfe, 2010) .

Deutscher Bundestag, *Beschluss des Deutschen Bundestages von 2000 zur Zivilen Krisenprävention* (Regierungsdokument, 2000), http://dip. bundestag. de/ btd/14/038/ 1403862. pdf.

Deutscher Bundestag, *Anpassung des Zivil-und Katastrophenschutzes an die realen Bedrohungen* (Regierungsdokument, 2003), http://dipbt. bundestag. de/ doc/btd/15/004/ 1500415. pdf.

Deutscher Bundestag, *Entwurf eines Gesetzes über die Errichtung des Bundesamtes für*

Bevölkerungsschutz und Katastrophenhilfe (*Drucksache 15/2286*) (Dokument, 2003), http：//dip21. bundestag. de/dip21/btd/15/022/1502286. pdf.

Deutscher Bundestag, *Entwurf eines Gesetzes zur Änderung des Zivilschutzgesetzes* (*Drucksache 16/11338*) (Regierungsdokument, 2008), http：//dip21. bundestag. de/dip21/btd/16/113/ 1611338. pdf.

Deutscher Bundestag, *Gesetzentwurf der Fraktionen der CDU/CSU und SPD—Entwurf eines Asylverfahrensbeschleunigungsgesetzes* (*Deutscher Bundestag Drucksache 18/6185 18. Wahlperiode 29. 09. 2015*) (Regierungsdokument, 2015), http：//dip21. bundestag. de/dip21/btd/18/061/1806185. pdf.

Deutscher Bundestag, *Grundgesetz für die Bundesrepublik Deutschland vom 23. Mai 1949 (BGBl. S. 1)*, *zuletzt geändert durch Artikel 1 des Gesetzes vom 23. 12. 2014 (BGBl. I S. 2438)* (Regierungsdokument, 2010), http：//www. bundestag. de/ bundestag/aufgaben/ rechtsgrundlagen/grundgesetz/gg/245216.

Die Bundesregierung, *Aktionsplan " Zivile Krisenprävention, Konfliktlösung und Friedenskonsolidierung"* (Regierungsdokument, 2004), https：//www. auswaertiges-amt. de/blob/217534/34f381909cf90443fa3e91e951cda89d/aktionsplan-de-data. pdf.

Die Bundesregierung, *Bericht der Bundesregierung zur Zusammenarbeit zwischen der Bundesrepublik Deutschland und den Vereinten Nationen und einzelnen, global agierenden, internationalen Organisationen und Institutionen im Rahmen des VN-Systems in den Jahren 2012 und 2013* (Regierungsdokument, 2014), http：// www. auswaertigesamt. de/DE/Aussenpolitik/Friedenspolitik/VereinteNationen/ Aktuell/120815_Bericht_ Zusarbeit_node. html.

Die Bundesregierung, *Deutschlands Zukunft gestalten—Koalitionsvertrag zwischen CDU, CSU und SPD, 18. Legislaturperiode* (Rheinbach：Union Betriebs-GmbH, 2013).

Die Bundesregierung, *3. Bericht der Bundesregierung über die Umsetzung des Aktionsplans " Zivile Krisenprävention, Konfliktlösung und Friedenskonsolidierung"*, *Berichtszeitraum：Mai 2008 bis April 2010* (Regierungsdokument, 2010), https://www.auswaertiges-amt.de/blob/217528/298e42ef13563f1b5b3a4e33 55925f70/ aktionsplan-bericht3-de-data. pdf.

Die Bundesregierung, *"Krisenprävention als gemeinsame Aufgabe"*: 2. *Bericht der Bundesregierung über die Umsetzung des Aktionsplans "Zivile Krisenprävention, Konfliktlösung und Friedenskonsolidierung", Berichtszeitraum: Mai 2006 bis April 2008, Verabschiedet vom Bundeskabinett am 16. Juli 2008* (Regierungs- dokument, 2008), https://www.auswaertiges-amt.de/blob/217530/84191 faf870644610bb6426028 ba3306/aktionsplan-bericht2-de-data. pdf.

Die Bundesregierung, *"Sicherheit und Stabilität durch Krisenprävention gemeinsam stärken": 1. Bericht der Bundesregierung über die Umsetzung des Aktionsplans "Zivile Krisenprävention, Konfliktlösung und Friedenskonsolidierung", Berich- tszeitraum: Mai 2004 bis April 2006, Verabschiedet vom Bundeskabinett am 31. Mai 2006* (Regierungsdokument, 2006), https://www.auswaertiges-amt.de/blob/ 217532/544e310 f5724dfe364875cf73c0ae6db/aktionsplan-bericht1-de-data. pdf.

Die Bundesregierung, *Vierter Bericht der Bundesregierung über die Umsetzung des Ak- tionsplans "Zivile Krisenprävention, Konfliktlösung und Friedenskonsolidierung", Berichtszeitraum: Juni 2010-Mai 2014* (Regierungsdokument, 2014), https:// www.auswaertiges-amt.de/blob/266840/dab0384b15de81433a50f1e0032f43fb/ aktionsplan-bericht4-de-data. pdf.

EUR-Lex, *Vertrag von Lissabon zur Änderung des Vertrags über die Europäische U- nion und des Vertrags zur Gründung der Europäischen Gemeinschaft, unterzeich- net in Lissabon am 13. Dezember 2007* (Document C2007/306/01), http:// eur-lex.europa.eu/legal-content/DE/TXT/? uri = uriserv: OJ. C_. 2007. 306. 01. 0001. 01. DEU& oc = OJ: C: 2007: 306: TOC.

IMI Kongress, *Krisenmanagement- "sicherheitsarchitektur" im globalen Ausnahme- zustand* (Dokumentation des 12. IMI-Kongresse, 2010), http://www.imi-on- line.de/2010/04/28/0325-imi-kongressbroschure-krisenmanagement-sicherheit- sarchitektur-im-globalen-ausnahmezustand/.

Neftenbach, *Gemeinde Neftenbach: Krisenhandbuch 10 (Krisenmanagement* [*KM*])

（Regierungsdokument，2009），http：//www. neftenbach. ch/dl. php/de/5714b 5b1b05aa/ Krisenhandbuch_Neftenbach_2014. pdf.

OSZE，*Jahresbericht von 2013* （Regierungsdokument，2014），http：//www. osce. org/ de/secretariat/122952？ download = true.

Steinmeier，Frank-Walter，*Globale Herausforderungen gemeinsam gestalten-Perspektiven der deutsch-russischen Modernisierungspartnerschaft* （Rede des Bundesministers des Auswärtigen Dr. Frank-Walter Steinmeier anlässlich des Treffens des bilateralen Lenkungsausschusses des Petersburger Dialogs，3. Juli 2008），http：//www. petersburger-dialog. de/files/steinmeier_rede_passau_0. pdf.

2. 德文专著

Michael Blauberger，*Zivilmacht Europa？ Leitlinien europäischer Außenpolitik in der Analyse* （Marburg：Tectum Verlag，2005）.

Laurent F. Carrel，*Leadership in Krisen. Ein Leitfaden für die Praxis* （Wiesbaden：Gabler，2010）.

Die Lexikonredaktion des Bibliographischen Instituts，*Meyers Grosses Taschenlexikon in 24 Bänden-Band 12：Klas-Las* （Mannheim/Wien/Zürich：Bibliographisches Institut，1983）.

Walter Fechtinger，Markus Gauser，*Zivil-militärische Zusammenarbeit am Beispiel Afghanistan. Civil-Military Interaction—Challenges and Chances*，*Schriftenreihe der Landesverteidigungsakademie* （Wien：BMLV/LVAk，2008）.

Walter Feichtinger，Carmen Gebhard，*EU als Krisenmanager：Herausforderungen-Akteure—Instrumente*，*Schriftenreihe der Landesverteidigungsakadem* （Wien：Reprozentrum Wien，2006）.

Walter Feichtinger，Hermann Mückler，Gerald Hainzl，Predrag Jurekovic，*Wege und Irrwege des Krisenmanagements—Von Afghanistan bis Südsudan* （Wien，Köln，Weimar：Böhlau Verlag GmbH，2014）

Ulf Frenkler，Sebastian Harnisch，Knut Kirste，Hanns W. Maull，Wolfram Wallraf，*DFG-Projekt "Zivilmächte"：Schlußbericht und Ergebnisse-Deutsche，amerikanische und japanische Außenpolitikstrategien 1985 – 1995：Eine vergleichen-*

de Untersuchung zu Zivilisierungsprozessen in der Triade (Trier: Universität Trier, 1997).

Sven Bernhard Gareis, *Deutschlands Außen-und Sicherheitspolitik* (Opladen: Verlag Barbara Budrich, 2006).

Carsten Giersch, *Risikoeinstellungen in internationalen Konflikten* (Wiesbaden: VS Verlag für Sozialwissenschaften, 2009).

Falk Illing, *Deutschland in der Finanzkrise—Chronologie der deutschen Wirtschaftspolitik 2007 – 2012* (Wiesbaden: Springer VS, 2013)

Jürgen Jacobs, Johannes Riegler, Hermann Schulte-Mattler, Günter Weinrich, *Frühwarnindikatoren und Krisenfrühaufklärung* (Berlin/Heidelberg: Springer-Verlag, 2012).

Knut Kirste, *Rollentheorie und Außenpolitikanalyse: Die USA und Deutschland als Zivilmächte* (Frankfurt am Main: Peter Lang GmbH/Internationaler Verlag der Wissenschaften, 1998).

Niels Lange, Thomas O. Hüglin, Thomas Jäger, *Isolierte Partner—Eine vergleichende Analyse von Entscheidungsprozessen unter Krisenbedingungen. Europäische Union und kanadischer Bundesstaat* (Wiesbaden: VS Verlag für Sozialwissenschaften/GWV Fachverlage GmbH, 2005).

Claudia Major, *Ziviles Krisenmanagement in der Europäischen Union—Stand und Optionen zur Weiterentwicklung der Gemeinsamen Sicherheits-und Verteidigungspolitik* (Berlin: Stiftung Wissenschaft und Politik, 2012).

Claudia Major, Tobias Pietz, Elisabeth Schöndorf, Wanda Hummel, *Toolbox Krisenmanagement—Von der zivilen Krisenprävention bis zum Peacebuilding: Prinzipien, Akteure, Instrumente* (Berlin: Stiftung Wissenschaft und Politik/Zentrum für Internationale Friedensansätze, 2013).

Philipp Alexander Münch, *Die Ordnungsethik der globalen Finanzkrise—Eine Analyse anhand von Dilemmastrukturen* (Wiesbaden: Springer Fachmedien, 2015).

Michael Neubauer, *Krisenmanagementin Projekten—Handeln, wenn Probleme eskalieren* (Berlin/Heidelberg: Springer-Verlag, 1999, 2002, 2010).

Tobias Nolting, Ansgar Thießen, *Krisenmanagement in der Mediengesellschaft—Potenziale und Perspektiven der Krisenkommunikation* (Wiesbaden: VS Verlag für Sozialwissenschaften/GWV Fachverlage GmbH, 2008).

Volker Perthes, *Ausblick 2016: Begriffe und Realitäten internationaler Politik* (Berlin: Stiftung Wissenschaft und Politik&Deutsches Institut für Internationale Politik und Sicherheit, 2016).

Thomas N. Pfohl, *Katastrophenmanagement in Deutschland—Eine Governance Analyse, Politikwissenschaft Band 197* (Berlin: LIT Verlag, 2014).

Justus Ramm, *Krisenmanagement in Theorie und Praxis: Eine Aufarbeitung des Aufgabenfeldes Krisen-PR zur Diskrepanz zwischen Modell und Praxis* (Norderstedt: Grin Verlag, 2009).

Ulrich Roos, *Deutsche Außenpolitik—Eine Rekontruktion der grundlegenden Handlungsregeln* (Wiesbaden: VS Verlag für Sozialwissenschaften/Springer Verlag, 2010).

Siegmar Schmidt, Gunther Hellmann, Reinhard Wolf, *Handbuch zur deutschen Außenpolitik* (Wiesbaden: VS Verlag für Sozialwissenschaft/GWV Fachverlage GmbH, 2007).

Gregor Schöllgen, *Die Macht in der Mitte Europas: Stationen deutscher Außenpolitik von Friedrich dem Großen bis zur Gegenwart* (München: C. H. Beck, 1992).

Michael (Hrsg.) Staack, *Der Ukraine—Konflikt, Russland und die europäische Sicherheitsordnung* (Leverkusen: Budrich, Barbara, 2017).

Ansgar Thießen, *Handbuch Krisenmanagement, 2. Auflage* (Wiesbaden: Springer, 2014).

Hans-Peter Weinheimer, *Bevölkerungsschutz in Deutschland. Kann der Staat seine Bürger schützen?* (Hamburg: Mittler & Sohn, 2008).

Klaus Peter Zeitler, *Deutschlands Rolle bei der völkerrechtlichen Anerkennung der Republik Kroatien unter besonderer Berücksichtigung des deutschen Außenministers Genscher* (Marburg: Tectum Verlag, 2000).

3. 德文论文

Hans-Richard Arntz, Uwe Kreimeier, "Die Leitstelle als Zentrale der 'chain of survival'", *Notfall + Rettungsmedizin* 13 (2010): 101 – 103.

Arthur Benz, "Governance in Mehrebenensystemen", in Gunnar Folke Schuppert, *Governance-Forschung. Vergewisserung über Stand und Entwicklungslinien 2. Auflage* (Baden-Baden: Nomos, 2006), S. 95 – 120.

René Du Bois, "Die Rolle des Bundes im nationalen Katastrophenmanagement", in BBK, *Nationales Krisenmanagement im Bevölkerungsschutz* (Regierungsdokument, 2012), https://www. b-b-e. de/fileadmin/inhalte/themen _ materialien/rettungsdienste/Nationales_Krisenmanagement. pdf.

Markus Gauster, "Zivil-militärische Zusammenarbeit als kritischer Faktor für einen umfassenden Ansatz im Krisenmanagement-Eine Einführung", in Walter Fechtinger, Markus Gauser, *Zivil-militärische Zusammenarbeit am Beispiel Afghanistan. Civil-Military Interaction—Challenges and Chances* (*Schriftenreihe der Landesverteidigungsakademie*) (Wien: BMLV/LVAk, 2008), S. 11 – 24.

Wolfram Geie, "Bevölkerungsschutz, Politik und Wissenschaft-analytische-zeitgeschichtliche Aspekte bei der Betrachtung eines Streifkindes der Innenpolitik", in Hans-Jürgen Lange, Christian Endreß, Michaela Wendekamm, *Versicherheitlichung des Bevölkerungsschutzes* (Wiesbaden: Springer VS, 2013), S. 27 – 47.

Alexander L. George, "Case Studies and Theory Development: The Method of Structured, Focused Comparison", in Paul Gordon Lauren, *Diplomacy: New Approaches in History, Theory, and Policy* (New York: The Free Press, 1979).

Volkmar Götz, "Innere Sicherheit", in Josef Isensee, Paul Kirchhof, *Handbuch des Staatsrechts der Bundesrepublik Deutschland, Band Ⅳ, 3. Auflage* (Heidelberg: C. F. Müller, 2006), S. 671 – 700.

Christian Hacke, "Der Westen und die Ukraine-Krise: Plädoyer für Realismus", *Aus Politik und Zeitgeschichte* 64 (2014): 47 – 48.

Sebastian Harnisch, "Deutsche Außenpolitik nach der Wende: Zivilmacht am Ende?" (Beitrag für den 21. DVPW-Kongress in Halle, 2000), S. 1 – 5.

Karl Kaiser, "Die neue Weltpolitik: Folgerungen für Deutschlands Rolle", in Karl Kaiser, Hans-Peter, Schwarz *Weltpolitik im neuen Jahrhundert* (Baden-Baden: Nomos Verlagsgesellschaft, 2000), S. 591 –605.

Knut Kirste, Hanns W. Maull, "Zivilmacht und Rollentheorie", *Zeitschrift für Internationale Beziehungen* 3 (1996): 283 –312.

Michael Kloepfer, "Katastrophenschutzrecht—Strukturen und Grundfragen", *Verwaltungs-Archiv* 98 (2007): 163 –198.

Alexander Libman, Susan Stewart, Kirsten Westphal, "Mit Unterschieden umgehen: Die Rolle von Interdependenz in der Beziehung zu Russland", in *Volker Perthes, Ausblick 2016: Begriffe und Realitäten internationaler Politik* (Berlin: Stiftung Wissenschaft und Politik&Deutsches Institut für Internationale Politik und Sicherheit, 2016), S. 18 –22.

Hanns W. Maull, "Deutsche Außenpolitik—Verantwortung und Macht", *Zeitschrift für Sicherheits-und Außenpolitik* 8/1 (2015): 213 –237.

Hanns W. Maull, "Deutschland als Zivilmacht", in Siegmar Schmidt, Gunther Hellmann, Reinhald Wolf, *Handbuch zur deutschen Außenpolitik* (Wiesbaden: VS Verlag für Sozialwissenschaft/GWV Fachverlage GmbH, 2007), S. 73 –84.

Hanns W. Maull, "Welche Akteure beeinflussen die Weltpolitik?", in Karl Kaiser, Hans-Peter Schwarz , *Weltpolitik im neuen Jahrhundert* (Bonn: Bundeszentrale für politische Bildung, 2000), S. 369 –382.

Hanns W. Maull, "Zivilmacht der Bundesrepublik Deutschland—Vierzehn Thesen für eine neue deutsche Außenpolitik", *Europa Archiv* 10 (1992): 269 –278.

Hanns W. Maull, "Zivilmacht Deutschland", in Gunther Hellmann, Siegmar Schmidt, Reinhard Wolf, *Handwörterbuch zur deutschen Außenpolitik* (Opladen: VS Verlag, 2006), S. 1 –21.

Christian Mölling, "Umfassende Ansätze im internationalen Krisenmanagement: Von der schrittweisen Weiterentwickelung zur konzeptionellen Reorganisation", in Andreas Wenger, Victor Mauer, Daniel Trachsler, *Bulletin 2009 zur schweizerischen Sicherheitspolitik* (Zürich: Center for Security Studies, 2009),

S. 83 – 113.

Andreas Musli, Sören Kirchner, "Katastrophenschutz im föderalen Staat", *Die Verwaltung* 39/3 (2006): 373 – 391.

August Pradetto, "Ost-West-Beziehungen und deutsche Außenpolitik seit der Wiedervereinigung", *Aus Politik und Zeitgeschichte* 33 – 34 (2015): 46 – 54.

Wolfgang Renneberg, "Krisenmanagement bei kerntechnischen und radiologischen Ereignissen-die Rolle des Bundesministeriums für Umwelt und Strahlenschutz", in BBK, *Nationales Krisenmanagement im Bevölkerungsschutz* (Regierungsdokument, 2012), https://www. b-b-e. de/fileadmin/inhalte/themen _ materialien/rettungsdienste/Nationales_Krisenmanagement. pdf.

Thomas Risse, "Deutsche Identität und Außenpolitik", in Siegmar Schmidt, Gunther Hellmann, Reinhard Wolf, *Handbuch zur deutschen Außenpolitik* (Wiesbaden: VS Verlag für Sozialwissenschaft/GWV Fachverlage GmbH, 2007), S. 49 – 61.

Friedrich Schoch, "Verfassungsrechtliche Anforderungen an den Einsatz der Streitkräfte im Inland", *Juristische Ausbildung* 3 (2013): 255 – 267.

Gregor Schöllgen, "Zehn Jahre als europäische Großmacht: Eine Bilanz deutscher Außenpolitik seit der Vereinigung", *Aus Politik und Zeitgeschichte* B24 (2000): 6 – 12.

Alexander Siedschlag, Franz Eder, "Akteure und Zusammenspiel im EU-Krisenmanagement", in Walter Feichtinger, Carmen Gebhard, *EU als Krisenmanager: Herausforderungen-Akteure-Instrumente*, *Schriftenreihe der Landesverteidigungsakadem* (Wien: Reprozentrum Wien, 2006), S. 61 – 89.

Nikolaus Stein, "Das Bundesamt für Bevölkerungsschutz und Katastrophenhilfe. Ein Überblick", *Bevölkerungsschutz* 2 (2004): 3 – 12.

Christoph Unger, "Die strategische Krisenmanagementübung, LÜKEX 2009/ 2010", *Zeitschrift für Außen-und Sicherheitspolitik* 3 (2010): 433 – 443.

Bernd Walter, "Einsatz der Streitkräfte im Inneren—Anmerkungen aus polizeirechtlicher Sicht unter Berücksichtigung der aktuellen Staatspraxis", *Neue Zeitschrift für Wehrrecht* 5 (2010): 101 – 132.

4. 德文网站

德国危机管理科研与咨询机构，Krisennavigator，http://www.ifk-kiel.de/。

联邦财政部官网，http://www.bundesfinanzministerium.de/Web/DE/Home/ home.html。

联邦国防部官网，http://www.bmvg.de/portal/a/bmvg/kcxml/04_Sj9SPykssy0x PLMnMz0vM0Y_QjzKLd4k3cQsGSUGY5vqRMLGglFR9X4_83FR9b_0A_YLc iHJHR0VFAM1BrOM！/delta/base64xml/L3dJdyEvd0ZNQUFzQUMvNElVRS82X0RfNEZR。

联邦环境、自然保护、建筑和核安全部官网，http://www.bmub.bund.de/。

联邦教育与研究部官网，https://www.bmbf.de/。

联邦经济和能源部官网，http://www.bmwi.de/。

联邦经济合作与发展部官网，http://www.bmz.de/de/index.html。

联邦劳动和社会事务部官网，http://www.bmas.de/DE/Startseite/start.html。

联邦内政部官网，http://www.bmi.bund.de/cln_104/DE/Home/startseite_ node.html。

联邦食品和农业部官网，http://www.bmel.de/DE/Startseite/startseite_ node.html。

联邦统计局官网，https://www.destatis.de/DE/ZahlenFakten/ImFokus/Interna- tionales/AsylbewerberSuedosteuropa.html。

联邦外交部官网，http://www.auswaertiges-amt.de/DE/Startseite_node.html。

联邦卫生部官网，http://www.bmg.bund.de/。

联邦宪法保卫局官网，https://www.verfassungsschutz.de/de/startseite。

联邦移民与难民局官网，http://www.bamf.de/DE/Startseite/startseite-node.html。

欧盟官方网站，http://europa.eu/index_de.htm。

Auswärtiges Amt, *Botschafterkonferenz 2016: "Verantwortung, Interessen, Instru- mente"* (Offizieller Artikel, 2016), https://www.auswaertiges-amt.de/de/ aamt/160829-boko/282954.

Auswärtiges Amt, *Das Krisenreaktionszentrum*, *2016*, Letzter Zugriff am 10. 02. 2017, https://www.auswaertiges-amt.de/de/aamt/krisenreaktionszentrum-node.

Auswärtiges Amt, *Mehr Sicherheit für alle in Europa—Für einen Neustart der Rüstungskontrolle* (*Offizieller Artikel*, 2016), https：∥www. auswaertiges-amt. de/de/newsroom/160826-bm-faz/282910.

Auswärtiges Amt, *Krisenprävention, Stabilisierung und Konfliktnachsorge* (Offizieller Artikel, 2016), https：∥www. auswaertiges-amt. de/de/aamt/auswdienst/abteilungen/ abteilung-s/214970, 2016.

Auswärtiges Amt, *Zehn-Punkte-Plan für europäische Flüchtlingspolitik* (Offizieller Artikel, 2015), http：∥www. auswaertiges-amt. de/DE/Aussenpolitik/Globale-Fragen/Fluechtlinge/ Aktuelles/150823_BM_BM_Gabriel_FAS_node. html.

BfV, *Die Organisation des Amtes ist kein Geheimnis* (Offizieller Artikel, 2013), https：∥www. verfassungsschutz. de/de/das-bfv/aufgaben/die-organisation-des-amtes-ist-kein-geheimnis.

BMAS, *Auftakt zur Arbeitsmarktreform in der Ukraine* (Offizieller Artikel, 2015), http：∥www. bmas. de/DE/Presse/Meldungen/2015/auftakt-arbeitsmarktreform-ukraine. html.

BMBF, *Die Ukraine als Partner in Bildung und Forschung* (Offizieller Artikel, 2016), https：∥www. bmbf. de/de/die-ukraine-als-partner-in-bildung-und-forschung-3107. html.

BMEL, *Neue Kooperationsprojekte durch Staatssekretär Bleser in der Ukraine eröffnet* (Offizieller Artikel, 2016), http：∥www. bmel. de/DE/Ministerium/IntZusammenarbeit/ BilateraleZusammenarbeit/_Texte/Dossier-Europa. html? notFirst = true&docId = 790681 2.

BMI, *Bundesamt für Migration und Flüchtlinge: "396. 947 Asylanträge im ersten Halbjahr 2016"* (Offizieller Artikel, 2016), http：∥www. bmi. bund. de/ SharedDocs/ Pressemitteilungen/DE/2016/07/asylantraege-juni-2016. html.

BMI, *Rede des Bundesinnenministers zur 1. Lesung des Asylpakets Ⅱ und zur Ausweisung straffälliger Ausländer* (Offizieller Artikel, 2016), https：∥www. bmi. bund. de/ SharedDocs/reden/DE/2016/02/ministerrede-erste-lesung-asylpaketII. html.

BMUB, *Deutschland hilft Ukraine bei Stadtentwicklung und kommunaler*

Wärmeversorgung（Offizieller Artikel，2016），http：//www. bmub. bund. de/ presse/pressemitteilungen/pm/artikel/deutschland-hilft-ukraine-bei-stadt-entwicklung-und-kommunaler-waermeversorgung/.

BMZ，*Deutschland verstärkt Entwicklungszusammenarbeit mit der Ukraine*（Offizieller Artikel，2014），http：//www. bmz. de/de/presse/aktuelleMeldungen/ 2014/mai/140520_pm _049_Deutschland-verstaerkt-Entwicklungszusammen-arbeit-mit-der-Ukraine/ index. html.

BMZ，*Minister Müller：Die Zusammenarbeit mit der Ukraine wird ausgebaut*（Offizieller Artikel，2015），http：//www. bmz. de/de/presse/ aktuelleMeldungen/ 2015/februar/150204 _ Minister-Mueller-Die-Zusammenarbeit-mit-der-Ukraine-wird-ausgebaut/index. html.

Bundesfinanzministerium，*Statement der G7—Finanzminister zu Ukraine*（Offizieller Artikel，2015），http：//www. bundesfinanzministerium. de/Content/DE/Pres-semitteilungen/Finanz politik/2015/03/2015 – 03 – 04 – PM10. html.

Die Bundesregierung，*Waffenruhe in der Ukraine*（Offizieller Artikel，2016），ht-tps：//www. bundesregierung. de/Content/DE/Meldungen/2016/09/2016 – 09 – 01 – ukraine. html.

Eugen Ruge，*Krim-Krise-Nicht mit zweierlei Maß messen*！（Offizieller Artikel，2014），http：//www. zeit. de/2014/11/pro-russische-position-eugen-ruge.

Vera Kislinskaa，*Besuch von Young Leaders aus der Ukraine*（Offizieller Artikel，2016 ），https：//www. baks. bund. de/de/aktuelles/besuch-von-young-leaders-aus-der-ukraine.

kry，dpa，Reuters，*Neue Krisenabteilung：Steinmeier baut Auswärtiges Amt um*（Offizieller Artikel，2015 ），http：//www. spiegel. de/politik/deutschland/ krisenabteilung-steinmeier-baut-auswaertiges-amt-um-a-1020511. html.

Roman usw. Herzog，*Wieder Krieg in Europa? Nicht in unserem Namen*！（Offizieller Artikel，2014），http：//www. zeit. de/politik/2014 – 12/aufruf-russland-dia-log.

Vera Kislinskaa，*Besuch von Young Leaders aus der Ukraine*（Offizieller Artikel，

2016), https://www. baks. bund. de/de/aktuelles/besuch-von-young-leaders-aus-der-ukraine.

三　英文文献

Lisbeth Aggestam, "Role Theory and European Foreign Policy", in Ole Elgstroem, Michael Smith, *The European Union's Roles in International Politics: Concepts and Analysis* (London, New York: Routledge, 2006).

Michael Brecher, *Crises in Word Politics: Theory and Reality* (Oxford, New York, Seoul, Tokyo: Pergamon Press, 1993).

Sharon Dawes, et al., "Learning from Crisis: Lessons in Human and Information Infrastructure from the World Trade Center Response", *Social Science Computer Review* 22/1 (2004): 52 – 66.

John S. Duffield, "Political Culture and State Behavior: Why Germany Confounds Neorealism", *International Organization* 53 (1999): 765 – 803.

Steven Erlanger, *Georgia and Ukraine Split NATO Members* (International New York Times, 30. Oktober 2008), http://www. nytimes. com/2008/11/30/world/europe/30iht-nato. 4. 18268641. html.

EU Parliament, *Draft Report on the EU Comprehensive Approach and its Implications for the Coherence of EU External Action, Procedure: 2013/2146(INI)* (Offizieller Artikel, 2014), http://www. europarl. europa. eu/sides/getDoc. do? type = REPORT&reference = A7 – 2014 – 0138&language = EN.

EUR-Lex, *Treaties Establishing the European Communities—Treaties Amending these Treaties: Single European Act* (Offizieller Artikel, 1987), https://europa. eu/european-union/sites/europaeu/files/docs/body/treaties_establishing_the_european_communities_single_european_act_en. pdf.

EUR-Lex, *Treaty of Amsterdam Amending the Treaty on European Union, the Treaty Establishing the European Communities and Certain Related Acts* (Offizieller Artikel, 1997), http://europa. eu/eu-law/decision-making/treaties/pdf/treaty_of_amsterdam/treaty _of_amsterdam_en. pdf.

EUR-Lex, *Treaty on European Union* (Maastricht, 7 February 1992) (Offizieller Artikel, 1992), http://www. cvce. eu/obj/treaty_on_european_union_maas-tricht_7_february_1992 - en - 2c2f2b85 - 14bb - 4488 - 9ded - 13f3cd04de 05. html, Last updated: 09/11/2015.

Danicl Frei, eds., *Managing International Crises* (Beverly Hills, Calif. : Sage Publications, 1982).

Roy H. Ginsberg, "Conceptualizing the European Union as an International Actor: Narrowing the Theoretical Capability-Expectations Gap", *Journal of Common Market Studies*37 (1999): 429 - 454.

Catriona Gourlay, "Cinvi-Civil Coordination in EU Crisis Management", in Nowak, Agnieszka, *Civilian Crisis Management: the EU Way* (*Chaillot Paper No. 90*) (Paris: Institute for Security Studies, 2006), S. 103 - 122.

Sebastian Harnisch, "Minilateral Cooperation and Transatlantic Coalition-Building: The E3/EU-3 Iran initiative", *European Security* 1/16 (2007): 1 - 27.

Sebastian Harnisch, Hanns Maull, *Germany as a Civilian Power? The Foreign Policy of the Berlin Republic* (Manchester: Manchester University Press, 2001).

Kalevi J. Holsti, "Toward a Theory of Foreign Policy: Making the Case for Role Analysis", in Stephan G. Walker, *Role Theory and Foreign Policy Analysis* (Durham: Duke University Press, 1987).

Marc Houben, *International Crisis Management—The Approach of European States* (London, New York: Routledge, 2005).

Robert Jervis, "The Compulsive Empire", *Foreign Policy* 137 (2003): 83 - 87.

Radek Khol, "Civil-Military Coordination in EU Crisis Management", in Agnieszka Nowak, *Civilian Crisis Management: the EU Way* (*Chaillot Paper No. 90*) (Paris: Institute for Security Studies, 2006), S. 123 - 138.

William R. Kintner, David C. Schwarz, *A Study on Crisis Management* (Philadelphia: Pennsylvania University Press, 1966).

Ulrich Krotz, *Institutionalized Relations, Interests and Policies in France and Germany* (New York: Cornell University, 2001).

Richard Ned Lebow, *Between Peace and War: The Nature of International Crisis* (Baltimore: Johns Hopkins University Press, 1981).

Hanns W. Maull, "Germany and Japan: The New Civilian Power", *Foreign Affairs* 5 (1990): 91 – 106.

Hanns W. Maull, "The guns of November? Germany and the Use of Force in the Aftermath of 9/11", *Newsletter-Issue* 05 2/5 (2001): 13 – 15.

Volker Rittberger, *German Foreign Policy since Unification: Theories and Case Studies* (Manchester: Manchester University Press, 2001).

Pedro Serrano, "A Strategic Approach to the European Security and Defense Policy", in Agnieszka Nowak, *Civilian Crisis Management: the EU Way (Chaillot Paper No. 90)* (Paris: Institute for Security Studies, 2006), S. 39 – 48.

Gordon Smith, William E. Paterson, Peter H. Merkl, Stephen Padgett, *Developments in German Politics* (London: Red Globe Press, 1992).

Michael Smith, *Crises and Crisis Management in EU-US Relations: The "Four Years" Crisis (2000 – 2004) in Perspective* (Paper Presented at the 9th Biennial International Conference of the European Union Studies Association, Austin, Texas, April 2005), http://aei. pitt. edu/3040/2/EUSA_Crises_and_Management_Draft_March_05. doc.

The World Bank, *World Development Report 2011: Conflict, Security and Development* (Washington D. C. : The International Bank for Reconstruction and Development, The World Bank, 2011).

Jan Techau, *Chancellor Merkel's Double Vision* (International New York Times, 19. September 2013), http://www. nytimes. com/2013/09/20/opinion/global/chancellor-merkels-double-vision. html? _r = 0.

Gilbert R. Winham, eds. , *New Issues in International Crisis Management* (Boulder: Westview Press, 1988).

图书在版编目（CIP）数据

德国国际危机管理与实践研究／邹露著. -- 北京：
社会科学文献出版社，2020.5
ISBN 978 - 7 - 5201 - 6611 - 9

Ⅰ.①德… Ⅱ.①邹… Ⅲ.①国际问题 - 危机管理 -
研究 - 德国 Ⅳ.①D851.6

中国版本图书馆 CIP 数据核字（2020）第 075141 号

德国国际危机管理与实践研究

著　　者／邹　露

出 版 人／谢寿光
组稿编辑／祝得彬　张　萍
责任编辑／张　萍
文稿编辑／郭锡超

出　　版／社会科学文献出版社 · 当代世界出版分社（010）59367004
　　　　　地址：北京市北三环中路甲 29 号院华龙大厦　邮编：100029
　　　　　网址：www. ssap. com. cn
发　　行／市场营销中心（010）59367081　59367083
印　　装／三河市尚艺印装有限公司

规　　格／开　本：787mm × 1092mm　1/16
　　　　　印　张：20.5　字　数：326 千字
版　　次／2020 年 5 月第 1 版　2020 年 5 月第 1 次印刷
书　　号／ISBN 978 - 7 - 5201 - 6611 - 9
定　　价／98.00 元